高等学校应用型经济管理专业"十三五"规划精品教材

统计学原理及应用

李丽清 管仕平 主编

华中科技大学出版社
http://www.hustp.com
中国·武汉

内 容 提 要

本教材系统介绍了社会经济活动中常用的描述统计和推断统计的基本概念、基本原理和基本分析方法。主要内容包括灵活运用图表技术和统计分析指标对数据进行收集整理和描述,并应用样本资料信息对总体进行推断,从而分析总体的数量特征和数量规律,如抽样推断、假设检验、方差分析、相关分析和回归分析以及时间序列分析和预测等。考虑到计算机的应用,本教材在统计资料的收集和整理中重点介绍应用 Excel 进行统计资料的汇总和统计图的绘制方法;在统计推断方面,重点介绍统计分析软件 SPSS 在假设检验、方差分析、相关分析和回归分析方面的具体应用,并通过详细的实验帮助学生掌握 Excel 和 SPSS 软件的应用方法。

本课程的教学内容侧重于统计方法的实际应用,目的在于使学生通过学习能够基本掌握在社会经济管理等方面的一般统计分析方法,能够运用 SPSS 和 Excel 统计分析软件从事社会经济问题的调查研究,并结合自己的专业,在定性分析的基础上做好定量分析,以提高解决实际问题的能力,也为高级统计方法的学习和研究打下基础。

本教材适合作为经济、管理类专业本科生和研究生的教学用书。

图书在版编目(CIP)数据

统计学原理及应用/李丽清,管仕平主编. —武汉:华中科技大学出版社,2019.1(2020.1 重印)
ISBN 978-7-5680-4778-4

Ⅰ.①统… Ⅱ.①李… ②管… Ⅲ.①统计学 Ⅳ.①C8

中国版本图书馆 CIP 数据核字(2019)第 013370 号

统计学原理及应用　　　　　　　　　　　　　　李丽清　管仕平　主编
Tongjixue Yuanli ji Yingyong

策划编辑:陈培斌
责任编辑:曾　莉
封面设计:刘　婷
责任校对:张会军
责任监印:周治超

出版发行:华中科技大学出版社(中国•武汉)　　电话:(027)81321913
　　　　　武汉市东湖新技术开发区华工科技园　　邮编:430223
录　　排:武汉楚海文化传播有限公司
印　　刷:武汉首壹印刷有限公司
开　　本:787mm×1092mm　1/16
印　　张:24　插页:1
字　　数:545 千字
印　　次:2020 年 1 月第 1 版第 2 次印刷
定　　价:58.00 元

本书若有印装质量问题,请向出版社营销中心调换
全国免费服务热线:400-6679-118　　竭诚为您服务
版权所有　　侵权必究

前　　言

在经济全球化和信息化的环境下,无论是进行宏观的国民经济管理,还是进行微观的企业经营决策,都需要准确地把握有关经济运行的各类数量信息。统计学是定量分析非确定性问题的规律,帮助管理决策者进行科学决策、规避风险、获取最优经济和社会效益的科学方法,已成为现代科学管理中必不可少的强劲工具。因此,"统计学"一直被教育部列为经济和管理类大学本科教育的核心基础课程。

本教材在确保知识的系统性和正确性的基础上,尽量使用通俗易懂的语言,阐述应用统计学的基本概念、基本原理以及解决问题的基本方法和应用条件,略去了繁琐的推导证明过程,使读者更容易理解和掌握。在教材编写过程中,我们力求突出"少而精"和"学以致用",以图表和简短的文字说明统计学的数量分析方法;用丰富的范例帮助学生理解和掌握统计学的基本概念、基本分析方法;将理论方法和实证分析结合起来,贴近实践,注重应用,力求做到简明、通俗、易懂。除非十分必要,本教材一般不做过多的数学推导和证明,着重通过实例讲述统计思想,培养和提高学生应用统计方法的能力。

我们参考了国内外一些优秀的教材,并结合经济、管理类专业的学生特点,力图使本教材有一些特色和新意,从而更加适合新时期的统计教学。

我们根据经济、管理类专业的培养目标来设计本书的内容体系。经济、管理类专业统计学教育的目的是:使学生具备基本的统计思想,掌握基本的统计方法,培养应用统计方法分析和解决经济管理中实际问题的能力。由于总学时的限制,非统计学专业的经济、管理类专业难以开设很多的统计学课程。因此,作为经济、管理类各专业的学科基础课教材,本书将统计原理和常用的计算机软件 Excel 和 SPSS 作为求解运算和分析的主要工具结合起来,以大幅度提高本课程的实用价值和学生的计算机应用能力。与计算机软件相结合是本书最大的特点,特别是第十章,针对学生上机实验,特别增加了实验操作指导,使学生通过自学也能较好掌握 Excel 和 SPSS 在统计分析中的运用。

在编写体系上,本教材各章开篇都有"学习要求"和"主要内容"提示,章末附有"本章小结"(除第十章外),对有关教学内容和计算公式进行扼要的总结。每章章末的"思考与练习"主要通过选择题、判断题、思考题和计算题来帮助学生掌握有关概念和计算方法。

本教材出版之后,根据情况,我们还将编制多媒体演示教学软件,提供给采用本教材的教师使用。

本教材体系完善，布局合理，实例丰富，应用性强，可作为高等院校工科类和经济管理类相关专业的本科、硕士、MBA 和工程硕士等的教学用书，也可作为从事统计、信息管理、市场调研等实际工作的各类经济管理人员的参考用书或培训教材。

本教材是应华中科技大学出版社邀请，为高等院校工商管理类和经济类专业编写，参加编写的有：广西科技大学李丽清（第一章、第四章、第六章、第九章、第十章）、广西大学罗敏（第二章、第三章）、梧州学院黄欣（第四章、第五章）、广西科技大学冯金丽（第七章）、广西师范学院经管学院赵菊花（第八章）。本教材由李丽清、管仕平担任主编，李丽清负责全书的设计、修改、总纂和定稿工作，管仕平负责每章习题的编写。

按照教育部高等学校教学指导委员会的教学基本要求和统计学学科不断发展的形势编写《统计学原理及应用》，对我们来说是一个尝试，也是一个挑战。尽管我们为此付出了极大的努力，但由于水平有限，加之时间仓促，书中难免有疏漏或错误之处，恳请同行专家和读者不吝赐教，以便今后进一步修改与完善。

李丽清

2018 年 10 月 18 日

目 录

第一章 导论 1
    第一节 什么是统计学 2
    第二节 统计学的研究对象和性质 4
    第三节 统计学的分类 7
    第四节 统计学的基本概念 9

第二章 统计数据的收集和整理 19
    第一节 统计数据的来源和收集 20
    第二节 统计数据的测量尺度 23
    第三节 统计调查方案和组织形式 25
    第四节 统计数据的整理和显示 30

第三章 单变量统计描述分析 45
    第一节 集中趋势分析 46
    第二节 离散趋势分析 53
    第三节 偏态和峰态 58
    第四节 用 Excel 进行统计描述分析 60

第四章 统计指数 66
    第一节 统计指数的概念、作用和分类 66
    第二节 综合指数 69
    第三节 平均指标指数 78
    第四节 几种常用的统计指数 84

第五章 参数估计 99
    第一节 抽样推断概述 100
    第二节 抽样误差 106

第三节	参数估计	111
第四节	样本容量的确定	115
第五节	用 Excel 进行区间估计	117

第六章 假设检验 125
- 第一节 假设检验概述 125
- 第二节 一个正态总体参数的检验 133
- 第三节 两个总体参数的检验 142

第七章 方差分析 159
- 第一节 方差分析概述 160
- 第二节 单因素方差分析 163
- 第三节 多因素方差分析 175
- 第四节 案例：央行利息变动对不同板块股票价格的影响 191

第八章 相关分析和回归分析 202
- 第一节 简单线性相关分析 204
- 第二节 回归分析和一元线性回归分析 212
- 第三节 多元线性回归分析 232

第九章 时间序列分析和预测 249
- 第一节 时间序列的编制 250
- 第二节 时间序列的水平分析指标 252
- 第三节 时间序列的速度分析指标 257
- 第四节 时间序列分析 260
- 第五节 长期趋势的测定和预测 262
- 第六节 季节变动的测定和预测 271

第十章 统计学原理及应用实验 280
- 实验一 用 Excel 进行数据整理和显示 280
- 实验二 用 Excel 计算描述统计量 296
- 实验三 SPSS 数据文件的建立和编辑 299
- 实验四 用 SPSS 进行统计描述分析 308
- 实验五 用 SPSS 进行假设检验分析 318

实验六　用 SPSS 进行方差分析 …………………………………………………… 325
实验七　用 SPSS 进行相关分析 …………………………………………………… 337
实验八　用 SPSS 进行回归分析 …………………………………………………… 346
附录　常用统计表 ……………………………………………………………………… 363
参考文献 ………………………………………………………………………………… 377

第一章 导论

教育部规定,各类财经院校都必须开设"统计学原理",并将其确定为核心课程之一。统计学(statistics)何以成为经管专业的必修课?不少同学纳闷。特别是,打小就不喜欢数学的同学,好不容易跨过高考的数学关,统计学的教授又走进了你大学的教室,"敬畏"之心油然而生,不是对老师,而是对统计学。

首先,由统计的重要性所决定:

(1)统计是认识社会的最有力武器之一。

(2)统计核算在国民经济核算体系中居于主导地位。

(3)统计信息是社会经济信息的主体,是国家管理、经济建设、企业经营等各项行为决策的重要依据。

统计如此重要,为历朝历代所重视:

● 秦国商鞅,在《商君书·去强篇》中指出:强国须知十三数——仓、府之数,壮男、壮女之数,老弱之数,官、士之数,以言说取食者之数,利民之数,马、牛、雏、藁之数。欲强国,不知国十三数,地虽利,民虽众,国愈弱至削。

● 齐国管仲,在《管子·七法》中写到:刚柔也,轻重也,大小也,虚实也,远近也,多少也,谓之计数。……不明于计数,而欲举大事,犹无舟楫而欲经于水险也。……举事必成,不知计数不可。

● 毛泽东同志在《党委会的工作方法》一文中指出:对情况和问题一定要注意到它们的数量方面,要有基本的数量的分析。任何质量都表现为一定的数量,没有数量也就没有质量。……不懂得注意事物的数量方面,不懂得注意基本的统计、主要的百分比,不懂得注意决定事物质量的数量界限,一切都是胸中无"数",结果就不能不犯错误。

● 人口学家马寅初说过:学者不能离开统计而究学;政治家不能离开统计而施政;事业家不能离开统计而执业。

● 在校大学生可以说是未来的学者、政治家、事业家,在以后的工作中同样不能离开统计。因此,大学生现在就应该熟知统计理论,熟悉统计工作,学会掌握和运用统计信息的本领。

其次,由课程内容的重要性所决定:

● 本课程所讲述的统计的基本理论和基本方法,是学习专业统计所必需的基础知识,也为学习其他财经课程提供数量分析的手段。因此,本课程是一门重要的学科基

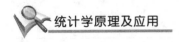

础课。

● 学习本课程能够培养同学们理论联系实际、一切从实际出发和实事求是的工作作风,提高同学们观察、分析、判断和解决问题的能力。

对于任何一个事件来说,实情只有一条,不实之情却有千条万条,可见统计的用武之地是如此广阔。统计学中蕴藏着无限的美妙。可能你没有想到,统计学是能应用于许多学科的,心理学、教育学、社会学、生物学……甚至物理学!大概你还记得,杨利伟从太空返回地球时,指挥中心在内蒙古草原划出一个宽广的降落区。他落在哪一点,谁能完全说得准呢?任何事物的运动变化都具有随机性,但随机之中有必然。统计学就是研究随机事件运动规律的科学,它要寻找的是偶然中的必然性。

鉴于统计和统计学的重要性,本课程不是可学可不学,而是必须要学、一定要学好的一门重要课程。

学习要求 了解统计学的产生和发展;理解统计学学科性质、统计学的含义、统计学的分类、统计学的研究对象和性质;重点掌握统计学中的几个基本概念。

主要内容

```
            ┌ 统计学的发展、统计学的定义
            │ 统计学的研究对象和性质
            │                    ┌ 按统计方法构成分 ┌ 描述统计学
导论 ───────┤ 统计学的分类 ─────┤                  └ 推断统计学
            │                    └ 按统计方法研究和应用分 ┌ 理论统计学
            │                                              └ 应用统计学
            │              ┌ 总体、总体单位和样本
            └ 基本概念 ────┤ 标志和指标
                           └ 参数和统计量
```

第一节　什么是统计学

一、统计学的发展

统计实践活动先于统计学的产生。从历史上看,统计实践活动自人类社会初期,即还没有文字的原始社会起就有了。最初的统计是社会统计,只是反映社会基本情况的简单的计数工作。在原始社会,人仍按氏族、部落居住在一起打猎、捕鱼,分配食物时就要算算有多少人、多少食物才能进行分配。所以,从结绳记事开始,就有了对自然社会现象

的简单的计量活动,有了统计的萌芽。人类的统计活动,尤其是调查和整理社会经济总和现象数据的活动,有着悠久的历史。据统计史专家考证,关于人口、土地数字的搜集和整理活动,在中国可以上溯到殷、周时代,在外国可以追及古埃及、古希腊和古罗马时期。然而,由统计实务上升到理论和系统的方法的研究,最早也只能从 17 世纪算起。至今,统计学的发展大体上经历了三个阶段。

从 17 世纪中叶到 19 世纪中叶,为统计学的初创阶段。具体地讲,可以把英国的威廉·配第(William Petty)于 1672 年写成的《政治算术》一书作为统计实务上升到理论和方法的标志,在书中他首次运用数字比较分析了英、法、荷三国的经济实力和造成这种实力差异的原因,用数字表述,用数字、重量和尺度来计量,并配以朴实的图表,正是现代统计学广为采用的方法和内容。或者说,初创阶段的统计学,始于"政治算术"这门有统计学之实,却无统计学之名的学问。马克思说威廉·配第"在某种程度上也可以说是统计学的创始人"。在此阶段,统计学主要用来描述和比较各个国家的综合国力及进行人口研究,从研究对象上说是实质而不是方法论,从方法上看经验研究多于理论研究,尚未进入系统的理论研究。

从 19 世纪中叶到 20 世纪 40 年代,为统计学发展的第二阶段——近代统计学阶段。1869 年,比利时的凯特勒(A. Quetelet)发表了《社会物理学》等著作,把作为数学分支的概率论引入了统计研究,解决了客观总和现象在数量变化上的规律性问题,从而揭开了近代统计学发展的序幕。而后,统计理论和方法又取得了一系列进步,如高尔顿(F. Galton)的回归理论,戈塞特(W. S. Gosset)的小样本理论,费希尔(R. A. Fisher)的 F 分布理论和方差分析方法,皮尔逊(K. Pearson)的区间估计方法等,都极大地推动了统计理论和方法的发展和应用,特别是在自然科学和工程技术中的应用。至此,统计学已经建立起系统的理论和方法,并且实现了由实质性科学向方法论科学的转变。

从 20 世纪 50 年代起,统计学进入了它的第三阶段——现代统计学阶段。这个阶段带有三个明显的特点:其一是统计理论和方法的应用有了广泛的发展,不仅在自然科学研究方面大量应用统计方法,就是社会和人文科学也越来越广泛地应用统计方法,特别是在经济和工商管理领域尤为如此;其二是进一步开发出一系列新的统计方法,如统计预测的新方法、多元统计方法和探索性数据分析等;其三是统计研究与电子计算机应用密切结合,开发了一系列功能较为齐全、数据处理能力较强的统计专用软件(如 SAS、SPSS、STATISTICA 等),使得检索和处理大规模数据,以便从中导出对决策有用的信息成为可能,数据挖掘(data mining)技术从新的视角促进了现代统计学的发展。这三个特点也是相互联系的。

此时,统计学的应用也扩展到自然科学、工程技术、心理学、经济和企业管理、社会学、人口学乃至语言文学等各个学科领域,极大地推动了这些学科的发展。反过来,统计学在各个实质性学科的应用又促进了统计理论和方法的发展。这既指一般统计理论和方法的进步,又指适用于专门领域的统计方法的开发。其中,计算机的应用使得现代统计方法的应用有了计算手段的保障,同时又为新的统计方法奠定了基础。

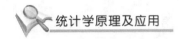

二、统计学的定义

现在,随着统计方法在各个领域的应用,统计学已发展成为具有多个分支学科的大家族,因此,要给统计学下一个普遍被接受的定义是十分困难的。在本书中,我们对统计学做如下解释:统计学是一门收集、整理和分析统计数据的方法论科学,其目的是探索数据的内在数量特征和数量规律性,以达到对客观事物的科学认识。

统计数据的收集是取得统计数据的过程,是进行统计分析的基础。如何取得准确、可靠的统计数据是统计学研究的内容之一。

统计数据的整理是对统计数据的加工处理过程,目的是使统计数据系统化、条理化,符合统计分析的需要。数据整理是数据收集与数据分析之间的一个必要环节。

统计数据的分析是统计学的核心内容,是通过统计描述和统计推断的方法探索数据内在规律的过程。

可见,统计学是一门有关统计数据的科学,统计学与统计数据有着密不可分的关系。在英文中,"statistics"一词有两个含义:当它以单数名词出现时,表示作为一门学科的"统计学";当它以复数名词出现时,表示"统计数据"或"统计资料"。从中可以看出,统计学与统计数据之间有着密不可分的关系。统计学由一套收集和处理统计数据的方法所组成,这些方法来源于对统计数据的研究,目的也在于对统计数据进行研究。离开了统计数据,统计方法就失去了用武之地,统计学也就失去了它存在的意义;而统计数据如果不用统计方法加以分析也仅仅是一堆数据而已,得不出任何有益的结论。

此外,统计数据在英文中是以复数形式出现的,这表明统计数据不是指单个的数据,而是由多个数据构成的数据集。单个的数据显然用不着统计方法进行分析,观察或计量得到的大量数据,才能利用统计方法探索出其内在的必然规律性。仅凭一个数据点,也不可能得出事物的规律,只有经过对同一事物进行多次观察或计量得到的大量数据,才能利用统计方法探索出其内在的必然规律性。

第二节 统计学的研究对象和性质

一、统计学的研究对象及其特点

统计学的研究对象是指统计研究所要认识的客体。一般来说,统计学的研究对象是自然、社会客观现象总体的数量特征和数量关系,以及通过这些数量方面反映出来的客观现象发展变化的规律性。正是因为统计学这一研究的特殊性,使它成为一门学科。

统计学的研究对象具有以下特点:

（一）数量性

客观现象的规律有着质和量两个方面的表现,根据质和量的辩证统一,研究现象的数量特征,从数量上认识现象的性质和规律性,这是统计研究的基本特点。统计运用科学方法搜集、整理、分析反映现象特征的数据,并通过统计指标反映现象的规模、水平、比例、速率及其变动规律。认识现象的数量关系,是深入研究现象质的表现的前提和基础。数量关系指各种平衡关系、比例关系和依存关系,如总供给与总需求的平衡关系、各产业间的比例关系、消费与收入之间的依存关系等。客观现象往往具有复杂性的特点,现象之间具有多方面的联系。在研究现象的数量方面时,我们必须把握现象的全貌,反映现象发展变化的过程,必须紧密联系现象的具体内容和本质特征,这是统计学与数学的一个重要区别。例如,一个国家的人口数量、结构和分布,国民经济的规模、发展速度,人们的生活水平等,都是反映基本国情和基本国力的基本指标,通过这样的一系列指标才能对整个国家有一个客观清晰的认识。

（二）总体性

统计研究的对象总是由大量同类事物构成的总体现象的数量特征。个别和单个事物的数量表现是可以直接获取的,一般不需运用统计研究方法。例如,要了解某名工人的工作情况,查一查生产记录就可以了,可如果要了解全体工人产量的分布、差异和一般水平等,就要用统计方法来进行计算和分析。统计对总体现象的数量特征进行研究时,是通过对组成总体的个别事物量的认识来实现的。例如,在人口普查中,我们通过对每一户家庭的人口状况进行调查,根据所取得的资料,编制人口总数、人口结构（性别、年龄、民族、职业等结构）、人口分布、人口出生率、人口死亡率等指标来反映一个国家或一个地区的人口总体状况。个别事物有很大的偶然性,大量事物具有共性,统计学正是要从大量的客观事物中找出其共性,即规律性。从对个体数量特征的观测入手,运用科学的统计方法获得反映总体一般特征的综合数量,这是统计学的又一基本特点。

（三）具体性

统计研究对象是自然、社会经济领域中具体现象的数量方面,即它不是纯数量的研究,而是具有明确的现实涵义的,这一特点是统计学与数学的分水岭。数学是研究事物的抽象空间和抽象数量的科学,而统计学研究的数量是客观存在的、具体实在的数量表现。统计研究对象的这一特点,也正是统计工作必须遵循的基本原则。正因为统计的数量是客观存在的、具体实在的数量表现,它才能独立于客观世界,不以人们的主观意志为转移。统计资料作为主观对客观的反映,只有如实地反映具体的已经发生的客观事实,才能为我们进行统计分析研究提供可靠的基础,才能分析、探索和掌握事物的统计规律性。相反地,虚假的统计数据资料是不能成为统计数据资料的,因为它违背了统计研究对象的这一特点。

（四）变异性

变异性是指组成研究对象的各个单位在特征表现上存在差异,并且这些差异是不可以按已知条件事先推断的。例如,研究某地区大学生的消费行为,每个学生的家庭收入、消费偏好都有差异,消费品的市场价格也不稳定,这时就需要研究大学生的平均消费、家庭平均收入、消费偏好和消费品的市场价格等因素。如果每个大学生不存在这些差异,我们只要调查一个学生相关消费行为,就可以知道整个地区的大学生消费行为,这时也就不需要做统计了。正是因为研究对象的各单位存在差异性,统计方法才有了用武之地。

二、统计学的研究方法

统计学根据研究对象的性质和特点,形成了它自己专门的研究方法,这些基本方法是:实验设计法、大量观察法、统计描述法和统计推断法。

(一)实验设计法

实验设计法就是指设计实验的合理程序,使得收集得到的数据符合统计分析方法的要求,以便得出有效的、客观的结论。它主要适用于自然科学研究和工程技术领域的统计数据搜集。

(二)大量观察法

大量观察法是统计学所特有的方法,是指对所研究的事物的全部或部分进行观察的方法。社会现象或自然现象都受各种社会规律或自然规律相互交错作用的影响。在现象总体中,个别单位往往受偶然因素的影响,如果任选其中之一进行观察,其结果不足以代表总体的一般特征;只有观察全部或足够的单位并加以综合,影响个别单位的偶然因素才会相互抵消,现象的一般特征才能显示出来。大量观察的意义在于可使个体与总体之间在数量上的差异相互抵消。

(三)统计描述法

统计描述法是指通过对实验或调查得到的数据进行登记、审核、整理、归类、计算,得出各种能反映总体数量特征的综合指标,并加以分析,从中抽出有用的信息,用表格或图形把它表示出来。统计描述是统计研究的基础,它为统计推断、统计咨询、统计决策提供必要的事实依据。统计描述也是对客观事物认识的不断深化过程。它通过对分散无序的原始资料的整理归纳和分析得到现象总体的数量特征,揭露客观事物内在数量规律性,达到认识客观现象的目的。

(四)统计推断法

统计学在研究现象的总体数量关系时,需要了解的总体对象的范围往往是很大的,有时甚至是无限的,而由于经费、时间和精力等各种原因,以至于有时在客观上只能从中观察部分单位或有限单位进行计算和分析,根据局部观察结果来推断总体。在一定置信程度下,根据样本资料的特征,对总体的特征做出估计和预测的方法称为统计推断法。统计推断法是现代统计学的基本方法,在统计研究中得到了极为广泛的应用,它既可以用于对总体参数的估计,也可以用于对总体某些分布特征的假设检验。从这种意义上来说,统计学是在不确定条件下做出决策或推断的一种方法。

三、统计学的性质

根据统计学前面的定义,我们很容易知道统计学的性质:统计学是一门认识方法论科学,具体来说,它是研究如何搜集数据、整理数据并分析数据,以便从中做出正确推断的认识方法论科学。

之所以统计学具有这样的性质,是因为:首先,统计学是为了揭示客观事物的规律性;其次,为了达到这个目的,需要各种统计方法来认识事物的真面目。因此,统计学是认识客观事物的方法论科学。

统计学和数学都是研究数量关系的科学,它们之间既有联系又有区别。一方面,数学以抽象的概念和方法研究各种数量关系和空间形式,而统计学则是对客观现象在质和量的相互联系中研究其数量方面,揭示其数量变动的规律性,这是它们之间的本质区别。另一方面,数学又为统计学提供大量的计算分析方法,尤其是数理统计,不仅用于研究社会经济现象,也可用于研究自然技术现象。工业产品、农副产品的抽样调查、生产过程的检验和控制等就是数理统计方法在社会经济领域中的应用。

统计学在研究客观现象的数量特征和数量关系时,必然要以相关的科学的基本理论和基本知识为指导,如经济学、社会学、物理学、生物学、心理学等。而且,统计学的基本理论在各个领域中的应用形成了各种专门统计学,如经济统计学、人口统计学、科技统计学、金融统计学、经营统计学、心理统计学等。统计学与相关科学的结合同时也促进了统计理论和方法的发展。

第三节 统计学的分类

目前,统计方法已被应用到自然科学和社会科学的众多领域,统计学也已发展成为由若干分支学科组成的学科体系。根据统计方法的构成,可将统计学分为描述统计学和推断统计学;根据统计方法研究和应用,可将统计学分为理论统计学和应用统计学。

一、描述统计学和推断统计学

描述统计学研究如何取得反映客观现象的数据,并通过图表形式对所收集的数据进行加工处理和显示,进而通过综合、概括和分析得出反映客观现象的规律性数量特征。其内容包括统计数据的收集方法、数据的加工处理方法、数据的显示方法、数据分布特征的概括与分析方法等。

推断统计学则是研究如何根据样本数据去推断总体数量特征的方法,它是在对样本数据进行描述的基础上,对统计总体的未知数量特征做出以概率形式表述的推断。

描述统计学和推断统计学的划分,一方面反映了统计方法发展的前后两个阶段,同时也反映了应用统计方法探索客观事物数量规律性的不同过程。从图 1-1 我们可以看出,描述统计学和推断统计学在统计方法探索客观现象数量规律性中的地位。

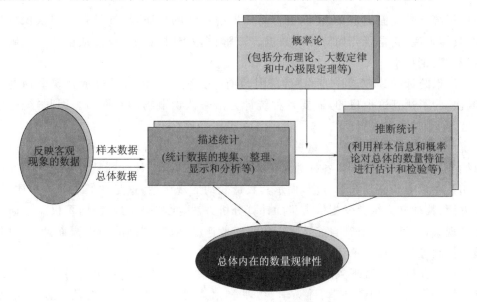

图 1-1　统计学探索客观现象数量规律性的过程

由图 1-1 可以看到,统计研究过程的起点是统计数据,终点是探索出客观现象内在的数量规律性。在这一过程中,如果收集到的是总体数据(如普查数据),那么经过描述统计之后就可以达到认识总体数量规律性的目的;如果所获得的只是研究总体的一部分数据(样本数据),那么要找到总体的数量规律性,就必须应用概率论的理论并根据样本信息对总体进行科学的推断。显然,描述统计和推断统计是统计方法的两个组成部分。描述统计是整个统计学的基础,推断统计则是现代统计学的主要内容。在对现实问题的研究中,由于我们所获得的数据主要是样本数据,因而推断统计在现代统计学中的地位和作用越来越重要,已成为统计学的核心内容。当然,这并不等于说描述统计不重要,没有描述统计搜集可靠的统计数据并提供有效的样本信息,即使再科学的统计推断方法也难以得出准确的结论。从描述统计学发展到推断统计学,反映了统计学发展的巨大成就,也是统计学发展成熟的重要标志。

二、理论统计学和应用统计学

理论统计学是指统计学的数学原理,它主要是研究统计学的一般理论和统计方法的数学理论。现代统计学用到了几乎所有方面的数学知识,从事统计理论和方法研究的人员需要有坚实的数学基础。此外,由于概率论是统计推断的理论基础,因而广义地讲,统计学是应该包括概率论在内的。理论统计学是统计方法的理论基础,没有理论统计学,统计学也不可能发展成为今天这样一个完善的科学知识体系。

在统计研究领域,从事理论统计学研究的人只是很少一部分,大部分从事的是应用统计学的研究。应用统计学是研究如何应用统计方法去解决实际问题。统计学是一门分析数据的科学,在自然科学及社会科学研究领域,都需要通过数据分析解决实际问题,因而统计方法的应用几乎扩展到了所有科学研究领域。例如,统计方法在生物学中的应用形成了生物统计学;在医学中的应用形成了医疗卫生统计学;在农业试验、育种等方面的应用形成了农业统计学。统计方法在经济和社会科学研究领域的应用也形成了若干分支学科。例如,统计方法在经济管理中的应用形成了经济管理统计学;在社会学研究和社会管理中的应用形成了社会统计学;在人口学中的应用形成了人口统计学;等等。以上这些应用统计学的不同分支所应用的基本统计方法都是一样的,即描述统计和推断统计的主要方法。但由于各应用领域都有其特殊性,统计方法在应用中又形成了一些不同的特点。

第四节 统计学的基本概念

一、总体、总体单位和样本

（一）总体和总体单位

总体,亦称统计总体,就是根据一定目的确定的所要研究对象的全体,它是由客观存在的、具有某种共同性质的许多个别单位构成的整体。构成总体的这些个别单位就称为总体单位,我们可以把总体看成是集合,而单位则可以看成是集合中的元素。

例如,研究某厂生产的一批日光灯的寿命,则该厂生产的这批日光灯组成总体,而这批产品中的每一只日光灯就是一个总体单位;研究某企业职工的年龄结构,则该企业所有职工组成总体,而该企业的每一名职工就是一个总体单位。

总体可以分为有限总体和无限总体。总体所包含的单位数是有限的,称为有限总体,如人口数、企业数、商店数等。总体所包含的单位数是无限的,称为无限总体,如连续生产的某种产品的生产数量、大海里的鱼资源数等。对有限总体可以进行全面调查,也可以进行非全面调查;但对无限总体只能抽取一部分单位进行非全面调查,据以推断总体。区分无限总体和有限总体的意义在于对不同的总体应分别采用不同的调查研究方式。

总体与总体单位是两个不同层次的概念,它们之间的关系具有相对性。随着研究目的的不同,总体和总体单位的关系可以发生变化。例如,要研究某高校各专业的办学情况,该高校的所有专业构成总体,而该校开办的每一个专业就是一个总体单位;如果要研究某地区高等学校的办学情况,该地区所有高等学校构成总体,而该地区的每一所高校就是一个总体单位。

（二）样本

从总体中抽取的部分单位组成的集合体称为样本。抽取样本的目的,在于要用样本的数量特征来估计或推断总体的数量特征。对于无限总体,我们不可能对每一单位进行观察,即使是有限总体,由于其大量性的特点,要对所有单位进行观察,要花费大量的人力、物力、财力和时间,是十分不经济的事情。因此,一般情况下,我们都是通过样本来推断总体的特征。

既然抽样的目的是推断总体的特征,那么从总体中抽取样本时必须遵循随机原则,这样才能保证样本的代表性。例如,我们研究某厂生产的日光灯的寿命,随机抽取100支日光灯进行检验,则这100支日光灯就是一个样本。总体是统计研究的对象,样本作为总体的代表,也是统计研究的对象,因此样本也符合总体的概念,为了加以区别,通常将所要研究的事物全体构成的总体称为全及总体,而将样本单位组成的总体称为抽样总体。

抽取样本时要注意以下问题：

(1)从一个总体中可以抽取许多个不同的样本。根据研究目的的统计总体是唯一确定的,而样本却是随机的。从一个总体中抽取不同样本的数目多少与样本单位数和抽样方式有关。例如,某校有 $N=10\ 000$ 名学生,从该校学生中抽取 $n=100$ 名构成样本,按重复抽样方式其可能的样本数目为34。由此可见,从一个总体中抽取一定样本容量,样本的个数是非常多的。

(2)样本的代表性。抽样的目的是用样本的数量特征去推断总体的数量特征,因此,要求样本的指标与总体的指标的误差要小,即抽样误差小。抽样误差越小则样本的代表性越高。样本的代表性的高低与样本单位数、抽样方式和抽样的组织形式有关。提高样本的代表性,降低抽样误差,是抽取样本时要高度关注的问题。

(3)样本的客观性。抽取样本时,要遵循随机原则,排除主观因素的影响,保持取样的客观性,从而提高样本的代表性。

二、标志和指标

（一）标志

1. 标志的定义

标志是用来说明总体单位属性或特征的名称。例如,在工业企业职工总体中,企业的每一个职工就是一个总体单位,说明职工属性特征的名称(如性别、年龄、文化程度、工龄、工资、收入等)就是标志。标志名称之后表示总体单位的具体属性或数值,称为标志表现(或标志值)。例如,汉族、广东分别是民族、籍贯的标志表现。

2. 标志的分类

(1)标志按其特征的性质不同,分为品质标志和数量标志。

反映总体单位属性的标志称为品质标志。例如,职工的民族、籍贯、性别都属于品质标志,只能用文字表示其属性。反映总体单位数量特征的标志,称为数量标志。例如,职工的年龄、工龄、工资收入、企业的产值等都属于数量标志,只能用数值表示其数量特征。

(2)标志按其表现情况不同,分为不变标志和可变标志。

对于某一个标志来说,如果总体各单位具有相同的标志表现,那么该标志称为不变标志。在一个总体中至少具有一个不变标志,例如,某企业职工的工作单位是完全相同的,工作单位就是一个不变标志。在一个总体中,对于某一个标志来说,如果总体各单位具有不同的标志表现,那么该标志称为可变标志。例如,在男性人口总体中,性别是不变标志,而年龄、民族、籍贯等则是可变标志。又如,在全国私营企业总体中,企业所有制是不变标志,而职工人数、工资总额、注册资本、投资总额、利润等均是可变标志。不变标志是总体同质性的要求,所以总体各单位之间至少要有一个不变标志,才能将总体各单位结合在一起。

品质标志和数量标志是根据标志本身的性质决定的,它们之间是不能转变的;但不变标志和可变标志是由被研究的总体单位的特征的具体表现所决定的,因此,某个标志,在研究这个总体时,会确定为不变标志,而在研究另一个总体时,会确定为可变标志,它随研究对象的不同而变化。

可变的数量标志统计上通常称为变量,如某企业职工的年龄、工龄、工资额等。

(二)指标

1. 指标的定义

指标也称统计指标,是说明总体的综合数量特征的范畴及具体数值。一项完整的统计指标应该由总体范围、时间、指标名称和指标数值等内容构成,它体现了事物质的规定性和量的规定性两个方面的特点。例如,经统计调查得知,某县乡办企业2017年固定资产原值为9.2亿元,这就是指标,是说明总体综合数量特征的,它包括总体范围(某县乡办企业)、时间(2017年)、指标名称(固定资产原值)、指标数值(9.2亿元)。

2. 指标的分类

(1)指标按其数值表现形式不同,分为总量指标、相对指标和平均指标。

总量指标是反映社会经济现象总规模或总水平下的统计指标,其表现形式为绝对数。例如,一个国家的人口总数、土地面积、国民生产总值、工业总产值、工资总额、职工总数等都是总量指标。

相对指标是反映社会经济现象数量对比关系的统计指标,其表现形式为相对数。例如,某企业产值计划完成程度、产品合格率、产值增长速度等都是相对指标。

平均指标是反映社会经济现象数量一般水平下的统计指标,其表现形式为平均数。例如,平均工资、劳动生产率、平均单位成本等都是平均指标。

(2)指标按其反映的数量特点不同,分为数量指标和质量指标。

数量指标是反映现象总规模、总水平或工作总量的统计指标。

质量指标是反映现象强度、密度、工作质量和经济效果的统计指标,表明现象的对比关系,用相对数或平均数表示。从表现形式上看,相对指标和平均指标都属于质量指标。质量指标是从数量指标派生出来的,经常用于反映现象间的内在联系,评价工作质量,说明现象发展的规律性。

(3)指标按其反映的时间状况不同,分为静态指标和动态指标。

静态指标是反映现象在某一时点上的数量特征的统计指标。例如,企业职工人数、工业总产值、劳动生产率等都是静态指标。

动态指标是反映现象在不同时间上发展变化情况的统计指标。例如,工业增加值的增长量、发展速度、增长速度等都是动态指标。

(三)标志和指标的关系

标志和指标,两者既有区别,又有联系。区别有以下四点:

第一,标志是说明总体单位特征的,而指标是说明总体数量特征的。

第二,指标都用数值表示,而标志中的品质标志不能用数值表示,只能用文字表示。

第三,指标数值是经过一定的汇总取得的,而标志中的数量标志不一定经过汇总,可直接取得。

第四,标志一般不具备时间、地点等条件,但作为一个完整的统计指标,一定要讲时间、地点、范围。

标志和指标的联系有以下两点:

第一,许多统计指标的数值是从总体单位的数量标志值汇总而来的,既可指总体各单位标志量的总和,也可指总体单位数的总和。例如,某地区工业增加值指标是由该地区的每个工厂的工业增加值汇总而来的;某工业局职工人数指标是由该局各企业的职工人数汇总而来的。

第二,两者存在着一定的变换关系。这主要是指指标和数量标志之间存在着变换关系,即由于研究目的的不同,原来的统计总体如果变成总体单位了,则相应的统计指标也就变成数量标志了(这时,指标名称变成标志,指标数值变成标志值或变量值);反之亦然。例如,在研究某厂职工情况时,该厂的全部职工是总体,该厂的工资总额是统计指标;而在研究该厂所属的某工业局职工工资情况时,该厂就是总体单位,则该厂的工资总额是数量标志,具体的工资总额数值是标志值。于是,该厂的工资总额由统计指标相应变为数量标志了。

三、参数和统计量

参数也称总体参数,是反映全及总体数量特征的指标,即总体指标。统计量也称样本统计量,是反映抽样总体数量特征的指标,即样本指标。对于一个确定的总体,其总体参数是确定的数值,是常量。统计量就不同了,它是随机变量,随着抽取的样本不同可取不同的数值。

现将常见的总体参数和样本统计量所用的符号和基本计算公式列在表 1-1 中。

表 1-1　常见的总体参数和样本统计量

总体参数	符号	计算公式	样本统计量	符号	计算公式
总体单位数	N	—	样本单位数	n	—
总体平均数	$\bar{X}$	$\bar{X} = \dfrac{X_1 + X_2 + \cdots + X_N}{N}$	样本平均数	$\bar{x}$	$\bar{x} = \dfrac{x_1 + x_2 + \cdots + x_N}{n}$
总体方差	σ^2	$\sigma^2 = \dfrac{\sum (X_i - \bar{X})^2}{N}$	样本方差	s^2	$s^2 = \dfrac{\sum (x_i - \bar{x})^2}{n-1}$
总体成数	P	$P = \dfrac{n}{N}$	样本成数	p	$p = \dfrac{n_1}{n}$

本章小结

统计学作为一门独立的学科至今不过三百多年的历史。在统计学的产生过程中,有三个源头,并形成了著名的三个学派:国势学派、政治算术学派、数理统计学派。

统计学是一门收集、整理和分析统计数据的方法论科学,其目的是探索数据的内在数量特征和数量规律性,以达到对客观事物的科学认识。统计学的研究对象是社会经济现象总体的数量特征和数量关系,并通过这些数量方面反映社会经济现象规律性的表现。统计学研究对象的特点有数量性、总体性、具体性、变异性。统计学研究的基本方法有实验设计法、大量观察法、统计描述法和统计推断法。

根据统计方法的构成,可将统计学分为描述统计学和推断统计学;根据统计方法研究和应用,可将统计学分为理论统计学和应用统计学。

统计的基本概念包括总体、总体单位和样本,标志和指标,以及参数和统计量。

思考与练习

(一)填空题

1. 根据统计方法的构成,可将统计学分为_____和_____;根据统计方法研究和应用,可将统计学分为_____和_____。
2. 统计学的研究对象具有_____、_____、_____和_____四个特点。
3. 统计学是一门认识方法论科学,它是研究如何_____、_____并_____,以便从中做出正确推断的认识方法论科学。
4. 指标按其数值表现形式不同,分为_____、_____和_____。
5. 当我们研究某市居民的生活水平时,该市全部居民便构成_____,每一居民是_____。

6. 标志是说明总体单位的名称，它有_____和_____两种。

7. 要了解一个企业的产品生产情况，总体是_____，总体单位是_____。

8. 工人的年龄、工厂设备的价值，属于_____标志，而工人的性别、设备的种类是_____标志。

9. 统计指标反映的是_____的数量特征，数量标志反映的是_____的数量特征。

10. 一项完整的统计指标应该由总体范围、时间、_____和_____等内容构成，它体现了事物质的规定性和量的规定性两个方面的特点。

(二)单项选择题

1. 社会经济统计的研究对象是(　　)。
A. 抽象的数量关系
B. 社会经济现象的规律性
C. 社会经济现象的数量特征和数量关系
D. 社会经济统计认识过程的规律和方法

2. 某城市工业企业未安装设备普查，总体单位是(　　)。
A. 工业企业全部未安装设备
B. 工业企业每一台未安装设备
C. 每个工业企业的未安装设备
D. 每一个工业

3. 标志是说明总体单位特征的名称，标志有数量标志和品质标志，因此(　　)。
A. 标志值只能用数值表示
B. 品质标志才有标志值
C. 数量标志才有标志值
D. 品质标志和数量标志都具有标志值

4. 某班学生数学考试成绩分别为85分、63分、72分、88分，这四个数据是(　　)。
A. 指标　　　　B. 标志　　　　C. 变量　　　　D. 标志值

5. 记账员的记账差错率是(　　)。
A. 数量指标　　B. 质量指标　　C. 数量标志　　D. 质量标志

6. 商业企业的职工数、商品销售额是(　　)。
A. 连续变量
B. 离散变量
C. 前者是连续变量后者是离散变量
D. 前者是离散变量后者是连续变量

7. 数量指标一般表现为(　　)。
A. 平均数　　　B. 相对数　　　C. 绝对数　　　D. 众数

8. 构成统计总体的必要条件是(　　)。
A. 差异性　　　B. 综合性　　　C. 社会性　　　D. 同质性

9.将某公司所属5个企业作为一个总体,5个企业的职工人数分别为800人、900人、1 200人、1 500人、2 000人,这几个职工人数的数据是( )。

　　A.指标　　　　　　B.标志　　　　　　C.变量　　　　　　D.变量值

10.单位成本是( )。

　　A.动态指标　　　　B.质量指标　　　　C.强度指标　　　　D.数量指标

11."统计"一词的基本含义是( )。

　　A.统计调查、统计整理、统计分析

　　B.统计设计、统计分组、统计计算

　　C.统计方法、统计分析、统计预测

　　D.统计科学、统计工作、统计资料

12.某地区有30家生产皮鞋的企业,要研究它们的产品生产情况,不能成为指标的是( )。

　　A.企业名称　　　　　　　　　　　B.企业数

　　C.30家企业的皮鞋总产量　　　　 D.所有企业生产皮鞋的合格率

13.指标是说明总体特征的,标志是说明个体特征的,则( )。

　　A.标志和指标之间的关系是固定不变的

　　B.标志和指标之间的关系是可以变化的

　　C.标志和指标是可以用数值表示的

　　D.只有指标才可以用数值表示

14.统计指标按所反映的数量特点不同可以分为数量指标和质量指标两种。其中数量指标的表现形式是( )。

　　A.绝对数　　　　　B.相对数　　　　　C.平均数　　　　　D.百分数

15.调查某大学5 000名学生的学习成绩,则总体单位是( )。

　　A.5 000名学生　　　　　　　　　B.5 000名学生的学习成绩

　　C.每一名学生　　　　　　　　　 D.每一名学生的学习成绩

16.要了解某市国有工业企业的生产设备情况,则统计总体是( )。

　　A.该市国有的全部工业企业

　　B.该市国有的每一个工业企业

　　C.该市国有的某一台设备

　　D.该市国有工业企业的全部生产设备

(三)多项选择题

1.人口普查中( )。

　　A.全国人口数是指标

　　B.每省、市、自治区人口数是变量

　　C.每一户是总体单位

　　D.每一个人是总体单位

　　E.全国文盲率是质量指标

2.下列指标属于质量指标的是(　　)。

A.人口性别比率　B.商品平均价格　C.城市人均绿地拥有面积

D.优等品产量　E.单位产品成本

3.指标与标志之间存在转换关系,是指(　　)。

A.在同一研究目的下,两者可相互对调

B.指标有可能成为标志

C.标志有可能成为指标

D.在不同研究目的下,指标和标志可相互对调

E.在任何情况下,指标和标志都可相互对调

4.下列标志,是数量标志的有(　　)。

A.性别　　　　B.工种　　　　C.工资

D.民族　　　　E.年龄

5.下列属于连续变量的有(　　)。

A.厂房面积　　B.职工人数　　C.原材料消耗量

D.设备数量　　E.产值

6.统计总体的基本特征表现为(　　)。

A.大量性　　　B.数量性　　　C.同质性

D.差异性　　　E.客观性

7.要了解某地区的就业情况,则(　　)。

A.全部成年人是研究的总体

B.成年人口总数是统计指标

C.成年人口就业率是统计标志

D.反映每个人特征的职业是数量标志

E.某人职业是教师是标志值

8.品质标志表示事物质的特征,数量标志表示事物量的特征,所以(　　)。

A.数量标志可以用数值表示

B.品质标志可以用数值表示

C.数量标志不可以用数值表示

D.品质标志不可以用数值表示

E.两者都可以用数值表示

9.某企业是总体单位,数量标志有(　　)。

A.所有制　　　B.职工人数　　C.月平均工资

D.年工资总额　E.产品合格率

10.统计有着重要的作用,统计是(　　)。

A.社会认识的一种有力武器

B.制订计划、实行宏观调控的基础

C. 制定政策的依据
D. 经济管理的手段
E. 科学研究的工具

(四)判断题

1. 社会经济统计的研究对象是社会经济现象总体的各个方面。(　　)
2. 标志是说明总体特征的,指标是说明总体单位特征的。(　　)
3. 三个同学的成绩不同,所以存在三个变量。(　　)
4. 统计研究客观事物现象,着眼个体的数量特征,而不是研究整体事物的数量特征。(　　)
5. 统计指标有的用文字表示,称为质量指标;有的用数量表示,称为数量指标。(　　)
6. 统计研究中的变异是总体单位质的差别。(　　)
7. 统计学是门研究现象总体数量方面的方法论科学,所以它不关心也不考虑个别现象的数量特征。(　　)
8. 品质标志表明单位属性方面的特征,其标志只能用文字来表现,所以品质标志不能转化为统计指标。(　　)
9. 数量指标指数反映总体的总规模水平,质量指标指数反映总体的相对水平或平均水平。(　　)
10. 在全国工业普查中,全国企业数是统计总体,每个工业企业是总体单位。(　　)

(五)思考题

1. 统计学研究的对象是什么?它们有哪些特点?
2. 什么是统计学?它的性质如何?
3. 何谓统计总体和总体单位?它们的关系如何?
4. 何谓标志?标志可以划分为哪些类型?
5. 何谓统计指标?指标可以划分为哪些类型?
6. 统计指标和标志的关系如何?
7. 解释描述统计和推断统计。
8. 解释分类数据、顺序数据和数值型数据的含义。
9. 区别总体和样本的概念。

(六)解答题

1. 指出下面变量的类型:
(1)年龄;
(2)性别;
(3)汽车产量;
(4)员工对企业某项改革措施的态度(赞成、中立、反对);
(5)购买商品时的支付方式(现金、信用卡、支票)。

2.某研究部门准备抽取2 000个职工家庭推断该城市所有职工家庭的年人均收入:

要求:(1)描述总体和样本;

(2)指出参数和统计量。

3.一项调查表明,消费者每月在网上购物的平均花费是200元,他们选择在网上购物的主要原因是"价格便宜"。回答以下问题:

(1)这一研究的总体是什么?

(2)"消费者在网上购物的原因"是分类变量、顺序变量还是数值型变量?

(3)研究者所关心的参数是什么?

(4)"消费者每月在网上购物的平均花费是200元"是参数还是统计量?

(5)研究者所使用的主要是描述统计方法还是推断统计方法?

第二章 统计数据的收集和整理

美国的一位管理学家曾做过这样的实验,他向一些高层的企业管理者提出这样三个问题:

你每天花费时间最多的工作在哪些方面?

你认为每天最重要的事情是什么?

你在履行职责时最感困难的是什么?

大多数的回答只有两个字——"决策"。

而采访许多企业领导,问:

你在决策时,最依赖、最信赖的根据是什么?

大多数人的回答也只有两个字——"数据"。

这里的数据,指的是统计数据,即所谓"学者不能离开统计而究学,政治家不能离开统计而施政,事业家不能离开统计而执业"。

统计数据即统计资料,本章所要学习的就是如何对统计资料进行调查、整理。

学习要求 了解统计数据的直接来源和间接来源,以及不同来源的统计数据的收集;掌握四种不同的测量尺度及其特点;了解统计调查方案和组织形式的内容;掌握定性数据和定量数据的整理方法。

主要内容

统计数据收集和整理
- 统计数据来源:第一手数据、第二手数据
- 统计数据的测量尺度:定类尺度、定序尺度、定距尺度、定比尺度
- 统计调查方案
  - 确定调查目的
  - 确定调查单位和对象
  - 确定调查项目
  - 确定调查时间
  - 制定调查实施计划
- 统计调查组织形式
  - 统计报表制度
  - 专门调查:普查、重点调查、典型调查、抽样调查
- 统计数据的整理和显示
  - 定类数据的整理和显示
  - 定序数据的整理和显示
  - 数值型数据的整理和显示
- 统计表

在实际工作中,统计数据是统计整理、统计分析和统计解释的资料,没有数据资料,

统计工作就无法展开。而统计数据的收集是统计整理和分析以及统计推断和预测的基础,所以收集统计数据是统计活动的首要任务。统计数据的收集就是根据统计研究的目的和要求,有组织、有计划地向调查对象搜集原始资料的过程。

第一节　统计数据的来源和收集

一、统计数据的来源

统计数据的来源主要有两种:一是直接来源,称为第一手或直接的统计数据;二是间接来源,称为第二手或间接的统计数据。

图 2-1 是数据收集的步骤。根据研究的目的,如果没有现成的数据,就要进行第一手数据的收集;如果已有现成的数据,就对第二手数据进行收集,然后再对第一手数据或第二手数据进行整理分析。

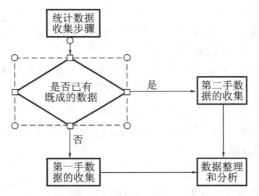

图 2-1　数据收集步骤

第一手数据(primary data)也称原始数据或初始数据,是使用者亲自观察、记录所获得的数据或经过试验所获得的数据。一般常用的获取第一手数据的方法有问卷调查法、观察法和实验设计法等。问卷调查法有面对面调查、电话调查、发放问卷调查、网上调查等,其特点就是直接询问;观察法并不对调查对象进行直接询问,而是客观地捕捉调查对象的行为,如记录每天到某百货商店的顾客、统计每天经过某路段的车辆数等;实验设计法则是观察某些物理性的因素或条件变化后结果将如何变化,或者说会出现什么样的效果等。例如,医药科研人员为了测试新研制药品的疗效和安全性,把不同新药的药量注射到许多动物身上,从而观察并获得大量的数据。又如,同样的商品,用不同的广告形式或不同的广告时间,对该商品促销的效果有什么不同。第一手数据比较珍贵、特有,但相对来说也要花更多的时间、人力和物力。

第二手数据(secondary data)是使用者应用他人所获得的数据,也称次级数据。从主体来看,第二手数据有政府机构、各种行业组织、公司和企业所公布的数据,就是把政府机构、各种组织和公司所公布的数据作为来源;按数据的载体,第二手数据可分成印刷品和电子品。印刷品有统计年鉴、统计摘要、统计资料汇编、统计台账、统计公告、报纸和杂志等;电子品有CD、DVD、因特网等。近年来,因特网已经成为数据来源的重要渠道,几乎所有政府机构和大公司都有自己的网站。表2-1给出部分重要政府网站,这些网站都建有可供公众访问的数据库。

表2-1 提供统计数据的部分网站

国家/组织	相关网站	网址	数据内容
中国	国家统计局 国务院发展研究中心信息网 中国经济信息网 华通数据中心	http://www.stats.gov.cn/ http://www.drcnet.com.cn http://www.cei.gov.cn/ http://data.acmr.com.cn/	统计年鉴、统计月报等 宏观经济、财经、货币金融等 经济信息及各类网站 国家统计局授权的数据中心
美国	人口普查局 联邦政府数据	http://www.census.gov http://www.fedstats.gov	人口和家庭等 美国政府100多个部门数据
联合国	各国际组织数据库	http://data.un.org	联合国各国际组织数据

数据来源如图2-2所示。

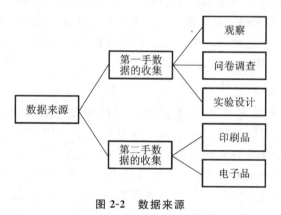

图2-2 数据来源

二、统计数据的审核

统计数据的审核是保证统计整理质量的重要手段,为进一步的整理和分析打下基础。从不同渠道取得的统计数据,在审核的内容和方法上有所不同。对于通过直接调查取得的原始数据,主要从数据的完整性和准确性两个方面去审核;对于通过其他渠道取得的第二手数据,除了对其完整性和准确性进行审核外,还需要着重审核数据的适用性和时效性。

(一)数据的完整性

完整性审核主要是审核所有调查项目和指标是否填写齐全,调查单位是否有遗漏。

对于直接调查取得的原始数据,应该查看调查问卷或调查表项目是否都填写完整了,是否存在着许多空白。如果有太多空白,便要询问调查人员,到底是调查人员的失职还是调查对象由于某些原因拒绝回答,找到原因后再设法将问卷项目填写完整。对于第二手数据,就要看其调查项目是否完备(或者说符合研究分析的需要),是否存在很多缺失值。

（二）数据的准确性

准确性审核主要包括两个方面:一是检查数据是否真实地反映了客观实际情况,内容是否符合实际;二是检查数据是否有错误,计算是否正确。准确性审核的方法主要有抽样复查、逻辑检查和计算检查。抽样复查是指在所有的调查单位中随机地抽取一定比例的单位进行第二次调查。如果第二次调查结果与第一次调查结果非常一致,可以认为第一次调查结果比较真实地反映了客观实际情况;如果两次调查结果出入比较大,那么就有理由认为第一次调查结果存在较大的问题,必须进行更大范围的复查,以取得真实可靠的第一手资料。通常实地复查需要花费较大的时间和精力,很多研究机构和调查公司更多采取电话回访或邮件回访的方式。逻辑检查主要是审核数据是否符合逻辑,内容是否合理,各项目或数字之间有无互相矛盾的现象。例如,男性填写了生育年龄,中学生填写的文化程度为大学,这些都存在明显的逻辑错误,可以肯定是在登记过程中有误,应予以纠正。计算检查是检查调查表中的各项数据在计算结果和计算方法上有无错误。例如,各分项数字之和是否等于相应的合计数,各结构比例之和是否等于1或100%,等等。逻辑检查和计算检查都是在数据汇总之后,通过对每个变量或几个变量进行一些描述分析,来发现是否存在逻辑和计算错误。如果存在错误,必须加以纠正,纠正之后的数据才是我们进行进一步统计分析的基础数据。

（三）数据的适用性和时效性

第二手数据可以来自多种渠道,有些数据可能是为特定目的通过专门调查而取得的,或者是已经按特定目的的需要做了加工整理的。作为使用者来说,首先应弄清楚数据的来源、数据的口径以及有关的背景材料,以便确定这些数据是否符合自己分析研究的需要,是否需要重新加工整理等,不能盲目地生搬硬套,特别是引用国外的数据,更要知道数据的概念所包含的范围。例如"公务员",有些国家的军队士兵算公务员,还有一些国家的中小学教师是公务员,所以此"公务员"数据并不等于彼"公务员"数据。此外,还要对数据的时效性进行审核,对于有些时效性较强的问题,如果所取得的数据过于滞后,可能失去了研究的意义,一般需要使用最新的统计数据。数据在经过审核后,确认适合于实际需要,才有必要做进一步的加工整理。

对审核过程中发现的错误,应根据不同情况分别进行处理。对肯定性的差错,要及时进行更正;对可疑但又不能肯定的差错,要及时查询,可根据问卷上留下的被调查对象的地址和联系电话进行复查,以得到确切的数据信息;对无法予以纠正或不符合要求又无法弥补的统计数据要进行筛选。数据筛选包括两方面内容:一是将某些不符合要求的数据或有明显错误的数据予以剔除;二是将符合某种特定条件的数据筛选出来,而不符合特定条件的数据予以剔除。

第二节 统计数据的测量尺度

测量是用仪器确定空间、时间、温度、速度、功能等有关数值。数据测量即运用某种方法使自然或社会经济现象量化。统计数据有定性数据和定量数据。定性数据用来评价事物的状态,说明的是事物的品质特征,而不直接表示数量,通常表现为类别、应用于对事物评价的用语(如"很好""不坏"等)。定性数据有定类尺度、定序尺度。定量数据是指直接用数字描述的数据,说明的是现象的数量特征,必须用数值来表现,如企业的净资产额、净利润等。定量数据有定距尺度和定比尺度。

一、定类尺度

定类尺度(nominal level)是指分类(组)排列是依据客观事物的品质标志进行的,且各类(组)是并列的平行关系。它是最粗略、计量层次最低的计量尺度。定类尺度只是测度了事物之间的类别差,而对各类之间的其他差别却无法从中得知。因此,使用该尺度对事物进行分类,各类别之间是平等的并列关系,无法区分优劣或大小,各类之间的顺序是可以改变的。定类尺度采用文字、数字代码和其他符号对事物进行分类或分组,如男女、性别、民族、血型、婚姻状况等。定类尺度在统计数据四类测量尺度中属于最低级别的测量尺度,其主要数学特征是"="或"≠",能够进行的唯一运算是计数,即计算每一个类型的频数或频率(即比重)。定类尺度各类别间是平等的,没有高低、大小、优劣之分。例如,张同学的血型是 A 型,赵同学的血型是 O 型,黄同学的血型是 A 型,那么张同学的血型=黄同学的血型,都是 A 型;张同学的血型≠赵同学的血型。这里,也不能比较张同学的血型和赵同学的血型哪一个更好。

定类尺度测量的结果只是对事物进行分类或分组,具有对称性和传递性。对称性是指某一类别和另一类别的关系,如"男"和"女";传递性是指,若 A 和 B 同类,B 和 C 同类,则 A 和 C 也一定同一类别。

定类资料分类或分组时要求做到穷尽原则,即所有数据都可被归属到适当的类型中,没有一个数据无从归属;而且类别间两两互不重叠,即每一个数据只能被划归到某一类型中,而不能既是这一类,又是那一类。

二、定序尺度

定序尺度(ordinal level)是指在语义上表现出明显的等级或顺序关系的定性尺度。定序尺度不仅可以将研究对象分成不同的类别,而且还可以反映各类的优劣、量的大小或顺序。定序尺度的主要数学特征是"<"或">",但不能进行加减。例如,教师职称等级为教授、副教授、讲师、助教;学生的成绩为优秀、良好、及格和不及格;学历为初中、高中、大学、硕士、博士等。

定序数据和定类数据都属于定性数据,但定序数据比定类数据可以提供更多的信息量。定序数据不仅能像定类数据一样正确区分事物的类型,还可以说明类型之间的差别关系。例如,教师职称的高、中、低的差别可以进行比较,但差别的程度却不能具体给出。"高"和"中"有多大差别?"中"和"低"有多大距离?难以给予明确的回答。

定序尺度一般要用比较级、顺序关系的词语来表达,可以帮助人们了解类别之间的差别,顺序变换也不会影响问题的说明。定序尺度同样具有传递性,例如,若 A 比 B 高,B 比 C 高,则 A 比 C 高。但定序尺度与定类尺度不一样的是,定序尺度不具有对称性,因为既然 A 比 B 高,就不能说 B 与 A 一样高。而且,对于定序尺度的排序来说,改变其原来的序列,并不会改变其意义,例如,上面提到的学历中初中、高中、大学、硕士、博士的排列,其序列变为博士、硕士、大学、高中、初中,其意义没有改变。

三、定距尺度

定距尺度(interval level)具有定序尺度的所有特征,是对现象类别或顺序之间的间距进行的测度。得到定距尺度的资料,不仅可以比较事物之间的好坏差别,而且还可以计算出它们差别的大小。定距尺度使用的计量单位一般为实物单位(自然或物理),如件数、公斤、公里等,或者价值单位,如人民币元、美元等。定距尺度的主要数学特征是"+"或"-",但不能进行乘或除的运算。例如,某天的最高气温是 20℃,最低是 10℃,那么可以说这一天的温差是 10℃(20℃-10℃);但是,20℃的天气绝对不比 10℃的天气热 2 倍(最高气温 20℃/最低气温 10℃),这里用"÷"计算就没有什么意义,定距尺度中没有绝对零点(定距尺度中的"0"是作为比较的标准,不表示不存在)。

四、定比尺度

定比尺度(ratio level)具有定距尺度的所有特征,并且有一个绝对原点的测量尺度。定比尺度一般具有四个特征:等价性,大于或小于关系,任何两个数据之间的距离比有意义,任何两个数值比也有意义。定比数据存在绝对零点的现象(即"0"就代表没有),定比尺度主要数学特征是"×"或"÷",也就是不仅可以进行加减运算,而且还可以进行乘除运算。定比尺度的数据用于反映现象的结构、比重、速度、密度等数量关系。例如,A 同学的体重是 50 kg,B 同学的体重是 60 kg,可以说,B 同学的体重比 A 同学的体重重 10 kg(60 kg-50 kg),这里用到"-";还可以说,B 同学的体重是 A 同学体重的 1.2 倍(60 kg/50 kg),这里用到"÷"。

在定距尺度和定比尺度上的数据是最高水平的测量尺度,是比定序尺度更强形式的度量,因为它们不仅可以确定哪个数据最大,而且可以确定大多少。

以上四种度量水平,具有各自的特点。正确认识这四类尺度可以帮助我们运用不同的统计方法处理不同尺度的数据。这些不同层次的度量本身形成了一个累积尺度,即高一层次的尺度,除自己的特性外,必包含下一层次尺度的所有特性。高层次度量具有向下的兼容性,而低层次度量不具有向上的兼容性,如表2-2所示。

表2-2　四种尺度的数学特点

测量方法	测量尺度	举例	= ≠	< >	+ −	× ÷
定性	定类尺度	性别、籍贯等	√	—	—	—
定性	定序尺度	学历、地震等	√	√	—	—
定量	定距尺度	成绩、温度等	√	√	√	—
定量	定比尺度	体重、体积等	√	√	√	√

第三节　统计调查方案和组织形式

统计调查是统计工作过程中的一个阶段。统计调查是按照统计任务的要求,运用各种调查方法,有组织地搜集各项资料的过程。

一、统计调查方案

为了使统计调查按要求、目的顺利进行,在组织实施调查前,应该预先设计一个周详的调查方案。一般来说,统计调查方案包含五项基本内容:调查目的、调查单位和对象、调查项目、调查时间和调查实施计划。

(一)确定调查目的

制定统计调查方案,首先要明确调查目的。所谓调查目的,就是指为什么要进行统计调查,该统计调查要解决什么问题。有了明确的目的,才能做到有的放矢;正确地确定调查对象、内容和方法,才能搜集与目的有关的资料,而舍弃与目的无关的资料。这样可以节约人力和物力,缩短调查时间,提高调查效率。

例如,2010年全国人口普查的目的是:查清2000年以来我国人口在数量、结构、分布和居住环境等方面的变化情况,以便为科学制定国民经济和社会发展规划,统筹安排人民的物质和文化生活,实现可持续发展战略,构建社会主义和谐社会,提供科学准确的统计信息支持。

(二)确定调查单位和对象

调查对象和调查单位需要根据目的来确定,目的越明确、越具体,调查对象和调查单位的确定也就越容易。

所谓调查对象，就是需要进行研究的总体范围，即调查总体。它是由许多性质相同的调查单位所组成的。确定调查对象，要明确总体的界限，划清调查的范围，以防在调查工作中出现重复或遗漏。例如，2010年人口普查规定，人口普查对象是"具有中华人民共和国国籍并在中华人民共和国境内常住的人"。又如，若调查目的是为了搜集某省外资企业的资料，则调查对象就是该省所有合资、独资等的外资企业。

所谓调查单位，就是所要研究的总体单位，也即所要登记的标志的承担者。上述两例中，具有中华人民共和国国籍并在中华人民共和国境内常住的每个人和某省每一家外资企业都是调查单位。确定调查单位是一个比较复杂的问题，因为社会现象彼此之间相互联系且相互交错，所以在确定调查对象时，要把相近的一些现象划分清楚，区别应调查和不应调查的现象。在调查前应明确各概念所包含的范围。例如，要调查高科技企业，就要界定"高科技"的概念范畴，是以省级水平为标准还是以国家级水平为标准，或是以企业的高科技产品的比例为界限等。确定调查单位，有些是根据政府的规定，有些是根据通用的理论，还有些是根据实际情况，但不管是根据什么，在整个调查过程中应该统一标准，并且在调查报告形成时说明清楚。

实际工作中还应该注意，不要把调查单位和填报单位相混淆。调查单位是项目的承担者，而填报单位则是负责填写提交调查资料的单位。这两者有时是一致的，有时是不一致的。

(三) 确定调查项目

在调查目的、调查对象、调查单位确定之后，应确定具体的调查项目。调查项目是所要调查的具体内容，它完全是由调查对象的性质和调查目的所决定的，包括调查单位所须登记的标志(品质标志和数量标志)及其有关情况。例如，2010年全国人口普查，根据调查项目，需要被调查对象填写或报告姓名、性别、年龄、民族、文化程度、职业、行业、婚姻状况、住房面积等项目。

调查项目所要解决的问题是向被调查者调查什么，也就是要被调查者回答什么。在具体拟定调查项目时一般要注意以下四个问题：

(1) 调查项目要少而精，在满足调查目的的同时，还要考虑方便被调查者回答填写。过多的调查项目不仅使被调查者产生疲劳而影响调查质量，还会造成调查工作的浪费。

(2) 根据调查的目的要求和现实的可能性原则确定所调查的项目。有些被调查者说不清楚、无法回答，或不愿回答的，不要列入调查项目里。凡是列入调查项目的，含义要具体明确，使人容易看懂，理解一致，没有歧义；有些项目需要加注释，或规定统一标准。

(3) 调查项目之间尽可能保持联系，这样可以相互核对，起到校验的作用。在一次调查中，各个项目之间保持一定的联系；在二次或多次调查中，项目之间尽可能地保持联系，使其具有可比性。

(4) 现在的调查多采用"选择式"。例如，年龄按使用目的可分为"16岁以下""16—22岁""22—60岁""60岁以上"几栏，被调查者可以按实际情况圈划。

调查项目用表格形式表现就是调查表。调查表一般有一览表和单一表两种形式。一览表是把许多调查单位和相应的项目按次序登记在一张表格里的一种统计表，当调查

第二章 统计数据的收集和整理

项目不多时可用一览表,如人口普查表。单一表是在一张表格里只登记一个调查单位,如果项目多,一份表格可以由几张表格组成,如学生登记卡片。一览表的优点是每个调查单位的共同事项,只需登记一次,可以节省人力和时间;缺点是不能多登记调查单位的标志。而单一表的优点是可以容纳较多的标志;缺点是每份表上都要注明调查地点、时间及其他共同事项,比较花费人力和时间。

（四）确定调查时间

调查时间是指调查资料所属的时点或时期。从调查资料的性质来看,有的资料反映现象在某一时点上的状态,对统计调查来说必须规定统一的时点。像普查,就规定某一时点为标准时间。例如,我国2010人口普查就是以2010年11月1日0时为标准时间。有些调查资料是反映现象在一段时期内发展过程的结果,统计调查则要明确资料所属时期的起讫(一个月、一个季度、一个年度)时间,所登记的资料指该时期第一天到最后一天的累计数字,如企业的生产量、营销额、工资总额,政府的税收、财政支出等。按年度计算,一般是从1月1日到12月31日的全年数字。

调查期限是指调查工作进行的起讫时间(从开始到结束的时间),包括搜集资料和报送资料的整个工作所需的时间。

（五）制定调查实施计划

严密可行的实施计划,是使统计调查顺利进行的保证。调查实施计划包括调查机构、调查步骤、调查人员的组织和培训、调查经费的落实等。需要强调的是,调查人员的培训往往直接影响到调查的质量,因此,在组织大型调查之前须进行必要的专门培训,使调查人员准确掌握调查项目里的概念术语,统一认识。

整个统计调查方案的内容,即对统计调查的设计。这个方案不仅限于调查阶段的问题,也包括统计整理阶段汇总内容方面的问题。

二、统计调查组织形式

统计调查的组织形式是指采取什么方式组织调查以取得统计资料。我国统计调查的组织形式分为统计报表制度和专门调查。

（一）统计报表制度

统计报表是按统一规定的表格形式、统一的报送程序和报表时间,自下而上地提供基础统计资料,是一种具有法律性质的报表。统计报表是一种以单项调查为主的调查方式,它是由政府主管部门根据统计法规,以统计表格形式和行政手段自上而下布置,而后由企、事业单位自下而上层层汇总上报,逐级提供基本统计数据的一种调查方式。统计报表制度是一种自上而下布置、自下而上通过填制统计报表搜集数据的制度。统计报表可按以下几种方式分类:

(1)按调查范围不同,统计报表可分为全面统计报表和非全面统计报表。全面统计报表要求调查对象中的每一个单位都要填报;非全面统计报表只要求调查对象的一部分单位填报。

(2)按填报单位不同,统计报表分为基层统计报表和综合统计报表。基层统计报表是由基层企、事业单位填报的报表;综合统计报表是由主管部门或部门根据基层报表逐级汇总填报的报表。综合统计报表主要用于搜集全面的基本情况,此外,也常为重点调查等非全面调查所采用。

(3)按报送周期长短不同,统计报表分为日报、周报、旬报、月报、季报、半年报和年报。周期短的,要求资料上报迅速,填报的项目比较少;周期长的,内容要求全面一些;年报具有年末总结的性质,反映当年中央政府的方针、政策和计划贯彻执行情况,内容要求更全面和详尽。

日报、周报和旬报称为进度报表,主要用来反映生产、工作的进展情况;月报、季报和半年报主要用来掌握国民经济发展的基本情况,检查各月、季、半年的生产工作情况;年报是每年上报一次,主要用来全面总结全年经济活动的成果,检查年度国民经济计划的执行情况等。

(4)按内容和实施范围不同,统计报表分为国家统计报表、部门统计报表和地方统计报表。国家统计报表是国民经济基本统计报表,由国家统计部门统一制发,用以搜集全国性的经济和社会基本情况,包括农业、工业、基建、物资、商业、外贸、劳动工资、财政等方面最基本的统计资料;部门统计报表是为了适应各部门业务管理需要而制定的专业技术报表;地方统计报表是针对地区特点而补充制定的地区性统计报表,是为本地区的计划和管理服务的。

(二)专门调查

专门调查是为了一定目的,研究某些专门问题所组织的一种调查方式。专门调查有普查、重点调查、典型调查和抽样调查。在实际应用中,要依据特定的研究目的或工作任务,结合研究对象所具有的性质和特点,实施不同的调查方法。必要时,也可以几种调查方法结合使用。

1. 普查

普查是专门组织的一次性的全面调查,如全国人口普查、能源普查、农业普查等。普查的组织方式一般有两种:一种是建立专门的普查机构,培训并配备大量普查人员;另一种是利用调查单位的原始记录和资料,发放调查表,由登记单位填报,如大豆库存普查、新建商品房交易普查等。

我国比较大的普查有人口普查、农业普查和经济普查。人口普查是每十年一次,尾数为"0"的年份进行人口普查,如2000年、2010年进行了人口普查;农业普查也是每十年一次,尾数为"6"的年份进行农业普查,如2006年、2016年进行了农业普查;经济普查是每十年进行两次,尾数为"3"或"8"的年份进行经济普查,经济普查包括工业普查、第三产业普查、基本单位普查和建筑业普查。我们可以看到,人口普查、农业普查、经济普查的时间是错开的。

普查有以下几个特点:
(1)规定统一的标准时点。标准时点是指对调查对象登记时所依据的统一时点。

(2)规定统一的普查期限。在普查范围内各调查单位或调查点尽可能同时进行登记。

(3)规定普查的项目和指标。普查时必须按照统一规定的项目和指标进行登记,不准任意改变和增减,以免影响汇总,降低资料质量。

由于普查一般在全国范围内进行,涉及面广,工作量大,需要动员大量的人力、物力和财力,对数据的准确性、时效性和完整性要求高,因此必须统一领导、统一要求和统一行动。

2. 重点调查

重点调查是指在调查对象中,只选择一部分重点单位进行的专门组织的一种非全面调查,也就是在总体中选择个别或部分重点单位进行调查,借以了解总体的基本情况。这些单位虽然少,但它们调查的标志值在总体标志总量中占有绝大部分的比重,通过对这些单位的调查,就能掌握总体的基本情况。例如,要了解全国国有汽车企业的生产情况,只要调查一汽、东风、上汽、广汽等大型汽车制造公司,就能达到调查的目的,因为这些汽车企业在全国虽只占少数,但它们的产量在全国国有企业的汽车产量中占有大部分的比重。因此,当调查的目的只是掌握调查对象的基本情况,而在总体中却有部分单位能较集中地反映所研究的问题时,采用重点调查是比较合适的。

重点调查的特点如下:

(1)重点调查适用于调查对象的标志值比较集中于某些单位的场合,这些单位的管理比较健全,统计力量比较充实,能够及时取得准确资料;

(2)重点调查的目的在于了解总体现象某些方面的基本情况,而不要求全面准确地推算总体数字;

(3)重点调查比实际调查的单位数目少,在满足调查目的所要求的前提下,可以比全面调查节省人力、物力和时间。

重点调查具有投入少、速度快的优点,可以调查较多的项目。重点调查的关键是确定重点单位,根据调查目的的不同,重点单位可以是一些企业、行业,也可以是一些地区、城市,要依具体问题和数据收集对象来加以确定。

3. 典型调查

典型调查是根据调查的目的,选择在同类对象中最具典型性的单位进行调查。典型调查也是一种非全面调查,如选择某乡镇作为建设新农村的调查分析代表、选择某企业作为节能减排的调查样本等。

典型调查一般有以下特点:

(1)典型调查主要是定性调查。典型调查主要依靠调查者深入基层进行调查,对调查对象直接剖析,取得第一手资料,能够透过事物的现象发现事物的本质和发展规律。

它是一种定性研究,难以进行定量研究。

(2)典型调查是根据调查者的主观判断,选择少数具有代表性的单位进行调查。因此,调查者对调查单位的了解情况、思想水平和判断能力对选择典型的代表性起着决定作用。

(3)典型调查的方式是面对面的直接调查。它主要依靠调查者深入基层,与调查对象直接接触和剖析,因此,对现象的内部机制和变化过程往往了解得比较清楚,资料比较全面、系统。

(4)典型调查方便、灵活,可以节省时间、人力和经费。典型调查的对象少,调查时间快,反映情况快,调查内容系统周密,了解问题深入,使用调查工具不多,运用起来灵活方便,可以节省很大的人力、财力。

4. 抽样调查

抽样调查是一种专门组织的非全面调查,它按照随机原则,从总体中抽取部分单位进行观察,用观察的结果来推算全部总体的某些数值,即以部分推断全体。抽样调查是现代推断统计的核心,因为无论是对总体的参数估计或假设检验,都是以测定样本得到样本指标——统计量为依据的。

抽样调查有以下几个主要特征:

(1)按随机性原则抽取样本。随机性原则是抽样调查的基本原则,遵守这个原则可以避免统计估计的系统性偏差,而且只有符合抽样随机性原则,才能计算抽样估计误差。

(2)根据部分调查的实际资料对调查对象总体的数量特征进行估计。用抽样资料对总体进行认识,需要依据统计估计和归纳推断。

(3)抽样误差可以计算并可以控制。用样本资料推断总体,必然会产生误差,但抽样误差的大小可以计算出来,并且可以进行控制。

抽样调查能够解决全面调查无法或难以解决的问题,抽样调查调查单位少,调查项目就可以多一些,以便对某一社会经济现象进行更深入的研究,也可以节省调查费用,又可以满足统计时效性的要求。所以,我国统计调查体系是以经常性的抽样调查为主体。

第四节 统计数据的整理和显示

不管是直接收集的数据,还是间接得到的数据,都需要按照使用目的进行归纳整理。统计整理是承上启下的过程,是统计调查的继续,也是统计分析的基础。统计整理也就是根据统计研究的目的,对调查所得原始资料进行科学分组和汇总,并对以往的资料进

第二章 统计数据的收集和整理

行再加工。统计整理最后的结果就是形成各种统计表和统计图。这里分别介绍定类数据、定序数据和数值型数据的整理和显示。

一、定类数据的整理和显示

定类数据本身就是对事物的一种分类,因此,在整理时我们除了列出所分的类别外,还要计算出每一类别的频数、频率或比例、比率,同时选择适当的图形进行显示,以便对数据及其特征有一个初步的了解。

(一)定类数据的整理

定类数据的整理通常要计算下面的一些指标。

1. 频数和频数分布

频数也称次数,是落在各类别中的数据个数。我们把各个类别及其相应的频数全部列出来就是频数分布,或称次数分布。将频数分布用表格的形式表现出来就是频数分布表。

【例2-1】 为研究广告市场的状况,一家广告公司在某城市随机抽取200人就广告问题做了邮寄问卷调查,其中一个问题是:"您比较关心下列哪一类广告?"

(1)商品广告;(2)服务广告;(3)金融广告;(4)房地产广告;(5)招生招聘广告;(6)其他广告。

这里的变量就是"广告类型",不同类型的广告就是变量值。调查数据经整理分类后形成频数分布表,如表2-3所示。

表2-3 某城市居民关注广告类型的频数分布表

广告类型	人数/人	比例	频率/%
商品广告	112	0.560	56.0
服务广告	51	0.255	25.5
金融广告	9	0.045	4.5
房地产广告	16	0.080	8.0
招生招聘广告	10	0.050	5.0
其他广告	2	0.010	1.0
合计	200	1.000	100.0

很显然,如果我们不做分类整理,观察200个人对不同广告的关注情况,既不便于理解,也不便于分析。经分类整理后,可以大大简化数据,我们可以很容易看出,关注商品广告的人数最多,而关注其他广告的人数最少。

2. 比例

比例是一个总体中各个部分的数量占总体数量的比重,通常用于反映总体的构成或结构。假定总体数量N被分成K个部分,每一部分的数量分别为$N_1, N_2, \cdots, N_K$,则比

例定义为 N_i/N。显然，各部分的比例之和等于 1，即

$$\frac{N_1}{N}+\frac{N_2}{N}+\cdots+\frac{N_K}{N}=1 \tag{2-1}$$

比例是将总体中各个部分的数值都变成同一个基数，也就是都以 1 为基数，这样就可以对不同类别的数值进行比较了。例如，在例 2-1 中，关注金融广告的人数比例为 0.045。

3. 百分比

将比例乘以 100 就是百分比或百分数，它是将对比的基数抽象化为 100 而计算出来的，用"%"表示，它表示每 100 个分母中拥有多少个分子。例如，在例 2-1 中，频率一栏就是将比例乘以 100 而得到的百分比。百分比是一个更为标准化的数值，很多相对数都用百分比表示。当分子的数值很小而分母的数值很大时，我们也可以用千分数"‰"来表示比例，例如，人口的出生率、死亡率、自然增长率等都用千分数来表示。

4. 比率

比率是各个不同类别的数量的比值，它可以是一个总体中各个不同部分的数量对比。例如，在例 2-1 中，关注商品广告的人数与关注服务广告的人数的比率是 112∶51。为便于理解，通常将分母化为 1 来表示，即关注商品广告的人数和关注服务广告的人数的比率是 2.2∶1。

比率由于不是总体中部分与整体之间的对比关系，因而比值可能大于 1。为方便起见，比率可以不用 1 作为基数，而用 100 或其他便于理解的数作为基数。例如，人口的性别比就用每 100 名女性人口对应多少男性人口来表示，性别比 105∶100 表示每 100 名女性人口对应 105 名男性人口，说明男性人口略多于女性人口。

在对经济和社会问题的研究中，我们经常使用比率，如经济学中的积累与消费之比，国内生产总值中第一、二、三产业产值之比等。比率也可以是同一现象在不同时间或空间上的数量之比。例如，将 2018 年的国内生产总值与 2017 年的国内生产总值进行对比，可以得到经济增长率；将一个地区的国内生产总值与另一个地区的国内生产总值进行对比，可以反映两个地区的经济发展水平差异；等等。

（二）定类数据的显示

上面我们是用频数分布表来反映定类数据的频数分布。如果用图形来显示频数分布，就会更形象和直观一些。一张好的统计图，往往胜过冗长的文字表述。统计图的类型有很多，多数统计图除了可以绘制二维平面图外，还可以绘制三维立体图。图形的制作均可由计算机来完成。定类数据的常用图示方法有柱形图和饼图等。

1. 柱形图

柱形图用于显示一段时间内的数据变化或显示各项之间的比较情况。在表示定类数据的分布时，柱形图的高度用来表示各类别数据的频数或频率。绘制时，各类别可以放在纵轴，称为柱形图；也可以放在横轴，称为条形图。此外，柱形图还有单式、复式等形式。例如，根据表 2-3 的数据绘制的柱形图如图 2-3 所示，条形图如图 2-4 所示。

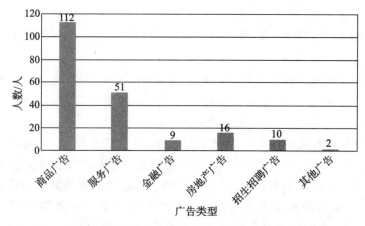

图 2-3 某城市居民关注不同类型广告的人数构成柱形图

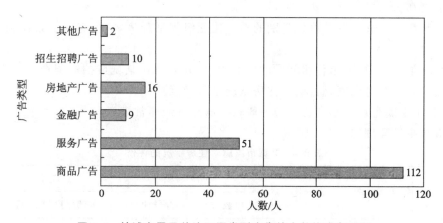

图 2-4 某城市居民关注不同类型广告的人数构成条形图

2. 圆形图

圆形图也称饼图。它是用圆形及圆内扇形面积来表示数值大小的图形。圆形图主要用于表示总体中各组成部分所占的比例，对于研究结构性问题十分有用。在绘制圆形图时，总体中各部分所占的百分比用圆内的各个扇形面积来表示，这些扇形的中心角度，是按各部分百分比占 360 的相应比例确定的。例如，根据表 2-3 中的数据绘制的饼图如图 2-5 所示，关注服务广告的人数占总人数的百分比为 25.5%。

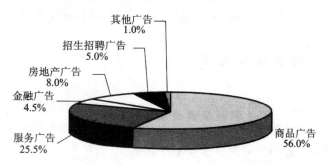

图 2-5 某城市居民关注不同类型广告的人数构成饼图

二、定序数据的整理和显示

上面介绍的定类数据的整理和显示方法,如频数、比例、百分比、比率、条形图和饼图等,也都适用于对定序数据的整理和显示。除了上面的整理和显示方法外,对定序数据还可以计算累积频数和累积频率(百分比)。

累积频数就是将各类别的频数逐级累加起来,其方法有两种:一是从类别顺序的开始一方向类别顺序的最后一方累加频数(数值型数据则是从变量值小的一方向变量值大的一方累加频数),称为向上累积;二是从类别顺序的最后一方向类别顺序的开始一方累加频数(数值型数据则是从变量值大的一方向变量值小的一方累加频数),称为向下累积。通过累积频数,我们可以很容易看出某一类别(或数值)以下及某一类别(或数值)以上的频数之和。

累积频率或百分比就是将各类别的百分比逐级累加起来,它也有向上累积和向下累积两种方法。

【例 2-2】 在一项城市住房问题的研究中,研究人员在某城市抽样调查 300 户,其中的一个问题是:"您对您家庭目前的住房状况是否满意?"

(1)非常不满意;(2)不满意;(3)一般;(4)满意;(5)非常满意。

调查结果经整理如表 2-4 所示。

表 2-4 某城市家庭对住房状况的评价

回答类别	户数/户	百分比/%	向上累积		向下累积	
			户数/户	百分比/%	户数/户	百分比/%
非常不满意	24	8	24	8.0	300	100.0
不满意	108	36	132	44.0	276	92.0
一般	93	31	225	75.0	168	56.0
满意	45	15	270	90.0	75	25.0
非常满意	30	10	300	100.0	30	10.0
合计	300	100	—	—	—	—

定序数据的图示方法通常与定类数据的图示方法相同,这里不再赘述。

三、数值型数据的整理和显示

定距数据和定比数据统称为数值型数据,上面介绍的定类数据和定序数据的整理和显示方法,也都适用于对数值型数据的整理和显示。但数值型数据还有一些特定的整理和图示方法,它们并不适用于定类数据和定序数据。

(一)数值型数据的分组

数值型数据的结果表现为数值,因此,在整理时通常是进行数据分组。它是根据统计研究的需要,将数据按照某种标准划分成不同的组别。分组后再计算出各组中数据出现的频数,就形成了一张频数分布表。

1. 分组方法

数据分组的方法有单变量值分组和组距分组两种。

(1)单变量值分组。

单变量值分组是把一个变量值作为一组,这种分组通常只适合离散变量,而且在变量值较少的情况下使用。

(2)组距分组。

在连续变量或变量值较多的情况下,通常采用组距分组。它是将全部变量值依次划分为若干区间,并将这一区间的变量值作为一组。在组距分组中,一个组的最小值称为下限;一个组的最大值称为上限;上限与下限的差值称为组距;上限与下限的平均数称为组中值,它是一组变量值的代表值。

组距分组中数列上、下限可以重叠,也可以不重叠。对离散变量一般采取组限不重叠分组;对连续变量一般采取组限重叠分组,即前一组的上限与后一组的下限为同一数值,如果变量值刚好等于组限,则依据上限不在内的原则,将其归入下限所在的组。但在实际工作中,也常常对连续变量只取整数,且采取不重叠分组。

2. 分组原则

采用组距分组时,需要遵循不重不漏的原则。不重是指一项数据只能分在其中的某一组,不能在其他组中重复出现;不漏是指组别能够穷尽,即在所分的全部组别中每一项数据都能分在其中的某一组,不能遗漏。

下面结合具体的例子说明分组的过程和频数分布表的编制过程。

【例 2-3】 某生产车间 50 名工人日加工零件数(单位:个)如下:

117	122	124	129	139	107	117	130	122	125
108	131	125	117	122	133	126	122	118	108
110	118	123	126	133	134	127	123	118	112
112	134	127	123	119	113	120	123	127	135
137	114	120	128	124	115	139	128	124	121

试对数据进行组距分组。

采用组距分组需要经过以下几个步骤:

第一步,确定组数。一组数据分多少组合适呢?一般与数据本身的特点及数据的多少有关。由于分组的目的之一是为了观察数据分布的特征,因而组数的多少应适中。如果组数太少,数据的分布就会过于集中,组数太多,数据的分布就会过于分散,这都不便于观察数据分布的特征和规律。组数的确定应以能够显示数据的分布特征和规律为目的。在实际分组时,我们可以按斯德奇(Sturges)提出的经验公式来确定组数 K:

$$K = 1 + \frac{\lg n}{\lg 2} \tag{2-2}$$

其中，n 为数据的个数，对结果四舍五入取整数即为组数。

对本例中的数据有

$$K = 1 + \frac{\lg 50}{\lg 2} \approx 7$$

即应分为 7 组。

当然，这只是一个经验公式，实际应用时，可根据数据的多少和特点及分析的要求，参考这一标准灵活确定组数。

第二步，确定各组的组距。组距是一个组的上限与下限的差，可根据全部数据的最大值和最小值及所分的组数来确定，即

$$\text{组距} = (\text{最大值} - \text{最小值}) \div \text{组数} \tag{2-3}$$

本例中，最大值为 139，最小值为 107，则

$$\text{组距} = (139 - 107) \div 7 = 4.6$$

为便于计算，组距宜取 5 或 10 的倍数，而且第一组的下限应低于最小变量值，最后一组的上限应高于最大变量值，因此组距可取 5。

第三步，根据分组整理成频数分布表。

对本例中的数据进行组限重叠分组，可得到频数分布表如表 2-5 所示。

表 2-5 某车间 50 名工人日加工零件数分组表（组限重叠分组）

按零件数分组/个	频数/人	频率/%
105—110	3	6
110—115	5	10
115—120	8	16
120—125	14	28
125—130	10	20
130—135	6	12
135—140	4	8
合计	50	100

进行组限不重叠分组，可得频数分组表如表 2-6 所示。

表 2-6 某车间 50 名工人日加工零件数分组表（组限不重叠分组）

按零件数分组/个	频数/人	频率/%
105—109	3	6
110—114	5	10
115—119	8	16
120—124	14	28
125—129	10	20
130—134	6	12
135—139	4	8
合计	50	100

而对于连续变量,可以采取相邻两组组限重叠的方法,根据"上限不在内"的规定解决重叠的问题;也可以对一个组的上限值采用小数点的形式,小数点的位数根据所要求的精度具体确定。例如,对零件尺寸可以分组为10—11.99、12—13.99、14—15.99等。

在组距分组中,如果全部数据中的最大值和最小值与其他数据相差悬殊,为避免出现空白组(即没有变量值的组)或个别极端值被漏掉,第一组和最后一组可以采取"××以下"和"××以上"这样的开口组。开口组通常以相邻组的组距作为其组距。

在本例的50个数据中,假定将最小值改为94,最大值改为160,采用上面的分组就会出现空白组,这时可采用开口组,如表2-7所示。

表2-7　某车间50名工人日加工零件数分组表(开口组)

按零件数分组/个	频数/人	频率/%
110以下	3	6
110—115	5	10
115—120	8	16
120—125	14	28
125—130	10	20
130—135	6	12
135以上	4	8
合计	50	100

为了统计分析的需要,有时我们需要观察某一数值以下或某一数值以上的频数或频率之和,还可以计算出累积频数或累积频率。

(二)数值型数据的显示

通过数据分组后形成的频数分布表,我们就可以初步看出数据分布的一些特征和规律。例如,从表2-5可以看出,该车间工人日加工零件数大多数在120—125之间,共14人,低于这一水平的共有16人,高于这一水平的共有20人,可见这是一种非对称分布。如果我们用图形来表示这一分布的结果,会更形象、直观。上面介绍的柱形图、饼图等都适用于显示数值型数据。此外,对数值型数据我们还可以绘制直方图来显示数据的分布状况。

直方图是用矩形的宽度和高度来表示频数分布的图形。在平面直角坐标系中,我们用横轴表示数据分组,纵轴表示频数或频率,这样,各组与相应的频数就形成了一个矩形,即直方图。例如,根据表2-5中的频数分布表绘成的直方图如图2-6所示。

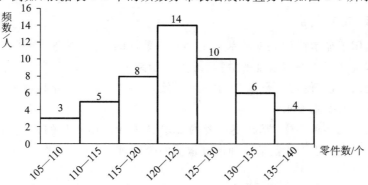

图2-6　某车间50名工人日加工零件数直方图

从直方图可以直观地看出工人日加工零件数及人数的分布状况。

直方图与柱形图不同,柱形图是用柱形的高度表示各类别频数的多少,其宽度(表示类别)是固定的;直方图是用面积表示各组频数的多少,矩形的高度表示每一组的频数或百分比,宽度表示各组的组距,因此其高度与宽度均有意义。此外,由于分组数据具有连续性,直方图的各矩形通常是连续排列的,而条形图则是分开排列的。

与直方图有相似作用的图是折线图。它以各组标志值中点位置作为该组标志的代表值,然后用折线将各组次数连接起来,形成了折线图,也称为多次数多边形图,如图 2-7 所示。当我们对数据所分的组数很多时,组距会越来越小,这时所绘制的折线图就会越来越光滑,逐渐形成一条平滑的曲线,这就是频数分布曲线。分布曲线在统计学中有着十分广泛的应用,是描述各种统计量及其分布规律的有效方法。

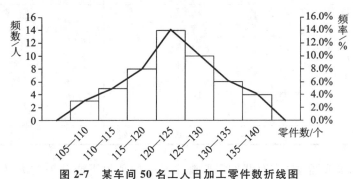

图 2-7　某车间 50 名工人日加工零件数折线图

四、统计表

统计表和统计图是显示统计数据的两种方式。在日常生活中,阅读报纸杂志,或者看电视、查阅计算机网络时,我们都能看到大量的统计表格和统计图形。统计表把杂乱的数据有条理地组织在一张简明的表格内,统计图则把数据形象地显示出来。显然,我们看统计表和统计图要比看那些枯燥的数字更有趣。当我们自己对某些实际问题进行研究时,也经常要使用统计表和统计图。正确地使用统计表和统计图是做好统计分析的最基本技能。在前几节中,我们已经介绍了不同类型统计数据的图示方法,下面简要介绍统计表的构成和设计。

(一)统计表的构成

统计表是用于显示统计数据的基本工具。在数据的搜集、整理、描述和分析过程中,我们都要使用统计表。许多杂乱的数据,既不便于阅读,也不便于理解和分析,一旦整理在一张统计表内,就会使这些数据变得一目了然,清晰易懂。充分利用和绘制好统计表是做好统计分析的基本要求。

统计表的形式多种多样,根据使用者的要求和统计数据本身的特点,我们可以绘制形式多样的统计表。表 2-8 就是一种比较常见的统计表。

第二章 统计数据的收集和整理

表 2-8　2000 年至 2012 年我国城镇居民家庭基本情况统计　←—— 表头

项　目	单位	2000年	2010年	2011年	2012年
调查户数	户	42 220	65 607	65 655	65 981
平均每户家庭人口数	人	3.13	2.88	2.87	2.86
平均每户就业人口数	人	1.68	1.49	1.48	1.49
平均每户就业面	%	53.67	51.74	51.57	52.1
平均每人全部年收入	元	6 295.9	2 1033.4	23 979.2	26 959
工资性收入	元	4 480.5	13 707.7	15 411.9	17 335.6
经营净收入	元	246.2	1 713.5	2 209.7	2 548.3
财产性收入	元	128.4	520.3	649	707
转移性收入	元	1 440.8	5 091.9	5 708.6	6 368.1
可支配收入	元	6 280.0	19 109.4	21 809.8	24 564.7
平均每人每年总支出	元	6 147.4	18 258.4	20 365.7	22 341.4
消费支出	元	4 998.0	13 471.5	15 160.9	16 674.3
非消费支出	元	1 146.1	4 786.9	5 204.8	5 667.1
恩格尔（Engel）系数	%	39.4	35.7	36.3	36.2

列标题（2000年、2010年、2011年、2012年）　数字资料　行标题（项目栏）

注：本表为城镇住户抽样调查资料，摘编自《中国统计摘要2013》。2002年起城镇住户调查对象由原来的非农业人口改为城市市区和县城关镇区常住人口。　　附加

从表 2-8 可以看出，统计表一般由四个主要部分组成，即表头、行标题、列标题和数字资料。此外，必要时可以在统计表的下方加上表外附加。表头应放在表的上方，它说明统计表的主要内容。行标题和列标题通常分别安排在统计表的第一列和第一行，它表示的主要是所研究问题的类别名称和指标名称。如果是时间序列数据，行标题和列标题也可以是时间，当数据较多时，通常将时间放在行标题的位置。表的其余部分是具体的数字资料。表外附加通常放在统计表的下方，主要包括资料来源、指标的注释和必要的说明等内容。

（二）统计表的设计

由于使用者的目的以及统计数据的特点不同，统计表的设计在形式和结构上会有较大差异，但其设计上的基本要求是一致的。总体上看，统计表的设计应符合科学、实用、简练、美观的要求。具体来说，设计统计表时要注意以下几点：

首先，要合理安排统计表的结构，如行标题、列标题、数字资料的位置应安排合理。当然，由于强调的问题不同，行标题和列标题可以互换，但应使统计表的横竖长度比例适当，避免出现过高或过长的表格形式。

其次，表头一般应包括表号、总标题和表中数据的单位等内容。总标题应简明确切地概括出统计表的内容，一般需要表明统计数据的时间（when）、地点（where）以及何种数据（what），即标题内容应满足 3W 要求。若表中的全部数据都是同一计量单位，可放在表的右上角标明；若各指标的计量单位不同，则应放在每个指标后或单列出一列标明。

再次，表中的上、下两条横线一般用粗线，中间的其他线要用细线，这样使人看起来清楚、醒目。通常情况下，统计表的左右两边不封口，列标题之间用竖线分开，而行标题

之间不必用横线隔开。总之,表中尽量少用横竖线。表中的数据一般是右对齐,有小数点时应以小数点对齐,而且小数点的位数应统一。对于没有数字的表格单元,一般用"—"表示,一张填好的统计表不应出现空白单元格。

最后,在使用统计表时,必要时可在表的下方加上注释,特别是要注明资料来源,以表示对他人劳动成果的尊重,并供读者查阅使用。

本章小结

统计数据的来源主要有两种。一是直接来源,也就是使用者亲自观察、记录所获得的数据或经过试验所获得的数据。一般常用的调查方法有问卷调查法、观察法和实验设计法等。二是间接来源,也就是使用者应用他人所获得的数据。一般是政府机构(统计年鉴等)、各种组织和公司(经营报表等)所公布的数据。从不同渠道取得的第二手数据,除了要对其完整性和准确性进行审核外,还要着重审核数据的适用性和时效性。统计数据有定性数据和定量数据(也就是数值型数据)。定性数据用来评价事物的状态,说明事物的品质特征,而不直接表示数量。定性数据有定类尺度、定序尺度。定量数据是指直接用数字描述的数据,说明的是现象的数量特征,必须用数值来表现。定量数据有定距尺度和定比尺度。统计调查是按照统计任务的要求,运用各种调查方法,有组织地搜集各项资料的过程。一般来说,统计调查方案包含五项基本内容:调查目的、调查单位和对象、调查项目、调查时间、调查实施计划。我国统计调查的组织形式分为统计报表制度和专门调查。专门调查有普查、重点调查、典型调查和抽样调查。统计整理就是根据统计研究的目的,对调查所得原始资料进行科学分组和汇总,并对以往的资料进行再加工。定性数据的整理重点就是要对其进行分类,然后用柱形图、饼图等图形来显示;定量数据的整理重点在分组,常见的是分组后制成频数分布表,并用直方图、折线图等显示出来。

(一)单项选择题

1. 第一手数据有( )。
   A. 统计年鉴   B. 实验数据
   C. 企业所公布的数据   D. 报纸和杂志的数据

2. 统计数据的审核是对其完整性和准确性进行审核,另外还需要审核数据的( )。
   A. 时效性   B. 逻辑性   C. 结构性   D. 全面性

3. 某地为推广先进企业的生产经营管理经验,对该地区效益最好的几个企业进行调查,这种调查属于( )。
   A. 重点调查   B. 抽样调查   C. 典型调查   D. 经济普查

4. 将学生的成绩分为优、良、中、及格和不及格五类,所采用的测量尺度是( )。
   A. 定比尺度   B. 定距尺度   C. 定序尺度   D. 定类尺度

5. 统计数据测量尺度中能进行加、减运算,不能进行乘、除运算的是( )。
A. 定比尺度　　B. 定类尺度　　C. 定序尺度　　D. 定距尺度

6. 下列选项中,按数据的计量精度由高到低的排序是( )。
A. 定类数据、定序数据、定量数据
B. 定类数据、定量数据、定序数据
C. 定序数据、定类数据、定量数据
D. 定量数据、定序数据、定类数据

7. 重点调查中的重点单位是指( )。
A. 处于较好状态的单位
B. 体现当前工作重点的单位
C. 规模较大的单位
D. 在所要调查的数量特征上占有较大比重的单位

8. 定性数据的整理就是要对其进行( )。
A. 分类　　　　B. 分级别　　　C. 分大小　　　D. 分顺序

9. 把数据的全部类别都列出来,落在某一特定类别的数据个数称为( )。
A. 频率　　　　B. 频数　　　　C. 频数分布表　　D. 比率

10. 在频数分布表中,频率是指( )。
A. 各组频数之比　　　　　　B. 各组频率之比
C. 各组频数与总频数之比　　D. 各组频数与各组次数之比

11. 统计调查可以收集的资料( )。
A. 是数字资料　　　　　　B. 是原始资料和二手资料
C. 只能是原始资料　　　　D. 不能是二手资料

12. 某连续变量数列,其末组为开口组,下限为200,又知其邻组的组中值为170,则末组组中值为( )。
A. 260　　　　B. 215　　　　C. 230　　　　D. 185

13. 某组向上累计频数表示( )。
A. 小于该组下限的频数有多少
B. 大于该组下限的频数有多少
C. 小于该组上限的频数有多少
D. 大于该组上限的频数有多少

14. 对家用电器的平均寿命进行调查,应该采用( )。
A. 普查　　　　B. 重点调查　　C. 典型调查　　D. 抽样调查

15. 重点单位是指( )。
A. 不重要的单位
B. 这些单位的个数在总体中占很大比重
C. 这些单位的标志总量占总体标志总量中的绝大部分
D. 这些单位无意义

(二)多项选择题

1. 对统计调查所搜集的原始资料进行整理,是因为这些原始资料是(　　)。
   A. 零碎的　　　　　B. 系统的　　　　　C 分散的
   D. 具体的　　　　　E. 概括的

2. 通过调查武钢、攀钢、首钢、宝钢等几个大型钢铁基地来了解我国钢铁生产情况,这种调查属于(　　)。
   A. 典型调查　　　　B. 重点调查　　　　C. 抽样调查
   D. 普查　　　　　　E. 非全面调查

3. 非全面调查方式包括(　　)。
   A. 普查　　　　　　B. 抽样调查　　　　C. 专门调查
   D. 重点调查　　　　E. 典型调查

4. 统计中,调查对象是指(　　)。
   A. 调查登记的那些单位的总体
   B. 应搜集某种资料的那些单位的总体
   C. 进行调查研究的那些社会现象的总体
   D. 统计指标承担者的全体
   E. 负责向上级汇报统计资料的全体

5. 我国第五次人口普查规定的标准时间是 2000 年 11 月 1 日 0 时,下列情况不应计算人口数的有(　　)。
   A. 2000 年 11 月 2 日出生的婴儿
   B. 2000 年 10 月 29 日 21 时出生,11 月 1 日 8 时死亡的婴儿
   C. 2000 年 10 月 29 日 23 时死亡的人
   D. 2000 年 10 月 29 日 8 时出生,20 时死亡的婴儿
   E. 2000 年 11 月 1 日 1 时死亡的人

(三)判断题

1. 统计数据的整理就是对原始资料的整理。(　　)
2. 第一手数据比第二手数据更重要。(　　)
3. 统计数据的审核是保证统计整理质量的重要手段。(　　)
4. 统计数据就是直接用数字描述的数据。(　　)
5. 定距尺度的数据既可以比较大小还可以进行加减。(　　)
6. 抽样调查是一种专门组织的非全面调查。(　　)
7. 品质数据是可以进行加减乘除四则运算的数据。(　　)
8. 定量数据侧重按数据大小的顺序进行分类。(　　)
9. 频数分布表都可以用适当的图形来表示。(　　)
10. 频数分布表便于看出数据资料的分布特征。(　　)

(四)思考题

1. 统计数据的审核包括哪些?

2. 统计数据有哪四个测量尺度？各有什么特点？

3. 典型调查和重点调查有什么不同？

4. 频数分布表有什么用途？

5. 有人说抽样调查"以样本资料推断总体数量特征"缺乏科学依据，你认为呢？

6. 对足球赛观众按男、女、老、少分为四组以分析观众的结构，这种分组方法合适吗？

7. 试就你所关心的社会热点问题设计一个调查方案。

8. 以一实例说明统计分组应遵循的原则。

9. 统计表设计的一般原则和要求如何？

10. 直方图与柱形图有何区别？

11. 简述统计分组在统计整理中的重要性。

12. 抽样调查的适用范围有什么特点？

13. 简述统计调查方案的概念及其包括的基本内容。

(五)计算题

1. 通过抽样调查，取得某高校 50 位教师月人均可支配收入资料（单位：百元）如下：

88	77	66	85	74	92	67	84	77	94
58	60	74	64	75	66	78	55	70	66
78	64	65	87	49	97	77	69	68	71
65	78	77	86	78	82	98	95	86	100
66	74	70	62	68	56	83	52	71	108

要求：(1)试根据上述资料编制次（频）数分布数列。

(2)编制向上和向下累计频数、频率数列。

(3)根据所编制的频数分布数列绘制直方图、折线图和曲线图，并说明其属于何种分布类型。

(4)根据所编制的向上（向下）累计频数（频率）数列绘制累计曲线图。

(5)根据频数分布曲线图说明教师月人均可支配收入的分布类型。

2. 有一个班学生的统计学考试成绩（单位：分）如下：

89	88	76	99	74	60	82	60	93	99
94	82	77	79	97	78	87	84	79	65
98	67	59	72	56	81	77	73	65	66
83	63	89	86	95	92	84	85	79	70

该校规定：60 分以下不及格；60—75 分为中；76—89 分为良；90—100 分为优。试把该班学生分为不及格、中、良、优四组，编制一张次数分布表（包括分组、频数、频率、累计百分比），并画出相应的图形表示其规律。

3. 某日中午，对来到某超市的顾客进行问卷调查，得到 60 名顾客的年龄（单位：岁）如下：

46	52	38	46	80	58	51	67	54	57
48	71	52	36	41	69	58	47	60	53
34	49	73	29	47	16	39	58	43	29
53	62	41	44	81	53	43	66	68	52
73	29	59	72	51	37	47	58	59	42
58	63	49	40	54	61	58	66	47	50

(1)请将60名顾客的年龄进行分组，并制成频数分布表。

(2)绘制直方图、折线图和曲线图。

(3)根据图形说明顾客年龄的分布特征。

4.某地区2011年国有经济企业的房屋施工面积为35 000万m²，竣工面积为17 000万m²，其中住宅竣工面积为7 000万m²；集体经济企业的上述相应数字为12 000万m²、8 800万m²、2 000万m²；其他经济类型企业的相应数字为83 000万m²、79 000万m²、74 000万m²。根据上述资料编制统计表。

5.某城市人均居住面积2000年为18.2 m²/人，2001年为21.8 m²/人，2002年为22.9 m²/人，2003年为24.1 m²/人，2004年为28.9 m²/人。试根据统计表编制原则，设计一张反映2000年至2004年该城市居民居住情况的统计表。

第三章　单变量统计描述分析

　　这个团队的年龄是一组很杂乱的数据,用第二章的知识可以对数据进行整理、分组,并用图示的方法把数据的规律表示出来,可以对数据的状态特征有一个直观的了解,但认知方式很浅,反映的精度不够。这个团队的平均年龄是多少岁?离散程度怎样?分布的偏态和峰态又如何测定?学完本章的统计描述分析,就可以用数据特征值来准确地概括数据的特征了。

　　学习要求　掌握表示集中趋势的各个指标的概念和计算方法;理解平均数、中位数和众数三者之间的关系;掌握表示离散程度的各种指标的概念和计算方法,重点理解标准差;了解分布偏斜程度的指标及其图形;学会运用Excel进行各种指标的计算。

主要内容

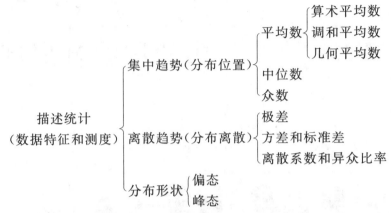

在进行数据分析的时候,一般首先要对数据进行描述性统计分析(descriptive statistical analysis),以发现其内在的规律,然后选择进一步分析的方法。描述性统计分析是要对调查总体所有变量的有关数据做统计性描述,主要包括数据的频数分析、数据的集中趋势分析、数据的离散趋势分析、数据的分布,以及一些基本的统计图形。

第一节 集中趋势分析

数据的集中趋势分析是用来反映数据的一般水平的,常用的指标有数值平均数、中位数、四分位数、众数等。数值平均数、中位数和众数是描述数据水平的三个主要统计量,也是数据的代表值。

一、数值平均数

数值平均数简称为平均数,是将总体单位间的数量差异抽象化后得到的反映在一定时间、地点、条件下一般水平的代表值。它包括算术平均数、调和平均数和几何平均数。

平均数可以消除因总体范围不同而带来的数值差异,使不同规模的数值具有可比性;平均数与统计分组结合运用,可以分析现象之间的相互依存关系;平均数还是统计推断的一个重要指标。

(一)算术平均数

算术平均数(mean)也称均值,记为 $\bar{x}$,是反映集中趋势最常用的指标,它反映一些数据必然性的特点,包括简单算术平均数和加权算术平均数。

算术平均数的基本计算是所有样本数据之和除以样本总数,并且假设各样本具有统一权重。其计算公式为

$$\text{算术平均数} = \frac{\text{总体标志总量}}{\text{总体单位总量}} \tag{3-1}$$

1. 简单算术平均数

简单算术平均数是在统计数据未分组的情况下,将各个数据直接相加除以数据的个数计算平均数的方法,公式为

$$\bar{x} = \frac{x_1 + x_2 + \cdots + x_n}{n} = \frac{1}{n}\sum_{i=1}^{n}x_i \tag{3-2}$$

其中,n 为数据个数总数,x_i 为总体中的第 i 个样本数据。对应关系如表 3-1 所示。

表 3-1 个数和变量

个数	1	2	⋯	n
变量	x_1	x_2	⋯	x_n

【例 3-1】 现有 5 名运动员进行一次射击训练,他们的成绩分别是 7 分、5 分、3 分、9 分、6 分,那么他们成绩的平均数是多少?

解: 成绩的平均数为

$$\bar{x} = \frac{1}{5} \times (7+5+3+9+6) = 6(\text{分})$$

如果把这 5 名运动员的成绩在一条直线上标出的话,那么,平均数 6 刚好在这些数的中间,也可以说是重心,如图 3-1 所示。

图 3-1 平均数的位置

2. 加权算术平均数

如果得到的是经过整理后的分组频数分布数据,则应使用加权算术平均数(weighted mean)来计算总体的均值。记 m_i 为第 i 组的组中值,f_i 为第 i 组的频数,则加权算术平均数的计算公式为

$$\bar{x} = \frac{m_1 f_1 + m_2 f_2 + \cdots + m_n f_n}{f_1 + f_2 + \cdots + f_n} = \frac{\sum_{i=1}^{n} m_i f_i}{\sum_{i=1}^{n} f_i} \tag{3-3}$$

【例 3-2】 某家电店一个月卖出洗衣机的业绩如表 3-2 所示。

表 3-2 洗衣机销售业绩

洗衣机型号	价格/元	销售台数/台
X_A	1 580	25
X_B	3 580	15
X_C	4 580	5

问该店一个月卖出洗衣机 45 台的平均价格是多少？

解：如果只是问该店三种洗衣机的平均价，直接把三种价格相加再除以 3 便可：

$$\bar{x} = \frac{1\,580 + 3\,580 + 4\,580}{3} = 3\,247 \text{ 元}$$

但各型号被销售出的台数不一样，这里要求的是被销售掉的 45 台洗衣机的平均价格是多少，所以，45 台洗衣机的平均价格为

$$\bar{x} = \frac{1\,580 \times 25 + 3\,580 \times 15 + 4\,580 \times 5}{45} = 2\,580 \text{ 元}$$

(二) 调和平均数

调和平均数(harmonic mean)也称倒数平均数，是总体各统计变量倒数的算术平均数的倒数。调和平均数是平均数的一种。调和平均数也有简单调和平均数和加权调和平均数两种。

1. 简单调和平均数

简单调和平均数是简单算术平均数的变形。其计算公式为

$$\bar{x}_H = \frac{n}{\frac{1}{x_1} + \frac{1}{x_2} + \cdots + \frac{1}{x_n}} = \frac{n}{\sum_{i=1}^{n} \frac{1}{x_i}} \tag{3-4}$$

2. 加权调和平均数

加权调和平均数是加权算术平均数的变形。它与加权算术平均数在实质上是相同的，仅有形式上的区别，即表现为变量对称的区别、权数对称的区别和计算位置对称的区别。其计算公式为

$$\bar{x}_H = \frac{m_1 + m_2 + \cdots + m_n}{\frac{m_1}{x_1} + \frac{m_2}{x_2} + \cdots + \frac{m_n}{x_n}} = \frac{\sum_{i=1}^{n} m_i}{\sum_{i=1}^{n} \frac{m_i}{x_i}} \tag{3-5}$$

在很多情况下，由于只掌握每组某个标志的数值总和(m)而缺少总体单位数(f)的资料，不能直接计算加权算术平均数，而改为计算加权调和平均数。

【**例 3-3**】 某工厂购进三批材料，每批单价和采购金额资料如表 3-3 所示，求平均采购价格。

表 3-3 某工厂购进材料的单价和采购金额

	单价 x/(元/kg)	采购金额/元
第一批	35	10 000
第二批	40	20 000
第三批	45	15 000
合计	—	45 000

解：平均采购价格为

$$\bar{x} = \frac{\sum_{i=1}^{n} m_i}{\sum_{i=1}^{n} \frac{m_i}{x_i}} = \frac{45\,000}{\frac{10\,000}{35} + \frac{20\,000}{40} + \frac{15\,000}{45}} = 40.32(元/kg)$$

(三) 几何平均数

几何平均数 (geometric mean) 是指 n 个观测值连乘积的 n 次方根。根据资料的条件不同,几何平均数有加权和不加权之分。

当某一事物的发展符合乘法原理时,即一个变化是在前一个变化基础上产生的,求其平均变化即可用此法。

1. 简单几何平均数

简单几何平均数公式为

$$\bar{x}_G = \sqrt[n]{x_1 \cdot x_2 \cdots \cdot x_n} = \sqrt[n]{\prod_{i=1}^{n} x_i} \tag{3-6}$$

2. 加权几何平均数

加权几何平均数公式为

$$\bar{x}_G = {}^{f_1+f_2+\cdots+f_n}\!\!\sqrt{x_1^{f_1} \cdot x_2^{f_2} \cdots \cdot x_n^{f_n}} = \sqrt[\sum_{i=1}^{n} f_i]{\prod_{i=1}^{n} x_i^{f_i}} \tag{3-7}$$

【例 3-4】 某水泥生产企业 2010 年的水泥产量为 100 万吨,2011 年与 2010 年相比增长率为 9%,2012 年与 2011 年相比增长率为 16%,2013 年与 2012 年相比增长率为 20%。求年平均增长率。

解: 年平均增长率为

$$\bar{x}_G = \sqrt[3]{109\% \times 116\% \times 120\%} - 1$$
$$= 14.91\%$$

【例 3-5】 某个国家最近 5 年的经济增长率分别为 1.5%、0.9%、0.7%、2.2%、1.7%,问其年平均经济增长率是多少?

解: 年平均经济增长率为

$$\bar{x}_G = \sqrt[5]{101.5\% \times 100.9\% \times 100.7\% \times 102.2\% \times 101.7\%} - 1$$
$$= 1.4\%$$

【例 3-6】 一位投资者购持有一种股票,在 2005 年、2006 年、2007 年、2008 年的收益率分别为 4.5%、2.1%、25.5%、1.9%。计算该投资者在这 4 年内的平均收益率。

解: 下面分别用几何平均法和算术平均法计算平均收益率。

几何平均算法:

$$\bar{x}_G = \sqrt[4]{104.5\% \times 102.1\% \times 125.5\% \times 101.9\%} - 1$$
$$= 8.08\%$$

算术平均算法:

$$\bar{x}_G = \frac{4.5\% + 2.1\% + 25.5\% + 1.9\%}{4} = 8.5\%$$

两种方法结果不同,哪一种正确?其实两种方法都正确,只是用的条件不一样。若投资者把每年股票投资的收益都取出,即下一年的收益与上一年收益没有关系,则应用算术平均法计算平均收益率;若投资者把每年获得的收益再投资买入同类股票,即下一年的收益是在前一年收益的基础上获得的,则应用几何平均法计算年平均收益率。

二、中位数

中位数(median)是另外一种反映数据中心位置的指标,其确定方法是将各变量值由小到大顺序排列,位于中间位置的变量值就是中位数,通常记为 M_e。中位数把全部变量值等分成两部分,每部分包含 50% 的变量值,一半的变量值比中位数小,另一半变量值则比中位数大。

中位数的计算方法是:当变量个数 N 为奇数时,中位数为处于 $(n+1)/2$ 位置上的那个变量值;当变量个数为偶数时,中位数为中间位置上的两位变量值的简单算术平均数。其计算公式为

$$M_e = \begin{cases} x_{\frac{n+1}{2}}, & n \text{ 为奇数} \\ \dfrac{x_{\frac{n}{2}} + x_{\frac{n}{2}+1}}{2}, & n \text{ 为偶数} \end{cases} \tag{3-8}$$

【例 3-7】 5 个人的身高分别为 156.8、168.7、163.8、154.1、159.6(单位:cm),求其中位数。

解:将 5 个人的身高数据从小到大排列:

154.1　156.8　159.6　163.8　168.7

中位数为

$$M_e = x_{\frac{5+1}{2}} = x_3 = 159.6 \text{(cm)}$$

【例 3-8】 6 个人的身高分别为 156.8、168.7、163.8、154.1、159.6、165.6(单位:cm),求其中位数。

解:将 6 个人的身高数据从小到大排列:

154.1　156.8　159.6　163.8　165.6　168.7

中位数为

$$M_e = \frac{x_{\frac{6}{2}} + x_{\frac{6}{2}+1}}{2} = \frac{x_3 + x_4}{2} = \frac{159.6 + 163.8}{2} = 161.7 \text{(cm)}$$

中位数是一种位置平均数,不受极端变量值的影响。当统计资料中存在异常的极端变量值时,会影响到均值的代表性,此时使用中位数来度量数据的中心趋势就比较合适。例如,有一组数据 3,4,5,6,20,计算其平均数为 7.6,但其中位数 $M_e=5$ 更能代表这组数的分布趋势。

【例 3-9】 某地区统计 30 岁以下的公司员工的平均月工资是 2 390 元,中位数是 2 400 元。在对该地区一家小公司进行调查时,得到该公司 30 岁以下员工的月工资资料如表 3-4 所示。

表 3-4　员工工资表　　　　　　　　　　　　　　　（单位：元）

员工代号	A	B	C	D	E	F	G	H	I	J
月工资	2 000	2 200	2 200	2 400	2 400	2 400	2 500	2 500	2 600	8 200

根据公式分别计算得出该公司 30 岁以下员工的平均月工资为 2 940 元，中位数月工资为 2 400 元。那么对该公司来说，哪一个数更有代表性？

解：应该说，该公司的中位数月工资 2 400 元更有代表性，因为该公司的中位数月工资等于该地区 30 岁以下的公司员工的中位数月工资；另外，该公司 30 岁以下的员工中 J 的月工资是 8 200 元，他的月工资远远高出其他员工，如果剔除该异常值，那么该公司 30 岁以下 9 名员工的平均月工资为

(2 000＋2 200＋2 200＋2 400＋2 400＋2 400＋2 500＋2 500＋2 600)÷9＝2 360(元)

该值约等于该地区 30 岁以下的公司员工的平均月工资 2 390 元。也就是说，剔除数据中的异常值后，平均值就会接近中位数。

中位数多用在收入分配上。美国、法国等国家每年都会公布其国民收入的中位数和众数。

三、四分位数

与中位数类似的还有四分位数(quartile)、十分位数(decile)和百分位数(percentile)等，它们分别是用 3 个点、9 个点和 99 个点将变量值 4 等分、10 等分和 100 等分后各分位上的值。

四分位数是把变量值分成四部分的数值，它是一组变量值排序后处于 25% 和 75% 位置上的值。四分位数是通过 3 个点将全部变量值等分为 4 部分，其中每部分包含 25% 变量值个数，显然，中间的四分位数就是中位数，因此，通常所说的四分位数是指处在 25% 位置上的变量值(称为下四分位数)和处于 75% 位置上的变量值(称为上四分位数)。

设下四分位数为 Q_l，上四分位数为 Q_u，则四分位数的位置为

$$Q_l \text{ 的位置} = \frac{n+1}{4}, \qquad Q_u \text{ 的位置} = \frac{3(n+1)}{4} \qquad (3\text{-}9)$$

若结果是整数，则四分位数就是该位置对应的值；若结果是半数(如 4.5、5.5 等)，四分位数等于该位置两侧数据的平均数；若结果既不是整数又不是半数，则四分位数等于该位置的下侧值加上按比例分摊位置两侧数值的差值。

【例 3-10】 某篮球队在一场比赛中共有 11 名运动员上场，共得了 110 分，其中得了 3 分的有 2 人，得了 6 分的有 1 人，得了 7 分的有 2 人，得了 10 分的有 3 人，得了 11 分的有 1 人，得了 13 分的有 1 人，得了 30 分的有 1 人。试计算下四分位数 Q_l 和上四分位数 Q_u。

解：根据题意，先将数据整理成频数分布表，如表 3-5 所示。

表 3-5　运动员得分频数分布表

比赛得分/分	3	6	7	10	11	13	30
频数/次	2	1	2	3	1	1	1

把数据由小到大排序：

3　3　6　7　7　10　10　10　11　13　30

因为 $n=11$，所以由公式(3-9)，得

$$Q_l \text{ 的位置} = (n+1)/4 = 12/4 = 3$$

$$Q_u \text{ 的位置} = 3(n+1)/4 = 3 \times 12/4 = 9$$

即 Q_l 为第 3 个变量值，$Q_l=6$；Q_u 为第 9 个变量值，$Q_u=11$。

根据四分位数的性质，在排序变量值中，至少有 25% 的变量值小于或等于 Q_l，至少有 75% 的变量值大于或等于 Q_l；至少有 75% 的变量值小于或等于 Q_u，至少有 25% 的变量值大于或等于 Q_u。Q_l 和 Q_u 之间包含了 50% 的变量值，因此，在本例中，大约有一半的运动员得分在 6 分和 11 分之间。

四、众数

众数(mode)是指总体中出现次数最多的变量值，它能明确反映数据分布的集中趋势，通常用 M_o 表示。像表 3-5 中得 10 分的有 3 人，是出现次数最多的，所以 10 就是众数。众数也是一种位置平均数，不受极端变量值的影响。但并非所有变量值集合都有众数，也可能存在多个众数。

在医学界、经济界等出现的一些情况下，众数是一个较好的代表值。例如，通过临床试验，检验医药投放量对患者的效果，出现比较多的众数数值将会得到进一步研究；一个国家或地区居民收入的众数将被关注。

五、数值平均数、中位数和众数间的关系

数值平均数、中位数和众数是描述数据水平的三个主要统计量。若各个数据之间的差异程度较小，则用平均值就有较好的代表性；若数据之间的差异程度较大，特别是有个别的极端值的情况，用中位数或众数就有较好的代表性。三者的位置关系如图 3-2 所示。

当数据呈完全对称分布时，数值平均数($\bar{x}$)、中位数(M_e)和众数(M_o)三者必定相同，即数值平均数($\bar{x}$)＝中位数(M_e)＝众数(M_o)，如图 3-2(b)所示。

当数据呈明显的左偏分布时，说明数据存在极小值，必定拉动平均数向极小值一方靠，而众数和中位数由于是位置代表值，不受极值的影响，即数值平均数($\bar{x}$)＜中位数(M_e)＜众数(M_o)，如图 3-2(a)所示。

当数据呈明显的右偏分布时，说明数据存在极大值，必定拉动平均数向极大值一方靠，则有数值平均数($\bar{x}$)＞中位数(M_e)＞众数(M_o)，如图 3-2(c)所示。

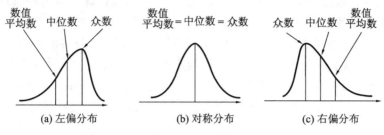

图 3-2　数值平均数、中位数和众数的关系

第二节　离散趋势分析

集中趋势是各变量值向其中心值聚集的程度,在反映统计数据一般水平的同时,掩盖了总体各单位标志值的数量差异。因此,要分析数据总体的分布规律,仅知道集中趋势指标是不够的,还要知道数据的离散程度或差异状况。几个总体可以有相同的均值,但取值情况却相差很大,如图 3-3 所示。

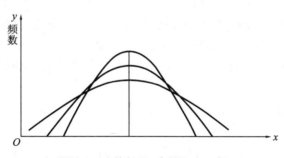

图 3-3　均值相同,离散程度不同

数据的离散趋势分析主要是用来反映数据之间的差异程度的,常用的指标有极差、四分位差、方差和标准差以及离散系数。方差是标准差的平方,根据不同的数据类型有不同的计算方法。离散趋势指标值越大,说明数据内部变异程度越大。最常用的指标是标准差。

一、极差

极差(range)也称全距,是一组数据的最大值与最小值之差,通常记为 R:
$$R = \max(x_i) - \min(x_i) \tag{3-10}$$

其中,$\max(x_i)$ 和 $\min(x_i)$ 分别为数据 x_i 中的最大值和最小值。显然,一组数据的差异越大,其极差也越大,它是数据离散或差异程度的最简单测度值。

极差是最简单的变异指标,它广泛应用于产品质量管理中控制质量的差异,一旦发现某一质量指标超过控制范围,就得采取措施进行纠正,以保证产品质量的稳定。

但极差有很大的局限性,它仅考虑了两个极端的数据,没有利用其余更多的数据信息,因而是一种比较粗糙的变异指标。例如,分别调查 A、B 两公司的销售人员的年龄后发现,A 公司销售人员中年龄最大的 55 岁,最小是 20 岁;B 公司年龄最大的 68 岁,最小的 18 岁。A 公司销售人员的年龄极差是 35 岁,B 公司销售人员的年龄极差是 50 岁。只考虑最大和最小,虽然计算容易,但并不知道 A、B 两公司销售人员的年龄分布情况。

二、四分位差

四分位差(quartile deviation)也称中点分布,是一组数据 75% 位置上的四分位数和 25% 位置上的四分位数的差,也就是上四分位数和下四分位数的差,记为 Q_d,其计算公式为

$$Q_d = Q_u - Q_l \tag{3-11}$$

四分位差反映了中间 50% 数据的离散程度,其数值越小,说明中间的数据越集中;数值越大,说明中间的数值越分散。四分位差测量的是中间 50% 数据的离散趋势,没有考虑比 Q_l 小、比 Q_u 大的数,所以不受极端值的影响。因此,四分位差的大小在一定程度上说明了中位数对一组数据的代表程度。

例 3-10 中,下四分位数 Q_l 是 6,上四分位数 Q_u 是 11,所以,四分位差为

$$Q_d = Q_u - Q_l = 11 - 6 = 5$$

这进一步说明,有一半以上的运动员得分在 6 分和 11 分之间,而他们得分之差是 5 分。

三、方差和标准差

方差(variance)和标准差(standard deviation)是应用得最广泛的变异指标。方差是总体所有变量值 x_i 与其算术平均数 $\bar{x}$ 离差平方的平均值,它表示了一组数据分布的离散程度的平均值。标准差是方差的平方根,它表示了一组数据关于平均数的平均离散程度。

总体方差是总体中所有数据与其均值离差平方的算术平均值,用 σ^2 表示,总体标准差用 σ 表示,其计算公式为

$$\sigma^2 = \frac{1}{N} \sum_{i=1}^{N} (x_i - \bar{x})^2 \tag{3-12}$$

$$\sigma = \sqrt{\frac{1}{N} \sum_{i=1}^{N} (x_i - \bar{x})^2} \tag{3-13}$$

其中,N 为总体容量,x_i 为总体观测值,$\bar{x}$ 为总体均值。

方差和标准差都是用离差平方和算出来的,不能出现负数,也不能等于零,因为等于零就说明所有数据都相同,所以方差和标准差一定是正数。虽然标准差有计量单位,而方差无计量单位,但两者的作用一样,故在此仅介绍标准差。标准差越大,表示变量值之

间的差异越大;各数据距离均值越远,平均数的代表性就越低。反之,标准差越小,表示变量值之间的差异越小;各数据距离均值越近,平均数的代表性就越高。

样本方差用 s^2 表示,样本标准差用 s 表示,其计算公式为

$$s^2 = \frac{1}{n-1} \sum_{i=1}^{n} (x_i - \bar{x})^2 \tag{3-14}$$

$$s = \sqrt{\frac{1}{n-1} \sum_{i=1}^{n} (x_i - \bar{x})^2} \tag{3-15}$$

其中,n 为样本容量,x_i 为样本观测值,$\bar{x}$ 为样本均值。

【例 3-11】 从一个班级里随机抽出 10 名学生的身高分别为 145、165、168、168、170、172、172、172、175、185(单位:cm),求这 10 名学生的平均身高、方差和标准差。

解:这 10 名学生的平均身高为

$$\bar{x} = \frac{1}{n} \sum_{i=1}^{n} x_i$$
$$= \frac{145+165+168+168+170+172+172+172+175+185}{10}$$
$$= 169.2 \text{(cm)}$$

计算得出表 3-6。

表 3-6 有关学生身高的计算表

i	x_i	$x_i - \bar{x}$	$(x_i - \bar{x})^2$
1	145	−24.2	585.64
2	165	−4.2	17.64
3	168	−1.2	1.44
4	168	−1.2	1.44
5	170	0.8	0.64
6	172	2.8	7.84
7	172	2.8	7.84
8	172	2.8	7.84
9	175	5.8	33.64
10	185	15.8	249.64
合计	1 692	—	913.60

这 10 名学生身高的方差为

$$s^2 = \frac{1}{n-1} \sum_{i=1}^{n} (x_i - \bar{x})^2 = 101.51$$

标准差为

$$s = \sqrt{\frac{1}{n-1} \sum_{i=1}^{n} (x_i - \bar{x})^2} = 10.08$$

下面再举一个例子,进一步理解标准差的含义和用途。

【例 3-12】 某品牌汽车销售店的 5 名营销员用代号表示是 A、B、C、D、E,某月份他们分别销售出的汽车辆数为 5、3、4、7、6;第二个月他们分别销售出的汽车辆数为 5、1、4、9、6。求这两组数据的标准差。

解:为了方便理解,把两组数据制成表格,如表 3-7 所示。

表 3-7 营销员的业绩

营销员代号	第一个月销量/辆	第二个月销量/辆
A	5	5
B	3	1
C	4	4
D	7	9
E	6	6
合计	25	25

从表 3-7 可以计算出,这个汽车销售店第一个月共售出 25 辆车,第二个月也售出 25 辆车;每一个营销员平均每个月都售出 5 辆。但第一个月的标准差为

$$s = \sqrt{\frac{1}{n-1}\sum_{i=1}^{n}(x_i-\bar{x})^2} = \sqrt{\frac{10}{4}} = 1.58$$

第二个月的标准差为

$$s = \sqrt{\frac{1}{n-1}\sum_{i=1}^{n}(x_i-\bar{x})^2} = \sqrt{\frac{34}{4}} = 2.92$$

从平均数来说,第一个月和第二个月是一样的,都是 5;但两个月的标准差不一样,第一个月的标准差为 1.58,第二个月的标准差为 2.92,营销员的业绩之间变动更大。仔细分析,整个汽车销售店的业绩没变,但 B 营销员的业绩下降了,D 营销员的业绩提高了,营销员的业绩之间离差变大了,能干的营销员业绩更好,不能干的营销员业绩更差。这需要引起管理者的注意。

以上两个例子,都是用了公式(3-15),而没有用公式(3-13)。总体方差和总体标准差的公式(3-12)、(3-13)与样本方差和样本标准差的公式(3-14)、(3-15)有所不同,也就是分母用 n 还是 $n-1$。一般来说,在描述统计学里计算标准差时,分母用 n,在推断统计学里分母用 $n-1$。例如,当计算学生成绩的标准差时,属于描述统计学范围,使用数据的个数 n 做分母;当在做问卷调查,用调查对象的样本数据推测全体的现象时,通常用 $n-1$ 做分母。

样本方差和样本标准差是总体方差 σ^2 的无偏估计,所以式中的分母使用 $n-1$ 而非 n。实际上,如果数据的 n 很大的话,$n-1$ 和 n 没什么差别。

标准差在管理中有广泛的应用。经验表明:当一组数据是正态分布时,通常有 99.73% 的数据落在 $[\bar{x}-3\sigma, \bar{x}+3\sigma]$ 之内,有 95.45% 的数据落在 $[\bar{x}-2\sigma, \bar{x}+2\sigma]$ 内,有 68.27% 的数据落在 $[\bar{x}-\sigma, \bar{x}+\sigma]$ 内,如图 3-4 所示。

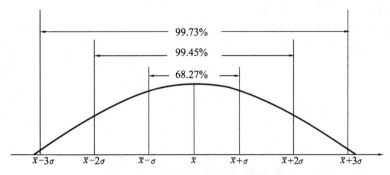

图 3-4 平均数±标准差的经验法则

在质量管理中,通常根据某些关键数据(如尺寸大小等)是否超过 $\bar{x}\pm 3\sigma$ 的范围来判断生产过程是否异常,这通常被称为"3σ 法则"。

四、离散系数和异众比率

(一)离散系数

先看下面的一个例子:

【例 3-13】 两组同学的成绩分别用 5 分制和 100 分制打分,其数值如下:

第一组(5 分制):1、2、3、4、5;

第二组(100 分制):80、81、82、83、84。

试判断两组数据的离散程度。

解: 第一组的平均数为 $\bar{x}_1=3$,第二组的平均数为 $\bar{x}_2=82$。

第一组的标准差为

$$\sigma_1=\sqrt{\frac{2^2+1^2+0^2+1^2+2^2}{5}}=\sqrt{\frac{10}{5}}=\sqrt{2}$$

第二组标准差为

$$\sigma_2=\sqrt{\frac{2^2+1^2+0^2+1^2+2^2}{5}}=\sqrt{\frac{10}{5}}=\sqrt{2}$$

从这两组数据来看,两组平均数不等,标准差相等,但两组的离散程度显然不一样,所以用标准差来判断两组数据的离散程度大小,是不正确的。

当需要比较不同总体的离散程度时,因使用的度量单位不同(如体重和身高),或它们的数量级相差很大(如大象和蜜蜂),用绝对值表示的标准差就缺乏可比性。因此,在对比分析中,不宜直接使用标准差来比较不同水平数列之间的标志离散程度,必须用反映标志离散程度的相对指标来比较,即离散系数。

离散系数(coefficient of variation)也称变异系数或标准差系数,通常表示为 V_σ,其计算公式为

$$V_\sigma=\frac{\sigma}{\bar{x}}\times 100\% \tag{3-16}$$

其中,σ 为标准差,$\bar{x}$ 为算术平均数。

【例 3-14】 比较例 3-13 中两组数据的离散程度。

解: 第一组的离散系数为

$$V_{\sigma 1}=\frac{\sigma}{\bar{x}}\times 100\%=\frac{\sqrt{2}}{3}=0.471$$

第二组的离散系数为

$$V_{\sigma 2}=\frac{\sigma}{\bar{x}}\times 100\%=\frac{\sqrt{2}}{82}=0.017$$

因为 $V_{\sigma 1}>V_{\sigma 2}$,所以第一组的离散程度大于第二组。

【例 3-15】 某班级女生的平均体重是 53.4 kg,标准差是 7.9 kg;平均身高是 165.2 cm,标准差是 15.1 cm。问该班级女生的体重和身高哪一个更均匀?

解: 该班级女生体重的离散系数为

$$V_{\sigma 1}=7.9/53.4=0.148$$

身高的离散系数为

$$V_{\sigma 2}=15.1/165.2=0.091$$

因为 $V_{\sigma 1}>V_{\sigma 2}$,所以该班级女生的体重比身高的差别更大。

根据经验,若离散系数大于 0.5,则认为该总体数据离散程度很大,应该检查数据中是否有异常值。

(二)异众比率

以上的变异指标均只适用于定量数据,对于定性数据,可以计算异众比率,来衡量集中趋势值众数的代表性。异众比率是指非众数值的次数之和在总次数中所占的比重,若用 V_{mo} 表示异众比率,f_m 和 f_i 分别表示众数所在组的次数和总次数,则异众比率的计算公式为

$$V_{mo}=\frac{\sum f_i-f_m}{\sum f_i}=1-\frac{f_m}{\sum f_i} \tag{3-17}$$

第三节 偏态和峰态

总体分布的特征不仅与均值和离散程度有关,而且与数据分布的偏斜程度有关,如对称分布、右偏分布和左偏分布。偏态系数和峰态系数就是对分布对称程度和峰值高低的一种度量。这种分布形态上的数量特征,往往具有重要的社会经济意义。

一、偏态

偏态(skewness)是指数据分布的不对称性。测量数据分布不对称的统计量称为偏

态系数(coefficient of skewness),记为 SK。

偏态系数的计算公式很多,当根据未分组的原始数据计算仪态系数时,常用的公式为

$$SK = \frac{n\sum(x_i - \bar{x})^3}{(n-1)(n-2)s^3} \tag{3-18}$$

当数据已分组,公式为

$$SK = \frac{\sum_{i=1}^{k}(M_i - \bar{x})^3 f_i}{ns^3} \tag{3-19}$$

如图 3-5 所示,当数据分布左右对称时,偏态系数 $SK=0$;当分布呈右偏态时,偏态系数 $SK>0$,也称正偏态;当分布为左偏态时,偏态系数 $SK<0$,也称负偏态。

图 3-5 偏态系数的表现

二、峰态

峰态(kurtosis)是指数据分布峰值的高低,测量峰态的统计量是峰态系数(coefficient of kurtosis),记为 K。

当根据未分组数据计算峰态系数时,常用的公式为

$$K = \frac{n(n+1)\sum(x_i - \bar{x})^4 - 3\left[\sum(x_i - \bar{x})^2\right]^2 (n-1)}{(n-1)(n-2)(n-3)s^4} \tag{3-20}$$

当数据已分组,公式为

$$K = \frac{\sum_{i=1}^{k}(M_i - \bar{x})^4 f_i}{ns^4} - 3 \tag{3-21}$$

其中,s 为标准差。

如图 3-6 所示,当一组数据服从标准正态分布时,峰态系数 $K=0$;当分布比标准正态分布更尖时,$K>0$,也称尖峰分布;当分布比标准正态分布更缓时,$K<0$,也称扁平分布。

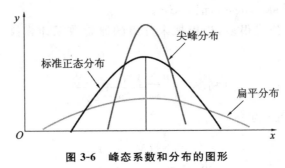

图 3-6 峰态系数和分布的图形

第四节 用 Excel 进行统计描述分析

以上列举的都是比较简单的计算,在实际工作中,需要处理大量的数据,这时就要借助计算机来进行。目前进行统计描述分析使用最广泛的计算机统计软件是 Excel 和 SPSS,使用 Excel 和 SPSS 的数据处理分析功能可以更方便、更快地计算出各种统计指标。下面将简单介绍 Excel 的使用方法。

一、用 Excel 求算术平均数

可以使用 Excel 的 AVERAGE 函数计算一组或多组数据的算术平均数。

【例 3-16】 5 名营销员用代号表示是 a、b、c、d、e,他们一天销售出的笔记本计算机台数分别为 5、3、4、7、6。用 Excel 计算他们平均每人每天售出笔记本计算机的台数。

第一步,把数据输入 Excel 里,如图 3-7 所示。

	A	B	C	D	E	F
1	营销员	a	b	c	d	e
2	卖出台数	5	3	4	7	6
3						
4	=AVERAGEA(B2:F2)					
	↓ Enter					

	A	B	C	D	E	F
1	营销员	a	b	c	d	e
2	卖出台数	5	3	4	7	6
3						
4	5					

图 3-7 用 Excel 求算术平均数

第二步,在某处空格里输入"=",从函数"fx"或公式找到"AVERAGE",即平均数。这时弹出一个对话框,要求指定数据的范围,本例是从 B2 到 F2,也就是"AVERAGE

（B2：F2）",按下"Enter"键就可以得到答案为5。

二、用 Excel 求中位数

将例3-13中的数据按顺序从小到大（或从大到小）排列,正好中间位置的数就是中位数。用Excel求中位数,找到函数"MEDIAN"。接下来的操作和求平均值一样,得中位数为5,如图3-8所示。

	A	B	C	D	E	F
1	营销员	a	b	c	d	e
2	卖出台数	5	3	4	7	6
3						
4		=MEDIAN(B2:F2)				
	↓	Enter				
	5					

图 3-8　用 Excel 求中位数

三、用 Excel 求标准差

标准差是表示数据全体离散程度的值。数据间离散程度越大,标准差的值就越大。用Excel计算标准差,找到函数"STDEVP"。求例3-13中数据的标准差,得标准差为1.41,如图3-9所示。

	A	B	C	D	E	F
1	营销员	a	b	c	d	e
2	卖出台数	5	3	4	7	6
3						
4		=STDEVP(B2:F2)				
	↓	Enter				
	1.41					

图 3-9　用 Excel 求标准差

用Excel整理和显示数据的具体步骤详见本书第十章实验一。

1. 描述性统计分析是要对调查总体所有变量的有关数据做统计性描述,主要包括数据的频数分析、数据的集中趋势分析、数据的离散趋势分析、数据的分布,以及一些基本

的统计图形。

2. 数据的集中趋势分析是用来反映数据的一般水平的,常用的指标有数值平均数、中位数、四分位数、众数等。

3. 数值平均数也称均值,记为 $\bar{x}$,是衡量数据的中心位置的重要指标,反映一些数据必然性的特点,包括算术平均数、调和平均数和几何平均数。

4. 中位数是另外一种反映数据中心位置的指标,其确定方法是将各变量值由小到大顺序排列,位于中间位置的变量值就是中位数,通常记为 M_e。

5. 四分位数是把数据分成四部分的数值,下四分位数 Q_l 是指处于 25% 位置上的变量值,有 25% 的数据小于它,75% 的数据大于它;处于 50% 位置上的变量值是中位数,有 50% 的数据小于它,50% 的数据大于它;上四分位数 Q_u 是指处于 75% 位置上的变量值,有 75% 的数据小于它,25% 的数据大于它。

6. 众数是指总体中出现次数最多的变量值,它能明确反映数据分布的集中趋势,通常用 M_o 表示。

7. 数值平均数、中位数和众数间的关系:当数据分布呈完全对称分布时,算术平均数($\bar{x}$)=中位数(M_e)=众数(M_o);当数据呈明显的左偏分布时,说明数据存在极小值,必定拉动平均数向极小值一方靠,算术平均数($\bar{x}$)<中位数(M_e)<众数(M_o);当数据呈明显的右偏分布时,说明数据存在极大值,必定拉动平均数向极大值一方靠,算术平均数($\bar{x}$)>中位数(M_e)>众数(M_o)。

8. 数据的离散趋势分析主要是用来反映数据之间的差异程度的,常用的指标有极差、四分位差、方差和标准差以及离散系数。

9. 极差也称全距,是一组数据的最大值与最小值之差,通常记为 R。

10. 四分位差也称中点分布,是一组数据 75% 位置上的四分位数和 25% 位置上的四分位数的差,也就是上四分位数和下四分位数的差,记为 Q_d。

11. 方差是总体所有变量值 x_i 与其算术平均数 $\bar{x}$ 离差平方的平均值,它表示了一组数据分布的离散程度的平均值。标准差是方差的平方根,它表示了一组数据关于平均数的平均离散程度。

12. 离散系数也称变异系数,通常表示为 V_σ,是标准差除以算术平均数再乘以 100%。

13. 偏态是指数据分布的不对称性。峰态是指数据分布峰值的高低。偏态系数和峰态系数就是对分布对称程度和峰值高低的一种度量。

思考与练习

(一) 单项选择题

1. 数据的集中趋势分析不包括(　　)。
   A. 四分位数　　B. 四分位差　　C. 众数　　D. 几何平均数

2. (　　)分布的变量值、均值等于中位数。

A. 左偏态　　　　B. 对称　　　　　C. 右偏态　　　　D. 偏态

3. 用（　　）作为描述数据差异程度的度量较合适。
A. 标准差　　　　B. 四分位差　　　C. 离散系数　　　D. 标准分数

4. 比较身高和体重两组数据变异程度大小宜采用（　　）。
A. 变异系数　　　B. 四分位差　　　C. 极差　　　　　D. 标准差

5. 一组数据 8、−3、5、0、1、4、−1 的中位数是（　　）。
A. 2　　　　　　 B. 1　　　　　　 C. 2.5　　　　　 D. 0.5

6. 关于标准差，错误的是（　　）。
A. 反映全部观测值的离散程度
B. 度量了一组数据偏离平均数的大小
C. 反映平均数代表性的好坏
D. 不会小于算术平均数

7. 某地调查 16 岁高中学生 100 名，身高标准差为 4.09 cm，体重标准差为 4.10 kg，比较两者的变异程度，结果（　　）。
A. 体重变异度较大　　　　　　　B. 身高变异度较大
C. 两者变异度相同　　　　　　　D. 由于单位不同，两者标准差不能直接比较

8. 受极端数值影响较小的集中趋势值是（　　）。
A. 算术平均数　　　　　　　　　B. 几何平均数
C. 众数和中位数　　　　　　　　D. 四分位数

9. 加权算术平均数中的权数是（　　）。
A. 变量值　　　　B. 数据的合计　　C. 比重　　　　　D. 变量值的总和

10. 如果某个数据分布极度右偏，则其偏态系数为（　　）。
A. −0.5　　　　　B. 0.5　　　　　 C. −2　　　　　　D. 2

11. 6 个数据的平均数为 10，其中一个数为 5，那么其余 5 个数的平均数为（　　）。
A. 10　　　　　　B. 9　　　　　　 C. 11　　　　　　D. 12

12. 如果 10 个数的平方和是 370，方差是 33，那么平均数是（　　）。
A. 1　　　　　　 B. 2　　　　　　 C. 3　　　　　　 D. 4

13. 一组数据的方差为 s^2，将这组数据中的每个数据都乘 2，所得到的一组新数据的方差是（　　）。
A. $s^2/2$　　　　B. s^2　　　　　C. $2s^2$　　　　 D. $4s^2$

（二）多项选择题

1. 描述数据的离散趋势常用的测度值主要有（　　）。
A. 极差　　　　　B. 平均数　　　　C. 方差
D. 标准差　　　　E. 四分位差

2. 描述数据集中趋势的测度值主要有（　　）。
A. 平均数　　　　B. 众数　　　　　C. 中位数
D. 分位数　　　　E. 变异系数

3.简单算数平均数之所以简单是因为(　　)。

A.所依以计算的资料已分组

B.各变量值的频率相等

C.各变量值的频率不相等

D.所依以计算的资料未分组

E.各变量值的次数分布不同

4.几何平均数主要适用于(　　)。

A.标志值的代数和等于标志值总量的情况

B.标志值的连乘积等于总比率的情况

C.标志值的连乘积等于总速度的情况

D.具有等比关系的变量数列

E.求平均比率时

5.易受极端值影响的是(　　)。

A.平均数　　　　　B.中位数　　　　　C.众数

D.极差　　　　　　E.四分位差

(三)判断题

1.数据的集中趋势分析是用来反映数据的差异程度的。(　　)

2.中位数是另外一种反映数据的中心位置的指标。(　　)

3.四分位数的第二分位数是中位数。(　　)

4.平均数和众数都是受极端数值影响较小的集中趋势值。(　　)

5.当数据分布呈明显的右分布时,算术平均数＞中位数＞众数。(　　)

6.方差是对分布对称程度的一种度量。(　　)

7.如果有一组数据的均值是 100,标准差是 10,那么这组数据有 95.45% 的数据落在 100 和 110 之间。(　　)

8.变异系数的大小,同时受平均数和标准差两个统计量的影响。(　　)

9.当数据分布呈右偏态时,偏态系数 $SK<0$。(　　)

10.当数据分布是左右对称的正态分布时,峰态系数 $K=0$。(　　)

(四)思考题

1.描述统计可以从哪几方面进行?

2.算术平均数、中位数和众数之间有什么关系?

3.有了算术平均数,为什么还要计算标准差?请举例说明。

4.为什么要计算离散系数?

5.简要说明在对两组数据差异程度进行比较时,能否直接比较两组数据的标准差。

6.一组数据的分布特征可以从哪几个方面进行测度?

7.怎样理解平均数在统计学中的地位?

(五)计算题

1.有两组数据,分别为 1、2、3、4、5、6、7 和 1、2、3、4、5、6,试分别计算它们的算术平均数、方差和标准差。

2.某班有 50 人,其年龄及其频数分布如题表 3-1 所示。

题表 3-1　某班 50 人年龄及其频数分布

学生年龄(岁)	20	21	22	23	24	25	26	27	合计
分布情况(人)	1	4	6	8	12	10	7	2	50

问该班学生的平均年龄是多少岁?

3.某驾校学员 11 人掌握汽车驾驶技能所花时间分别为 17、19、22、24、25、28、34、35、36、37、38(单位:天)。问其第一分位数 Q_l 和第三分位数 Q_u 分别是多少?四分位差又是多少?

4.某零件工厂生产螺栓,技术部门要求产品的长度和重量的变异系数在 0.01 以下。某天抽查 10 根螺栓,得到数据如题表 3-2 所示。

题表 3-2　抽查 10 根螺栓的长度和重量

长度(cm)	2.00	2.03	2.00	2.00	2.00	1.98	2.03	2.00	1.97	1.99
重量(g)	5.05	5.01	5.00	4.99	4.98	5.00	5.00	4.97	4.98	5.02

分别求长度和重量的均值、标准差和变异系数。

5.设一组数据为 78.2、88.2、79.3、80.5、83.4、81.2、76.3、86.5,请计算这组数据的平均值、中位数、极差、方差、标准差和变异系数。

6.(加权平均数)某超市香蕉、梨、苹果某日的销售价格分别是 1.5 元/斤、0.7 元/斤、1.2 元/斤,若 3 种水果各买 3 元钱的量,求该日 3 种水果的平均销售价格。

7.(几何平均数)某工艺品需要经过 4 道工序加工而成。已知第一道工序加工合格率为 96%,第二道工序加工合格率为 98%,第三道工序加工合格率为 90%,第四道工序加工合格率为 93%,求 4 道工序加工平均合格率。

8.某单位销售部门所有职工的年平均工资为 84 700 元,标准差为 7 640 元。这些职工的平均工作年数为 12 年,标准差为 2 年。试问职工年工资和工作年数哪一个的离散程度更大?

第四章 统计指数

国家统计局定期公布一些常用的价格指数,如居民消费价格指数、零售价格指数等。除此以外,也有一些指数不是统计部门发布的,如股票价格指数。还有一些研究某类指数的专业机构,它们研究并发布一些更专业的指数,如房地产价格指数。

中国指数研究院就是一家专门研究并发布房地产价格指数的机构,该机构研究开发出一套"中国房地产价格指数系统",以价格指数的形式反映全国各主要城市房地产市场发展变化轨迹和当前市场状况,被称为中国房地产市场的"晴雨表"和引导投资置业的"风向标"。中国房地产价格指数系统由中国房地产总指数和中国房地产城市指数组成。指数的编制以拉氏指数为主,并结合特征价格指数理论。1995 年 1 月,中国房地产价格指数在北京发布,目前已覆盖上海、天津、广州、深圳、重庆、武汉等多个重要城市。

学习要求 理解指数的基本概念和基本原理;掌握综合指数和平均指标指数的编制方法和编制特点,并能利用指数体系进行因素分析;了解和掌握统计指数在社会经济问题中的运用;了解几种常用指数的编制方法。

主要内容

```
          ┌ 编制方法 ┬ 综合指数
          │         └ 平均指标指数
统计指数 ┤
          │         ┌ 居民消费价格指数
          └ 常用指数┤ 农副产品收购价格指数
                    │ 股票价格指数
                    └ 房地产价格指数
```

第一节 统计指数的概念、作用和分类

一、统计指数的概念

统计指数简称指数,从 18 世纪中叶物价指数产生开始,迄今已有三百多年的历史。

随着历史的推移,统计指数的应用不断推广到经济领域的各个方面,而且统计指数的概念也不断扩大和完善。统计指数的概念有广义和狭义之别。

(一)广义的指数概念

广义的指数是指反映所研究社会经济现象时间变动和空间对比状况的相对数,如动态相对数、比较相对数、计划完成程度、比例相对数和强度相对数等。总之,各种相对数都叫指数。

(二)狭义的指数概念

狭义的指数并不以研究个别事物或简单现象的数量变动为主要任务,而是以研究不能直接相加总和对比的复杂社会经济现象综合变动程度的相对数。例如,零售物价指数,是说明全部零售商品价格总变动的相对数;工业产品产量指数,是说明一定范围内全部工业产品实物量总变动的相对数;等等。又如,2015年全国国内生产总值为上年的106.9%,第一产业增长3.9%,第二产业增长6.0%,第三产业增长8.3%。再如,以1978年的价格为100,1998年零售物价指数为153.3%。它们都反映了不能直接加总的复杂现象的总变动情况。

统计指数理论主要探讨复杂现象总体综合变动状况和对比关系。本章所讲的指数,主要指这种狭义概念的指数。

二、统计指数的作用

(一)综合反映复杂社会经济现象总体的综合变动方向和变动程度

复杂的社会经济现象总体是由许多不能直接加总的不同现象构成的,因而无法进行综合比较,只有通过编制指数和进行指数分析,才能反映复杂社会经济现象的综合变动,把握其变动方向和变动程度,这是指数的主要作用。指数一般都用百分数表示,这个百分数大于或小于100%,表示升降变动的方向,比100%大多少或小多少,就是升降变动的幅度。如零售物价指数110%,虽然每种商品零售价格有升有降,但总的来说,价格变动的方向是上涨了,上涨的幅度为10%。由于指数的子项和母项是两个总量指标,所以既可以计算经济量的变动程度,还可以计算子项和母项两个总量指标之差,表示绝对变动。

(二)分析多因素影响现象的总变动中各个因素的影响大小和影响程度

社会现象的总变动,一般是由若干因素变动共同影响而形成的。例如,农作物产量的变动是播种面积和单位面积产量变动的结果;产品销售额的变动是产品销售量和销售价格变动的结果。利用指数可以分析各个因素对现象总体变动的影响方向和影响程度。

(三)利用连续编制的指数数列对复杂现象总体长时间发展变化趋势进行分析

连续编制的动态数列形成的指数序列中,可反映事物的发展变化趋势。这种方法特别适合于对比分析有联系而性质又不同的动态数列之间的变动关系,因为用指数的变动进行比较,可解决不同性质数列之间不能对比的困难。图 4-1 是 2003 年 1 月到 2013 年 9 月我国 CPI、PPI 指数走势图,从图中可以清晰地观察到 CPI、PPI 的发展趋势。

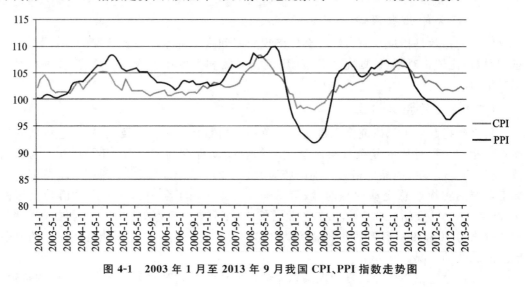

图 4-1　2003 年 1 月至 2013 年 9 月我国 CPI、PPI 指数走势图

三、统计指数的分类

不同的指数有不同的特性,通过对指数的分类,有助于我们更深入地了解指数的特性。

(1)指数按照说明现象的范围不同,可分为个体指数和总指数。

个体指数是指反映个别现象变动的相对数。例如,反映一种商品价格变动的相对数称为个体价格指数;反映一种产品产量变动的相对数称为个体产量指数。个体指数是计算和分析总指数的基础。

总指数是指反映不能直接加总的复杂现象总变动的相对数。例如,综合反映多种商品价格平均变动程度的相对数称为价格总指数;综合反映多种产品产量变动程度的相对数称为产量总指数(或物量总指数)。

在总体分组的情形下,常常还需编制组指数(类指数),用以反映总体内部各部分现象数量变动的相对数。例如,工业总产量指数分为重工业和轻工业产量指数;全部商品零售物价指数分为食品类、衣着类、日用品类、药及医疗用品类、燃料类、农业生产资料类等物价指数。

利用指数法分析社会现象的动态变化,还可以对一个总体同时计算总指数、类指数和个体指数。这样既可以看到总的变动程度,又可以看到它的内部各构成要素的不同变动趋势,从而可以全面地观察社会现象的发展变动情况。

(2)指数按照统计指标的内容不同,可分为数量指标指数和质量指标指数。

数量指数是指说明数量指标总变动的相对数,即反映现象总规模的变动程度的指数,如产品产量指数(生产指数)、商品销售量指数、职工人数指数等。

质量指数是指说明质量指标总变动的相对数,即反映生产效果、效率或工作质量的变动的相对数,如劳动生产率指数、产品成本指数、价格指数、原材料消耗指数等。

但是,诸如商品的销售额指数、产品的成本总额指数和总产值指数等,它们对比的现象虽然都属于数量指标,却具有"价值总额"的特殊形式,这些价值总额通常可以分为一个数量因子与一个质量因子的乘积,而相应的指数则反映了两个因子共同变化的影响。因此,在指数分析中,它们既不属于数量指标指数,也不属于质量指标指数,为了区别,通常称之为总值指数(或价值指数)。

这种分类和指数的计算方法有关,要把这两个概念分辨清楚。

(3)指数按照指数表现形式不同,可分为综合指数、平均数指数和平均指标对比指数。

综合指数是指通过两个有联系的综合总量指标的对比计算的总指数;平均数指数是指用加权平均的方法计算出来的指数,分为算术平均数指数和调和平均数指数;平均指标对比指数是指通过两个有联系的加权算术平均指标对比来计算的总指数。这三类指数之间既有区别,又密切联系,各适用于说明不同的问题。

(4)指数按时间属性不同,可分为动态指数和静态指数。

指数本来的含义是指动态指数,即反映事物在不同时间上的变化。随着指数应用的日益广泛,其反映的内容也发生了变化,即由单纯反映同一现象在不同时间条件下的动态变化,推广到反映同一现象在同一时间条件下不同的地区、部门和国家的对比,或反映同一单位、同一地区的实际指标和计划指标的对比等情况。为了与传统的动态指数相区别,我们称后一类指数为静态指数。

(5)指数按照在一个指数数列中所采用的基期不同,可分为定基指数和环比指数。

指数通常是连续编制的,形成在时间上前后衔接的指数数列。凡是在一个指数数列中的各个指数都是以某一固定时期作为基期,称为定基指数;凡是各个指数都是以前一期作为基期的,就称为环比指数。

本章将以各种数量指标指数和质量指标指数为例,着重介绍综合指数、平均指数的编制方法及其在统计分析中的作用。

第二节 综合指数

总指数的编制方法基本形式有两种:一是综合指数,二是平均指数。两种方法有一定的联系,但各有其特点。

综合指数是总指数的基本形式,它是由两个总量指标对比形成的。综合指数又可分为数量指标指数和质量指标指数。数量指标指数和质量指标指数的编制方法基本相同,但要求不完全一样,现举例说明这两种指数的编制方法。平均指数将在第三节中再介绍。

一、综合指数的编制原理

综合指数是说明总体数量变动情况的相对数,如商品销售量指数、销售价格指数、工业生产指数、农业产品生产量指数、职工人数指数、货物运输量指数等。现举例说明综合指数的编制原理。

【例 4-1】 市场物价和需求的变动情况是每位消费者都普遍关注的问题。假定在某超市有 5 种商品的销售价格和销售量资料如表 4-1 所示。

表 4-1 商品销售价格和销售量

商品类别	销售价格/元		销售量		销售量单位	指数/%	
	基期 p_0	报告期 p_1	基期 q_0	报告期 q_1		$\frac{p_1}{p_0}$	$\frac{q_1}{q_0}$
面粉	300	360	2 400	2 600	100 kg	120.00	108.33
猪肉	18	20	84 000	95 000	kg	111.11	113.10
食盐	1	0.8	10 000	15 000	500 g	80.00	150.00
服装	100	130	2 4000	23 000	件	130.00	95.83
洗衣机	1 500	1 400	510	612	台	93.33	120.00

表 4-1 中,q 为物量(生产量、销售量),p 为商品价格,下标 1 为报告期,下标 0 为基期。

计算各种商品销售量的个体指数的公式为

$$k_{qi}=\frac{q_{1i}}{q_{0i}}, k_{pi}=\frac{p_{1i}}{p_{0i}} \quad \text{或} \quad k_q=\frac{q_1}{q_0}, k_p=\frac{p_1}{p_0} \tag{4-1}$$

计算结果表明,不同商品的销售量和销售价格均有不同程度的变化,例如,面粉的销售量个体指数为 108.33%,表示报告期的销售量比基期增加了 8.33%;同期面粉的价格指数为 120%,报告期的价格比基期增加了 20%。服装的价格指数为 130%,表示服装销售价格上升了 30%;同期服装销售量指数为 95.83%,表示服装的销售量下降了 4.17%。这些都是个体指数,编制方法相对简单。

但如果所要考虑的不是个别商品,而是全部商品的销售量指数,问题就不那么简单了。本例中要编制超市所有商品的销售量总指数和销售价格总指数,就必须慎重考虑对各种商品销售量进行综合比较的问题。由于各种商品的度量单位不同,它们的商品销售量不能够直接加总,例如,食盐、衣服、洗衣机等商品的销售量单位不同,是无法直接加总的。所以,综合指数的编制已不能用一般相对数的计算方法。

综合指数的编制方法一般用先综合后对比的方法。

在例 4-1 中,要计算销售量指数和销售价格指数,应把销售量和销售价格加总后通过报告期与基期对比,就得到相应的总指数,即先综合。其相应的价格总指数和销售量总指数的计算公式分别为

$$k_p = \frac{\sum_{i=1}^{n} p_{1i}}{\sum_{i=1}^{n} p_{0i}}, \quad k_q = \frac{\sum_{i=1}^{n} q_{1i}}{\sum_{i=1}^{n} q_{0i}};\quad (4\text{-}2)$$

但从以上的计算来看,有个致命的问题:不同的商品销售价格和销售量不能直接加总。对于简单总体,单位一致,可以加总,但对于复杂社会总体就不能解决此问题,所以,为了解决不同单位(即不同度量问题)不能加总的问题,我们引入了同度量因素。

(一)先综合,引入同度量因素

大家都知道,个体商品销售价格和销售量度量单位不同,但销售额是一个价值量指标,度量单位是相同的,可以直接加总,所以,我们想办法把销售量和销售价格转化为销售额,就可以直接加总。

要解决不同度量单位的问题,就要引入同度量因素,即找到与所分析的指数化指标相联系的因素,使得指数化指标与这个因素的乘积成为价值量指标。这个与指数化指标相联系的因素就是同度量因素。同度量因素就是在计算总指数时把不能直接相加的指标过渡到能够相加的指标的媒介因素。它在计算总指数的过程中对各指数化因素(指数化因素是指所要研究的因素)起着举足轻重的作用,故称之为指数权数。但是,怎样找到同度量因素呢?这就要对被研究现象的经济关系进行分析。我们知道,由于销售额是由销售量和销售价格两个因素引起的,从基期销售额到报告期销售额,其变化分成两步:

第一步,假定销售价格不变,即把销售价格固定在基期(p_0),销售额的变化完全是销售量引起的,基期销售额变化为假定期销售额。

第二步,假定销售量不变,把销售量固定在报告期(q_1),销售额的变化完全是由销售价格引起的,假定期销售额变化为报告期销售额,即

$$\sum p_0 q_0 \xrightarrow{p\text{不变},q\text{变化}} \sum p_0 q_1 \xrightarrow{q\text{不变},p\text{变化}} \sum p_1 q_1$$

$$\quad\quad\quad\quad\quad\text{第一步}\quad\quad\quad\quad\quad\text{第二步}$$

基期销售额　　　　　假定期销售额　　　　　报告期销售额

(二)后对比

销售额是价值量指标,可以加总,各商品假定期销售额之和比基期销售额之和即为

$$k_q = \frac{\sum p_0 q_1}{\sum p_0 q_0} \quad (4\text{-}3)$$

这个变化我们认为完全是销售量引起的,所以把这个比值称为销售量指数。

各商品报告期销售额之和比假定期销售额之和即为

$$k_p = \frac{\sum p_1 q_1}{\sum p_0 q_1} \quad (4\text{-}4)$$

这个变化完全是销售价格引起的,所以把这个比值称为销售价格指数。

从上面的分析来看,要计算销售量指数,我们引入销售价格作为同度量因素,要计算销售价格指数时,我们引入销售量作为同度量因素,把销售量、销售价格的变化转化为销售额的变化,由此就解决了单位不同不能加总的问题,即解决了综合的问题。

例如，研究多种商品销售量和销售价格的综合变动情况。

(1) 当研究销售量的变动时，销售量是数量指标，与之相联系的质量指标——销售价格，就是同度量因素。

$$\sum (\text{商品销售量} \times \text{商品销售价格}) = \text{商品销售总额} \qquad (4\text{-}5)$$

所研究的指数化指标　　同度量因素　　价值量指标

(2) 当研究销售价格的变动时，商品价格是质量指标，与之相联系的数量指标——销售量，就是同度量因素。

$$\sum (\text{商品销售量} \times \text{商品销售价格}) = \text{商品销售总额} \qquad (4\text{-}6)$$

同度量因素　　所研究的指数化指标　　价值量指标

指数分析是利用价值量指标的形式，分析其中的数量指标或质量指标的综合变动，分析的方法就是将引进的同度量因素的时期固定，即假定同度量因素不变，从而通过对比反映所研究指标的变动情况。

前面我们讨论，先假定销售价格不变，销售额的变化完全是销售量引起的；接着再假定销售量不变，销售额的变化完全是由销售价格引起的，即得出了销售量指数公式和销售价格指数公式分别为

$$k_q = \frac{\sum p_0 q_1}{\sum p_0 q_0} \qquad (4\text{-}7)$$

$$k_p = \frac{\sum p_1 q_1}{\sum p_0 q_1} \qquad (4\text{-}8)$$

当然我们也可以先假定销售量（把销售量固定在基期 q_0）不变，销售额的变化完全是销售价格引起的；接着再假定销售价格不变（把销售价格固定在报告期 p_1），销售额的变化完全是由销售量引起的，即

$$\sum p_0 q_0 \xrightarrow{q\text{不变},p\text{变化}} \sum p_1 q_0 \xrightarrow{p\text{不变},q\text{变化}} \sum p_1 q_1$$

同样也可以得出销售价格指数公式和销售量指数公式分别为

$$k_p = \frac{\sum p_1 q_0}{\sum p_0 q_0} \qquad (4\text{-}9)$$

$$k_q = \frac{\sum p_1 q_1}{\sum p_1 q_0} \qquad (4\text{-}10)$$

这样，销售量指数就有了公式(4-7)和公式(4-10)两个公式，销售价格指数就有了公式(4-8)和公式(4-9)两个公式。如果对同样一个问题，从理论上讲，上述公式均成立，但得出的结果肯定不一样，这显然是不合适的，所以我们接着讨论应用哪个公式进行计算的问题。

二、综合指数的主要形式

(一)拉氏指数

拉氏指数是德国经济学家拉斯贝尔(Laspeyres)于1864年首先提出的。他主张无论是数量指标指数还是质量指标指数,都采用基期同度量因素(权数)的指数,故又称为基期加权综合指数。相应的数量指标指数和质量指标指数公式分别为

$$k_q = \frac{\sum p_0 q_1}{\sum p_0 q_0} \tag{4-11}$$

$$k_p = \frac{\sum p_1 q_0}{\sum p_0 q_0} \tag{4-12}$$

【例 4-2】 利用例 4-1 中 5 种商品的资料得到表 4-2,计算拉氏销售价格指数和销售量指数。

表 4-2 商品销售价格、销售量和销售额

商品类别	销售价格/元		销售量		销售量单位	销售额/百元			
	基期 p_0	报告期 p_1	基期 q_0	报告期 q_1		$p_0 q_0$	$p_1 q_1$	$p_0 q_1$	$p_1 q_0$
面粉	300	360	2 400	2 600	100 kg	7 200	9 360	7 800	8 640
猪肉	18	20	84 000	95 000	kg	15 120	19 000	17 100	16 800
食盐	1	0.8	10 000	15 000	500 g	100	120	150	80
服装	100	130	24 000	23 000	件	24 000	29 900	23 000	31 200
洗衣机	1 500	1 400	510	612	台	7 650	8 568	9 180	7 140
合计	—	—	—	—		54 070	66 948	57 230	63 860

解: 依据拉氏公式,计算得到

$$k_q = \frac{\sum p_0 q_1}{\sum p_0 q_0} = \frac{57\ 230}{54\ 070} = 105.84\%$$

$$k_p = \frac{\sum p_1 q_0}{\sum p_0 q_0} = \frac{63\ 860}{54\ 070} = 118.11\%$$

结果表明,5 种商品综合起来,其销售量平均增长了 5.84%,价格平均上涨了 18.11%。

综合指数不仅可以反映现象的相对变动程度,通常还可以进行绝对数比较,即用于测定对比指标变动所引起的相应总值的绝对变动差额。计算得到

$$\sum p_0 q_1 - \sum p_0 q_0 = 57\ 230 - 54\ 070 = 3\ 160(元)$$

$$\sum p_1 q_0 - \sum p_0 q_0 = 63\ 860 - 54\ 070 = 9\ 790(元)$$

数据表明,销售量平均增长了 5.84%,使得销售额增加了 3 160 元;价格平均上涨了

18.11%,使得销售额增加了 9 790 元。

(二)帕氏指数

帕氏指数是 1874 年德国学者帕煦(Paasche)所提出的一种指数计算方法。它是在计算一组项目的综合指数时,把作为权数的变量固定在报告期,故又称报告期加权综合指数。其销售量指数和销售价格指数公式分别为

$$k_q = \frac{\sum p_1 q_1}{\sum p_1 q_0} \tag{4-13}$$

$$k_p = \frac{\sum p_1 q_1}{\sum p_0 q_1} \tag{4-14}$$

【例 4-3】 利用例 4-1 中 5 种商品的资料,计算帕氏销售价格指数和销售量指数。

解: 帕氏销售价格指数和销售量指数分别为

$$k_p = \frac{\sum p_1 q_1}{\sum p_0 q_1} = \frac{66\ 948}{57\ 230} = 116.98\%$$

$$k_q = \frac{\sum p_1 q_1}{\sum p_1 q_0} = \frac{66\ 948}{63\ 860} = 104.84\%$$

结果表明,5 种商品综合起来,其价格平均上涨了 16.98%,销售量平均增长了 4.84%。

类似地,帕氏指数也可以对销售量和销售价格的变化进行绝对数分析,得到销售量变化引起销售额变化的绝对额为

$$\sum p_1 q_1 - \sum p_1 q_0 = 66\ 948 - 63\ 860 = 3\ 088(元)$$

销售价格的变化引起销售额变化的绝对额为

$$\sum p_1 q_1 - \sum p_0 q_1 = 66\ 948 - 57\ 230 = 9\ 718(元)$$

数据表明,销售量平均增长了 4.84%,使得销售额增加了 3 088 元;价格平均上涨了 16.98%,使得销售额增加了 9 718 元。

拉氏指数与帕氏指数由于同度量因素固定时期的不同,计算结果存在偏差。以价格综合指数为例,拉氏指数是从维持基期生活水平出发的,其优点是常量权数和各期权数相同,可以相互比较,不足之处是经济意义不显著,没有考虑价格变动实际带来销量的波动;而帕氏指数是从维持报告期生活水平出发的,其优点是具有现实经济意义,不足之处是变化权数和各期权数不同,难以互相比较。在实际经济生活中,我们要根据具体情况进行取舍,但无论选择哪种指数,两者都与真实的价格变动存在一定程度的偏误。当价格与数量变动方向一致时,帕氏指数偏大,而拉氏指数偏小;当价格与数量变动方向相反时,帕氏指数偏小,而拉氏指数偏大。鉴于此,许多经济学家将公式进行修正,提出了综合指数的调整公式,下面介绍其中具有代表性的两种指数。

(三)马歇尔-埃奇沃思指数

马歇尔-埃奇沃思指数,简称马-埃指数,是 1887 年由英国经济学家马歇尔(Marshall)和埃奇沃思(Edgeworth)先后提出并推广的。该指数中和拉氏指数与帕氏指数,提出以基期和报告期同度量因素的平均值作为权数,其质量指数公式和数量指数公式分别为

$$k_p = \frac{\sum p_1(q_0+q_1)/2}{\sum p_0(q_0+q_1)/2} = \frac{\sum p_1 q_0 + \sum p_1 q_1}{\sum p_0 q_0 + \sum p_0 q_1} \quad (4\text{-}15)$$

$$k_q = \frac{\sum q_1(p_0+p_1)/2}{\sum q_0(p_0+p_1)/2} = \frac{\sum q_1 p_0 + \sum q_1 p_1}{\sum q_0 p_0 + \sum q_0 p_1} \quad (4\text{-}16)$$

仅从数值来看,该计算结果介于拉氏指数和帕氏指数之间,部分消除了指数偏误问题;但同时,该公式也失去了拉氏指数和帕氏指数的经济含义。在实际工作中,当用于不同地区价格综合比较时,马-埃指数不失为一种公允的方法。

（四）费希尔理想指数

为了解决拉氏指数和帕氏指数存在偏误的问题,美国著名统计学家费希尔(Fisher)提出了改良公式,用交叉法将两者指数相乘,并用几何法将其乘积开平方,调和两者的偏误,得出了优良的指数数值。其质量指数公式和数量指数公式分别为

$$k_p = \sqrt{\frac{\sum p_1 q_0}{\sum p_0 q_0} \times \frac{\sum p_1 q_1}{\sum p_0 q_1}} \quad (4\text{-}17)$$

$$k_q = \sqrt{\frac{\sum p_0 q_1}{\sum p_0 q_0} \times \frac{\sum p_1 q_1}{\sum p_1 q_0}} \quad (4\text{-}18)$$

该公式之所以称为理想公式,是因为费希尔提出了对指数优劣的三种检验方法,他搜集了134个指数计算公式,最后只有他提出的公式通过了检验,故而称之为理想指数。但由于费希尔理想公式计算复杂,在实际应用中缺乏具体经济含义,在结果上得到的准确性的改进远小于它在计算中所带来的繁琐,因此后来有很多学者对此提出批评和质疑。

上述各种加权方法的综合指数公式都有其特点和一定的适用条件。社会经济现象极其复杂,任何一种指数形式都不可能一应万全地满足需要,因此,当我们强调按编制指数的经济意义选择指数的权数或同度量因素时,还要注意根据具体的研究对象和条件选择指数公式。

三、数量指标指数的编制

根据前面的讨论,指数的编制方法有多种,其结果不一样,在编制时,具体用哪一种方法呢?我们将进一步具体分析。

计算数量指标指数,公式有三个：

(1)编制数量指标指数时,引入质量指标作为同度量因素,即用基期价格(质量指标)作为同度量因素,得到拉氏销售量指数(数量指标指数)。其计算公式为

$$k_q = \frac{\sum p_0 q_1}{\sum p_0 q_0} \tag{4-19}$$

(2)用报告期价格(质量指标)作为同度量因素,得到帕氏销售量指数(数量指标指数)。其计算公式为

$$k_q = \frac{\sum p_1 q_1}{\sum p_1 q_0} \tag{4-20}$$

(3)引入质量指标作为的同度量因素,固定在某一个时期,我们称之为不变价指数。其计算公式为

$$k_q = \frac{\sum p_n q_1}{\sum p_n q_0} \tag{4-21}$$

从理论上讲,上述三个公式均可成立,但在实际工作中,编制销售量综合指数时,一般采用基期价格作为同度量因素,即用公式(4-19),拉氏指数。这是因为编制销售量综合指数的目的,是要排除价格因素的影响,单纯反映销售量的总变动,为此,必须将价格固定在基期上,这才符合经济现象的客观实际。但不同的研究对象,使用的公式是不一样的,例如,我国生产指数的编制用的是不变价指数。

编制数量指标综合指数的一般原则是:采用基期的质量指标作为同度量因素。这一原则有两层含义:一是编制数量指标指数应以质量指标作为同度量因素;二是将同度量因素固定在基期。

四、质量指标指数的编制

质量指标指数的公式有两个:
(1)编制质量指标指数时,引入数量指标作为同度量因素,即用基期销售量作为同度量因素(加权),得出拉氏价格指数公式为

$$k_p = \frac{\sum p_1 q_0}{\sum p_0 q_0} \tag{4-22}$$

(2)用报告期销售量作为同度量因素(加权),得出帕氏价格指数公式为

$$k_p = \frac{\sum p_1 q_1}{\sum p_0 q_1} \tag{4-23}$$

从实际效果来看,人们更关心的是在报告期现实销售量的条件下,价格变动的幅度和所产生的经济效果。例如,今年买 100 kg 大米,要比去年多支出多少钱?这才是我们真正关心的问题。因此,把销售量固定在报告期,用帕氏价格指数计算更有实际意义。据此,可以得出编制质量指标综合指数的一般原则是:采用报告期的数量指标作为同度量因素,即用公式(4-23),帕氏指数。

但不同的分析对象编制方法是不一样的。例如,我国上证指数和深圳指数用的就是

帕氏指数的编制方法,而美国 SP500 指数的编制用的却是拉氏指数的编制方法。

编制质量指标综合指数的一般原则有两层含义:一是编制质量指标指数应以数量指标作为同度量因素;二是将同度量因素固定在报告期。

【例 4-4】 某商场有甲、乙、丙三种商品,销售量和销售价格如表 4-3 所示。

表 4-3 商品销售综合指数计算表

商品名称	销售量 q_0	销售量 q_1	销售量单位	销售价格/元 p_0	销售价格/元 p_1	销售额/元 $p_0 q_0$	销售额/元 $p_1 q_1$	销售额/元 $p_0 q_1$	销售额/元 $p_1 q_0$
甲	480	600	件	25	25	12 000	15 000	15 000	12 000
乙	500	600	kg	40	36	20 000	21 600	24 000	18 000
丙	200	180	m	50	70	10 000	12 600	9 000	14 000
合计	—	—	—			42 000	49 200	48 000	44 000

要求:(1)分析三种商品销售量的综合变动情况,以及销售量的变动对销售额的影响额;

(2)分析三种商品销售价格的综合变动情况,以及销售价格的变动对销售额的影响额。

解:设 q 为销售量,p 为销售价格,根据数量指标综合指数和质量指标综合指数的公式,计算所需数据,如表 4-3 后 4 列所示。

计算得到

$$\sum p_0 q_0 = 42\,000(元), \sum p_1 q_1 = 49\,200(元), \sum p_0 q_1 = 48\,000(元)$$

(1)分析三种商品销售量的变动,得销售量总指数为

$$k_q = \frac{\sum p_0 q_1}{\sum p_0 q_0} \times 100\% = \frac{48\,000}{42\,000} \times 100\% = 114.29\%$$

销售量变动对销售额产生的影响为

$$\sum p_0 q_1 - \sum p_0 q_0 = 48\,000 - 42\,000 = 6\,000(元)$$

结果说明,三种商品销售量报告期比基期总的上升了 14.29%,三种商品销售量的上升使销售额增加了 6 000 元。

(2)分析三种商品销售价格的变动,得

$$k_p = \frac{\sum p_1 q_1}{\sum p_0 q_1} \times 100\% = \frac{49\,200}{48\,000} \times 100\% = 102.5\%$$

$$\sum p_1 q_1 - \sum p_0 q_1 = 49\,200 - 48\,000 = 1\,200(元)$$

结果说明,三种商品销售价格报告期比基期总的上涨了 2.5%,商品价格的上涨,使商品销售额增加了 1 200 元。这也表明,居民在维持报告期生活水平的情况下,由于物价上涨,多支出 1 200 元。

第三节 平均指标指数

综合指数是编制总指数的基本形式,它正确地反映了被研究现象总体动态变化的客观实际内容。但在实际统计工作中,有时由于受统计资料的限制,不能直接利用综合指数公式编制总指数。这时,须改编公式形式,根据综合指数公式推导出平均指标形式来编制总指数。以个体指数为基础,采取平均指标形式编制的总指数,称为平均指标指数,也称平均数指数。从综合指数公式推导出平均数指数公式有两种形式:加权算术平均数指数形式和加权调和平均数指数形式。通常情况下,加权算术平均数指数用于编制数量指标综合指数;加权调和平均数指数用于编制质量指标综合指数。但是,作为一种独立指数形式的平均数指数,不只是作为综合指数的变形来使用,它本身具有广泛的应用价值。

一、平均指标指数的编制原理

平均指标指数的编制原理是:先对比后平均。

从例 4-1 的销售量和销售数据来看,先对比就是从各种商品的销售量和销售价格进行对比(计算个体指数),然后通过对个体指数的平均得到相应的总指数,这种方法就是平均指数法,相应的销售价格总指数和销售量总指数的公式分别为

$$K_p = \frac{\sum_{i=1}^{n} \frac{p_{1i}}{p_{0i}}}{n} \tag{4-24}$$

$$K_q = \frac{\sum_{i=1}^{n} \frac{q_{1i}}{q_{0i}}}{n} \tag{4-25}$$

从这两个公式来看,简单平均法也存在着不足之处:当我们将各种商品的个体指数作简单平均时,没有适当地考虑不同商品的重要性程度。例如,食盐和面粉的价格同时都上涨了 20%,从公式计算上来看,对总指数的影响程度是相同的。又如,食盐价格上涨了 20%,面粉价格降低了 20%,这两种价格指数相加后,恰好相互抵消,这显然是很不合理的。人们编制价格指数的主要目的之一,就是考察价格变化对人们消费支出的影响,显然食盐和面粉的价格上涨和下降对人们的支出影响是不相同的,所以,从经济分析的角度来看,各种商品的重要性程度是有差异的,简单平均指数不能反映这种差异,因而难以满足分析的要求。

运用平均指数法编制总指数,就必须考虑各种商品的重要性程度,因此,我们应用加权平均指数的编制方法。例如,编制数量指标指数或质量指标指数时,以基期或报告期的价值量指标(如销售额)作为权数,因为对社会经济的影响程度取决于总需求额的大

小,即货币支出总额的大小。

（一）加权算术平均数指数

加权算术平均数指数的公式为

$$K_q = \frac{\sum k_q p_0 q_0}{\sum p_0 q_0} \quad (4\text{-}26)$$

其中,$k_q = \frac{q_1}{q_0}$为销售量个体指数。以基期价值量指标 $p_0 q_0$（销售额）为权重进行简单算术平均,代入公式,得

$$K_q = \frac{\sum k_q p_0 q_0}{\sum p_0 q_0} = \frac{\sum \frac{q_1}{q_0} p_0 q_0}{\sum p_0 q_0} = \frac{\sum p_0 q_1}{\sum p_0 q_0} \quad (4\text{-}27)$$

推导结果表明,由算术平均数指数可以推导出数量指标综合指数,因此算术平均数指数反映的是数量指标的总变动。

【例 4-5】 现将表 4-3 的资料改成表 4-4。

表 4-4 算术平均数指数计算表

商品名称	销售量个体指数 $k_q = \frac{q_1}{q_0}$	基期销售额 $p_0 q_0$/元
甲	1.25	12 000
乙	1.20	20 000
丙	0.90	10 000
合计	—	42 000

要求:计算三种商品产量总指数,并分析三种商品产量的变动对销售额的影响。

解:由公式（4-26）得

$$K_q = \frac{\sum k_q p_0 q_0}{\sum p_0 q_0}$$

$$= \frac{1.25 \times 12\ 000 + 1.2 \times 20\ 000 + 0.9 \times 10\ 000}{42\ 000}$$

$$= 114.29\%$$

$$\sum k_q p_0 q_0 - \sum p_0 q_0 = 48\ 000 - 42\ 000 = 6\ 000(元)$$

这个计算结果同用综合指数（拉氏指数）公式计算的结果完全一致。由此可见,当编制指数时,只掌握个体指数和基期资料,运用算术平均数公式编制总指数比较方便。

（二）加权调和平均数指数

加权调和平均数指数的公式为

$$K_p = \frac{\sum p_1 q_1}{\sum \frac{1}{k_p} p_1 q_1} \quad (4\text{-}28)$$

其中,$k_p = \frac{p_1}{p_0}$为销售价格个体指数。以报告期价值量指标 $p_1 q_1$（销售额）为权重进行加权

调和平均数指数计算,代入公式得

$$K_p = \frac{\sum p_1 q_1}{\sum \frac{1}{k_p} p_1 q_1} = \frac{\sum p_1 q_1}{\sum \frac{p_0}{p_1} p_1 q_1} = \frac{\sum p_1 q_1}{\sum p_0 q_1} \qquad (4\text{-}29)$$

推导结果表明,由调和平均数指数可以推导出质量指标综合指数,因此,调和平均数指数反映的是现象质量指标的总变动。

【例 4-6】 现仍以表 4-3 资料改成表 4-5。

表 4-5 调和平均数指数计算表

商品名称	销售价格个体指数 $k_p = \dfrac{p_1}{p_0}$	报告期商品销售额 $q_1 p_1$/元
甲	1.00	15 000
乙	0.90	21 600
丙	1.40	12 600
合计	—	49 200

要求:计算三种产品销售价格总指数,并分析三种商品价格的变动对销售额的影响。

解:由公式(4-28)得

$$K_p = \frac{\sum p_1 q_1}{\sum \frac{1}{k_p} p_1 q_1}$$

$$= \frac{49\ 200}{\frac{1}{1} \times 15\ 000 + \frac{1}{0.9} \times 21\ 600 + \frac{1}{1.40} \times 12\ 600}$$

$$= 102.5\%$$

$$\sum p_1 q_1 - \sum \frac{1}{k_p} p_1 q_1 = 49\ 200 - 48\ 000 = 1\ 200(元)$$

利用调和平均数指数公式计算的价格指数与运用综合指数公式计算的价格指数,在经济内容和实际意义上是一样的。所以,平均指标指数可以说是综合指数的一种变形应用,这种变形应用也是经常采用的方法。

二、平均指标对比指数

平均指标对比指数是两个平均指标在不同时间上对比的相对数。

(一)平均指标对比指数的分解

加权算术平均数受变量和权数两个因素的影响,x 是变量,f 是权数。起决定作用的是变量值本身的水平,也就是 x 的大小。在一般情况下(也就是次数分布接近正态分布的情况下),加权算术平均数会靠近出现次数最多的那个变量值。因此,f 起着一种权衡轻重的作用。所以,次数又称权数。

$$\bar{x} = \frac{\sum xf}{\sum f} = \sum x \cdot \frac{f}{\sum f} \tag{4-30}$$

加权算术平均数＝变量×权数比率

权数比率就是相对数中的结构指标,又称构成指标。两个时期的加权算术平均数进行对比时,仍然存在这两个因素的影响。平均指标对比指数的分解,是把两个因素分开编制成两个独立的指数。

(二)平均指标对比指数分解的一般公式

平均指标对比指数的一般公式为

$$k = \frac{\bar{x}_1}{\bar{x}_0} \tag{4-31}$$

其中,$\bar{x}_1$ 为报告期某一经济量的平均指标,$\bar{x}_0$ 为基期某一经济量的平均指标。

公式(4-31)表示报告期平均指标比基期平均指标上升或下降的程度。

常见的平均指标对比指数有平均工资指数、平均劳动生产率指数、平均单位成本指数等。

下面以平均工资指数为例,对平均指标对比指数的特征进行分析。

平均工资指数公式为

$$K = \frac{\bar{x}_1}{\bar{x}_0} = \frac{\dfrac{\sum x_1 f_1}{\sum f_1}}{\dfrac{\sum x_0 f_0}{\sum f_0}} \tag{4-32}$$

其中,$\bar{x}_1$ 为报告期平均工资;$\bar{x}_0$ 为基期平均工资;$\sum x_1 f_1$ 为报告期工资总额,即报告期各级平均工资乘各级职工人数之和;$\sum f_1$ 为报告期各级职工人数之和;$\sum x_0 f_0$ 为基期工资总额,即基期各级平均工资乘各级职工人数之和;$\sum f_0$ 为基期各级职工人数之和。

平均工资指数可以改写成如下公式:

$$K = \frac{\sum x_1 \cdot \dfrac{f_1}{\sum f_1}}{\sum x_0 \cdot \dfrac{f_0}{\sum f_0}} \tag{4-33}$$

从公式(4-33)可以看出,平均工资指数反映两个因素的变动的影响,即各级职工工资水平变动的影响和各级职工在全部职工总数中所占比重变动的影响。

所以,数据在分组的条件下,总平均指标的变动受两个因素的影响:一是各组平均指标 x 的变动(即各组变量水平的变动);二是各组单位数在总体单位总数中的比重变动 $\dfrac{f}{\sum f}$(即总体的结构变动)。因此,平均指标指数是这两个因素变动共同影响的结果。

平均指标指数因素分析中,将各组单位数的比重视为数量因素,各组平均水平视为质量因素。

基期总平均指标变化到报告期平均指标,其变化过程如下:

$$\frac{\sum x_0 f_0}{\sum f_0} \xrightarrow{f \text{变化}} \frac{\sum x_0 f_1}{\sum f_1} \xrightarrow{x \text{变化}} \frac{\sum x_1 f_1}{\sum f_1}$$

先假定基期各组平均指标 x 不变,总平均指标的变动完全是受各组单位数 f 的影响;接着再假定各组单位数 f 不变,总平均指标的变动完全是受各组平均指标 x 的影响。

因此,为了分析这两个因素对总平均数变动的影响,需要分别计算以下指数:

(1)可变构成指数。

可变构成指数是指在分组条件下,各组报告期总平均水平相对基期的总平均水平的变动程度。其公式为

$$K_{\text{可变}} = \frac{\bar{x}_1}{\bar{x}_0} = \frac{\dfrac{\sum x_1 f_1}{\sum f_1}}{\dfrac{\sum x_0 f_0}{\sum f_0}} \tag{4-34}$$

(2)结构变动影响指数。

结构变动影响指数是指在分组条件下,将总平均指标变动中的各组水平因素固定在基期水平上,单纯反映结构因素变动影响的总平均指标指数。其公式为

$$K_{\text{结构}} = \frac{\bar{x}_{\text{假定}}}{\bar{x}_0} = \frac{\dfrac{\sum x_0 f_1}{\sum f_1}}{\dfrac{\sum x_0 f_0}{\sum f_0}} \tag{4-35}$$

(3)固定构成指数。

固定构成指数是指在分组条件下,将总平均指标变动的结构因素固定在报告期水平上,单纯反映各组平均水平变动影响的总平均指标指数。其公式为

$$K_{\text{固定}} = \frac{\bar{x}_1}{\bar{x}_{\text{假定}}} = \frac{\dfrac{\sum x_1 f_1}{\sum f_1}}{\dfrac{\sum x_0 f_1}{\sum f_1}} \tag{4-36}$$

以上三个指数之间存在如下关系:

$$K_{\text{可变}} = K_{\text{结构}} \times K_{\text{固定}}$$

形成如下平均指标指数体系:相对数为

$$\frac{\dfrac{\sum x_1 f_1}{\sum f_1}}{\dfrac{\sum x_0 f_0}{\sum f_0}} = \frac{\dfrac{\sum x_0 f_1}{\sum f_1}}{\dfrac{\sum x_0 f_0}{\sum f_0}} \times \frac{\dfrac{\sum x_1 f_1}{\sum f_1}}{\dfrac{\sum x_0 f_1}{\sum f_1}} \tag{4-37}$$

绝对数为

$$\frac{\sum x_1 f_1}{\sum f_1} - \frac{\sum x_0 f_0}{\sum f_0} = \left[\frac{\sum x_0 f_1}{\sum f_1} - \frac{\sum x_0 f_0}{\sum f_0}\right] + \left[\frac{\sum x_1 f_1}{\sum f_1} - \frac{\sum x_0 f_1}{\sum f_1}\right]$$

(4-38)

(三)平均指标对比指数的分析

任何两个不同时期的同一经济内容的平均指标对比都可以形成一个平均指标对比指数体系,应用指数体系可以对平均指标变动在相对数和绝对数两方面进行分析。

【例 4-7】 某企业员工分为技术人员和管理人员两类,其人数和平均工资如表4-6所示。

表 4-6 某企业技术人员和管理人员平均工资指数计算表

组别	工人数/人		月平均工资/元		工资总额/元			
	基期	报告期	基期	报告期	基期	报告期	假定的	假定的
	f_0	f_1	x_0	x_1	$x_0 f_0$	$x_1 f_1$	$x_0 f_1$	$x_1 f_0$
技术人员	70	66	8 000	8 600	560 000	567 600	528 000	602 000
管理人员	30	74	5 000	5 500	150 000	407 000	370 000	165 000
合计	100	140	—	—	710 000	974 600	898 000	767 000

试对该企业全体员工的平均工资进行分析。

解: 基期平均工资为

$$\bar{x}_0 = \frac{\sum x_0 f_0}{\sum f_0} = \frac{710\ 000}{100} = 7\ 100(元)$$

报告期平均工资为

$$\bar{x}_1 = \frac{\sum x_1 f_1}{\sum f_1} = \frac{974\ 600}{140} = 6\ 961(元)$$

平均工资指数为

$$K_{可变} = \frac{\bar{x}_1}{\bar{x}_0} = \frac{\sum x_1 f_1}{\sum f_1} \bigg/ \frac{\sum x_0 f_0}{\sum f_0} = \frac{6\ 961}{7\ 100} = 98.04\%$$

$$\frac{\sum x_1 f_1}{\sum f_1} - \frac{\sum x_0 f_0}{\sum f_0} = 6\ 961 - 7\ 100 = -139(元)$$

计算结果说明,该企业总平均工资下降了1.96%,下降了139元。但平均工资的变化受两个因素的影响——各组工资水平和各组人数比重,我们要测定一个因素的影响程度,就必须将另一个因素固定下来。现在先假设各组工资水平固定不变,人员结构发生变化,得到结构变动影响指数为

$$K_{结构} = \frac{\sum x_0 f_1}{\sum f_1} \bigg/ \frac{\sum x_0 f_0}{\sum f_0}$$

$$= \frac{898\ 000}{140} \bigg/ \frac{710\ 000}{100} = \frac{6\ 414}{7\ 100} = 90.34\%$$

$$\frac{\sum x_0 f_1}{\sum f_1} - \frac{\sum x_0 f_0}{\sum f_0} = 6\ 414 - 7\ 100 = -686(元)$$

计算结果说明,假使工资水平仍和基期一样没有变化的话,那么由于技术人员、管理人员人数结构变化的影响,总的平均工资将降低 9.7%,在绝对值上减少 686 元。

再假定各组人员结构固定不变,工资水平发生变化,得到固定构成指数为

$$K_{固定} = \frac{\sum x_1 f_1}{\sum f_1} \bigg/ \frac{\sum x_0 f_1}{\sum f_1}$$

$$= \frac{974\ 600}{140} \bigg/ \frac{898\ 000}{140} = \frac{6\ 961}{6\ 414} = 108.5\%$$

$$\frac{\sum x_1 f_1}{\sum f_1} - \frac{\sum x_0 f_1}{\sum f_1} = 6\ 961 - 6\ 414 = 547(元)$$

计算结果说明,假使排除了职工人数结构变动的影响,则报告期总的工资水平比基期提高了 8.5%,在绝对值上增加了 547 元。

以上指数形成如下体系:相对数为

$$98.04\% = 90.34\% \times 108.5\%$$

绝对数为

$$-139\ 元 = -686\ 元 + 547\ 元$$

总的结果表明,由于技术人员、管理人员人数结构变化的影响,总的平均工资降低 9.66%,在绝对值上减少 686 元,而报告期总的工资水平却比基期提高了 8.5%,在绝对值上增加了 547 元。由于两种因素的共同影响,该企业总平均工资水平下降了 1.96%,使得总平均工资额下降了 139 元。

第四节　几种常用的统计指数

一、居民消费价格指数

居民消费价格指数(consumer price index,CPI)是反映一定时期内居民消费价格变动趋势和变动程度的相对数。编制这一指数的目的在于,全面观察居民消费价格变动对居民生活的影响,为决策部门掌握消费价格状况,研究和制定居民消费政策、价格政策、

工资政策、货币政策以及进行国民经济核算提供科学依据。居民消费价格指数还是反映通货膨胀的重要指标。

编制居民消费价格指数的商品和服务项目基本是根据用途进行分类的,共分为8个大类,即食品、烟酒及用品、衣着、家庭设备用品及维修服务、医疗保健及个人用品、交通和通信、娱乐教育文化用品及服务、居住。食品类下设6个中类,即粮食、肉禽及其制品、蛋、水产品、鲜菜、在外用餐。其他大类也分别下设中、小类。一般在小类之下选择有代表性的商品和服务项目作为规格品编制指数。

居民消费价格指数采用加权算术平均公式编制。年度指数是以上年为基期的指数,月度指数分为以上年同期和上月为基期的同比和月环比两种指数。计算公式为

$$K_p = \frac{\sum k_p W}{\sum W} \tag{4-39}$$

其中,K_p 为居民消费价格总指数,k_p 为商品(或类)价格指数,W 为权数。

现以表4-7为例介绍某市居民消费价格指数的编制方法。

表4-7 某市居民消费价格指数计算表

商品类别和名称	代表规格品的规格等级牌号	计量单位	平均牌价/元 上年 p_0	平均牌价/元 本年 p_1	权数 /%	以上年为基础 个体指数 $k_p=\frac{p_1}{p_0}$/%	以上年为基础 个体指数×权数 $k_p W$/%
(甲)	(乙)	(丙)	(1)	(2)	(3)	(4)=(2)/(1)	(5)=(4)×(3)
总指数					100		101.12
一、食品					46	99.05	45.56
(一)粮食					18	94.62	17.03
1.细粮					99	94.46	93.52
大米	二等粳米	kg	1.20	1.13	95	94.17	89.46
面粉	标准粉	kg	1.70	1.70	5	100.00	5.00
2.粗粮					1	110.38	1.10
(二)肉禽及其制品					36	101.00	36.36
(三)蛋					5	101.00	5.05
(四)水产品					10	98.12	9.81
(五)鲜菜					16	95.36	15.25
(六)在外用餐					15	103.62	15.54
二、烟酒及用品					8	102.34	8.19
三、衣着					12	102.00	12.24
四、家庭设备用品及维修服务					8	98.42	7.87
五、医疗保健及个人用品					6	104.28	6.26
六、交通和通信					7	100.54	7.04
七、娱乐教育文化用品及服务					8	110.84	8.87
八、居住					5	101.87	5.09

计算步骤如下:
(1)计算各个代表规格品的个体零售价格指数。例如,大米的个体价格指数为

$$k_p = \frac{p_1}{p_0} = \frac{1.13}{1.20} = 94.17\%$$

(2)把各个个体价格指数乘相应权数后相加,再计算其算术平均数,即得小类指数。例如,细粮小类指数为

$$K_p = \frac{\sum k_p p_0 q_0}{\sum p_0 q_0} = \sum k_p W$$

$$= 94.17\% \times 0.95 + 100\% \times 0.05 = 94.46\%$$

(3)把各个小类指数分别乘相应权数后,再计算其算术平均数,即得中类指数。例如,粮食中类指数为

$$K_p = \sum k_p W = 94.46\% \times 0.99 + 110.38\% \times 0.01$$
$$= 94.62\%$$

(4)把各中类的指数乘相应权数后,再计算其算术平均数,即得大类指数。例如,食品大类指数为

$$K_p = \sum k_p W$$
$$= 94.62\% \times 0.18 + 101\% \times 0.36 + 101\% \times 0.05 + 98.12\% \times 0.1$$
$$\quad + 95.36\% \times 0.16 + 103.62\% \times 0.15$$
$$= 99.054\%$$

(5)把各大类指数乘相应的权数后,计算其算术平均数,即得总指数为

$$K_p = \sum k_p W$$
$$= 99.05\% \times 0.46 + 102.34\% \times 0.08 + 102\% \times 0.12 + 98.42\% \times 0.08$$
$$\quad + 104.28\% \times 0.06 + 100.54\% \times 0.07 + 110.84\% \times 0.08 + 101.87\% \times 0.05$$
$$= 101.12\%$$

目前,我国的居民消费价格指数主要反映居民消费价格的变动,在分类上也包含了居民居住类价格的变动,包括房租、自有住房以及水、电、燃气等项目。对租房者来说,其居住价格变动是通过实际租金来体现的;对拥有住房者来说,其居住价格变动是通过虚拟租金即一定时期居民住房可能要付出的租金来体现的。按国际惯例,商品房价格不直接计入居民消费价格指数。

二、农副产品收购价格指数

农副产品收购价格是农副产品进入流通领域的最初价格,同社会生产和人民生活关系极为密切。农副产品收购价格指数是反映各种经济类型的商业、企业及其他单位,以各种不同的价格形式收购农副产品的价格平均变动的相对数。

为使指数的编制准确、及时,并与其体现的经济内容和编制目的相符合,农副产品收

购价格指数以报告期实际收购额为权数,按加权调和平均指数公式计算。其计算公式为

$$K_p = \frac{\sum p_1 q_1}{\sum \frac{1}{k_p} p_1 q_1} \tag{4-40}$$

其中,K_p 为农副产品收购价格总(类)指数,k_p 为单项农副产品收购价格指数,$p_1 q_1$ 为报告期各类农副产品实际收购额。

现以某省农副产品收购价格总指数为例说明其编制方法,如表 4-8 所示。

表 4-8 某省农副产品收购价格指数计算表

商品类别和名称	代表规格品、规格等级	计量单位	平均价格/元		指数/%	收购金额/万元	
			p_0	p_1	$k_p = \frac{p_1}{p_0}$	$p_1 q_1$	$\frac{1}{k_p} p_1 q_1$
(甲)	(乙)	(丙)	(1)	(2)	(3)=$\frac{(2)}{(1)}$	(4)	(5)=$\frac{(4)}{(3)}$
总指数					114.62	325 390	283 880.99
一、粮食					115.34	91 730	79 530.08
二、经济作物					123.41	54 260	43 967.26
(一)棉花	7/8 细绒	kg	6.5	7.9	121.54	16 360	13 460.59
(二)麻	甲级青麻	kg	5.9	8.5	144.07	5 400	3 748.18
(三)烤烟	中部六级	kg	5.5	6.3	114.55	14 000	12 221.74
(四)芝麻	白 95 成	kg	2.2	2.8	127.27	18 500	14 536.03
三、竹木材					128.41	6 000	4 672.53
四、工业用油及漆胶					118.34	1 200	1 014.03
五、禽畜产品					117.00	32 000	27 118.64
六、蚕茧蚕丝					135.68	7 200	5 306.60
七、干鲜果					112.00	20 000	17 857.14
八、干鲜菜及调味品					110.00	49 000	44 545.45
九、土副产品					106.00	30 000	28 301.89
十、药材					105.50	22 000	20 853.08
十一、水产品					112.00	12 000	10 714.29

编制农副产品收购价格指数的步骤如下:

(1)计算各类代表规格品的个体物价指数。例如,棉花的个体物价指数为

$$k_p = \frac{p_1}{p_0} = \frac{7.9}{6.5} = 121.54\%$$

(2)把报告期的收购总额除以各代表规格品的个体指数,即得按基期价格计算的收购金额。例如,棉花按基期价格计算的收购金额为

$$p_0 q_1 = \frac{1}{k_p}(p_1 q_1) = \frac{16\ 360}{121.54\%} = 13\ 460.59(万元)$$

(3)计算各类商品的价格指数。例如,经济作物类的价格指数为

$$K_p = \frac{\sum p_1 q_1}{\sum \frac{1}{k_p} p_1 q_1} = \frac{16\ 360 + 5\ 400 + 14\ 000 + 18\ 500}{\frac{16\ 360}{121.53\%} + \frac{5\ 400}{144.07\%} + \frac{14\ 000}{114.55\%} + \frac{18\ 500}{127.27\%}} = 123.41\%$$

(4) 计算农副产品价格指数：

$$K_p = \frac{\sum p_1 q_1}{\sum \frac{1}{k_p} p_1 q_1} = \frac{91\ 730 + 54\ 260 + \cdots + 22\ 000 + 12\ 000}{\frac{91\ 730}{115.34\%} + \frac{54\ 260}{123.41\%} + \cdots + \frac{22\ 000}{105.50\%} + \frac{12\ 000}{112.00\%}} = 114.62\%$$

结果表明，该省农副产品收购价格提高了 14.62%，由于收购价格提高，农民增加收入 41 510 万元。

三、股票价格指数

股票是由股份公司发行的所有权凭证，持有者有权分享公司的利益，同时也要承担公司的责任和风险。股票具有"价值"，并可作为"商品"转让。股票"价值"决定了股票价格，但是股票价格会受多种因素的影响而围绕着股票"价值"上下波动，有时这种波动幅度相当大。例如股票的供求状况，当市场上可供投资的金融工具很少、股票发行量又很小时，供不应求的局面必然使股票成为抢手货，股票价格也就会大大高于其"价值"；相反，当股票发行过多时，其价格必然低于其"价值"。除了供求关系以外，股票发行者经营业绩、政治经济形势的变化以及某些机构对股市的控制或操纵等，也会对股票价格产生一定影响。正因为如此，股票价格的变动，已成为反映一个国家、地区的政治、经济形势变动的晴雨表。

下面介绍几种影响较大、计算方法有代表性的股价指数。

（一）道琼斯股价指数

道琼斯股价指数（Dow Jones Index）是由美国新闻出版商道琼斯公司计算并发布的，是历史最悠久的股票价格指数。最初组成道琼斯股票价格平均数的股票只有 11 种，采用简单算术平均法计算。后来几经变动，选择的股票种类不断增加，从 1938 年至今已增加到 65 种，其中包括 30 种工业股票、20 种交通运输业股票及 15 种公用事业股票，编制方法也从简单算术平均法改为平均修正法。由于各种股份公司经常有股数增加和股票拆细的情况发生，作为分母的股票总股数必然增加，这促使单位股份降低，难以体现股票价格变动的真实情况，因而需要对分母做适当处理，以免平均数受到影响。道琼斯股票价格平均数以 1928 年 10 月 1 日为基期，即以该日的股价平均数为基数，以后各期股票价格同基期相比计算出来的百分数就称为各期的股票价格指数。其计算公式为

$$K_p = \frac{\bar{p}_1}{\bar{p}_0} \qquad (4\text{-}41)$$

其中，$\bar{p}_1$ 为报告期入编股票平均价格，$\bar{p}_0$ 为基期简单平均价格。

由于道琼斯指数的采样股票数目较少，且多是热门股，缺乏广泛的代表性，并且没有考虑权数，导致少数几种流动性较小的股票价格的大幅度涨落对平均数产生很大影响。

（二）上证指数系列

作为国内外普遍采用的衡量中国证券市场表现的权威统计指标，由上海证券交易所编制并发布的上证指数系列是一个包括上证 180 指数、上证 50 指数、上证综合指数、A

股指数、B股指数、分类指数、国债指数、基金指数等的指数系列,其中最早编制的为上证综合指数。为推动长远的证券市场基础建设和规范化进程,2002年6月,上海证券交易所对原上证30指数进行了调整,并将其更名为上证成分指数,即上证180指数。上证成分指数的编制方案,是结合中国证券市场的发展现状,借鉴国际经验,在原上证30指数编制方案的基础上进一步完善后形成的,目的在于通过科学、客观的方法挑选出最具代表性的样本股票,建立一个反映上海证券市场的概貌和运行状况、能够作为投资评价尺度及金融衍生产品基础的基准指数。上证50指数是根据科学、客观的方法,挑选上海证券市场规模大、流动性好的最具有代表性的50只股票组成样本股,以便综合反映上海证券市场最具市场影响力的一批龙头企业的整体状况。上证红利指数挑选在上海证券交易所上市的现金股息率高、分红比较稳定、具有一定规模及流动性的50只股票作为样本,以反映上海证券市场高红利股票的整体状况和走势。

上证指数系列从总体和各个不同侧面反映了上海证券交易所上市证券品种价格的变动情况,可以反映不同行业的景气状况及其价格整体变动状况,从而给投资者提供不同的投资组合分析参照系。随着证券市场在国民经济中的地位逐渐提高,上证指数也将逐步成为观察中国经济运行的"晴雨表"。

上海证券交易所股价指数系列包括4类共15个指数,如表4-9所示。

表4-9　上海证券交易所股价指数列表

指数名称	基准日期	基准点数	成分股数量/股	成分股总股本数/亿股
样本指数类				
沪深300	2004年12月31日	1 000.00	300	4 250.09
上证180	2002年6月28日	3 299.06	180	3 176.59
上证50	2006年12月31日	1 000.00	50	2 235.05
红利指数	2004年12月31日	1 000.00	50	1 455.14
综合指数类				
上证指数	1990年12月19日	100.00	872	5 023.05
分类指数类				
A股指数	1990年12月19日	100.00	819	4 919.54
B股指数	1992年2月21日	100.00	53	103.51
工业指数	1993年4月30日	1 358.78	561	3 128.34
商业指数	1993年4月30日	1 358.78	56	154.64
地产指数	1993年4月30日	1 358.78	22	80.11
公用指数	1993年4月30日	1 358.78	87	904.03
综合指数	1993年4月30日	1 358.78	134	755.92
其他指数类				
基金指数	2000年5月8日	1 000.00	25	466.98
国债指数	2002年12月31日	100.00	33	12 537.07
企债指数	2002年12月31日	100.00	44	—

注:截止日期为2005年12月30日。

上证指数系列均采用派许加权综合价格指数公式计算：

$$K_p = \frac{\sum p_1 q_1}{\sum p_0 q_1} \tag{4-42}$$

其中，p_1 为某股票当日收盘价，p_0 为某股票基日收盘价，q_1 为某股票当日发行量。

上证指数的计算范围是所有上市发行股票，基日定为1990年12月19日（上海证券交易所正式营业日），基日指数为100点。上证30指数计算范围是30家具有代表性的上市公司，基日定为1996年1月至3月，基日指数为1 000点。

（三）香港恒生指数

香港恒生指数是香港股票市场上历史最久、影响最大的股票价格指数，由香港恒生银行于1969年11月24日开始发表。

恒生股票价格指数包括从香港500多家上市公司中挑选出来的33家有代表性且经济实力雄厚的大公司股票作为成分股，分为四大类——4种金融业股票、6种公用事业股票、9种地产业股票和14种其他工商业（包括航空和酒店）股票。

这些股票占香港股票市值的63.8%，其指数涉及香港的各个行业，因而具有较强的代表性。

恒生股票价格指数的编制是用拉氏指数的编制方法，以1964年7月31日为基期，因为这一天香港股市运行正常，成交值均匀，可反映整个香港股市的基本情况，基点确定为100点。其计算方法是将33种股票按每天的收盘价乘以各自的发行股数为计算日的市值，再与基期的市值相比较，乘以100就得出当天的股票价格指数。其计算公式为

$$K_p = \frac{\sum q_0 p_1}{\sum q_0 p_0} \tag{4-43}$$

其中，p_1 为某股票当日收盘价，p_0 为某股票基日收盘价，q_1 为某股票当日发行量。

由于恒生股票价格指数所选择的基期适当，因此，不论股票市场狂升或猛跌，还是处于正常交易水平，恒生股票价格指数基本上能反映整个股市的活动情况。

恒生股票价格指数自1969年发表以来，已经过多次调整。1980年8月香港当局将香港证券交易所、远东交易所、金银证券交易所和九龙证券交易所合并为香港联合证券交易所。在目前的香港股票市场上，只有恒生股票价格指数与新产生的香港指数并存，香港的其他股票价格指数均不复存在。

（四）美国SP500指数

美国SP500指数于1928年公布，最初入编的股票有223种，到1957年扩大到500种，包括400种工业股、20种运输股、40种金融股和40种公共事业股，对比基期为1941年至1943年，以基期发行量为权数的综合指数形式为

$$K_p = \frac{\sum q_0 p_1}{\sum q_0 p_0} \tag{4-44}$$

其中，p_1 为报告期各种股票的价格，q_0 为基期股票发行量。

四、房地产价格指数

房地产价格指数是反映房屋销售、租赁和土地交易过程中房地产价格水平变动趋势和变动程度的相对数。它是房屋销售价格指数、房屋租赁价格指数和土地交易价格指数的统称。

(一) 房屋销售价格指数

房屋销售价格指数反映商品房、公有房屋和私有房屋各大类房屋的销售价格的变动情况。其中,商品房细分为经济适用房、普通住房、高档公寓等各类住宅,以及商业用房、写字楼等非住宅。在房屋销售价格指数的计算中,小类指数是以报告期的销售收入作为计算权数,大类指数和总指数是以上一年全市各类房屋的销售额作为权数,采用加权算术平均的方法计算出来的。

(二) 房屋租赁价格指数

房屋租赁价格指数反映住宅、办公用房、商业用房、厂房、仓库的租赁价格变动情况。房屋租赁价格指数的计算与房屋销售价格指数的计算相同,小类指数是以报告期的租赁收入作为计算权数,大类和总指数是以上一年全市各类房屋的租赁额作为权数,采用加权算术平均的方法计算出来的。

(三) 土地交易价格指数

土地交易价格指数反映房地产开发商或其他建设单位为取得土地使用权而实际支付的价格的变动情况。土地主要分为住宅用地、工业用地、商业用地、旅游用地等。土地交易价格指数是以上一年各类用地的成交额作为权数,采用加权算术平均的方法计算出来的。

房地产价格指数采用重点调查与典型调查相结合的方法取得被调查项目的价格资料,然后采用由下而上逐级汇总的方法编制。以房屋销售价格指数为例,其具体的计算方法如下:

(1) 计算调查对象(如样本楼盘、土地等)的个体价格指数为

$$k_i = \frac{p_{1i}}{p_{0i}} \tag{4-45}$$

(2) 计算调查细项(如多层、高层等)和小类价格指数为

$$K = \frac{\sum W_i}{\sum \frac{W_i}{k_i}} \tag{4-46}$$

其中,k_i 为细项中第 i 个调查对象的个体指数;p_{1i} 和 p_{0i} 分别为第 i 个调查对象的报告期和基期单价;K 为细项指数;W_i 代表权数,即细项中不同调查对象的报告期销售额。

(3) 计算中类(如住宅、非住宅等)、大类(如商品房、二手房等)的价格指数:

$$K = \frac{\sum k_i W_i}{\sum W_i} \tag{4-47}$$

其中，K 为某中、大类指数；k_i 为该中、大类下某小类的价格指数；W_i 为中、大类权数，即某中、大类上年的销售额占全社会销售额的比重。

按照方案要求，计算房地产价格指数需要取得报告期样本价格和与之同质可比的房地产（房屋、土地、租赁、物业，下同）基期价格资料。样本价格为报告期销售金额最大的那种类型的价格。由于房地产市场的特殊性，房地产交易为一次性买卖，因而样本确定及同质可比的基期价格一般由基层统计人员按方案提供的方法进行确定，尤其是基期价格的确定，其技术性要求很强。目前，受各基层统计人员业务素质参差不齐影响，难免产生误差。这一问题往往需要省市一级的专业统计干部深入实地加强调研，以纠正误差。

本章小结

由本章内容可知，统计指数与人们的工作、生活密切相关，是国民经济管理的重要方法，应用十分广泛。本章介绍了统计指数的含义、作用和种类，并在此基础上详细介绍了总指数（分为综合指数和平均指标指数）的具体编制方法；此外，还详细介绍了统计指数体系的概念和进行因素分析的具体方法和步骤；最后还简要介绍了几种比较常见的统计指数：居民消费价格指数（CPI）、农副产品收购价格指数、股票价格指数和房地产价格指数。

思考与练习

（一）单项选择

1. 能分解为固定构成指数和结构影响指数的平均数指数，它的分子、分母通常是（　　）。
   A. 简单调和平均数　　　　　　B. 简单算术平均数
   C. 加权调和平均数　　　　　　D. 加权算术平均数

2. 编制综合数量指标指数（数量指标指数）时，其同度量因素最好固定在（　　）。
   A. 报告期　　B. 基期　　C. 计划期　　D. 任意时期

3. 平均价格可变构成指数的公式是（　　）。

   A. $\dfrac{\sum p_1 q_1}{\sum q_1} \Big/ \dfrac{\sum p_0 q_1}{\sum q_1}$　　　　　B. $\dfrac{\sum p_0 q_1}{\sum q_1} \Big/ \dfrac{\sum p_0 q_0}{\sum q_0}$

   C. $\dfrac{\sum p_1 q_1}{\sum q_1} \Big/ \dfrac{\sum p_0 q_0}{\sum q_0}$　　　　　D. $\dfrac{\sum p_0 q_1}{\sum q_1} \Big/ \dfrac{\sum p_1 q_0}{\sum q_0}$

4. 某企业报告期产量比基期增长了10%，生产费用增长了8%，则其单位成本降低了（　　）。
   A. 1.8%　　B. 2%　　C. 20%　　D. 18%

5. 狭义的指数是反映（　　）数量综合变动的方法。
   A. 有限总体　　B. 无限总体　　C. 复杂总体　　D. 简单总体

6. 数量指标综合指数 $\dfrac{\sum q_1 p_0}{\sum q_0 p_0}$ 变形为加权算术平均数时的权数是( )。

A. $q_1 p_1$　　　　B. $q_0 p_0$　　　　C. $q_1 p_0$　　　　D. $q_0 p_1$

7. 在由三个指数所组成的指数体系中,两个因素指数的同度量因素通常( )。

A. 都固定在基期

B. 都固定在报告期

C. 一个固定在基期一个固定在报告期

D. 采用基期和报告期的平均数

8. 固定权数的加权算术平均数价格指数的计算公式是( )。

A. $\dfrac{\sum \dfrac{p_1}{p_0} W}{\sum W}$　　　B. $\dfrac{\sum \dfrac{q_1}{q_0} W}{\sum W}$　　　C. $\dfrac{\sum W}{\sum \dfrac{1}{k}}$　　　D. $\dfrac{\sum W}{\sum \dfrac{p_1}{p_0} W}$

9. 如果生活费用指数上涨了20%,则1元钱( )。

A. 只值原来的0.8元　　　　B. 只值原来的0.83元

C. 与原来的1元钱等值　　　D. 无法与原来比较

10. $\sum q_1 p_0 - \sum q_0 p_0$ 表示( )。

A. 由于价格变动而引起的产值增减数

B. 由于价格变动而引起的产量增加数

C. 由于产量变动而引起的价格增减数

D. 由于产量变动而引起的产值增减数

11. 如果产值增加50%,职工人数增长20%,则全员劳动生产率将增长( )。

A. 25%　　　　B. 30%　　　　C. 70%　　　　D. 150%

12. 某商品的价格发生变化,现在的100元只值原来的90元,则价格指数为( )。

A. 10%　　　　B. 90%　　　　C. 110%　　　　D. 111%

13. 加权调和平均指数用于编制( )。

A. 工业生产指数　　　　　B. 零售商品价格指数

C. 居民消费价格指数　　　D. 农副产品收购价格指数

(二)多项选择题

1. 平均指数包括( )。

A. 加权算术平均指数　　　B. 加权调和平均指数

C. 可变构成指数　　　　　D. 固定构成指数

E. 结构影响指数

2. 以下指数属于数量指标指数的有( )。

A. 农产品收购数量总指数

B. 农产品收购价格总指数

C. 工业品单位成本总指数

D. 工业品销售量总指数

E. 产品的产量指数

3. 平均指标（　　）。
A. 是总体一般水平的代表值
B. 是反映总体分布集中趋势的特征值
C. 是反映总体分布离散趋势的特征值
D. 可用来分析现象之间的依存关系
E. 只能根据同质总体计算

4. 编制总指数的方法有（　　）。
A. 综合指数　　　　B. 平均指数　　　　B.C. 质量指标指数
D. 数量指标指数　　C.E. 平均指标指数

5. 三种商品的价格指数为105%，其绝对影响为800元，则结果表明（　　）。
A. 三种商品的价格平均上涨5%
B. 由于价格上涨5%，销售额也增长了5%
C. 由于价格上涨，居民在维持同等生活水准的情况下，多支出800元
D. 由于价格上涨，商店在销售量不变的条件下，多收入800元
E. 报告期价格比基期增加了800元

6. 统计指标按其方法论原理可分为（　　）。
A. 总指数　　　　　B. 综合指数　　　　C. 简单指数
D. 加权指数　　　　E. 平均指数

7. 下列情况中，属于广义指数概念的有（　　）。
A. 不同空间同类指标之比
B. 同类指标实际与计划之比
C. 一种指标与另一有密切联系的指标之比
D. 同一总体的部分指标与总量指标之比
E. 同一总体的部分指标与另一部分指标之比

8. 编制统计指数的作用主要有（　　）。
A. 综合反映现象总体变动的方向和程度
B. 综合反映总体的数量特征及其分布规律
C. 利用指数之间的联系进行因素分析
D. 利用指数分析法对经济现象变化进行综合评价和测定
E. 综合反映总体内部的构成和性质

9. 综合指数法中的同度量因素（　　）。
A. 与平均指数法中的权数是两个不同的概念
B. 既有同度量因素的作用，又有权数的作用
C. 必须固定在同一时期
D. 其时期可以不固定
E. 又称权数

10. 某地区商业企业职工去年劳动生产率指数为132%，这是（　　）。
A. 个体指数　　　　B. 总指数　　　　C. 平均指标指数
D. 数量指标指数　　E. 质量指标指数

(三)判断题

1. 统计指数的本质是对简单相对数的平均。（   ）
2. 在编制综合指数时,虽然将同度量因素加以固定,但是,同度量因素仍起权数作用。（   ）
3. 在编制总指数时经常采用非全面统计资料仅仅是为了节约人力、物力和财力。（   ）
4. 拉氏数量指数并不是编制数量指标综合指数的唯一公式。（   ）
5. 在平均指标变动因素分析中,可变构成指数是专门用以反映总体构成变化影响的指数。（   ）
6. 在由三个指数构成的指数体系中,两个因素指数的同度量因素指标是不同的。（   ）
7. 价格降低后,同样多的人民币可以多购商品15％,则价格指数应为85％。（   ）
8. 固定权数的平均数指数公式在使用时,数量指标指数和质量指标指数有不同的公式。（   ）
9. 说明现象总的规模和水平变动情况的统计指数是质量指数。（   ）
10. 我国物价指数的编制,一般采用统计报表资料作为权数计算平均数指数。（   ）

(四)简答题

1. 简述统计指数的分类。
2. 统计指数有什么作用？
3. 为什么有了综合指数还要使用平均指标指数？
4. 综合指数与平均指标指数有何联系与区别？
5. 什么是综合指数？
6. 什么是同度量因素？同度量因素在统计指数中有何作用？

(五)计算题

1. 某市四种主要副食品价格调整前后资料如题表 4-1 所示。

题表 4-1 某市四种副食品的零售价和销售量

类别	调整前		调整后	
	零售价/(元/kg)	销售量/万 kg	零售价/(元/kg)	销售量/万 kg
蔬菜	0.30	5.00	0.40	5.20
猪肉	2.20	4.46	2.44	5.52
鲜蛋	1.80	1.20	1.92	1.15
水产品	6.80	1.15	7.60	1.30

试计算:(1)各商品零售物价和销售量的个体指数;
(2)四种商品物价和销售量的总指数;

(3) 由于每种商品和全部商品价格变动使该市居民增加支出的金额。

2. 某地区 2015 年和 2016 年三种鲜果产品收购资料如题表 4-2 所示。

题表 4-2　某地区三种鲜果产品的价格和收购额

类别	2015 年		2016 年	
	旺季平均价格/(元/kg)	收购额/万元	旺季平均价格/(元/kg)	收购额/万元
苹果	110	250	118	300
香蕉	120	300	128	330
鲜桃	98	80	106	120

试计算三种鲜果产品收购价格指数,说明该地区 2016 年较之 2015 年鲜果收购价格的提高程度,以及由于收购价格提高使农民增加的收入。

3. 试根据题表 4-3 中某企业三种产品产值和产量动态的资料,计算三种产品产量总指数,以及由于产量增加使企业增加的产值。

题表 4-3　某企业三种产品的产值和产量动态

产品	实际产值/万元		2010 年比 2000 年产量增长/%
	2000 年	2010 年	
甲	400	4 260	74
乙	848	1 135	10
丙	700	1 432	40

4. 某企业三种产品产值和出厂价格动态的资料如题表 4-4 所示。

题表 4-4　某企业三种产品的产值和出厂价格动态

产品	总产值/万元		报告期出厂价格比基期增长/%
	基期	报告期	
甲	145	168	12
乙	220	276	15
丙	350	378	5

要求:(1) 计算出厂价格指数和由于价格变化而增加的产值;
(2) 计算总产值指数和产品产量指数;
(3) 试从相对数和绝对数两方面简要分析总产值变动所受的因素影响。

5. 某企业全员劳动生产率资料如题表 4-5 所示。

题表 4-5　某企业全员劳动生产率

车间	平均职工人数/人		全员劳动生产率/(元/人)	
	一季度	二季度	一季度	二季度
甲	900	600	1 500	2 000
乙	1 100	1 400	2 909	3 429

要求:试从相对数和绝对数两方面简要分析该企业全员劳动生产率二季度比一季度变动所受的因素影响。

6.某市居民消费价格指数计算表如题表4-6所示。

题表4-6 某市居民消费价格指数计算表

商品类别和项目	权数	组指数或类指数/%
一、食品	48	
(一)粮食	25	
1.细粮	98	100.0
2.粗粮	2	100.0
(二)副食品	48	
1.食用植物油及油料	6	106.1
2.食盐	2	100.0
3.鲜菜	17	96.7
4.干菜	4	101.7
5.肉禽蛋	38	122.7
6.水产品	21	140.2
7.调味品	5	98.6
8.食糖	7	103.0
(三)烟酒	13	102.3
(四)其他食品	14	108.1
二、衣着	16	116.4
三、家庭设备及用品	10	109.7
四、医疗保健	3	98.0
五、交通和通信工具	3	105.2
六、娱乐教育文化	8	108.0
七、居住	7	128.3
八、服务项目	5	112.6

试计算该市粮食物价指数、副食品物价指数、食品类物价指数和全部零售商品物价指数。

7.某省农副产品收购价格和收购金额如题表4-7所示。

题表4-7 某省农副产品收购价格和金额

商品类别和名称	代表规格品等级	计量单位	平均价格/元		指数/%	报告期实际收购额/元
			基期	报告期		
总指数						
一、粮食						90 000
稻谷	二级	kg	1.74	1.76	101.15	60 000
小麦	中等	kg	2.62	2.66	101.53	20 000
玉米	中等	kg	2.20	2.26	102.73	10 000
二、经济作物					105.11	50 000
三、竹木材					104.23	20 000

续表

商品类别和名称	代表规格品等级	计量单位	平均价格/元 基期	平均价格/元 报告期	指数/%	报告期实际收购额/元
四、工业用油及漆胶					101.23	35 000
五、禽畜产品					99.36	15 000
六、蚕茧蚕丝					101.35	10 000
七、干鲜果					102.38	30 000
八、干鲜菜及调味品					108.40	50 000
九、土副产品					105.40	30 000
十、药材					102.50	40 000
十一、水产品					98.60	10 000

要求：(1)计算各类产品按基期价格计算的收购额；

(2)计算该省农副产品收购价格总指数。

8.某企业报告期生产的甲、乙、丙三种产品的总产值分别为80万元、32万元、150万元，产品价格报告期和基期相比分别为105%、100%、98%，该企业总产值报告期比基期增长了8.5%。试计算三种产品产量和价格总指数及其对总产值的影响。

9.某地区社会商品零售额报告期为9.89亿元，比基期增加了1.29亿元，零售物价指数涨了3%。试分析报告期比基期的商品销售量的变动情况。

10.某地区市场销售额报告期为40万元，比上年增加了5万元，销售量与上年相比上升了3%。试计算：

(1)市场销售量总指数；

(2)市场销售价格总指数；

(3)由于销售量变动对销售额的影响。

11.某地区甲、乙、丙、丁四种产品的个体零售价格指数分别为110%、104%、108%、118%，它们的固定权数分别为11%、29%、35%、25%。试计算这四种产品的零售物价指数。

12.某企业基期和报告期工人基本工资如题表4-8所示。

题表4-8　某企业基期和报告期基本工资

按技术级别分组	基期		报告期	
	工人数/人	平均工资/元	工人数/人	平均工资/元
5级以上	45	600	50	680
3—4级	120	500	180	540
1—2级	40	300	135	370

试分析该企业工人工资水平变动情况（从相对数和绝对数两方面分析）。

第五章 参数估计

大学生平均每月的生活费支出有多少?

为了解大学生日常生活费用支出及生活费用来源状况,2002年4月,中国人民大学财政金融学院的6名学生,对在校本科生的月生活费支出问题进行了抽样调查。该问卷调查对在校男、女本科生共发放问卷300份,回收问卷291份,其中有效问卷265份。调查数据经整理后,得到全部265名学生和按性别划分的男、女学生的生活费支出数据,如表5-1所示。

表5-1 全部学生和按性别划分的男、女学生的生活费支出

按支出分组/元	学生数/人	男生/人	女生/人
300以下	4	2	2
300—400	41	20	21
400—500	74	25	49
500—600	62	26	36
600—700	33	13	20
700以上	51	20	31
合计	265	106	159

根据抽样结果使用95%的置信水平得到的估计结论是:全校本科生的月生活费平均水平在520.90元至554.20元之间;男生的月生活费平均水平在506.04元至560.00元之间;女生的月生活费平均水平在522.52至558.62元之间。

调查还对生活费支出结构和生活费来源进行了分析。结果表明,生活费的主要来源集中在父母供给,其他来源依次是勤工俭学、助学贷款及其他;生活费的主要支出集中在伙食费上;其他支出依次是衣着、娱乐休闲、学习用品、日化用品。

学习要求 明确抽样推断的概念、特点和作用;理解抽样误差的影响因素;掌握抽样平均误差的计算方法,简单随机抽样下总体参数的区间估计,必要样本数量的确定原理及方法;掌握使用Excel软件进行区间估计;初步具备在实际工作中正确运用抽样方法搜集资料并据以做出准确推断的能力。

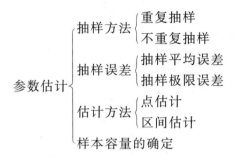

第一节 抽样推断概述

统计抽样推断是统计学研究的重要内容,它包括两大核心内容:参数估计(parameter estimation)和假设检验(hypothesis testing)。两者都是根据样本资料,运用科学的统计理论和方法,对总体的数量特征做出具有一定可靠程度的估计和推断。参数估计对所要研究的总体参数,进行合乎数理逻辑的推断;假设检验对先前提出的某个陈述,进行检验判断真伪。

一、抽样推断的概念

抽样推断也称抽样调查或抽样估计,它是一种非全面的调查方法。它是按随机原则,从全部研究对象总体中抽取一部分样本单位进行调查,并依据其数据,对全部研究对象的数量特征做出具有一定可靠程度的估计和推断,从而达到认识现象总体数量特征和数量规律的一种统计方法。

所谓随机原则,即在抽取样本时,排除人们主观意图的作用,使得总体中的各单位均以相等的机会被抽中。随机原则又称为等可能原则。例如,从一定面积的小麦中,通过随机抽样,抽取若干地块实割实测,计算平均亩产,以此来推断全部面积的小麦产量。又如,对一批产品进行质量检查时,从全部产品中随机抽取部分产品进行检测,计算合格率,以此来推断全部产品的合格率。

二、抽样推断的特点

抽样推断方法与其他统计调查方法相比,具有省时、省力、快捷的特点,从而能以较小的代价及时获得总体的有关信息。其具体特点如下:

(1)根据样本资料对总体的数量特征做出具有一定可靠性的估计和推断。我们可以用样本的平均数或成数来估计总体的平均数或成数。抽样调查与全面调查相比,虽然目的一致,都是为了达到对总体数量的认识,但是达到目的的手段和途径完全不同:抽样推断是通过科学的推断达到目的的;全面调查是通过综合汇总达到目的的。

(2)按照随机性原则从全部总体中抽取样本单位。遵循随机性原则抽取样本是为了保证样本对总体具有充分的代表性,避免人为误差。也只有按随机性原则抽样,才能根据样本的数量特征对总体的数量特征进行科学的估计,从而达到推断总体的目的。

(3)抽样推断必然会产生抽样误差,这是抽样推断方法本身所决定的。抽样误差是可以事先通过一定的资料加以计算的,并在抽样过程中采取一定的措施来控制误差的范围,从而保证抽样推断的结果达到一定的可靠程度,但抽样误差是不可能消除的。

三、抽样推断中常用的基本概念

(一)全及总体和抽样总体

1. 全及总体

抽样推断中所要认识对象的全体,称为全及总体,也称母体,简称总体,它是具有某种共同性质或特征的许多单位的集合体。全及总体的单位数通常用 N 来表示。对于一个总体来说,若被研究的标志是品质标志,则将这个总体称为属性总体。例如,研究性别差异的新生婴儿总体以及研究设备完好情况的总体等都是属性总体;若被研究的标志是数量标志,则将这个总体称为变量总体。例如,反映体重、身高的学生总体以及反映工资高低的商业职工总体等都属于变量总体。

若总体的单位数是有限的,则称该总体为有限总体;若总体的单位数是无限的,则称该总体为无限总体。

2. 抽样总体

抽样总体,简称样本或子样,是指按随机原则从总体中抽取的一部分单位组成的一个小总体。其中容纳的单位个数称为样本容量,用 n 表示。样本单位数总是大于1而小于全及总体单位数 N 的,即 $1<n<N$。无论是有限总体还是无限总体,对比全及总体的单位数来说,样本单位数是个很小很小的数,它可以是全及总体单位数的几分之一乃至几万分之一。统计上把样本单位数与全及总体单位数之比称为抽样比例。

样本按照样本单位数多少分为大样本和小样本。一般来讲,样本单位数达到或超过30个的样本称为大样本;否则称为小样本。社会经济现象的抽样调查多取大样本;自然实验观测则多取小样本。

研究对象一经确定,总体也就确定了。但作为观察对象的样本就不是这样。从一个总体可以抽取很多个样本,每次可能抽到哪个样本不是确定的,也不是唯一的。明白这一点,对于理解抽样推断是很重要的。

(二)全及指标和抽样指标

1. 全及指标

全及指标是根据全及总体各个单位的标志值或标志特征计算的,反映总体某种属性的综合指标,用全及总体计算的全及指标,又称为总体参数,是唯一确定的值。

不同性质的总体,需要计算不同的全及指标。对于变量总体,由于各单位的标志可以用数量来表示,因而变量总体中的指标可以计算总体平均数、总体标准差和总体方差。其公式分别为

$$\bar{X} = \frac{\sum X}{N} \tag{5-1}$$

$$\sigma = \sqrt{\frac{\sum(X-\bar{X})^2}{N}} \tag{5-2}$$

$$\sigma^2 = \frac{\sum(X-\bar{X})^2}{N} \tag{5-3}$$

对于属性总体,由于各单位的标志不可以用数量来表示,只能用一定的文字加以描述,因而需计算结构相对指标,称为总体成数,用大写英文字母 P 表示,它说明总体中具有某种标志的单位数在总体中所占的比重。变量总体也可以计算成数,即总体单位数在所规定的某变量值以上或以下的比重,视同具有或不具有某种属性的单位数比重。所以,对于属性总体,计算的全及指标有总体成数和成数方差。

设总体 N 个单位中,有 N_1 个单位具有某种属性,N_0 个单位不具有某种属性,$N_1+N_0=N$,P 为总体中具有某种属性的单位数所占的比重,则总体成数和成数方差分别为

$$P = \frac{N_1}{N} \tag{5-4}$$

$$\sigma_P^2 = P(1-P) \tag{5-5}$$

全及指标所反映的总体范围是明确的,指标的计算方法是已知的,所以全及指标的数值是客观存在的、唯一的、确定的值。当然这个定值又是未知的,这才需要用抽样来估计它。

2. 抽样指标

由抽样总体各个标志值或标志特征计算的综合指标称为抽样指标,又称为样本统计量。对于研究的样本单位是数量标志的,样本抽样指标有样本平均数、样本标准差和样本方差。其计算公式分别为

$$\bar{x} = \frac{\sum x}{n} \tag{5-6}$$

$$s_i = \sqrt{\frac{\sum(x-\bar{x})^2}{n-1}} \tag{5-7}$$

$$s_i^2 = \frac{\sum(x-\bar{x})^2}{n-1} \tag{5-8}$$

样本方差是用样本数据个数减 1 后去除离差平方和,其中样本数据个数减 1 即 $n-1$ 称为自由度(注:自由度指的是计算某一统计量时,取值不受限制的变量个数,通常自由度 $df=n-k$,其中 n 为样本含量,k 为被限制的条件数或变量个数)。

对于研究的样本单位是品质标志的,样本抽样指标有抽样成数和成数方差。

设样本 n 个单位中有 n_1 个单位具有某种属性，n_0 个单位不具有某种属性，$n_1+n_0=n$，p 为样本中具有某种属性的单位数所占的比重，则抽样成数和成数方差分别为

$$p=\frac{n_1}{n} \tag{5-9}$$

$$s_p^2=p(1-p) \tag{5-10}$$

抽样指标的数值在客观上并不是唯一确定的，而是随样本变化的。既然样本是随机抽取的，而抽样指标是样本变量的函数，那么抽样指标是随机变量。当抽取了某一个样本以后，其抽样指标的数值是可以计算的，但这个数值只是所有可能出现的数值中的一种，其出现也只是一种随机性的结果而已。

（三）重复抽样和不重复抽样

抽样推断首先要抽取样本，就具体方法而言，有重复抽样和不重复抽样之分。

1. 重复抽样

重复抽样也称有放还抽样或重置抽样，是指每抽出一个样本单位后，把结果记录下来，随即将该单位放回到总体中去，使它和其余的单位在下一次抽选中具有同等被抽中的机会。在重复抽样过程中，总体单位数始终保持不变，并且同一个单位有多次被抽中的可能性。

2. 不重复抽样

不重复抽样也称无放还抽样或不重置抽样，是指每抽出一个样本单位后，把结果记录下来，该单位就不再放回到总体中去参加以后的抽选。在不重复抽样过程中，总体单位数逐渐减少，并且每个单位至多只有一次被抽中的可能性。

不重复抽样的结果精度比重复抽样高，因为它的样本代表性更好。

四、抽样的组织方式

抽样推断分析是以有效取得各项实际资料为基础的，要保证抽样估计的准确性和可靠性，实践中必须结合一定的抽样推断组织方式搞好抽样工作。根据随机抽样的原则，结合具体研究对象的性质以及调查工作的目的和条件，在统计工作实践中，主要有五种抽样的组织方式，即简单随机抽样、类型抽样、等距抽样、整群抽样和多阶段抽样。

（一）简单随机抽样

简单随机抽样也称纯随机抽样，它对总体单位不作任何分类整理，而是直接从总体中随机抽取一部分单位来组成样本。简单随机抽样从理论上说是最符合随机原则的，保证全及总体中的每个单位都有同等的机会被选取出来作为样本，是设计其他抽样方式的基础，也是衡量其他抽样方式抽样效果的标准。

采用这种组织形式时，可用编号抽签的方法，给全及总体各个单位编号，并做成号签，把号签掺和起来，形成明确的抽样框。所谓抽样框就是可以选择作为样本的许多单位或个体所组成的总体，从中任意抽取所需要的单位数，按照抽中的号码对调查单位依次进行登记。以上各节讨论的抽样方法都是简单随机抽样，并由此确定抽选的必要单位

数目。

简单随机抽样的特点是:最遵循随机原则,但不一定能保证样本单位在总体中分布的均匀性;适宜于单位数不多、标志变异较小、分布较均匀的总体。

(二)类型抽样

类型抽样也称分类抽样或分层抽样,是指对总体各单位先按某一标志进行分组,然后再从各组中按随机原则抽选一定数目的单位组成样本。类型抽样通过分组,把总体中标志值比较接近的单位归为一组,使各单位的分布比较均匀,从而使样本的结构趋近于总体的结构,提高所选样本的代表性,取得比较良好的抽样效果。在各层分配样本单位数的方法主要有比例分配法和奈曼(Neyman)最佳分配法两种。

1. 比例分配法

比例分配法也称等比例分层抽样法,是指按各层单位数在全部总体单位数中所占比例在每层中抽出相同比例的样本,即每层的样本容量为

$$n_i = n \frac{N_i}{N} \tag{5-11}$$

其中,n_i 为各组抽取的样本单位数,n 为抽样单位总数,N_i 为各组总体单位数,N 为全及总体单位数。

2. 奈曼最佳分配法

考虑每层中总体单位的变异程度不同,在样本容量一定的条件下,变异大的层样本容量也大,变异小的层样本容量也小。这种分配方法称为奈曼最佳分配法。每层的样本容量为

$$n_i = n \frac{N_i \sigma_i}{\sum_{i=1}^{k} N_i \sigma_i} \tag{5-12}$$

其中,σ_i 为各层的标准差。

重复抽样情况下,类型抽样的平均误差计算公式为

$$\mu = \sqrt{\frac{\overline{\sigma_i^2}}{n}} \tag{5-13}$$

$$\mu_p = \sqrt{\frac{p(1-p)}{n}} \tag{5-14}$$

不重复抽样情况下为

$$\mu = \sqrt{\frac{\overline{\sigma_i^2}}{n} \cdot \frac{N-n}{N-1}} \tag{5-15}$$

$$\mu_p = \sqrt{\frac{p(1-p)}{n}\left(1-\frac{n}{N}\right)} \tag{5-16}$$

其中,$\overline{\sigma_i^2}$ 为各层层内方差的平均数。

类型抽样的特点是:能保证样本分布的均匀性,样本具有很好的代表性,抽样误差较简单随机抽样小;不仅能对总体进行推断,而且能对各层子总体进行推断;对于层间是全

面调查,对于层内是抽样调查,抽样误差产生于层内,因此分层时应尽量减少层内差异而增大层间差异。

(三)等距抽样

等距抽样,也称机械抽样,是事先将全及总体各单位按某一标志顺序排列,然后依固定间隔来抽选调查单位的一种抽样方法。按排队时所根据的标志不同,等距抽样分为无关标志排队法和有关标志排队法两种等距抽样方法。

1. 无关标志排队法

在将总体单位进行排队的时候,采用与调查项目没有关系的标志排队,然后按相等的间距抽选样本,其抽样起点随机确定,即可以为第一个抽样距离内的任一个总体单位:$1 \leqslant r \leqslant k$,$k$ 称为抽样间隔或抽样距离。

这是实际工作中常用的一种方法,例如,产品质量检验,每隔一定的时间间隔或产量间隔抽取一件产品进行检验,一直抽到预定的样本单位数为止。无关标志等距抽样的排队顺序的标志与人们研究的没有关系,那么它的抽样误差十分接近简单随机抽样的误差。为简单起见,可以采用简单随机抽样误差公式来近似地反映,即

$$\mu_x = \frac{\sigma}{\sqrt{n}} \quad \text{或} \quad \mu_x = \sqrt{\frac{\sigma^2}{n}\left(1-\frac{n}{N}\right)} \tag{5-17}$$

2. 有关标志排队法

按照与调查项目的内容有关系的标志排队,即把全及总体按有关标志排队,然后按相等的间距抽选样本。这种方法可以视为一种特殊情况的分类抽样,不同的是分类更细致,组数更多,而在每个组内只抽选一个样本单位。因此,一般认为可以用类型抽样的误差公式来计算抽样误差,即

$$\mu_x = \sqrt{\frac{\overline{\sigma_i^2}}{n}} \quad \text{或} \quad \mu_x = \sqrt{\frac{\overline{\sigma_i^2}}{n}\left(1-\frac{n}{N}\right)} \tag{5-18}$$

(四)整群抽样

整群抽样,也称集团抽样、区域抽样或分群随机抽样,是将总体各单位按一定的标准分成若干群,然后以群为单位从中随机抽取一部分群,对抽中群的所有单位进行全面调查的组织方式。整群抽样的优点是抽取样本比较方便,容易组织;但是,整群抽样的过程会导致样本单位过于集中,影响样本的代表性。

整群抽样对群体的划分可以是人为的,也可以是自然形成的。人为划分群体通常可以要求群体大小相等或接近;自然形成的群体则往往大小不等。当群体大小悬殊时,宜采用与群体规模成比例的不等概率的抽样方法来抽取样本群体,其参数估计的公式也有所不同。因此,为简便起见,划分群体时应使各群体所含总体单位数尽可能相等。

整群抽样一般都是按不重复抽样方法进行的,所以抽样平均误差为

$$\mu_x = \sqrt{\frac{\delta^2}{r} \cdot \frac{R-1}{r-1}} \tag{5-19}$$

其中,R 为全及总体总划分的群数,r 为被抽选的群数,δ^2 为群间方差。

整群抽样的特点是：只需对各群体进行编号，大大简化了抽样组织工作；样本单位比较集中，便于集中力量去调查，也便于组织和管理。但样本单位在总体中的分布不够均匀，样本的代表性可能较差。与类型抽样相反，整群抽样在群内是全面调查，在群间是抽样调查，抽样误差产生于群间，因而应尽量减少群间差异，扩大群内差异。

(五) 多阶段抽样

多阶段抽样是指，先将一个很大的总体划分为若干个子总体，称为一阶单位，再把一阶单位划分为若干个更小的单位，称为二阶单位，照此继续下去划分出更小的单位，依次称为三阶单位、四阶单位等，最后分别按随机原则逐阶段抽样。

例如，我国农产量调查：

省→县→乡→村→地块→样本点

又如，我国职工家庭调查：

省→调查城市→单位→职工家庭

第二节 抽样误差

一、抽样误差的概念

在统计推断中通常所说的误差，是指调查所获得的统计指标数值与调查总体未知客观现象的实际数量之间的差别。统计误差一般分为登记性误差和代表性误差。

登记性误差，是指在调查和整理资料的过程中，由于主、客观原因引起的登记或计算错误所产生的误差。这种误差存在于全面调查和非全面调查之中。一般情况下，登记性误差和登记计算量成正比。

代表性误差，是指由于样本各单位的结构不足以代表总体特征而产生的误差。代表性误差的发生有以下两种情况：一种情况是，由于违反抽样调查的随机原则，人为地、有意识地选取样本单位进行调查而引起的抽样误差称为系统性误差，这是可以避免的；另一种情况是，即使遵循随机原则，也会由于被抽取的样本不足以完全代表总体而产生的误差称为代表性误差，如抽样平均数与总体平均数的离差，抽样成数与总体成数的离差等，这种代表性误差是抽样推断无法消除的。我们所说的抽样误差，就是指这种代表性误差。

二、抽样平均误差

(一) 抽样平均误差的含义

由于样本是按随机原则抽取的，在同一总体中，按相同的样本容量，可以抽取出许多不同的样本,而每次抽出的样本都可以计算出相应的抽样平均数、抽样成数和抽样误差,即从理论上说,每个样本都有不同的抽样误差,它们带有偶然性,有的可能是正误差,有的可能是负误差,有的可能大一些,有的可能小一些。为了用样本指标推算总体指标,需要计算这些抽样误差的平均数,这就是抽样平均误差,用以反映抽样误差的一般水平。

抽样平均误差的作用主要有以下两个方面:

首先,它是抽样推断的基础。用抽样指标去推算全及指标,是离不开抽样平均误差的。

其次,它是衡量样本指标代表性大小的尺度。抽样平均误差越小,样本指标与全及指标的离差就越小,样本的代表性也就越高;反之,代表性就越低。

(二)抽样平均误差的计算

抽样平均误差是反映抽样误差的一般水平的指标,通常用抽样平均数(或抽样成数)的标准差来度量。通常用符号 μ 来表示抽样平均误差,用 $\mu_{\bar{x}}$ 表示平均数的抽样平均误差,用 μ_p 代表成数的抽样平均误差。

按照抽样平均误差的概念,抽样平均数的抽样平均误差的计算公式为

$$\mu_{\bar{x}} = \sqrt{\frac{\sum(\bar{x}-\overline{X})^2}{K}} \tag{5-20}$$

$$\mu_p = \sqrt{\frac{p(1-p)}{K}} \tag{5-21}$$

其中,$\bar{x}$ 为抽样平均指标;$\overline{X}$ 为全及平均指标;p 为样本成数;K 为抽样平均指标的个数,即可能的样本数量。

需要指出的是,由于在公式(5-20)、(5-21)中出现了 $\overline{X}$ 和 p,这也正是抽样调查所要计算的数值,实践中这两个数值是不知道的,所以,在实际中无法采用上述方法去计算抽样平均误差。其原因是,通常只抽取一个样本,所以往往不能直接地用所有的样本平均数和总体平均数来计算抽样平均误差。

在实际运用中,根据数理统计理论,在重复抽样条件下,抽样平均误差与全及总体的标准差成正比关系,与抽样总体单位数平方根成反比关系。因此,可以得出一个计算抽样平均误差的转化公式为

$$\mu_{\bar{x}} = \sqrt{\frac{\sigma^2}{n}} = \frac{\sigma}{\sqrt{n}} \tag{5-22}$$

在不重复抽样的条件下,计算抽样平均误差的转化公式为

$$\mu_{\bar{x}} = \sqrt{\frac{\sigma^2}{n} \cdot \frac{N-n}{N-1}} \tag{5-23}$$

在总体单位数 N 很大的情况下,可以近似地表示为

$$\mu_{\bar{x}} = \sqrt{\frac{\sigma^2}{n}\left(1-\frac{n}{N}\right)} \tag{5-24}$$

在掌握抽样平均数的平均误差公式的基础上,再来探求抽样成数的平均误差公式就比较简单了,只需将全及成数的标准差平方代替公式中的全及平均数的标准差的平方,

就可以得到抽样成数的平均误差公式。

重复抽样成数的平均误差为

$$\mu_p = \sqrt{\frac{p(1-p)}{n}} \tag{5-25}$$

不重复抽样成数的平均误差为

$$\mu_p = \sqrt{\frac{p(1-p)}{n}\left(1-\frac{n}{N}\right)} \tag{5-26}$$

应用以上的方法计算抽样平均误差的时候要注意：

第一，上述公式中的标准差和成数是全及总体的标准差和成数，但是全及总体的指标通常是未知的，所以在计算的过程中一般用样本的标准差和成数来代替，得到近似值。

第二，上述不重复抽样的公式中，若抽样单位数相对较少，而全及总体单位数相对很多，则$\left(1-\frac{n}{N}\right)$这个系数接近于1，乘这个系数后，对平均误差的影响不大。所以，在实际工作中，对不重复抽样的情况往往也采用重复抽样公式计算抽样平均误差。

【例5-1】 某灯泡厂对100 000个产品进行使用寿命检验，随机抽取500个样本进行测试，所得资料如表5-2所示。求这批灯泡寿命的抽样平均误差。

表5-2 抽样产品使用寿命资料表

使用时间/h	抽样检查电灯泡数/个
850以下	50
850—950	100
950—1 050	150
1 050—1 150	110
1 150—1 250	70
1 250以上	20
合计	500

解：电灯泡平均使用时间为$\bar{x}=1\,022(h)$，电灯泡平均使用时间标准差为$\sigma=130.06(h)$，故灯泡使用时间抽样平均误差如下：

重复抽样的平均误差为

$$\mu_{\bar{x}} = \sqrt{\frac{\sigma^2}{n}} = \sqrt{\frac{130.06^2}{500}} = 5.82(h)$$

不重复抽样的平均误差为

$$\mu_{\bar{x}} = \sqrt{\frac{\sigma^2}{n}\left(1-\frac{n}{N}\right)} = \sqrt{\frac{130.06^2}{500}\times\left(1-\frac{500}{100\,000}\right)} = 5.80(h)$$

【例5-2】 某大学有4 500名学生，采用不重复抽样的方法从中抽取10%的学生，调查其每月生活费用支出情况。抽样结果显示,学生平均每人每月生活费用支出 350 元,标准差 80 元,生活费用支出在 500 元以上的学生占全部学生的 20%。试求每月生活费用支出在 500 元以上的学生成数的抽样平均误差。

解:由题意可知,$N=4\,500$,$n=4\,500\times 10\%=450$,$\bar{x}=350$,$\sigma=80$,$p=20\%$。采用不重复抽样,则有每月生活费用抽样平均误差为

$$\mu_{\bar{x}}=\sqrt{\frac{\sigma^2}{n}\left(1-\frac{n}{N}\right)}=\sqrt{\frac{80^2}{450}\times\left(1-\frac{450}{4\,500}\right)}=3.58(元)$$

生活费用支出在 500 元以上的学生成数的抽样平均误差为

$$\mu_p=\sqrt{\frac{p(1-p)}{n}\left(1-\frac{n}{N}\right)}=\sqrt{\frac{20\%\times(1-20\%)}{450}\times\left(1-\frac{450}{4\,500}\right)}=1.79\%$$

三、影响抽样误差的因素

为了计算和控制抽样平均误差,需要分析影响抽样误差的因素。抽样平均误差大小主要受以下四个因素的影响。

(一)全及总体标志的变异程度

全及总体标志变异程度越大,抽样平均误差就越大;反之,全及总体标志变异程度越小,抽样误差就越小。两者成正比关系的变化。例如,当总体各单位标志值都相等,即标准差为零时,抽样指标就等于全及指标,抽样平均误差也就不存在了。这时,每个单位都可作为代表,平均指标也无需计算了。

(二)样本容量的多少

在其他条件不变的情况下,抽取的单位数越多,抽样平均误差越小;样本单位数越少,抽样平均误差越大。抽样平均误差的大小和样本单位数成反比关系的变化,这时,因为样本容量越多,样本单位数在全及总体中的比例越高,抽样总体会越接近全及总体的基本特征,总体特征就越能在抽样总体中得到真实的反映。当样本容量扩大到与总体单位数相等时,抽样推断就变成全面调查,抽样指标等于全及指标,实际上就不存在抽样误差了。

(三)抽样方法

抽样方法有重复抽样和不重复抽样两种。当其他条件相同时,不重复抽样的误差一般小于重复抽样的误差,这是因为不重复抽样避免了总体单位的重复选中,因而更能反映总体结构,故抽样误差更小。

(四)抽样的组织方式

采取不同的抽样组织方式,所抽取出的样本对于总体的代表性也不相同,因此,抽样组织方式会影响抽样误差的大小。在实践中,可以利用不同的抽样组织方式下抽样误差的大小来判断不同方式的有效性。

四、抽样极限误差

(一)抽样极限误差的含义

用抽样指标来估计总体指标,要达到完全准确,毫无误差,这几乎是不可能的。因此,估计误差的大小是非常重要的。估计误差越小,估计的结论参考价值就越大;反之,估计误差越大,估计的结论参考价值就越小,当误差超过一定程度时,估计就会毫无价值。所以,在进行抽样估计时,应该根据所研究对象的差异程度和分析任务的需要,确定可允许的误差范围,并将估计误差控制在这一范围以内。这一范围称为抽样极限误差。

抽样极限误差是指样本指标和全及指标之间抽样误差的可能范围。由于全及指标是客观存在的唯一确定的数值,而样本指标是随可能出现的不同样本取值并围绕全及指标变动的一个随机变量,因而样本指标与全及指标可能产生正或负、大或小的离差。极限误差就是指变动的样本指标与确定的全及指标之间离差的可能范围。

设 $\Delta_{\bar{x}}$ 与 Δ_p 分别为抽样平均数和抽样成数的抽样极限误差,则有

$$\Delta_{\bar{x}} = |\bar{x} - \bar{X}|$$
$$\Delta_p = |p - P|$$

变换后可以得到下列不等式:

$$\bar{X} - \Delta_{\bar{x}} \leqslant \bar{x} \leqslant \bar{X} + \Delta_{\bar{x}} \tag{5-27}$$

$$P - \Delta_p \leqslant p \leqslant P + \Delta_p \tag{5-28}$$

不等式(5-27)、(5-28)表示,抽样平均数 $\bar{x}$ 是以全及平均数为中心,在 $\bar{X} - \Delta_{\bar{x}}$ 至 $\bar{X} + \Delta_{\bar{x}}$ 之间变动;抽样成数 p 是以全及成数 P 为中心,在 $P - \Delta_p$ 至 $P + \Delta_p$ 之间变动。抽样误差范围是以 $\bar{X}$ 或 P 为中心的两个 Δ 的距离,这是抽样误差范围的原意。但是,由于全及指标是个未知的数值,而抽样指标通过实测是可以求得的,因而抽样误差范围的实际意义是要求被估计的全及指标 $\bar{X}$ 或 P 落在抽样指标一定范围内,即落在 $\bar{x} \pm \Delta_{\bar{x}}$ 或 $p \pm \Delta_p$ 的范围内。所以,将不等式(5-27)、(5-28)进行移项,可得

$$\bar{x} - \Delta_{\bar{x}} \leqslant \bar{X} \leqslant \bar{x} + \Delta_{\bar{x}} \tag{5-29}$$

$$p - \Delta_p \leqslant P \leqslant p + \Delta_p \tag{5-30}$$

(二)抽样极限误差的计算

抽样平均误差表明抽样估计的准确度,抽样极限误差表明抽样估计准确程度的范围。所以,抽样极限误差通常要以抽样平均误差为标准进行衡量。

例如,大学生的平均身高为 170 cm,当抽样误差为 1 cm 时,大学生的平均身高在 169 cm 到 171 cm 之间($\bar{x} \pm 1\mu_{\bar{x}}$);如果将抽样误差扩大为 1 cm 的 2 倍,即 2 cm,那么推断全体大学生平均身高在 168 cm 至 172 cm 的范围之内($\bar{x} \pm 2\mu_{\bar{x}}$);如果抽样误差扩大为 1 cm 的 3 倍,即 3 cm,那么大学生的平均身高在 167 cm 至 173 cm 的范围之内($\bar{x} \pm 3\mu_{\bar{x}}$)。

上例说明,抽样极限误差 Δ 与抽样平均误差 μ 的关系为:Δ 是用一定倍数的 μ 表示

的抽样指标与全及指标之间的绝对离差。这里的倍数通常用 t 来表示。t 称为概率度,它是指以抽样平均误差 μ 为尺度来衡量的相对误差范围,在数理统计中常称为置信度。只要给定 t 值就可以计算出极限误差了。其公式为

$$\Delta_{\bar{x}} = |\bar{x} - \bar{X}| = t\mu_{\bar{x}} \tag{5-31}$$

$$\Delta_p = |p - P| = t\mu_p \tag{5-32}$$

第三节 参数估计

一、参数估计的要求

参数估计的目的是用样本指标去推断总体指标。由于存在抽样平均误差,这种推断不可能是很精确的,问题在于对这个误差的大小要有一个科学的判断。

前面提到抽样指标是一个随机变量,但当我们抽取了一个样本时,该样本指标就是一个定值。所谓抽样推断就是按已经抽定的样本指标(样本平均数或样本成数)来估计总体指标(总体平均数或总体成数)或其所在的区间范围。一般来说,用抽样指标估计总体指标有三个要求或标准。满足了这三个要求,就可以认为是合理的估计或优良的估计。

(一)无偏性

无偏性,即用抽样指标估计总体指标,要求所有可能样本指标的平均数等于被估计的总体指标。也就是说,虽然每一次的抽样指标和未知的总体指标可能不相同,但在多次反复的抽样中,各个抽样指标的平均数应该等于总体指标,即抽样指标的估计平均来说是没有偏差的。

例如,样本平均数 $\bar{x}$ 和样本成数 p 分别满足:

$$E(\bar{x}) = \mu, \quad E(p) = \pi \tag{5-33}$$

其中,E 表示数学期望,即算术平均数。所以,样本平均数(或成数)是总体平均数(或成数)的无偏估计。

(二)一致性

一致性,即用抽样指标估计总体指标,要求当样本容量充分大时,抽样指标也充分地靠近总体指标。换句话说,随着样本单位数 n 的无限增大,抽样指标和未知的总体指标之间的绝对离差为任意小的可能性也趋于必然性。根据概率论中的大数定律可知,对于任意给定的正数 ε 有

$$\lim_{n \to \infty} P(|\bar{x} - \mu| < \varepsilon) = 1, \quad \lim_{n \to \infty} P(|p - \pi| < \varepsilon) = 1 \tag{5-34}$$

式(5-34)表明,当样本容量越来越大时,样本平均数(样本成数)与总体平均数(总体

成数)的偏差小于任意给定的正数 ε 的可能性趋近于 1 的概率,即几乎是一定发生的。因此,样本估计量是总体参数的一致估计量。

(三)有效性

有效性要求样本估计量估计总体参数时,作为估计量的标准差比其他估计量的标准差小。如果一个无偏估计量 $\hat{\theta}_1$ 在所有无偏估计量中标准差最小,即

$$\sigma(\hat{\theta}_1) \leqslant \sigma(\hat{\theta}) \tag{5-35}$$

其中,$\hat{\theta}$ 为任意一个无偏估计量,那么 $\hat{\theta}_1$ 是有效估计量,或者称该估计量具有有效性。显然,如果某总体参数具有两个不同的无偏估计量,希望确定哪一个是更有效的估计量,自然应该选择标准差小的那个。估计量的标准差越小,根据它推导出接近于总体参数估计的值的机会就越大。

我们可以证明,样本平均数(成数)推断总体平均数(成数)均能满足优良估计的三条标准。

二、参数估计的方法

用样本指标去推断总体指标数值的方法有两种,即点估计和区间估计。

(一)点估计

点估计也称定值估计或直接估计,就是把样本平均数或样本成数直接作为总体平均数或总体成数的估计值,而不考虑抽样误差的一种抽样推断方法。

例如,某地区对小麦产量进行抽样调查,测得平均亩产量为 350 kg,据此就直接推断该地区小麦的平均亩产量为 350 kg。

又如,某电子元件厂,对某天生产的产品进行质量检测,随机抽取 5% 的产品进行检测,得到的合格率为 98.45%,据此可推测这一天生产的所有产品合格率为 98.45%。

点估计的方法简单方便,一般在样本单位数比较大,实际要求不高的情况下采用这种方法。但是,点估计不考虑抽样误差,不能说明推断估计的准确性和可靠性,所以在实际应用中常受到限制。

(二)区间估计

区间估计是用样本指标推断总体指标的主要方法,即根据给定的概率保证程度,利用样本指标和抽样平均误差推断总体指标可能落入的范围。

区间估计不像点估计那样用一个样本指标直接代替总体指标,而是根据样本指标和抽样平均误差计算总体指标的范围。因此,区间估计得到的结果有下限和上限,下限与上限构成一个区间,在统计上称之为置信区间,总体指标落在这个范围内都是可信的。这表明区间估计得到的结果不是一个确定的数值,而是一个可能的范围,同时还要指明这个估计的可靠程度,即置信度。

置信区间就是前面介绍极限误差时已经引出的区间,即

$$\bar{x}-\Delta_x \leqslant \bar{X} \leqslant \bar{x}+\Delta_x$$
$$p-\Delta_p \leqslant P \leqslant p+\Delta_p$$

或者

$$\bar{x}-t\mu_{\bar{x}} \leqslant \bar{X} \leqslant \bar{x}+t\mu_{\bar{x}}$$
$$p-t\mu_p \leqslant P \leqslant p+t\mu_p$$

这里，区间$[\bar{x}-t\mu_{\bar{x}}, \bar{x}+t\mu_{\bar{x}}]$和$[p-t\mu_p, p+t\mu_p]$就是置信区间，我们估计总体平均数和成数可能分别会落在这两个区间里面。但是，总体平均数和成数是否一定会在所设计的区间内呢？显然这是不一定的。因为这两个区间都是以样本指标为中心来设计的，这样的区间会随着抽到的样本变化而变化，不同的样本，对应的置信区间也就不同，当然不能指望总体指标一定会落在随机出现的某一置信区间内。也就是说，对于根据样本资料推断要求而构造设计的置信区间来讲，总体指标可能会在区间内，也可能不在区间内，这是一个随机现象，只能用概率来描述总体指标存在这一区间的可能性大小，从而表明这一估计的可靠程度（即置信度）的高低。

怎样确定样本指标落在一定误差范围内的概率和抽样估计的可靠程度呢？数理统计证明，概率度和概率之间保持一定的函数关系，即概率是概率度的函数。用表示概率来说明抽样估计的可靠程度，其函数关系可表示为

$$P=F(t) \tag{5-36}$$

在正态分布的情况下，从总体中随机抽取一个样本加以观察，则该样本抽样指标落在某一范围$(\bar{x}-t\mu_{\bar{x}} \leqslant \bar{X} \leqslant \bar{x}+t\mu_{\bar{x}})$内的概率，是用占正态曲线面积的大小表示的。正态分布曲线与横轴围成的面积等于1。用正态分布曲线说明抽样指标出现的概率，就是当以全及平均数$\bar{X}$为中心加减一个平均误差$\mu_{\bar{x}}$为范围时所包括的面积为68.27%，表明落在此范围内的各个抽样指标占总体所有可能样本抽样指标的68.27%，或者说，从总体中随机抽取一个样本的抽样指标落在这个范围内的概率为68.27%。而当以$\bar{x}\pm 2\mu_{\bar{x}}$为范围时所包括的曲线面积为95.45%，表明落在此范围内的各个抽样指标占总体所有可能样本抽样指标的95.45%，或者说，从总体中任取一个样本的抽样指标落在这个范围内的概率为95.45%。由此可见，随着概率度t的不断增大，概率P的数值也随着增大，并逐渐接近于1，使抽样推断达到完全可靠的程度。正态分布及其曲线下的面积如图5-1所示。

应用正态分布曲线，把概率度和抽样误差范围Δ联系起来，便可得到参数估计全及指标在一定范围内的概率保证程度。在参数估计中常用的概率和概率度如表5-3所示。

也就是说，在进行总体指标区间估计的时候，只要同时具备了估计值、抽样误差范围和概率保证程度这三个要素，就可以得到所需要的置信区间了，其具体步骤如下：

第一步，根据抽样资料，计算抽样平均数或抽样成数，计算样本标准差或成数方差及抽样平均误差。

第二步，根据所需要的把握程度，确定概率度，并计算抽样极限误差。

第三步，根据样本指标和极限误差，估计出总体指标所在的区间范围。

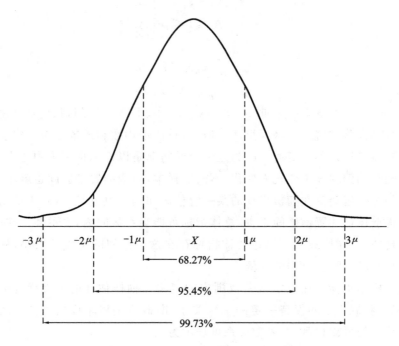

图 5-1　正态分布及其曲线下的面积图

表 5-3　概率度与概率对照表（部分）

概率度 t	误差范围 Δ	概率 $F(t)$	概率度 t	误差范围 Δ	概率 $F(t)$
0.50	0.50	0.3829	1.96	1.96	0.9500
1.00	1.00	0.6827	2.00	2.00	0.9545
1.50	1.50	0.8664	3.00	3.00	0.9973

【例 5-3】 利用例 5-2 的资料，在 95.45％的概率保证程度下估计全体学生月平均生活费用的可能范围，以及月生活费用在 500 元以上的学生所占比重的可能范围。

解：根据前面的计算知 $\bar{x}=350$（元），$p=20\%$，$\mu_{\bar{x}}=3.58$（元），$\mu_p=1.79\%$，且 $F(t)=95.45\%$，查表可得 $t=2$，则

$$\Delta_{\bar{x}}=t\mu_{\bar{x}}=2\times 3.58=7.16（元）$$
$$\Delta_p=t\mu_p=2\times 1.79\%=3.58\%$$

然后可以得到学生月平均生活费用的可能范围为 $350-7.16\leqslant \bar{X}\leqslant 350+7.16$，即

$$342.84\leqslant \bar{X}\leqslant 357.16$$

月生活费用在 500 元以上的学生所占比重的可能范围为 $20\%-3.58\%\leqslant P\leqslant 20\%+3.58\%$，即

$$16.42\%\leqslant P\leqslant 23.58\%$$

第四节　样本容量的确定

一、确定样本容量的意义和原则

在选定适合对象特点的抽样组织方式之后,就须决定从总体中抽取多少个样本单位才是必要的。因为当进行一项抽样推断时,抽取的样本单位数越多,所得的抽样推断资料的代表性就越高,抽样推断的效果就越好;反之,如果样本容量越少,所得的抽样推断资料的代表性就越低。可见,样本容量不能过少,过少了抽样推断就不能达到预期的效果;但是,样本容量也不能过多,过多了就会增加人力、物力和费用,也会影响抽样推断资料的及时提供。因此,在抽样推断时,认真研究和确定一个必要的样本容量,对于省时、省力又能保证较好的抽样推断效果,无疑是具有很重要的意义的。确定必要样本容量的原则是:在保证抽样推断能达到预期的可靠程度和精确程度的要求下,确定一个恰当的抽取样本单位的数目。

二、影响样本容量的因素

根据以上原则确定样本容量,首先取决于调查者对一项抽样推断的可靠程度和精确程度的要求。如果要求抽样的可靠程度和精确程度比较高,那么样本容量就要多些;反之,就可以少些。

其次,样本容量取决于总体标志的变异程度。总体标志变异程度越大,须抽取的样本单位数就越多;反之,须抽样的样本单位数越少。

再次,样本容量取决于不同的抽样组织方法。一般来说,类型抽样和机械抽样可比简单随机抽样需要的样本容量少,单个抽样比整群抽样需要的样本容量少,不重复抽样比重复抽样需要的样本容量少。

最后,按上述依据确定的样本容量,还要结合调查的人力、物力和财力等许多情况加以适当调整,然后做出最后的决定。

由此可见,上述几个方面都是确定样本容量的依据,在应用时应综合加以考虑,不能孤立地仅仅依据其中一两个因素来确定。

三、确定样本容量的计算方法

在抽样推断前,调查者通常需要根据调查对象的特点和研究目的,提出两个主要要求:第一,抽样推断的误差范围或极限误差不得大于多少,这就规定了误差范围的值;第二,抽样推断的结果要有多大的把握程度,这就规定了概率度值。可见,样本容量的确定方法,是从 $\Delta=t\mu$ 这个计算公式推导出来的。

在重复抽样条件下,推断总体平均数所需要的样本容量为

$$n_{\bar{x}}=\frac{t^2\sigma^2}{\Delta_{\bar{x}}^2} \tag{5-37}$$

推断总体成数所需要的样本容量为

$$n_p=\frac{t^2 p(1-p)}{\Delta_p^2} \tag{5-38}$$

在不重复抽样条件下,推断总体平均数所需要的样本容量为

$$n_{\bar{x}}=\frac{t^2\sigma^2 N}{N\Delta_{\bar{x}}^2+t^2\sigma^2} \tag{5-39}$$

推断总体成数所需要的样本容量为

$$n_p=\frac{t^2 p(1-p)N}{N\Delta_p^2+t^2 p(1-p)} \tag{5-40}$$

按照上面的公式来计算样本容量时,须事先取得全及总体的标准差 σ 或 $p(1-p)$。在实际工作中,一般可以根据以往统计资料来确定;如果以往没有这方面资料可供利用,那么可在组织正式抽样推断之前先进行试验性抽样推断,用抽样指标的标准差 s 或 $p(1-p)$ 来代替。此外,组织抽样推断,有时对一个全及总体,应用抽样资料既要推断全及总体平均数,又要推断全及总体成数,但依据计算必要样本容量的公式分别确定的样本容量往往是不相等的。这就出现了应该用哪个样本容量的问题。在实际工作中,为了都能满足对全及平均数、全及成数推断的要求,通常采用其中较大的 n 作为统一的样本容量。

【例 5-4】 某市拟组织城镇居民家庭生活消费支出水平抽样调查。根据以往调查资料得知,城镇居民人均生活消费支出的标准差为 102 元。试求在 95% 的概率保证下,抽样极限误差不超过 30 元,采用简单随机抽样方式时,应从全市 40 000 户居民中抽取多少户居民?如果极限误差要求控制在 15 元以内,应抽取多少户居民?

解:已知 $N=40\ 000$,$\sigma=102$,同时由 $F(t)=95\%$,查表可得 $t=1.96$。

当重复抽样时,若极限误差不超过 30 元,则必要样本容量为

$$n_{\bar{x}}=\frac{t^2\sigma^2}{\Delta_{\bar{x}}^2}=\frac{1.96^2\times 102^2}{30^2}\approx 44.4(\text{户})\rightarrow 45(\text{户})$$

若极限误差不超过 15 元,则必要样本容量为

$$n_{\bar{x}}=\frac{t^2\sigma^2}{\Delta_{\bar{x}}^2}=\frac{1.96^2\times 102^2}{15^2}\approx 177.6(\text{户})\rightarrow 178(\text{户})$$

当不重复抽样时,若极限误差不超过 30 元,则必要样本容量为

$$n_{\bar{x}}=\frac{t^2\sigma^2 N}{N\Delta_{\bar{x}}^2+t^2\sigma^2}=\frac{1.96^2\times 102^2\times 40\ 000}{40\ 000\times 30^2+1.96^2\times 102^2}=44.4(\text{户})\rightarrow 45(\text{户})$$

若极限误差不超过 15 元,则必要样本容量为

$$n_{\bar{x}}=\frac{t^2\sigma^2 N}{N\Delta_{\bar{x}}^2+t^2\sigma^2}=\frac{1.96^2\times 102^2\times 40\ 000}{40\ 000\times 15^2+1.96^2\times 102^2}=176.9(\text{户})\rightarrow 177(\text{户})$$

第五节 用 Excel 进行区间估计

实际抽样推断往往借助于计算机和相关软件来完成,其中比较简单和常见的是使用 Excel 工作表来进行推断。下面将简单地对利用 Excel 做区间估计的过程进行介绍。

CONFIDENCE(alpha, standard_dev, size)函数是 Excel 中用于抽样推断的基本函数。在此函数中,关系到三个变量,分别是:

(1)alpha,用于计算把握程度显著水平的参数。此参数为 1 与把握程度之差,例如,若把握程度为 95%,则此参数为 1−95%=0.05。

(2)standard_dev,数据区域的总体标准差,假设为已知(实际中,当总体标准差未知时通常用样本标准差代替)。

(3)size,样本容量,即 n。

在 Excel 中单击插入函数,会弹出函数的选择界面,如图 5-2 所示。

图 5-2 函数的选择

然后选择常用函数中的 CONFIDENCE 函数,接下来会弹出对话框,如图 5-3 所示。

在此对话框中输入相关数据,再确定,就可以得到输出的数据了。此输出数据为误差范围,即 $\Delta_{\bar{x}}$ 或 Δ_p。取得误差范围以后就可以进行推断了。

【例 5-5】 某自行车厂从生产的一批 10 000 个自行车轮胎中随即抽取 1%进行质量

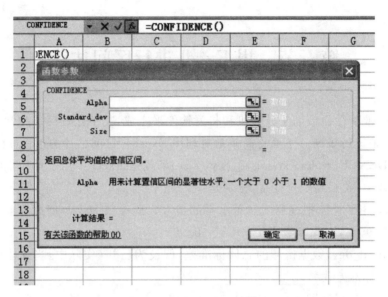

图 5-3 选择抽样推断的基本函数（CONFIDENCE 函数）

检验。调查结果显示，轮胎的平均寿命为 50 00 km。试以 95% 的把握对这批自行车轮胎的平均寿命区间进行估计。（注：根据长期生产这种类型轮胎的数据可知，总体标准差为 400 km）

由上述可知，样本容量 $n=10\ 000\times1\%=100$，平均数 $\bar{X}=5\ 000$，标准差 $\sigma=400$，$F(t)=95\%$，此时可以通过 Excel 来推断。

第一步，输入相关数据，如图 5-4 所示。

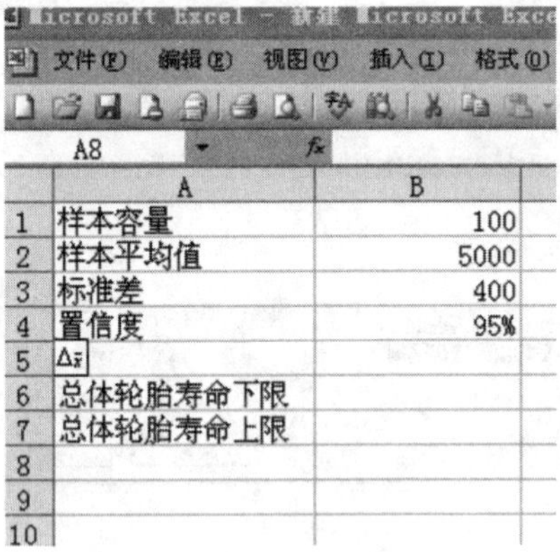

图 5-4 输入数据

第二步，通过 CONFIDENCE 函数来计算所需 $\Delta_{\bar{x}}$，如图 5-5 所示。

计算出 $\Delta_{\bar{x}}$ 后，就可以推断出总体指标的区间了，如图 5-6 所示。

最终得到结论：此批轮胎的寿命区间为 [4921.60, 5078.40]。

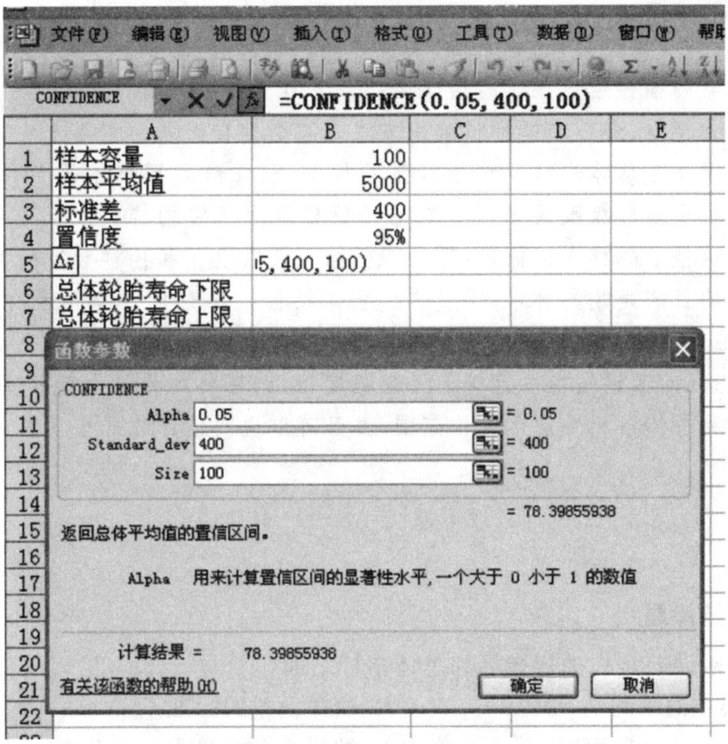

第五章 参数估计

图 5-5 选择 CONFIDENCE 函数

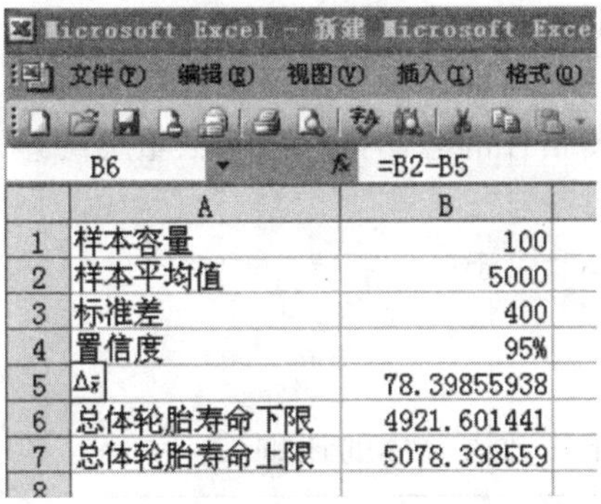

图 5-6 计算结果

本章小结

抽样推断是按随机原则,从研究对象总体中抽取一部分样本单位进行调查,并依据样本数据,对全部研究对象的数量特征做出具有一定可靠程度的估计和推断,从而达到认识现象总体数量特征和数量规律的一种统计方法。抽样推断包括参数估计和假设检验两大核心内容。

抽样推断中常用的基本概念有全及总体和抽样总体,全及指标和抽样指标,以及重复抽样和不重复抽样。

简单随机抽样、类型抽样、等距抽样、整群抽样和多阶段抽样是常用的几种随机抽样组织方式。不同的抽样组织方式的抽样误差计算方法是不一样的,抽样误差也是不一样的。科学设计抽样框、合理选择抽样组织方式是减少抽样误差的重要方法。

抽样平均误差是总体未知参数估计量的标准差,在给定置信水平条件下,可以通过抽样平均误差求出抽样极限误差。必要抽样数目是为了使抽样极限误差不超过给定允许范围至少应该抽取的样本单位数,可以根据抽样极限误差和抽样数目的关系来确定。

参数估计的目的是用样本指标去推断总体指标。参数估计有两种方法,一是点估计,二是区间估计。估计的优良性指标有无偏性、有效性和一致性。点估计也称定值估计或直接估计;区间估计是在一定概率保证程度下,利用样本指标和抽样平均误差、抽样极限误差来推断总体指标可能落入的范围,并且可以说明估计的把握程度和精确程度。

思考与练习

(一)单项选择题

1. 抽样极限误差是指抽样指标和总体指标之间(　　)。
   A. 抽样误差的平均数　　　　　　B. 抽样误差的标准差
   C. 抽样误差的可靠程度　　　　　D. 抽样误差的最大可能范围

2. 抽样误差的定义是(　　)。
   A. 抽样指标和总体指标之间抽样误差的可能范围
   B. 抽样指标和总体指标之间抽样误差的可能程度
   C. 样本的估计值与所要估计的总体指标之间数量上的差别
   D. 抽样平均数的标准差

3. 重复抽样的平均误差取决于(　　)。
   A. 样本单位数
   B. 总体方差
   C. 样本单位数和样本单位数占总体的比重
   D. 样本单位数和总体方差

4. 最近发表的一份报告称:"由150部新车组成的一个样本表明,外国新车的价格明显高于本国生产的新车。"这是一个(　　)的例子。
   A. 随机样本　　　B. 描述统计　　　C. 总体　　　D. 统计推断

5. 抽样调查的主要目的是(　　)。
   A. 计算和控制抽样误差
   B. 应用概率论
   C. 根据样本指标的数值来推断总体指标的数值
   D. 深入开展调查研究

6. 根据城市电话网100次通话情况调查,得知每次通话平均持续时间为4 min,标准差为 2 min,在概率保证为 95.45% 的要求下,估计该市每次通话时间为( )。

A. 3.9 至 4.1 min 之间　　　　　B. 3.8 至 4.2 min 之间

C. 3.7 至 4.3 min 之间　　　　　D. 3.6 至 4.4 min 之间

7. 用重复抽样方法抽取样本单位,若要使抽样平均误差减少 50%,则样本容量需要扩大到原来的( )。

A. 1 倍　　　B. 2 倍　　　C. 4 倍　　　D. 16 倍

8. 抽样平均误差公式中,$\frac{N-n}{N-1}$ 这个因子总是( )。

A. 大于 1　　　B. 小于 1　　　C. 等于 1　　　D. 唯一确定值

9. 在其他条件保持不变的情况下,抽样平均误差( )。

A. 随着抽样数目的增加而增大

B. 随着抽样数目的增加而减小

C. 随着抽样数目的减少而减小

D. 不会随抽样数目的改变而变动

10. 从 2 000 名学生中按不重复抽样方法抽取 100 名进行调查,其中女生 45 名,则样本成数的抽样平均误差为( )。

A. 0.24%　　　B. 4.85%　　　C. 4.97%　　　D. 以上都不对

11. 在抽样推断中,必须遵循( )抽取样本。

A. 随意原则　　B. 随机原则　　C. 可比原则　　D. 对等原则

12. 某企业连续性生产,为检查产品质量,在 24 h 中每隔 30 min 取下一分钟的产品进行全部检查,这是( )。

A. 整群抽样　　　　　　　B. 简单随机抽样

C. 类型抽样　　　　　　　D. 纯随机抽样

13. 在抽样调查中,无法避免的误差是( )。

A. 登记误差　　B. 系统性误差　　C. 计算误差　　D. 抽样误差

14. 样本和总体指标,( )。

A. 前者是确定值,后者是随机变量

B. 前者是随机变量,后者是确定值

C. 两者均是确定值

D. 两者均是随机变量

15. 在同等条件下,重复抽样与不重复抽样相比较,其抽样平均误差( )。

A. 前者小于后者　　　　　B. 前者大于后者

C. 两者相等　　　　　　　D. 无法确定哪一个大

16. 对于分层抽样,以下说法正确的是( )。

A. 不同类别的单位被抽中的概率可能不相等

B. 分层抽样误差只受层间方差的影响,不受层内方差的影响

C. 分层抽样在分层时应使各层之间的差异尽可能小

D. 由于在分层时使用了一些辅助信息,分层抽样违背了随机原则

17. 置信区间的大小表达了区间估计的( )。
   A. 可靠性　　　B. 准确性　　　C. 显著性　　　D. 及时性
18. 随着样本容量的不断增大,样本统计量不断地趋近于总体指标,称为抽样估计的( )。
   A. 无偏性　　　B. 一致性　　　C. 有效性　　　D. 准确性

(二)多项选择题

1. 抽样调查的特点是( )。
   A. 按随意原则抽取样本
   B. 按随机原则抽取样本
   C. 由部分推断总体
   D. 可以事先计算并控制抽样误差
   E. 缺乏科学性和可靠性
2. 按组织方式不同,抽样调查有( )。
   A. 纯随机抽样
   B. 等距抽样
   C. 类型抽样
   D. 整群抽样
   E. 不重复抽样和重复抽样
3. 要提高抽样推断的精确度,可采用的方法有( )。
   A. 增加样本数目
   B. 减少样本数目
   C. 缩小总体被研究标志的变异程度
   D. 改善抽样的组织方式
   E. 改善抽样的方法
4. 参数估计方法有( )。
   A. 点估计　　　B. 区间估计　　　C. 统计估计
   D. 抽样估计　　E. 假设检验
5. 评价点估计优良性的准则有( )。
   A. 精确性　　　B. 无偏性　　　C. 有效性
   D. 一致性　　　E. 可靠性

(三)判断题

1. 所有可能的样本平均数,等于总体平均数。( )
2. 抽样误差是不可避免的,但人们可以调整总体方差的大小来控制抽样误差的大小。( )
3. 抽样极限误差反映了样本指标与总体指标之间的抽样误差的可能范围。( )
4. 重复抽样的抽样误差一定大于不重复抽样的抽样误差。( )
5. 一般而言,分类抽样的误差比纯随机抽样的误差小。( )

6.样本容量的多少可以影响抽样误差的大小,而总体标志变异程度的大小和抽样误差无关。(　　)

7.极限误差总是大于抽样平均误差。(　　)

8.扩大抽样误差的范围,可以提高推断的把握程度;缩小抽样误差的范围,则会降低推断的把握程度。(　　)

9.运用区间估计的方法,可以根据样本的估计值,精确地推断出总体指标所在的范围。(　　)

10.在确定样本容量时,其他条件不变,误差范围扩大一倍,则样本容量也应该相应地扩大一倍。(　　)

(四)简答题

1.抽样调查中的随机原则是指什么?
2.抽样推断为什么必须遵循随机原则抽取样本?
3.抽样调查的适用范围有什么特点?
4.分层抽样与整群抽样有什么区别?
5.怎样正确理解抽样误差?
6.简述抽样推断的区间估计方法。
7.简述抽样推断的点估计方法。
8.解释95%的置信区间。

(五)计算题

1.某灯泡厂某月生产 5 000 000 个灯泡,在进行质量检查时,随机抽取 500 个进行检验,这 500 个灯泡的耐用时间如题表 5-1 所示。

题表 5-1　500 个灯泡的耐用时间

耐用时间/h	灯泡数/个
800—850	35
850—900	127
900—950	185
950—1000	103
1000—1050	42
1050—1100	8

试求:(1)该厂全部灯泡平均耐用时间的取值范围(概率保证程度为 0.997 3);
(2)检查 500 个灯泡中不合格产品占 0.4%,试在 0.682 7 概率保证下,估计全部产品不合格率的取值范围。

2.某企业对某批零件的质量进行抽样调查,随机抽取 250 个零件,发现有 15 个零件不合格。要求:
(1)按 68.27% 的概率推算该批零件的不合格率范围;
(2)按 95.45% 的概率推算该批零件的不合格率范围,并说明置信区间和把握程度之间的关系。

3.某砖瓦厂对所生产的砖的质量进行抽样调查,要求概率保证程度为0.6827,抽样误差范围不超过0.015。已知过去进行的几次同样调查中,产品的不合格率分别为1.25％、1.83％、2％。要求：

(1)计算必要的样本容量；

(2)假定其他条件不变,现在要求抽样误差范围不超过0.03,即比原来的范围扩大1倍,则必要的样本容量应该是多少？

4.对某鱼塘的鱼进行抽样调查。从鱼塘的不同部位同时撒网捕到150条鱼,其中草鱼123条,草鱼平均每条重2 kg,标准差0.75 kg。试按99.73％的保证程度：

(1)对该鱼塘草鱼平均每条重量进行区间估计；

(2)对该鱼塘草鱼所占比重进行区间估计。

5.学校随机抽查10个男生,平均身高170 cm,标准差12 cm,问有多大把握程度估计全校男生身高在160.5 cm至179.5 cm之间？

6.对某型号电子元件10 000只进行耐用性能检查。根据以往抽样测定,求得耐用时数的标准差为600 h。试求在重复抽样条件下：

(1)概率保证程度为68.27％,元件平均耐用时数的误差范围不超过150 h,要抽取多少元件进行检查？

(2)根据以往抽样检验知道,元件合格率为95％,合格率的标准差为21.8％,要求在99.73％概率保证下,极限误差不超过4％,重复抽样抽取的元件数目是多少？如果其他条件均保持不变,采用不重复抽样应抽取多少元件检查？

7.一批商品(10 000件)运抵仓库,随机抽取100件检验其质量,发现有10件不合格。试按重复与不重复抽样分别计算其合格率抽样平均误差。

8.计算下列条件下所需的样本量：

(1)$E=0.02,\pi=0.40$,置信水平为96％；

(2)$E=0.04,\pi$未知,置信水平为95％；

(3)$E=0.05,\pi=0.55$,置信水平为90％。

9.某厂商生产彩色电视机,按不重复抽样方法从一批出厂产品中抽取1％的产品进行质量检验,取得资料如题表5-2所示。

题表5-2　质量检验资料

正常工作时间/1 000 h	电视机/台
6—8	15
8—10	30
10—12	50
12—14	40
14—16	9
合计	144

试计算抽样平均误差。

第六章　假设检验

某地区小麦的一般生产水平为亩产 250 kg，标准差为 30 kg，根据经验知道，小麦亩产渐近服从正态分布。现对一种化肥进行效果试验，对该地区小麦施用该种化肥后，抽取 25 个地块检测，平均亩产量为 270 kg。问：这种化肥是否使小麦明显增产？

从直观上看，施用这种化肥后，小麦的亩产量较以前有所增加，但是，数据来源并非全面调查的结果，因此，差别也可能是随机原因造成的。究竟这种化肥是否使小麦明显增产，我们就需要做这种化肥能够使小麦明显增产的假设，然后利用统计方法检验该假设是否成立。这就是个假设检验问题。

学习要求 理解假设检验的基本思想和基本步骤；理解假设检验的两类错误及其关系；熟练掌握一个正态总体和两个正态总体均值、总体成数和总体方差的各种假设检验方法；熟练利用 SPSS 进行假设检验。

主要内容

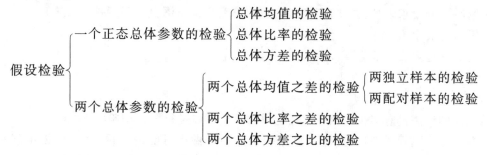

第一节　假设检验概述

一、假设检验的概念

假设检验（hypothesis testing）是统计推断的另一主要内容。例如，对某产品质量进行抽样检验,要以样本的不合格品率估计总体不合格品率,即为上一章讨论的参数估计问题;若要判断整批产品是否合格,则为假设检验问题。假设检验是先对研究总体的参数做出某种假设,然后通过对样本的观察,运用统计方法,判断假设是否成立。

一般来说,我们进行假设检验是检验总体之间是否有显著差异。如果我们能够准确知道总体的全部信息,那么这种判断非常容易得出。例如,一个总体的均值为100,另一个总体的均值为110,从数学的角度很容易得出两个总体均值是有差异的。但是实际情况是,总体的信息我们并不能完全获取,我们只是通过样本信息来对总体进行推断,因此,我们需要借助统计推断的原理,用概率的方法来判断两个样本各自所代表的总体之间有无差异。抽样的随机性导致抽样误差肯定存在,因此,我们认为这种差异需要达到一定程度才可以判断总体之间确实存在显著性差异。

在进行假设检验之前,我们通常难以完全知道所关心的总体的某些数量特征及其变化情况,因此,常常需要对总体的目前状况做出某种假设。例如,工厂生产某种产品,经过工艺改革,使用新材料、新配方,企业管理者十分关心产品质量是否有所提高,这时,可以假设经过改革以后产品质量可能提高或者并没有提高。

二、假设检验的步骤

现实生活中,人们通常要对某个假设做出判断,确定它是真还是假。在研究领域,研究者在检验一种新的理论时,首先要提出一种自己认为正确的看法,即假设。假设就是对总体参数的具体数值所做的陈述。

一个假设总是以一定的理由为基础的,但这些理由通常又是不完全充分的,因而产生了"检验"的要求,也就是要进行判断。例如,我们经常看到如下说法:

设备的效率为 97.5%;

两个销售人员的能力不同;

材料的采购周期为 30 天;

资金周转天数为 20 天。

上面的说法具有多少可信性?这些说法是否可以进行统计检验?

在许多实际问题中,只能先对总体的某些参数做出可能的假设,然后根据得到的样本,运用统计的知识对假设的正确性进行判断。这就是所谓的统计假设检验。

假设检验的一般步骤如下:

第一步,提出两种假设,即原假设和备择假设。

原假设,也称零假设,用"不能轻易被否定的命题或研究者想搜集证据予以反对的假设"作为原假设,记为 H_0。

备择假设是把"没有足够把握就不能轻易肯定的命题或研究者想搜集证据予以支持的假设"作为备择假设,记为 H_1。

原假设和备择假设不是随意提出的,应根据所检验问题的具体背景而定。例如,你正在进行一项研究,并想使用假设检验来支持你的说法,就应该把你认为正确的看法作为备择假设。又如,你开发了一种新药以提高疗效,如果你想要提供这种药物疗效有显著提高的证据,就应该把你想要支持的说法作为备择假设。

对于本章开头的引例,研究者想支持的观点是,使用新化肥后,小麦产量会有显著变化,所以 $\mu \neq 250$ 为备择假设,假设的表达式如下:

$H_0: \mu = 250$(使用某种化肥后小麦产量与一般生产水平的产量没有显著性差异)

$H_1: \mu \neq 250$(使用某种化肥后小麦产量与一般生产水平的产量有显著性差异)

【例 6-1】 某批发商欲从厂家购进一批灯泡,根据合同规定.灯泡的使用寿命平均不能低于 1 000 h。已知灯泡使用寿命服从正态分布,标准差为 20 h。在总体中随机抽取了 100 个灯泡,得知样本均值为 960 h,批发商是否应该购买这批灯泡?试陈述用于检验的原假设和备择假设。

解:显然,如果灯泡的使用寿命超过了 1 000 h,批发商是欢迎的,因为他用已定的价格(如灯泡寿命为 1 000 h 的价格)购进了更高质量的产品。因此,如果样本均值超过 1 000 h,他会购进这批灯泡。问题在于样本均值为 960 h 他是否应当购进。因为即便总体均值为 1 000 h,由于抽样的随机性,样本均值略小于 1 000,所以批发商倾向于证实灯泡的寿命小于 1 000 h,这就是批发商想搜集证据支持的观点;否则,如果批发商认为寿命大于 1 000 h,就没有必要抽检了。建立的原假设和备择假设如下:

$H_0: \mu \geq 1\ 000$(灯光寿命超过 1 000 h)

$H_1: \mu < 1\ 000$(灯光寿命不超过 1 000 h)

【例 6-2】 某种大量生产的袋装食品,按规定每袋重量不得少于 250 g。今从一批该种食品中任意抽取 50 袋,发现有 6 袋低于 250 g。若规定不符合标准的比例超过 5%,食品就不得出厂,试陈述用于检验的原假设和备择假设。

解:该产品的不合格率为 5%,显然,不合格率越小越好。若抽样的结果大于 5%,则表明该产品是不合格的,所以抽检的意图是倾向于证实这种产品的不合格率大于 5%。因此,$\mu > 5\%$ 是研究者想要搜集证据支持的观点,建立的原假设和备择假设如下:

$H_0: \mu \leq 5\%$(产品不合格率不超过 5%)

$H_1: \mu > 5\%$(产品不合格率超过 5%)

根据以上例子,我们得出建立原假设的认识:

(1)原假设和备择假设是一组对立的假设,在一项假设中,检验结果只能为拒绝原假设或不能拒绝原假设。注意,如果当不能拒绝原假设时,不能说"接受原假设",因为没有证明原假设是真。

(2)在建立原假设和备择假设时,通常是先确定备择假设,然后再确定原假设。这样做的原因是,备择假设是人们所关心的,是想予以支持或证实的,由于原假设和备择假设是对立的,确定了备择假设,原假设就确定了。

(3)在建立原假设和备择假设时,等号应出现在原假设中,即 $H_0: \mu = \mu_0, \mu \leq \mu_0$ 或 $\mu \geq \mu_0$;相应的备择假设为 $H_1: \mu \neq \mu_0, \mu > \mu_0$ 或 $\mu < \mu_0$。

第二步,确定检验统计量。假设检验与参数估计一样,需要通过样本统计量进行推断,用于假设检验的统计量称为检验统计量。在具体问题中,选择什么样的检验统计量需要考虑总体方差已知还是未知,样本属于大样本还是小样本等。

在引例中,因为假定总体是正态分布,且方差已知,所以可采用 Z 统计量(用什么统计量在下一节将具体分析),即

$$Z = \frac{\bar{x} - \mu_0}{\sigma/\sqrt{n}}$$

在 H_0 为真时,Z 统计量服从标准正态分布,即 $Z \sim N(0,1)$。

第三步,规定显著性水平 α。由于假设检验是根据样本信息对总体情况进行判断的,因而存在误判的可能。若原假设正确却被当成错误而被拒绝,统计上把犯这种错误的概率 α 称为假设检验中的显著性水平(significance level),它的取值是人为确定的,通常取 $\alpha = 0.05$ 或 $\alpha = 0.01$。

第四步,确定临界值。按照规定的显著性水平和样本统计量的分布性质,确定接受域和拒绝域的临界值(critical value)。

当检验统计量被确定以后,我们可以根据其分布状况以及给定的显著性水平 α 的值查正态分布表得到临界值 $Z_{\alpha/2}$,即接受区域和拒绝区域的分界点。然后我们可以按照以下标准进行决策:

若 $|Z| \geqslant Z_{\alpha/2}$,落入拒绝域,则拒绝原假设 H_0;

若 $|Z| < Z_{\alpha/2}$,则不拒绝原假设 H_0。

第五步,根据样本数据计算检验统计量的值。

根据引例给出的具体数据,我们可以计算出 Z 统计量的值为

$$Z = \frac{\bar{x} - \mu_0}{\sigma/\sqrt{n}} = \frac{270 - 250}{30/\sqrt{25}} = 3.33$$

第六步,将检验统计量的值与临界值进行比较,做出判断。

对于引例给定的显著性水平 $\alpha = 0.05$,查正态分布表可得临界值 $Z_{\alpha/2} = 1.96$,故 $|Z| > Z_{\alpha/2}$。由此可以拒绝原假设,即样本均值与总体均值有显著差异。也就是说,化肥使小麦明显增产。

三、假设检验的两类错误

对于原假设提出的命题,我们需要做出判断,这种判断可以用"原假设正确"或"原假设错误"来表述。但是,由于假设检验是根据有限的样本信息来推断总体特征,样本的随机性导致判断有可能出错,也就是说我们面临着犯错误的可能性。通常我们所犯的错误有两种类型,我们称为第一类错误和第二类错误。

第一类错误:当原假设 H_0 为真时,由于样本的随机性使样本统计量落入了拒绝域,所做出的判断是拒绝原假设。这时所犯的错误称为第一类错误。我们认为"一次抽样中小概率事件发生了"是不合理的,从而做出了拒绝原假设的结论;但事实上,小概率事件只是发生概率非常小而已,并非绝对不发生。犯第一类错误的概率也称弃真概率,它实质上就是显著性水平 α,所以我们也把第一类错误称为 α 错误。

第二类错误:当原假设 H_0 为假时,由于样本的随机性使样本统计量落入了非拒绝

域,所做出的判断是没有拒绝原假设。这时所犯的错误称为第二类错误,也称取伪错误。犯第二类错误的概率也称取伪概率,用 β 表示,所以我们也把第二类错误称为 β 错误。

归纳起来,假设检验中决策结果存在四种情形:

(1)原假设是真实的,判断结论是不拒绝原假设,这是一种正确的判断;

(2)原假设是不真实的,判断结论是拒绝原假设,这也是一种正确的判断;

(3)原假设是真实的,判断结论是拒绝原假设,这是一种产生"弃真错误"的判断;

(4)原假设是不真实的,判断结论是不拒绝原假设,这是一种产生"取伪错误"的判断。

以上四种判断我们在表 6-1 中展示。

表 6-1 假设检验中的四种决策

判断	为真	不为真
不拒绝 H_0	正确决策(概率为 $1-\alpha$)	第二类(取伪)错误(概率为 β)
拒绝 H_0	第一类(弃真)错误(概率为 α)	正确决策(概率为 $1-\beta$)

无论是第一类错误还是第二类错误,都是检验结论失真的表现,应该尽可能地避免。但对于一定的样本容量 n,不能同时做到犯这两类错误的概率都很小。若减小 α 错误,就会增大犯 β 错误的机会;若减小 β 错误,就会增大犯 α 错误的机会。这就像在区间估计中,要想增大估计的可靠性,就会使区间变宽而降低精度;要想提高精度,就要求估计区间变得很窄,而这样,估计的可靠性就会大大地打折。当然,使 α 和 β 同时变小的办法也有,就是增大样本容量;但样本容量不可能过大,否则就会使抽样调查失去意义。因此,在假设检验中,就有一个对两类错误进行控制的问题。

一般来说,哪一类错误所带来的后果更严重,危害更大,在假设检验中就应当把那一类错误作为首要的控制目标。但在假设检验中,大家都在执行这样一个原则,即首先控制犯 α 错误的概率。这样做的原因主要有两点:一个是大家都遵循一个统一的原则,讨论问题就比较方便。但这还不是最主要的,最主要的原因在于,从实用的观点看,原假设是什么常常是明确的,而备择假设是什么则常常是模糊的。显然,对于一个含义清楚的假设和一个含义模糊的假设,我们不愿意拒绝前者。正是在这个背景下,我们就更为关心如果 H_0 为真,而我们却把它拒绝了,犯这种错误的可能性有多大。而这正是 α 错误所表现的内容。假设检验中犯两类错误的情况如图 6-1 所示。

由于犯第一类错误的概率实质上就是显著性水平 α,我们可以通过控制显著性水平 α 大小的方式,来控制犯第一类错误的概率。α 定得越小,犯第一类错误的可能性就越小。例如,$\alpha=0.05$ 表示犯第一类错误的可能性为 5%,也就是说在 100 次判断中,产生弃真错误的次数是 5 次。因此,从这个意义上说,我们通常把假设检验称为显著性检验。

我们也可以通过下面的例子来对假设检验的两类错误有更进一步的认识和理解。

【例 6-3】 在生产过程中,原假设是生产线没有问题。假定负责生产线的工人听到一些不正常的声音,就关停了生产线,即拒绝了原假设。而调查表明,生产线的确没有问题,也许噪音是外界传来的,这个工人就犯了第一类错误,将正常判断为不正常。在生产过程中关停生产线通常会产生较大的损失。若假定该负责生产线的工人听到一些不正

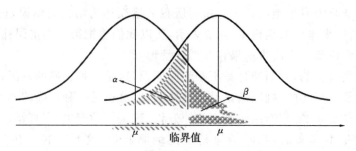

图 6-1　假设检验中犯两类错误的图示

常的声音,但不敢确信是否出现故障,没有去关停生产线,即没有拒绝原假设。但调查表明,生产线的确出了问题,这个工人就犯了第二类错误,将不正常判断为正常。这种错误可能会造成产品质量不合格。若工厂不想让生产线无故关停(犯第一类错误),则需要创造出使生产线关停变得困难的环境,设计一套很难达到关停的标准,以使该条生产线在没有真正原因时无法关停,这就会降低犯第一类错误的概率。然而,当生产线的确出现故障时,工人不会轻易关停生产线,此就会增加犯第二类错误的概率。

下面对假设检验问题的几点注意事项进行归纳:

(1)犯第一类错误与犯第二类错误的概率存在此消彼长的关系;

(2)若要同时减少 α 和 β,须增大样本容量 n;

(3)通常的做法是,取较小的显著性水平 α,将犯第一类错误的概率控制在较小的范围内。

四、假设检验的 p 值

p 值(p-value)检验是国际上流行的一种假设检验的方法,也称实测显著性水平(observed significance level)检验。所谓 p 值,就是拒绝原假设的最小概率。该检验方法是通过计算 p 值,将其与显著性水平 α 比较,看能否拒绝原假设,即

若 $p < \alpha$,则能够拒绝原假设 H_0;

若 $p > \alpha$,则不能拒绝原假设 H_0。

例如,若 $\alpha = 0.05$,$p > 0.05$,则不能拒绝原假设;反之,则拒绝原假设。

前面进行检验的程序是根据检验统计量落入的区域做出能否拒绝原假设的决策。在确定 α 以后,拒绝域的位置也就相应确定了,其好处是进行决策的界限清晰,但弱点是进行决策面临的风险是笼统的。而用 p 值检验则正好克服了这一弱点。

在引例化肥的假设检验中,计算出 $Z = 3.33$,落入拒绝域,我们拒绝原假设,并知道犯弃真错误的概率为 0.05。如果假定计算出 $Z = 2.0$,同样落入拒绝域,我们拒绝原假设面临的风险也是 0.05。0.05 是一个通用的风险概率,这是用域表示的弱点,但根据不同的样本结果进行决策,面临的风险事实上是有差别的。为了精确地反映决策的风险度,可以利用 p 值进行决策,如图 6-2 所示。

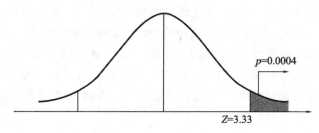

图 6-2 假设检验用 p 值决策

五、双侧检验和单侧检验

在前面介绍的假设检验中,我们关心的都是样本和总体之间是否有显著差异,通过确定的检验统计量和事先给出的显著性水平,可以找出一个临界值,将统计量的取值范围划分成非拒绝区域和拒绝区域两部分。以上的例子中都有两个拒绝域、两个临界值,每个拒绝域的面积为 $\alpha/2$,属于双侧检验。双侧检验的原假设为 $H_0:\mu=\mu_0$,备择假设为 $H_1:\mu\neq\mu_0$,只需要 $\mu>\mu_0$ 或 $\mu<\mu_0$ 两者之中有一个成立,就可以拒绝原假设。

而在另外一些情况下,我们关心的假设问题带有方向性,就是单侧检验。单侧检验有两种情况:一种是我们所考察的数值越大越好,如灯泡的使用寿命、轮胎行驶的里程数等;另一种是数值越小越好,如废品率、生产成本等。

(一) 左单侧检验

在例 6-1 中,确定批发商是否应该购买这批灯泡。

这是一个单侧检验问题。检验的形式为

$H_0:\mu\geqslant 1\ 000$

$H_1:\mu<1\ 000$

左单侧检验如图 6-3 所示($\alpha=0.05$),也可以把左单侧检验称为下限检验。

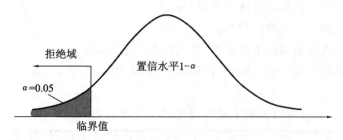

图 6-3 左单侧检验示意图

左单侧检验的临界值为 $-Z_\alpha$。将检验统计量的具体取值 Z 与临界值比较,当 $|Z|>Z_\alpha$ 时,拒绝原假设;否则,接受原假设。

(二) 右单侧检验

与左单侧检验的问题相反,有时我们希望所考察的数值越小越好。

【例 6-4】 某企业生产一种零件,按规定废品率不得高于 0.1%,否则就不得出厂。

今从一批该零件中随机抽取 50 个,发现废品率为 0.11%。问该批零件能否出厂?

解:废品率越低越好。在这个产品质量检验的问题中,我们比较关心废品率的上限,即不合标准的比例达到多少就要拒绝。这里采用的是产品质量抽查,即使总体不合标准的比例没有超过 0.1%,但由于抽样的随机性,样本中不合标准的比例略大于 0.1% 的情况也是会经常发生的。采用右单侧检验,需确定拒绝的上限临界点,检验的形式可以写为

$H_0: \pi \leqslant 0.1\%$

$H_1: \pi > 0.1\%$

右单侧检验如图 6-4 所示($\alpha = 0.05$),也可以把右单侧检验称为上限检验。

图 6-4 右单侧检验示意图

右单侧检验的临界值为 Z_α,将检验统计量的具体取值与临界值比较,当 $|Z| > Z_\alpha$ 时,拒绝原假设;否则,接受原假设。

六、参数估计和假设检验的关系

如前所述,参数估计和假设检验是统计推断的两个组成部分,它们都是利用样本信息对总体进行某种推断,它们之间有联系也有区别。

参数估计和假设检验的联系主要体现在以下四个方面:

(1)都是根据样本信息对总体参数进行推断;

(2)都是以抽样分布为理论依据;

(3)都是建立在概率基础上的推断,推断结果都有风险;

(4)对同一问题的参数进行推断,使用同一样本、同一统计量、同一分布,因此两者可以相互转换。

参数估计和假设检验的区别主要体现在以下三个方面:

(1)参数估计是依据样本资料估计总体未知参数的可能范围;假设检验是根据样本资料来检验对总体参数的假设是否成立。

(2)参数估计通常求得的是以样本为中心的双侧置信区间;假设检验不仅有双侧检验,还有单侧检验。

(3)参数估计立足于大概率,通常以较大的把握程度或置信程度 $1-\alpha$ 去估计总体参数的置信区间;假设检验立足于小概率,通常是给定很小的显著性水平 α 去检验对总体参数的假设是否成立。

第二节 一个正态总体参数的检验

一、检验统计量的确定

根据假设检验的不同内容和进行检验的不同条件,需要采用不同的检验统计量,在一个总体参数的检验中,用到的检验统计量主要有三个:Z 统计量,t 统计量,χ^2 统计量。Z 统计量和 t 统计量常常用于均值和比例的检验,χ^2 统计量则用于方差的检验。选择什么统计量进行检验需要考虑总体的分布状况、样本容量 n 以及总体方差 σ^2 是否已知等情况。总体方差的假设检验相对较为简单,将在后面介绍,这里我们对一个总体均值和比率假设检验的检验统计量构造进行归纳。

(一)大样本情况

样本量大小是选择检验统计量的一个要素。在对总体均值进行假设检验时,由抽样分布理论可知,在大样本条件下,若总体为正态分布,则样本均值的抽样分布为正态分布;若总体为非正态分布,则样本均值的抽样分布渐近服从正态分布。

所以,在大样本情况下,我们可以把构造的样本统计量都视为正态分布,这时可以使用 Z 统计量(服从标准正态分布)。

若总体方差 σ^2 已知,Z 统计量的计算公式为

$$Z = \frac{\bar{x} - \mu_0}{\sigma/\sqrt{n}} \sim N(0,1) \tag{6-1}$$

若总体方差 σ^2 未知,可以用样本方差 s^2 代替,则式(6-1)可以写为

$$Z = \frac{\bar{x} - \mu_0}{s/\sqrt{n}} \sim N(0,1) \tag{6-2}$$

而在对总体比率进行假设检验时,由抽样分布理论可知,在大样本条件下,样本比例的抽样分布可用正态分布近似。因此,我们可以把构造的样本统计量视为正态分布,这时可以使用 Z 统计量(服从标准正态分布)。Z 统计量的计算公式为

$$Z = \frac{p - \pi_0}{\sqrt{\dfrac{\pi_0(1-\pi_0)}{n}}} \sim N(0,1) \tag{6-3}$$

(二)小样本情况

小样本情况下,如果总体为非正态分布,那么样本统计量理论分布形式难以确定,这时我们只分析总体为正态分布的情况。

对于服从正态分布的总体,若总体方差 σ^2 已知,样本均值的抽样分布为正态分布,这时可以采用服从标准正态分布的 Z 统计量,计算公式如式(6-1);若总体方差 σ^2 未知,则

进行检验所依赖的信息会有所减少,这时只能使用样本方差来代替总体方差,样本统计量服从 t 分布,应该采用 t 统计量,其计算公式为

$$t=\frac{\bar{x}-\mu_0}{s/\sqrt{n}}\sim t(n-1) \tag{6-4}$$

可以看出,样本容量大小是选择检验统计量的一个很重要的因素,在大样本情况下一般可以使用 Z 统计量。但样本容量 n 为多大才算大样本呢？一般经验认为是 $n\geqslant 30$。就分布本身而言,当 n 较小时,t 分布与 Z 分布的差异很明显;随着 n 逐渐扩大,t 分布逐渐向 Z 分布逼近,它们之间的差异逐渐缩小;而当样本量 $n\geqslant 30$ 时,t 分布与 Z 分布已经非常接近了,我们有足够的理由用 Z 分布取代 t 分布。所以,可以说,当 $n<30$ 时,如果总体方差 σ^2 未知,必须使用 t 统计量;当 $n\geqslant 30$ 时,选择 t 分布还是 Z 分布可以根据使用者的偏好。

一个正态总体均值和比率的检验统计量的确定可以归纳为表 6-2。

表 6-2 总体均值和比例的检验统计量的确定

样本容量	大样本	小样本
方差已知	Z 统计量	Z 统计量
方差未知	Z 统计量	t 统计量

二、总体均值的检验

(一)正态总体,总体方差已知

根据以上介绍的假设检验的步骤和确定检验统计量的方法,得到在正态总体且总体方差已知的情况下对总体均值检验的方法。

第一步,提出原假设和备择假设。

若进行双侧检验,则假设形式为

$H_0:\mu=\mu_0$

$H_1:\mu\neq\mu_0$

若进行左单侧检验,则假设形式为

$H_0:\mu\geqslant\mu_0$

$H_1:\mu<\mu_0$

若进行右单侧检验,则假设形式为

$H_0:\mu\leqslant\mu_0$

$H_1:\mu>\mu_0$

第二步,确定并计算检验统计量。根据前面的论述和表 6-2 知,检验统计量及其分布为

$$Z=\frac{\bar{x}-\mu_0}{\sigma/\sqrt{n}}\sim N(0,1) \tag{6-5}$$

第六章 假设检验

利用服从正态分布的统计量 Z 进行的检验称为 Z 检验法。

第三步，根据给定的显著性水平，查表得到临界值，并进行统计决策。将所计算的 Z 值与临界值比较：

(1)进行双侧检验，临界值为 $-Z_{\alpha/2}$ 和 $Z_{\alpha/2}$。若 $|Z|>Z_{\alpha/2}$，则拒绝原假设；否则不拒绝原假设。

(2)进行左单侧检验，临界值为 $-Z_\alpha$。若 $Z<-Z_\alpha$，则拒绝原假设；否则不拒绝原假设。

(3)进行右单侧检验，临界值为 Z_α。若 $Z>Z_\alpha$，则拒绝原假设；否则不拒绝原假设。

【例 6-5】 一家生产企业几年来每周平均至少有 18.2 个订单，假定总体服从正态分布，总体标准差为 2.3 个订单。在经济衰退期，订单量会有所减少。该企业的生产经理随机选出 9 周作为样本，发现样本均值为 15.6 个订单。试在 0.01 的显著性水平下检验订单是否有显著减少。

解： 生产经理关心的是订单是否有显著减少，故这是一个左单侧检验的问题。

第一步，提出假设。

$H_0: \mu \geq 18.2$

$H_1: \mu < 18.2$

第二步，确定并计算检验统计量。根据表 6-2 知，应为 Z 检验统计量，根据题设条件计算得

$$Z = \frac{\bar{x}-\mu_0}{\sigma/\sqrt{n}} = \frac{15.6-18.2}{2.3/\sqrt{9}} = -3.4$$

第三步，根据给定的显著性水平 $\alpha=0.01$，由于是左单侧检验，故 $1-\alpha=99\%$，查表得临界值 $-Z_\alpha=-Z_{0.01}=-2.33$。因为 $Z<-Z_\alpha$，所以应该拒绝原假设 H_0。检验结果表明，订单数量有明显减少。

如果使用 p 值检测，按照前述方法，在 Z 值的框内输入 Z 的绝对值 3.4，得到的函数值为 0.999 66。这意味着，在标准正态分布条件下，Z 值左边的面积为 0.999 66。由于是单侧检验，故 $p=1-0.999\ 66=0.000\ 34$。因为 $p<\alpha=0.01$，所以拒绝原假设 H_0。

【例 6-6】 一种罐装饮料采用自动生产线生产，每罐的容量是 255 ml，标准差为 5 ml。为检验每罐容量是否符合要求，质检人员在某天生产的饮料中随机抽取 40 罐进行检验，具体数据如下：

255	257	253	261	253	260	258	251	253	256
260	251	259	260	253	254	261	262	261	259
257	258	261	256	254	259	258	260	257	255
256	254	259	259	257	254	259	261	258	257

取显著性水平 $\alpha=0.05$，检验该天生产的饮料容量是否符合标准要求。

解： 灌装的平均含量大于或小于 250 ml 均表示设备出现了故障，所以这是一个双侧检验问题。提出假设如下：

$H_0: \mu=255$

$H_1: \mu \neq 255$

此题可以利用 SPSS 计算,操作步骤如下:

第一步,先把数据转化为 SPSS 数据,如图 6-5 所示。

	抽检容量
1	255.00
2	260.00
3	257.00
4	256.00
5	257.00
6	251.00
7	258.00
8	254.00
9	253.00
10	259.00
11	261.00
12	259.00

图 6-5 数据文件

第二步,选择菜单【Analyze】→【Compare】→【One-Sample T Test】,出现如图 6-6 所示的窗口。

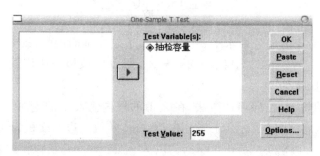

图 6-6 单样本 t 检验窗口

第三步,在待检验【Test Value】框中填入 255。

第四步,在【Option】按钮中,输入置信区间,本例为 95%,如图 6-7 所示。

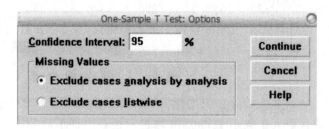

图 6-7 单样本 t 检验选项

第五步,至此,SPSS 将自动计算 t 统计量对应的 p 值,分析结果如表 6-3、表 6-4 所示。

表 6-3 罐装饮料容量描述统计结果

One-Sample Statistics

	N	Mean	Std. Deviation	Std. Error Mean
抽检容量	40	257.150 0	3.000 43	0.474 41

表 6-4 单样本 t 检验结果

One-Sample Test

	\multicolumn{5}{c}{Test Value=255}
	t	df	Sig. (2-tailed)	Mean Difference	95% Confidence Interval of the Difference	
					Lower	Upper
抽检容量	4.532	39	0.000	2.150 0	1.194 0	3.109 6

由表 6-3 可知，抽检的 40 罐饮料的平均容量为 257.15 ml，标准差为 3.00 ml，均值标准误差为 0.47。表 6-4 中，第 2 列 t 统计量的观测值为 4.53；第 3 列自由度为 39；第 4 列 t 统计量观测值的双尾概率 p 值为 0.000；第 5 列是样本均值与检验值的差；第 6、7 列是总体均值与原假设值差的 95% 的置信区间，为 (1.19,3.11)，由此可以计算出总体均值的 95% 的置信区间为 (256.19,258.11) ml，且这个区间不包括 255 ml（原假设），加上 $p=0.000<0.05$，落在拒绝区域，拒绝原假设。因此，可以说，在显著水平 $\alpha=0.05$ 下，我们有理由相信该天生产的饮料容量是不符合标准要求的。

（二）正态总体，总体方差未知，大样本

在总体 $X \sim N(\mu,\sigma^2)$，大样本，但总体方差 σ^2 未知的情况下，用相应的样本方差 s^2 来代替总体方差 σ^2。假设检验的方法如下：

第一步，提出原假设和备择假设。

第二步，确定并计算检验统计量。根据前面的论述和表 6-2 知，检验统计量及其分布为

$$Z=\frac{\bar{x}-\mu_0}{s/\sqrt{n}} \sim N(0,1) \qquad (6-6)$$

根据已知的样本方差、样本容量 n 和样本平均数 $\bar{x}$，计算出检验统计量 Z 的值。

第三步，根据给定的显著性水平，查表得到临界值，并进行统计决策。

【例 6-7】 2016 年某企业职工人均月收入为 1 000 元，该企业人力资源研究者要进行一项测试，以确定 2017 年职工的收入仍然保持这个水平。现随机选取并调查该企业 36 名职工的收入，计算得平均收入为 1 050 元，标准差为 120 元。假定总体服从正态分布，试在 0.01 的显著性水平下判断 2017 年该企业职工的收入是否仍然保持这个水平。

解：研究者要测试 2017 年职工的收入与 2016 年是否相同，大于或小于均表明有变化，故这是一个双侧检验问题。

第一步，提出原假设和备择假设。

$H_0: \mu=1\ 000$

$H_1: \mu \neq 1\ 000$

第二步，确定并计算检验统计量。

$$Z = \frac{\bar{x} - \mu_0}{s/\sqrt{n}} = \frac{1\,050 - 1\,000}{120/\sqrt{36}} = 2.5$$

第三步，根据给定的显著性水平 $\alpha = 0.01$，查表得临界值 $Z_{\alpha/2} = Z_{0.005} = 2.58$。因为 $Z = 2.5 < Z_{\alpha/2} = 2.58$，所以应不拒绝原假设 H_0，即2017年该企业职工人均收入与2016年相比没有显著的变化。

若使用 p 值检测，按照前述方法，在 Z 值的框内输入 Z 的绝对值2.5，得到的函数值为 0.993 79，则 $p = 2 \times (1 - 0.993\,79) = 0.012\,42$。由于 p 值大于 $\alpha = 0.01$，故不能拒绝 H_0，得到与 Z 检验相同的结论。

（三）正态总体，总体方差未知，小样本

在总体 $X \sim N(\mu, \sigma^2)$，总体方差 σ^2 未知且为小样本的情况下，对总体均值 μ 进行假设检验的步骤如下：

第一步，提出原假设和备择假设。

第二步，确定并计算检验统计量。根据前面的论述和表6-2知，检验统计量及其分布为

$$t = \frac{\bar{x} - \mu_0}{s/\sqrt{n}} \sim t(n-1) \tag{6-7}$$

利用统计量 t 进行检验称为 t 检验法。

根据样本数据计算样本平均数 $\bar{x}$、样本方差 s^2 和标准差 s，以及已知的样本容量 n，计算出检验统计量 t 的值。

第三步，根据给定的显著性水平，查表得到临界值，并进行统计决策。对于给定的显著性水平 α 和自由度 $n-1$，查 t 分布表可得临界值，将计算的 t 统计量的值与临界值比较，便可做出检验结论：

(1)进行双侧检验，临界值为 $-t_{\alpha/2}(n-1)$ 和 $t_{\alpha/2}(n-1)$。若 $|t| > t_{\alpha/2}(n-1)$，则拒绝原假设；否则不拒绝原假设。

(2)进行左侧检验，临界值为 $-t_{\alpha}(n-1)$。若 $t < -t_{\alpha}(n-1)$，则拒绝原假设；否则不拒绝原假设。

(3)进行右侧检验，临界值为 $t_{\alpha}(n-1)$。若 $t > t_{\alpha}(n-1)$，则拒绝原假设；否则不拒绝原假设。

【例6-8】 某模特公司声称该公司的签约女模特平均身高为180 cm，假设公司模特身高服从正态分布。某服装设计师为检验其是否可信，随机抽取了9名模特，测得其平均身高为176 cm，标准差为5.4 cm。试问，在0.05的显著性水平上，能否认为该模特公司的声称可信？

解： 根据题意，这是一个双侧检验问题。假设检验的方法如下：

第一步，提出原假设和备择假设。

$H_0: \mu = 180$

$H_1: \mu \neq 180$

第二步,确定并计算检验统计量。

$$t = \frac{\bar{x} - \mu_0}{s/\sqrt{n}} = \frac{176 - 180}{5.4/\sqrt{9}} = -2.22$$

第三步,由 $\alpha = 0.05$,$n = 9$,查表得临界值 $t_{\alpha/2}(n-1) = t_{0.025}(8) = 2.306$。因为 $|t| = 2.22 < t_{\alpha/2}(n-1) = 2.306$,所以应该不拒绝原假设 H_0。检验结果表明,样本提供的证据还不足以推翻原假设,因此,不能证明该模特公司的女模特平均身高不是 180 cm。

三、总体比率的检验

总体比率是指总体中具有某种相同特征的个体所占的比值,这个特征可以是数值型的,也可以是品质型的,通常用字母 π 表示总体比率,π_0 表示总体比率的某一假设值,p 表示样本比率。如果一个事件只可能有两种结果,我们将其称为二项分布,由比率的抽样分布定理可知,样本比率服从二项分布,因此,可由二项分布来确定对总体比率进行假设检验的临界值,但其计算往往十分繁琐。一般而言,在有关比率问题的调查中往往使用大样本,因为小样本的结果是极不稳定的。例如,对于一个政治候选人的支持率调查,随机抽取 100 人,若支持者有 40 人,则支持率为 40%;若支持者有 50 人,则支持率为 50%。样本中一个人的态度差异会导致调查结果相差 1 个百分点,这种不稳定性是我们不愿意看到的。

可以证明,在大样本 ($np \geqslant 5$ 或 $n(1-p) \geqslant 5$) 情况下,二项分布近似服从正态分布,因此,对总体比率的检验通常是在大样本条件下进行的,根据正态分布来近似确定临界值,即采用 Z 检验法。

总体比率的假设检验步骤与总体均值相同,即

第一步,提出原假设和备择假设。

若进行双侧检验,则假设形式为

$H_0: \pi = \pi_0$

$H_1: \pi \neq \pi_0$

若进行左单侧检验,则假设形式为

$H_0: \pi \geqslant \pi_0$

$H_1: \pi < \pi_0$

若进行右单侧检验,则假设形式为

$H_0: \pi \leqslant \pi_0$

$H_1: \pi > \pi_0$

第二步,确定并计算检验统计量。根据前面的论述可知,大样本条件下总体比率的检验统计量及其分布为

$$Z = \frac{p - \pi_0}{\sqrt{\dfrac{\pi_0(1-\pi_0)}{n}}} \sim N(0,1) \tag{6-8}$$

其中,p 为样本比率,π_0 为总体比率 π 的假设值。

第三步,根据给定的显著性水平,查表得到临界值,并进行统计决策。

【例 6-9】 一种以休闲和娱乐为主题的杂志,声称其读者群中有 80% 为女性。为验证这一说法是否属实,某研究部门抽取了由 200 人组成的一个随机样本,发现有 146 个女性经常阅读该杂志。取显著性水平 $\alpha=0.05$,检验该杂志读者群中女性的比率是否为 80%。它们的值各是多少?

解: 根据题意,这是一个双侧检验问题。

第一步,提出原假设和备择假设。

$H_0: \pi = 80\%$

$H_1: \pi \neq 80\%$

第二步,确定并计算检验统计量。

$$Z = \frac{p-\pi_0}{\sqrt{\frac{\pi_0(1-\pi_0)}{n}}} = \frac{0.73-0.80}{\sqrt{\frac{0.80\times(1-0.80)}{200}}} = -2.475$$

第三步,由 $\alpha=0.05$,查表得临界值 $Z_{\alpha/2}=Z_{0.025}=1.96$。因为 $|Z|=|-2.44|>Z_{\alpha/2}=1.96$,所以应该拒绝原假设 H_0,认为该杂志声称读者群中有 80% 为女性的说法不属实。

四、总体方差的检验

反映总体数量特征的参数除了均值、比例以外,还有一个重要的参数是方差。方差和标准差是衡量变量的离散程度,研究生产活动的均衡性、产品质量的稳定性等最常用的指标,因此,对其进行检验也是常见的一类假设检验问题。这里我们只讨论对正态总体方差的检验。

对一个方差为 σ^2 的正态总体反复抽样,计算每一个样本方差 s^2,则 $\frac{(n-1)s^2}{\sigma_0^2}$ 的分布服从自由度为 $(n-1)$ 的 χ^2 分布,即

$$\chi^2 = \frac{(n-1)s^2}{\sigma_0^2} \sim \chi^2(n-1) \tag{6-9}$$

因此,我们用 χ^2 统计量来对总体方差 σ^2 进行假设检验,其步骤与对总体均值检验的步骤相同。

第一步,提出原假设和备择假设。

若进行双侧检验,则假设形式为

$H_0: \sigma^2 = \sigma_0^2$

$H_1: \sigma^2 \neq \sigma_0^2$

若进行左单侧检验,则假设形式为

$H_0: \sigma^2 \geq \sigma_0^2$

$H_1: \sigma^2 < \sigma_0^2$

若进行右单侧检验,则假设形式为

$H_0: \sigma^2 \leq \sigma_0^2$

$H_1: \sigma^2 > \sigma_0^2$

第二步，确定并计算检验统计量。总体方差检验的检验统计量及其分布为

$$\chi^2 = \frac{(n-1)s^2}{\sigma^2} \sim \chi^2(n-1) \tag{6-10}$$

根据样本数据计算样本方差、已知的总体方差 σ^2 和样本容量 n，计算出检验统计量 χ^2 的值。

第三步，根据给定的显著性水平，查表得到临界值，并进行统计决策。对于给定的显著性水平 α 和自由度 $n-1$，查 χ^2 分布表可得临界值，将所计算的 χ^2 统计量的值与临界值比较，便可得出检验结论。

若进行双侧检验，则临界值为 $\chi^2_{1-\alpha/2}(n-1)$ 和 $\chi^2_{\alpha/2}(n-1)$。当 $\chi^2 \geqslant \chi^2_{\alpha/2}(n-1)$ 或 $\chi^2 \leqslant \chi^2_{1-\alpha/2}(n-1)$ 时，拒绝原假设；当 $\chi^2_{1-\alpha/2}(n-1) \leqslant \chi^2 \leqslant \chi^2_{\alpha/2}(n-1)$ 时，不拒绝原假设。

若进行左单侧检验，则临界值为 $\chi^2_{1-\alpha}(n-1)$。当 $\chi^2 \leqslant \chi^2_{1-\alpha}(n-1)$ 时，拒绝原假设；否则不拒绝原假设。

若进行右单侧检验，则临界值为 $\chi^2_{\alpha}(n-1)$。当 $\chi^2 \geqslant \chi^2_{\alpha}(n-1)$ 时，拒绝原假设；否则不拒绝原假设。

【例 6-10】 某企业生产出一种新型的饮料装瓶机器，按设计要求，该机器装瓶 100 ml 的饮料方差为 1 ml。如果达到设计要求，表明机器的稳定性非常好。现从该机器灌装的产品中随机抽取 25 瓶进行测定，根据测定值计算得到样本方差为 0.866。试以 0.05 的显著性水平判断该机器性能是否达到设计要求。

解：根据题意，若灌装容量的方差等于或小于 1 ml，则表明达到设计要求甚至比设计要求更好；而若方差大于 1 ml，则表明未达到设计要求。这是一个单侧检验问题。我们当然希望方差越小越好，因此，我们更关心的是可以容忍的上限，即方差大于什么水平拒绝。检验的形式如下：

第一步，提出假设。

$H_0: \sigma^2 \leqslant 1$

$H_1: \sigma^2 > 1$

第二步，确定并计算检验统计量。

$$\chi^2 = \frac{(n-1)s^2}{\sigma_0^2} = \frac{(25-1) \times 0.866}{1} = 20.784$$

第三步，由 $\alpha = 0.05$，查表得临界值为

$$\chi^2_{\alpha}(n-1) = \chi^2_{0.05}(24) = 36.415$$

因为 $20.8 < 36.415$，即 $\chi^2 \leqslant \chi^2_{\alpha}(n-1)$，所以不能拒绝原假设 H_0，没有理由证明该机器性能达不到设计要求，即没有理由证明该机器的稳定性不好，如图 6-8 所示。

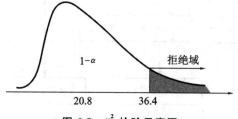

图 6-8 χ^2 检验示意图

第三节 两个总体参数的检验

一、检验统计量的确定

两个总体参数的检验其实与一个总体参数的检验讨论的问题是非常类似的,两个总体参数的检验也将涉及检验统计量的选择问题。选择什么检验统计量取决于被检验参数的抽样分布,而抽样分布与样本量大小、总体方差 σ^2 是否已知都有关系。

在两个总体均值之差的检验中,可能出现的情况如下。

1. $n(n_1, n_2)$ 较大或 $n(n_1, n_2)$ 较小(即大样本或小样本)

当两个总体的样本量 n_1、n_2 都较大时,如果方差 σ_1^2、σ_2^2 未知,可以用样本方差 s_1^2 替代 s_2^2,这时,样本统计量服从 Z 分布;但当样本量 n_1、n_2 都较小时,如果 σ_1^2、σ_2^2 未知,就应该采用 t 作为检验统计量。

2. 总体方差 σ_1^2、σ_2^2 已知或未知

在 σ_1^2、σ_2^2 已知的条件下,由抽样分布理论可知,样本统计量服从 Z 分布;而在 σ_1^2、σ_2^2 未知的条件下,样本统计量服从 t 分布。故当 σ_1^2、σ_2^2 已知时,可以使用 Z 检验;当 σ_1^2、σ_2^2 未知时,可以使用 t 检验。

在两个总体比例之差的检验中,一般采用 Z 统计量,其理由跟上一节一个正态总体比例的检验中采用统计量的理由相同。

两个总体方差比的检验中,根据前面的抽样分布理论,此时样本统计量服从自由度为 n_1-1 和 n_2-1 的 F 分布,故使用 F 作为检验统计量。

上述陈述可以归纳为图 6-9。

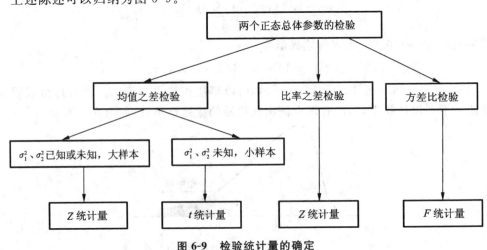

图 6-9 检验统计量的确定

二、两个总体均值之差的检验

(一)独立大样本

1)假定条件

(1)两个样本是独立的随机样本;

(2)正态总体或非正态总体大样本($n_1 \geqslant 30$ 和 $n_2 \geqslant 30$)。

2)检验统计量

(1)σ_1^2、σ_2^2 已知。

$$Z = \frac{(\bar{x}_1 - \bar{x}_2) - (\mu_1 - \mu_2)}{\sqrt{\frac{\sigma_1^2}{n_1} + \frac{\sigma_2^2}{n_2}}} \tag{6-11}$$

(2)σ_1^2、σ_2^2 未知。

$$Z = \frac{(\bar{x}_1 - \bar{x}_2) - (\mu_1 - \mu_2)}{\sqrt{\frac{s_1^2}{n_1} + \frac{s_2^2}{n_2}}} \sim N(0,1) \tag{6-12}$$

【例 6-11】 某公司对男女职员的平均小时工资进行调查,独立抽取具有同类工作经验的男女职员的两个随机样本,并记录下两个样本的均值、方差等资料如表 6-5 所示。在显著性水平为 0.05 的条件下,能否认为男性职员与女性职员的平均小时工资存在显著差异?

表 6-5 某公司男女职员平均小时工资基本情况

男性职员	$n_1 = 44$	$\bar{x}_1 = 75$	$S_1^2 = 64.00$
女性职员	$n_2 = 32$	$\bar{x}_2 = 70$	$S_2^2 = 42.25$

解:根据题意,建立假设。

$H_0: \mu_1 - \mu_2 = 0$

$H_1: \mu_1 - \mu_2 \neq 0$

由题意知,$\alpha = 0.05$,$n_1 = 44$,$n_2 = 32$。临界值(c)为 $Z_{\alpha/2} = Z_{0.025} = 1.96$。

检验统计量为

$$Z = \frac{75 - 70}{\sqrt{\frac{64}{44} + \frac{42.25}{32}}} = 3.002$$

因为 $Z = 3.002 > Z_{\alpha/2}$,所以拒绝 H_0。故该公司男女职员的平均小时工资之间存在显著差异。

(二)独立小样本

1. σ_1^2、σ_2^2 已知

1)假定条件

(1)两个独立的小样本;

(2)两个总体都是正态分布；

(3)σ_1^2、σ_2^2 已知。

2)检验统计量

$$Z=\frac{(\bar{x}_1-\bar{x}_2)-(\mu_1-\mu_2)}{\sqrt{\frac{\sigma_1^2}{n_1}+\frac{\sigma_2^2}{n_2}}}\sim N(0,1) \tag{6-13}$$

2. σ_1^2、σ_2^2 未知，但 $\sigma_1^2=\sigma_2^2$

1)假定条件

(1)两个独立的小样本；

(2)两个总体都是正态分布；

(3)σ_1^2、σ_2^2 未知但相等，即 $\sigma_1^2=\sigma_2^2$。

2)检验统计量

$$t=\frac{(\bar{x}_1-\bar{x}_2)-(\mu_1-\mu_2)}{s_p\sqrt{\frac{1}{n_1}+\frac{1}{n_2}}} \tag{6-14}$$

其中，$s_p^2=\frac{(n_1-1)s_1^2+(n_2-1)s_2^2}{n_1+n_2-2}$，自由度为 n_1+n_2-2。

3. 样本容量相等，σ_1^2、σ_2^2 未知且 $\sigma_1^2\neq\sigma_2^2$

1)假定条件

(1)两个总体都是正态分布；

(2)σ_1^2、σ_2^2 未知且不相等，即 $\sigma_1^2\neq\sigma_2^2$；

(3)样本容量相等，即 $n_1=n_2=n$。

2)检验统计量

$$t=\frac{(\bar{x}_1-\bar{x}_2)-(\mu_1-\mu_2)}{\sqrt{\frac{s_1^2}{n_1}+\frac{s_2^2}{n_2}}}=\frac{(\bar{x}_1-\bar{x}_2)-(\mu_1-\mu_2)}{\sqrt{\frac{s_1^2+s_2^2}{n}}} \tag{6-15}$$

其中，自由度为 $n_1+n_2-2=2(n-1)$。

4. 样本容量不相等，σ_1^2、σ_2^2 未知且 $\sigma_1^2\neq\sigma_2^2$

1)假定条件

(1)两个总体都是正态分布；

(2)σ_1^2、σ_2^2 未知且不相等，即 $\sigma_1^2\neq\sigma_2^2$；

(3)样本容量不相等，即 $n_1\neq n_2$。

2)检验统计量

$$t=\frac{(\bar{x}_1-\bar{x}_2)-(\mu_1-\mu_2)}{\sqrt{\frac{s_1^2}{n_1}+\frac{s_2^2}{n_2}}} \tag{6-16}$$

其中，自由度为

$$f=\frac{\left(\frac{s_1^2}{n_1}+\frac{s_2^2}{n_2}\right)^2}{\frac{(s_1^2/n_1)^2}{n_1-1}+\frac{(s_2^2/n_2)^2}{n_2-1}}$$

【例 6-12】 甲、乙两台机床同时加工某种同类型的零件,已知两台机床加工的零件直径分别服从正态分布,并且有 $\sigma_1^2=\sigma_2^2$。为比较两台机床的加工精度有无显著差异,分别独立抽取了甲机床加工的 8 个零件和乙机床加工的 7 个零件,通过测量得到如下数据(单位:cm):

甲:20.5 19.8 19.7 20.4 20.1 20.0 19.0 19.9
乙:20.7 19.8 19.5 20.8 20.4 19.6 20.2

在 $\alpha=0.05$ 的显著性水平下,样本数据是否提供证据支持"两台机床加工的零件直径不一致"的看法?

解: 根据题意,双尾检验,建立假设。

$H_0:\mu_1-\mu_2=0$

$H_1:\mu_1-\mu_2\neq 0$

由题意知,$\alpha=0.05, n_1=8, n_2=7$。临界值($c$)为 $t_{\alpha/2}=t_{0.025}=2.16$。

依题,求出 $\bar{x}_1=19.925, s_1=0.465, \bar{x}_2=20.143, s_2=0.522, s_p=0.4297$。

检验统计量为

$$t=\frac{(\bar{x}_1-\bar{x}_2)}{s_p\sqrt{1/n_1+1/n_2}}=-0.8553$$

因为 $|t=-0.8553|<t_{\alpha/2}$,所以不拒绝 H_0。故没有理由认为甲、乙两台机床加工的零件直径有显著差异。

可以用 Excel 进行分析,操作步骤如下:

第一步,把数据直接复制到 Excel,建立 Excel 数据文件。

第二步,在 Excel 中,选择【工具】→【数据分析】,得到如图 6-10 所示的【数据分析】对话框。

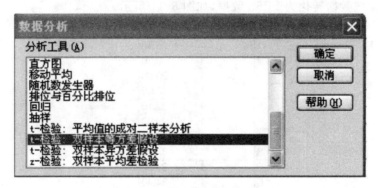

图 6-10 【数据分析】对话框

第三步,由于题目中给定两总体方差相等,所以直接选择 t 检验:双样本等方差假设。然后单击确定,得到如表 6-6 所示的方差分析表。

表 6-6 方差分析表

t 检验：双样本等方差假设	变量 1	变量 2
平均	19.925	20.142 857 14
方差	0.216 428 571	0.272 857 143
观测值	8	7
合并方差	0.242 472 527	
假设平均差	0	
df	13	
t	−0.854 848 035	
$p(T \leqslant t)$ 单尾	0.204 056 849	
t 单尾临界	1.770 933 383	
$p(T \leqslant t)$ 双尾	0.408 113 698	
t 双尾临界	2.160 368 652	

从表 6-6 所示的方差分析表中可以看出，因为本例采用双尾检验，所以 $t=0.855$，相对应的概率为 $p=0.408$，t 双尾临界值为 2.16，而 $t=0.855<2.16$，$p=0.408>0.05$，此结果与计算结果一致。

【例 6-13】 为检验两种方法组装产品所需时间的差异，分别对两种不同的组装方法各随机安排 12 个工人，每个工人组装一件产品所需的时间（单位：min）如下：

方法 1：28.3　30.1　29.0　37.6　32.1　28.8　36.0　37.2　38.5　34.4　28.0　30.0

方法 2：27.6　22.2　31.0　33.8　20.0　30.2　31.7　26.0　32.0　31.2　33.4　26.5

假定两种方法组装产品的时间服从正态分布，取显著性水平为 0.05，能否认为方法 1 组装产品的平均数量与方法 2 有差异？

解：这是两独立样本的 t 检验问题，提出原假设和备择假设。

$H_0: \mu_1 - \mu_2 = 0$（两样本没有显著性差异）

$H_1: \mu_1 - \mu_2 \neq 0$（两样本有显著性差异）

t 检验统计量可以利用 SPSS 两独立样本的 t 检验进行分析，操作步骤如下：

第一步，先把数据转化为 SPSS 数据，如图 6-11 所示。

	方法	组装时间	va
1	1	28.30	
2	1	30.10	
3	1	29.00	
4	1	37.60	
5	1	32.10	
6	1	28.80	
7	1	36.00	
8	1	37.20	
9	1	38.50	
10	1	34.40	
11	1	28.00	
12	1	30.00	
13	2	27.60	
14		22.20	

图 6-11 组装时间数据文件 SPSS 检验窗口

第二步,选择菜单【Analyze】→【Compare】→【Independent-Samples T Test】,出现如图 6-12 所示窗口。

把检验变量"组装时间"选到【Test Variable(s)】中,把总体变量"方法"选到【Grouping Variable】中,显著性水平系统默认为 $\alpha=0.05$(可以点击【Options...】进行更改)。

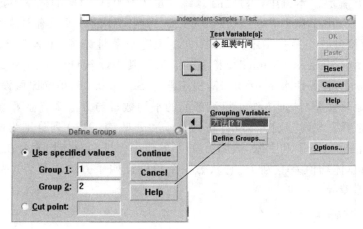

图 6-12 两独立样本 t 检验对话框

第三步,按【Define Groups...】按钮定义两总体的标志值,其中【Use specified values】表示分别输入对应两个不同总体的标志值。

第四步,两独立样本 t 检验的【Options...】选项含义与单样本 t 检验的相同。

至此,SPSS 计算出来的结果如表 6-7、表 6-8 所示。

表 6-7 研究基本描述统计

Group Statistics

组装方法	N	Mean	Std. Deviation	Std. Error Mean
1	12	32.5000	3.99955	1.15457
2	12	28.8000	4.39979	1.27011

表 6-8 两种组装方法 t 检验结果

Independent Samples Test

	F	Sig.	t	df	Sig. (2-tailed)	Mean Difference	Std. Error Difference	95% Confidence Interval of the Difference	
								Lower	Upper
Equal variances assumed	0.011	0.917	2.156	22	0.042	3.7	1.716 45	0.140 3	7.259 7
Equal variances not assumed			2.156	21.8	0.042	3.7	1.716 45	0.138 4	7.261 5

表6-7可以看出,方法1和方法2组装时间抽样的样本平均值有一定的差距,这个差距可能是样本的随机性引起的,也可能是组装方法引起的,所以需要进行进一步分析。

表6-8是两方法组装时间均值检验结果,分析通过两部分完成。第一步,两总体方差是否相等的F检验。本例中该检验的F统计量为0.011,对应的概率Sig.=0.917,显著性水平$\alpha=0.05$,由于概率Sig.>0.05,可以认为两总体的方差没有显著性差异。第二步,两总体均值检验。在第一步中,两总体方差没有显著性差异,方差为齐次性,因此应看第1行(Equal variances assumed)t检验的结果。其中,t统计量的值为2.156,对应的双尾概率为0.042,显著性水平$\alpha=0.05$,由于概率Sig.<0.05,拒绝原假设,可以认为两总体的均值有显著性差异,即方法1组装产品的平均数量与方法2有显著差异。

表6-8中的第7、8列分别为t统计量的分子和分母,第9、10列分别为两总体均值之差的95%置信区间的下限和上限,表明有95%的概率保证两总体均值差在0.14至7.26之间,也表明两总体均值差不为0。它从另一个角度证明了方法1组装产品的平均数量与方法2有显著差异。

(三)两配对样本

两配对样本t检验的目的是,利用两个总体的配对样本,推断两个总体的均值是否存在显著性差异。

配对样本t检验与两独立样本t检验的差别是要求样本是配对的。所谓配对是某属性在前后两种状态下的两种不同特征,也可以是对事物两个不同侧面的描述,两样本不是独立的,而是互相关联的。

一般地,匹配样本的数据形式如表6-9所示。

表6-9 匹配样本的数据形式

观察序号	样本1	样本2	差值
1	x_{11}	x_{21}	$d_1=x_{11}-x_{21}$
2	x_{12}	x_{22}	$d_2=x_{12}-x_{22}$
⋮	⋮	⋮	⋮
i	x_{1i}	x_{2i}	$d_i=x_{1i}-x_{2i}$
⋮	⋮	⋮	⋮
n	x_{1n}	x_{2n}	$d_n=x_{1n}-x_{2n}$

1)假定条件

(1)两个总体配对差值构成的总体服从正态分布;
(2)配对差是由差值总体中随机抽取的;
(3)数据配对或匹配(重复测量(前/后))。

2)检验统计量

$$t=\frac{\bar{d}-d_0}{s_d/\sqrt{n_d}} \sim t(n-1) \qquad (6-17)$$

其中，样本差值均值 $\bar{d} = \dfrac{\sum_{i=1}^{n} d_i}{n_d}$，样本差值标准差 $s_d = \sqrt{\dfrac{\sum_{i=1}^{n}(d_i - \bar{d})^2}{n_d - 1}}$。

总的来说，匹配样本检验方法的总结如表 6-10 所示。

表 6-10 匹配样本检验方法

假设	双侧检验	左侧检验	右侧检验
假设形式	$H_0: d = 0$ $H_1: d \neq 0$	$H_0: d \geqslant 0$ $H_1: d < 0$	$H_0: d \leqslant 0$ $H_1: d > 0$
统计量	\multicolumn{3}{c}{$t = \dfrac{\bar{d} - d_0}{s_d / \sqrt{n_d}}$}
拒绝域	$\|t\| > t_{\alpha/2}(n-1)$	$t < -t_\alpha(n-1)$	$t > t_\alpha(n-1)$
p 值决策	\multicolumn{3}{c}{拒绝 H_0}

【例 6-14】 某饮料公司开发研制出一新产品，为比较消费者对新老产品口感的满意程度，该公司随机抽选一组消费者(8 人)。每个消费者先品尝一种饮料，然后再品尝另一种饮料。两种饮料的品尝顺序是随机的，而后每个消费者要对两种饮料分别进行评分(0 分至 10 分)，评分结果如下：

新饮料：5 4 7 3 5 8 5 6
旧饮料：6 6 7 4 3 9 7 6

取显著性水平 $\alpha = 0.05$，该公司是否有证据认为消费者对两种饮料的评分存在显著差异？

解：此题可以利用 SPSS 计算，操作步骤如下：

第一步，先把数据转化为 SPSS 数据，如图 6-13 所示。

	新饮料	旧饮料
1	5.00	6.00
2	4.00	6.00
3	7.00	7.00
4	3.00	4.00
5	5.00	3.00
6	8.00	9.00
7	5.00	7.00
8	6.00	6.00

图 6-13 新饮料和旧饮料数据资料

第二步，选择菜单【Analyze】→【Compare】→【Paired-Samples T Test】，并把检验变量"新饮料"和"旧饮料"选到【Paired Variables】中，出现如图 6-14 所示的窗口。

第三步，配对样本检验的【Options...】选项含义与单样本检验的相同。

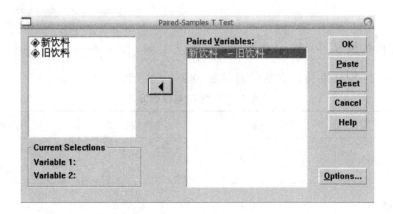

图 6-14 配对样本 t 检验对话框

至此,SPSS 将自动计算 t 统计量和对应的概率值,分析结果如表 6-11～表 6-13 所示。

表 6-11 新旧饮料满意度基本描述统计量

Paired Samples Statistics

		Mean	N	Std. Deviation	Std. Error Mean
Pair 1	新饮料	5.375 0	8	1.597 99	0.564 97
	旧饮料	6.000 0	8	1.851 64	0.654 65

表 6-12 新旧饮料满意度简单相关系数及检验

Paired Samples Correlations

	N	Correlation	Sig.
Pair 1 新饮料 & 旧饮料	8	0.724	0.042

表 6-13 新旧饮料满意度两配对样本 t 检验结果

Paired Samples Test

	Paired Differences					t	df	Sig. (2-tailed)
	Mean	Std. Deviation	Std. Error Mean	95% Confidence Interval of the Difference				
				Lower	Upper			
Pair 1 新饮料 旧饮料	−0.625 0	1.302 47	0.460 49	−1.713 9	0.463 9	−1.357	7	0.217

表 6-11 表明,新饮料和旧饮料品尝后评分的平均值没有很大的差异。表 6-12 中,第 3 列是新饮料和旧饮料品尝后的评分结果的简单相关系数;第 4 列是相关系数检验的概率 p 值,它表明在显著水平 $\alpha=0.05$ 情况下,新饮料和旧饮料品尝的评分结果有明显的线性变化,也就是它们之间的线性相关程度较强。

表 6-13 中,第 2 列是新饮料和旧饮料品尝后的评分的平均差异,相差了 0.625 分;第

3 列是差值样本的标准差;第 4 列是差值样本抽样分布的标准差;第 5、6 列是差值 95% 的置信区间的下限和上限;第 7 列是检验统计量的观测值;第 8 列 df 是自由度;第 9 列是 t 检验统计量观测值对应的双尾概率 p 值,即 $p=0.217$。根据题意,显著性水平 $\alpha=0.05$,又因为 $p=0.217>0.05$,所以我们应该接受原假设,即认为新饮料和旧饮料品尝后的评分没有显著不同。

三、两个总体比率之差的检验

1) 假定条件
(1) 两个总体都服从二项分布;
(2) 可以用正态分布来近似。
2) 检验统计量
(1) 检验 $H_0: \pi_1 - \pi_2 = 0$ 时,检验统计量为

$$Z = \frac{p_1 - p_2}{\sqrt{p(1-p)\left(\frac{1}{n_1} + \frac{1}{n_2}\right)}} \tag{6-18}$$

其中,

$$p = \frac{x_1 + x_2}{n_1 + n_2} = \frac{p_1 n_1 + p_2 n_2}{n_1 + n_2}$$

(2) 检验 $H_0: \pi_1 - \pi_2 = d_0$ 时,检验统计量为

$$Z = \frac{(p_1 - p_2) - d_0}{\sqrt{\frac{p_1(1-p_1)}{n_1} + \frac{p_2(1-p_2)}{n_2}}} \tag{6-19}$$

两个总体比率之差的检验方法的总结见表 6-14。

表 6-14 两个总体比率之差的检验方法的总结

假设	双侧检验	左侧检验	右侧检验
假设形式	$H_0: \pi_1 - \pi_2 = 0$ $H_1: \pi_1 - \pi_2 \neq 0$	$H_0: \pi_1 - \pi_2 \geq 0$ $H_1: \pi_1 - \pi_2 < 0$	$H_0: \pi_1 - \pi_2 \leq 0$ $H_1: \pi_1 - \pi_2 > 0$
统计量	$Z = \dfrac{p_1 - p_2}{\sqrt{p(1-p)\left(\frac{1}{n_1} + \frac{1}{n_2}\right)}}$,	$Z = \dfrac{(p_1 - p_2) - d_0}{\sqrt{\frac{p_1(1-p_1)}{n_1} + \frac{p_2(1-p_2)}{n_2}}}$	
拒绝域	$\|Z\| > Z_{\alpha/2}$	$Z < -Z_\alpha$	$Z > Z_\alpha$
p 值决策	拒绝 H_0		

【例 6-15】 一所大学准备采取一项学生在宿舍上网收费的措施。为了解男女学生对这一措施的看法是否存在差异,分别抽取了 200 名男学生和 200 名女学生进行调查。其中的一个问题是:"你是否赞成采取上网收费的措施?"结果,男学生表示赞成的比率为

27%,女学生表示赞成的比率为35%。调查者认为,男学生中表示赞成的比率显著低于女学生。取显著性水平 $\alpha=0.05$,样本提供的证据是否支持调查者的看法?

解: 根据题意,建立假设。

$H_0: \pi_1 - \pi_2 \geq 0$

$H_1: \pi_1 - \pi_2 < 0$

由题意知,$\alpha=0.05, n_1=200, n_2=200$。临界值$(c)$为$Z_\alpha = Z_{0.05}=1.645$。

检验统计量为

$$Z = \frac{0.27-0.35}{\sqrt{0.31\times(1-0.31)\times\left(\frac{1}{200}+\frac{1}{200}\right)}}$$

$$= -1.729\,76$$

因为 $Z_{0.05} < -Z$(或 $p=0.041\,837 < 0.05$),所以拒绝 H_0,即样本提供的证据支持调查者的看法,认为男学生中表示赞成的比率显著低于女学生。

【例 6-16】 有两种方法生产同一种产品,方法1的生产成本较高而次品率较低,方法2的生产成本较低而次品率较高。管理人员在选择生产方法时,决定对两种方法的次品率进行比较:若方法1比方法2的次品率低8%以上,则决定采用方法1;否则就采用方法2。管理人员从方法1生产的产品中随机抽取300个,发现有33个次品;从方法2生产的产品中也随机抽取300个,发现有84个次品。用显著性水平 $\alpha=0.01$ 进行检验,说明管理人员应决定采用哪种方法进行生产。

解: 根据题意,建立假设。

$H_0: \pi_1 - \pi_2 \geq 8\%$

$H_1: \pi_1 - \pi_2 < 8\%$

由题意知,$\alpha=0.01, n_1=300, n_2=300$。临界值$(c)$为$Z_\alpha = Z_{0.01}=2.33$。

检验统计量为

$$Z = \frac{(0.11-0.28)-0.08}{\sqrt{\frac{0.11\times(1-0.11)}{300}+\frac{0.28\times(1-0.28)}{300}}}$$

$$= -7.912\,29$$

因为 $Z=-7.912\,29 < -Z_{0.01}=-2.33$,在拒绝区域,所以拒绝 H_0,即方法1的次品率显著低于方法2,低8%以上,应采用方法1进行生产。

四、两个总体方差比的检验(F 检验)

1)假定条件

(1)两个总体都服从正态分布,且方差相等;

(2)两个独立的随机样本。

2) 检验统计量

$$F = \frac{s_1^2}{s_2^2} \sim F(n_1-1, n_2-1) \qquad (6-20)$$

或

$$F = \frac{s_2^2}{s_1^2} \sim F(n_2-1, n_1-1) \qquad (6-21)$$

3) 两个总体方差比的 F 检验

两个总体方差比的 F 检验(临界值)如图 6-15 所示。

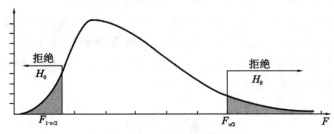

图 6-15　F 检验(临界值)

【例 6-17】　有人说,在大学里男生的学习成绩比女生的学习成绩好。现从一个学校中随机抽取 25 名男生和 16 名女生,对他们进行同样题目的测试。测试结果表明,男生的平均成绩为 82 分,方差为 56 分;女生的平均成绩为 78 分,方差为 49 分。假设显著性水平 $\alpha=0.02$,从上述数据中能得到什么结论?

解:首先进行方差是否相等的检验,建立假设。

$H_0 : \sigma_1^2 = \sigma_2^2$

$H_1 : \sigma_1^2 \neq \sigma_2^2$

由 $n_1=25, s_1^2=56, n_2=16, s_2^2=49$,得

$$F = \frac{s_1^2}{s_2^2} = \frac{56}{49} = 1.143$$

当 $\alpha=0.02$ 时,$F_{\alpha/2}(24,15)=3.294$,$F_{1-\alpha/2}(24,15)=0.346$。因为 $F_{1-\alpha/2}(24,15) < F < F_{\alpha/2}(24,15)$,检验统计量的值落在非拒绝域中,所以不拒绝原假设,没有证据证明总体方差无显著差异,即不能认为大学里男生的学习成绩比女生的学习成绩好。

综上所述,两个总体方差比检验方法的总结见表 6-15。

表 6-15　两个总体方差比检验方法的总结

假设	双侧检验	左侧检验	右侧检验
假设形式	$H_0: \sigma_1^2/\sigma_2^2 = 1$ $H_1: \sigma_1^2/\sigma_2^2 \neq 1$	$H_0: \sigma_1^2/\sigma_2^2 \geq 1$ $H_1: \sigma_1^2/\sigma_2^2 < 1$	$H_0: \sigma_1^2/\sigma_2^2 \leq 1$ $H_1: \sigma_1^2/\sigma_2^2 > 1$
统计量		$F=\dfrac{s_1^2}{s_2^2}$ 或 $F=\dfrac{s_2^2}{s_1^2}$	
拒绝域	$F > F_{\alpha/2}(n_1-1, n_2-1)$	$F > F_{\alpha}(n_1-1, n_2-1)$	

假设检验是基于小概率原理的一种统计推断方法,事先对总体参数或分布形式做出某种假设,然后利用样本信息来判断原假设是否成立。假设检验分为参数检验和非参数检验,本章重点讨论参数假设检验。检验统计量及其分布是检验的理论基础,首先对检验的总体做出原假设和备择假设,然后根据检验统计量和 p 值做出检验结论。检验结论可能犯两类错误,第一类和第二类错误的概率 α 和 β 此消彼长。

参数的假设检验主要包括两个主要内容:一是一个正态总体参数的检验,包括总体均值、总体方差和总体比率的检验;二是两个总体参数的检验,包括两个总体均值之差的检验(独立大样本和独立小样本)、两个总体均值之差的检验(两配对样本)、两个总体比率之差的检验和两个总体方差的检验(F 检验)。

(一)选择题

1. 下面有关小概率原则说法中正确的是(　　)。

    A. 小概率原则事件就是不可能事件

    B. 小概率原则是指当一个事件的概率不大于充分小的界限 $\alpha(0<\alpha<1)$ 时,可认为该事件为不可能事件

    C. 基于小概率原则完全可以对某一事件发生与否做出正确判断

    D. 总体推断中可以不予考虑的事件

2. 假设检验中的第一类错误也称(　　)。

    A. 弃真错误　　　B. 纳伪错误　　　C. 假设错误　　　D. 判断错误

3. 如果是小样本数据的均值检验,应该采用(　　)。

    A. t 检验　　　B. Z 检验　　　C. 秩和检验　　　D. 以上都不对

4. 在一次假设试验中,当显著性水平 $\alpha=0.01$ 时原假设被拒绝,则当 $\alpha=0.05$ 时原假设(　　)。

    A. 一定会被拒绝　　　　　　　B. 一定不会被拒绝

    C. 需要重新检验　　　　　　　D. 有可能拒绝原假设

5. $H_0:\mu=\mu_0, H_1:\mu\neq\mu_0$,若随机抽取一个样本,其均值 $\bar{x}=\mu_0$,则(　　)。

    A. 肯定接受原假设　　　　　　B. 有可能接受原假设

    C. 有 $1-\alpha$ 的可能接受原假设　　D. 有可能拒绝原假设

6. 某食品厂规定袋装商品每包的平均重量不低于 500 g,否则不能出厂。现对一批产品进行出厂检验,要求有 99% 的可靠性实现其规定,其原假设和备择假设应该是(　　)。

A. $H_0: \mu = 500, H_1: \mu \neq 500$ B. $H_0: \mu \geq 500, H_1: \mu < 500$
C. $H_0: \mu \leq 500, H_1: \mu > 500$ D. $H_0: \mu > 500, H_1: \mu \leq 500$

7. 在显著性水平 $\alpha = 0.05$ 下，对正态总体期望 μ 进行假设 $H_0: \mu = \mu_0$ 的检验，若经检验原假设被接受，则在水平 $\alpha = 0.01$ 下，下面结论正确的是（   ）。

A. 接受 H_0 B. 拒绝 H_0
C. 可能接受也可能拒绝 H_0 D 不接受也不拒绝 H_0

8. 设总体 $X \sim N(\mu, \sigma^2)$，μ 已知，$\sigma^2 > 0$ 未知，$(x_1, x_2, \cdots, x_n)$ 为来自 x 的一组样本。则检验假设 $H_0: \sigma^2 \leq \sigma_0^2, H_1: \sigma^2 > \sigma_0^2$ 的拒绝域为（   ）。

A. $Z = \dfrac{\bar{x} - \mu}{\sigma_0^2 / \sqrt{n}} > Z_\alpha$

B. $\chi^2 = \dfrac{\sum_{i=1}^{n}(x_i - \bar{x})^2}{\sigma_0^2} \geq \chi_\alpha^2(n-1)$

C. $\chi^2 = \dfrac{\sum_{i=1}^{n}(x_i - \bar{x})^2}{\sigma_0^2} \geq \chi_\alpha^2(n)$

D. $\chi^2 = \dfrac{\sum_{i=1}^{n}(x_i - \mu)^2}{\sigma_0^2} \geq \chi_\alpha^2(n)$

9. 在假设检验中，设 H_0 为待检验的原假设，则称（   ）为第一类错误。

A. H_0 为真，接受 H_0 B. H_0 不真，拒绝 H_0
C. H_0 为真，拒绝 H_0 D. H_0 不真，接受 H_0

10. 下列说法正确的是（   ）。

A. 原假设正确的概率为 α
B. 如果原假设被拒绝，就可以证明备择假设是正确的
C. 如果原假设未被拒绝，就可以证明原假设是正确的
D. 如果原假设未被拒绝，也不能证明原假设是正确的

11. 若 $H_0: \mu \leq \mu_0$，抽出一个样本，其均值为 $x\mu_0$，则（   ）。

A. 肯定拒绝零假设   B. 有可能拒绝零假设
C. 肯定接受零假设   D. 有可能接受零假设

12. 在假设检验中，不拒绝原假设意味着（   ）。

A. 原假设肯定是真的
B. 原假设肯定是错误的
C. 没有证据证明原假设是正确的
D. 没有证据证明原假设是错误的

13. 若左侧假设中假设成立时，样本可能的结果与实际观测结果概率的关系是（   ）。

A. 不高于   B. 不低于   C. 等于   D. 不等于

14. 在假设检验中,原假设与备择假设（　　）。
    A. 都可能被接受　　　　　　　　B. 都可能不被接受
    C. 有且只有一个能被接受　　　　D. 原假设被接受而备择假设不一定被接受

15. 下列假设检验形式的写法中错误的是（　　）。
    A. $H_0:\mu=\mu_0,H_1:\mu\neq\mu_0$　　　　B. $H_0:\mu\geq\mu_0,H_1:\mu<\mu_0$
    C. $H_0:\mu\leq\mu_0,H_1:\mu>\mu_0$　　　　D. $H_0:\mu>\mu_0,H_1:\mu\leq\mu_0$

（二）多项选择题

1. 显著性水平 α（　　）。
   A. 是当零假设正确时却被拒绝的概率
   B. 实际上是犯第一类错误的概率
   C. 实际上是犯第二类错误的概率
   D. 取值越大,犯第一类错误的概率就越大
   E. 就是临界值,即检验接受域与拒绝域的分界点

2. 在假设检验中,若检验结果是接受零假设,则下面结论中成立的是（　　）。
   A. 零假设一定成立
   B. 根据样本值尚不能推翻零假设
   C. 不能保证零假设为真
   D. 可能会犯第二类错误
   E. 备择假设一定成立

3. 若服从 $(0,2)$,且 2 未知,$H_0:\mu=0$ 的拒绝域为（　　）。
   A. $t\leq -t_{\alpha/2}$　　　　B. $t\geq -t_{\alpha/2}$　　　　C. $t\leq t_{\alpha/2}$
   D. $t\geq t_{\alpha/2}$　　　　E. $|t|\leq t_{\alpha/2}$

4. 显著性水平 α 与检验拒绝域的关系是（　　）。
   A. 显著性水平提高意味着拒绝域扩大
   B. 显著性水平提高意味着拒绝域缩小
   C. 显著性水平降低意味着拒绝域扩大
   D. 显著性水平降低意味着接受域扩大
   E. 显著性水平的提高或降低不影响拒绝域的变化

5. 假设检验主要包括（　　）。
   A. 双侧检验　　　　B. 外侧检验　　　　C. 内测检验
   D. 左侧检验　　　　D. 右侧检验

（三）判断题

1. 原假设与备择假设一定是一组对立的假设。（　　）
2. 假设检验中犯第一类错误的后果比犯第二类错误的后果更为严重。（　　）
3. 显著性水平越低,犯检验错误的可能性越小。（　　）
4. 假设检验一般是针对错误的抽样推断做出的。（　　）
5. 对总体成数的检验一般采用 Z 检验法为好。（　　）

6. 当原假设用单侧检验被拒绝时,用同样的显著性水平双侧检验,可能会拒绝也可能不会拒绝。(   )

7. 在假设检验中,显著性水平 α 是表示原假设为真时被拒绝的概率。(   )

8. 假设检验中,显著性水平 α 表示原假设不真实的概率。(   )

9. 两个样本均值经过 t 检验判定有显著性差异,p 值越小,越有理由认为两总体均值有差异。(   )

10. 在假设检验中,不拒绝原假设意味着备择假设肯定是错误的。(   )

(四)思考题

1. 假设检验与参数估计的思想有何区别和联系?
2. 显著性水平与 p 值有何区别和联系?
3. 什么是假设检验中的显著性水平?统计显著是什么意思?
4. 举例说明假设检验中的两类错误。为什么说第一类错误的概率 α 和第二类错误的概率 β 是一对矛盾?如何协调这对矛盾?
5. 如何区别双侧检验和单侧检验、左侧检验和右侧检验?
6. 什么是假设检验中的两类错误?
7. 假设检验依据的基本原理是什么?
8. 在单侧检验中,原假设和备择假设的方向应该如何确定?

(五)计算题

1. 一种元件,要求其使用寿命不得低于 700 h。现从一批这种元件中随机抽取 36 件,测得其平均寿命为 680 h。已知该元件寿命服从正态分布,$\sigma = 60$ h,试在显著性水平 0.05 下确定这批元件是否合格。

2. 糖厂用自动打包机打包,每包标准重量是 100 kg。每天开工后需要检验一次打包机工作是否正常。某日开工后测得 9 包重量(单位:kg)如下:

  99.3 98.7 100.5 101.2 98.3 99.7 99.5 102.1 100.5

已知包重服从正态分布,试检验该日打包机工作是否正常($\alpha = 0.05$)。

3. 某种大量生产的袋装食品,按规定不得少于 250 g。今从一批该食品中任意抽取 50 袋,发现有 6 袋低于 250 g。若规定不符合标准的比例超过 5% 就不得出厂,问该批食品能否出厂($\alpha = 0.05$)?

4. 某种电子元件的寿命服从正态分布。现测得 16 只元件的寿命(单位:h)如下:

  159 280 101 212 224 379 179 264
  222 362 168 250 149 260 485 170

问是否有理由认为元件的平均寿命显著地大于 225 h($\alpha = 0.05$)?

5. 装配一个部件时可以采用不同的方法,所关心的问题是哪一个方法的效率更高。劳动效率可以用平均装配时间反映。现从不同的装配方法中各抽取 12 件产品,记录各自的装配时间(单位:min)如下:

  甲方法:31 34 29 32 35 38 34 30 29 32 31 26
  乙方法:26 24 28 29 30 29 32 26 31 29 32 28

两总体为正态总体,且方差相同。问两种方法的装配时间有无显著不同($\alpha=0.05$)?

6. 调查了 339 名 50 岁以上的人,其中 205 名吸烟者中有 43 个患慢性气管炎,在 134 名不吸烟者中有 13 人患慢性气管炎。调查数据能否支持"吸烟者容易患慢性气管炎"这种观点($\alpha=0.05$)?

7. 为了控制贷款规模,某商业银行有个内部要求,平均每项贷款数额不能超过 60 万元。随着经济的发展,贷款规模有增大的趋势。银行经理想了解在同样项目条件下,贷款的平均规模是否明显地超过 60 万元,故一个 $n=144$ 的随机样本被抽出,测得 $\bar{x}=68.1$ 万元,$s=45$ 万元。用 $\alpha=0.01$ 的显著性水平,采用 p 值进行检验。

8. 有一种理论认为,服用阿司匹林有助于减少心脏病的发生。为了进行验证,研究人员把自愿参与实验的 22 000 人随机平均分成两组,一组人员每星期服用三次阿司匹林(样本 1),另一组人员在相同的时间服用安慰剂(样本 2)。持续 3 年之后进行检测,样本 1 中有 104 人患心脏病,样本 2 中有 189 人患心脏病。以 $\alpha=0.05$ 的显著性水平检验服用阿司匹林是否可以降低心脏病发生率。

9. 随机抽取 9 个单位如下:
    85 59 66 81 35 57 55 63 66

以 $\alpha=0.05$ 的显著性水平对下述假设进行检验:$H_0:\delta^2 \leqslant 100$,$H_1:\delta^2 > 100$。

第七章 方差分析

从某学校同一年级中随机抽取 19 名学生,再将他们随机分成 4 组,在 2 周内 4 组学生都用 120 min 复习同一组英语单词,第一组每个星期一一次复习 60 min;第二组每个星期一和星期三两次各复习 30 min;第三组每个星期二、星期四和星期六三次复习各 20 min;第四组每天(星期天除外)复习 10 min。2 周复习之后,相隔 2 个月再进行统一测验,其成绩如表 7-1 所示。运用方差分析法可以推断分析的问题是:这 4 种复习方法的效果之间有没有显著性差异?

表 7-1　4 组学生英语单词测验成绩

序号	第一组	第二组	第三组	第四组
1	24	29	30	27
2	26	25	28	31
3	20	21	32	32
4	28	27	30	33
5	—	28	26	—
6	—	30		

若用假设检验的办法比较这 4 组英语单词测验的成绩是否有显著差异,则需要进行 6 次两两比较,非常繁琐,使用本章的方差分析则很容易解决此问题。

学习要求　了解方差分析的基本思想和使用条件;掌握单、双因素方差分析的基本思路和方法;掌握在 SPSS 中进行方差分析的操作方法。

主要内容

方差分析
- 概述
  - 基本概念:因素、水平、交互影响
  - 原理:误差分解,检验统计量的构造
- 单因素方差分析
  - 离差平方和的分解
  - 显著性检验
  - 方差分析表
- 多因素方差分析(双因素方差分析)
  - 无交互作用
    - 离差平方和的分解
    - 显著性检验
    - 方差分析表
  - 有交互作用
    - 离差平方和的分解
    - 显著性检验
    - 方差分析表

在实际生产和经营管理过程中,影响产品质量、数量和销量的因素很多,例如,农作物的产量受农作物品种、施肥量、气候等的影响;不同地区、不同时期对某种产品的销量有影响,等等。在众多因素中,有些因素影响大些,有些则小些。现实中常常需要分析哪几种因素对生产或销售起显著影响,并需知道起显著作用的因素在什么状态下起最好的影响作用。方差分析是解决这类问题的一种有效方法。

第一节 方差分析概述

一、问题的引入

【例 7-1】 一位教师想要检查甲、乙、丙三种不同教学方法的效果,为此随机地选取水平相当的 15 名学生,把他们分成三组,每组 5 个人,每一组用一种方法教学。一段时间以后,这位教师给这 15 名学生进行了统考,统考的成绩(单位:分)如下:

方法甲:75　62　71　58　73
方法乙:81　85　68　92　90
方法丙:73　79　60　75　81

试问这三种教学方法的效果有无显著差异?($\alpha = 0.05$)

在这个例子里,教学方法是所要检验的因素(因子),三种不同的教学方法可以视为三种水平,因此这是一个单因素三水平的试验。若这三种教学方法效果没有显著差异,那么从中选取任意一种方法即可;若有显著差异,则希望从中选择最好的教学方法,以达到更好的教学效果。这反映了日常生产经营管理过程中经常遇到的一类问题:判断某种因素对生产或销售是否起显著影响,并需知道起显著作用的因素在什么状态下起最好的影响作用。

从这个例子可以看出:

(1)同一种教学方法得到的 5 个学生的统考成绩是不相同的,但由于选取的学生的水平是相当的,因此其差别可以看成是由随机误差造成的;

(2)不同教学方法得到的学生的统考成绩也是不同的,这可能是由于教学方法的不同造成的,也可能是由于随机误差造成的。

要判断教学方法的效果是否有显著差异,就是要辨别教学方法是否是造成统考成绩不同的主要因素。若假设三种不同的教学方法所得到的成绩为三个不同总体,这一问题可归结为判断三个总体是否具有相同分布的问题。而在实际中,绝大部分分布都满足(或近似满足)正态分布;同时对这类问题进行分析时,除所关心的因素(本例中的"教学方法")外,其他条件都尽可能相同或一致。因此,可以认为每个总体都服从正态分布,并且方差相等。那么,推断几个总体是否具有相同分布的问题,就简化为检验几个具有相同方差的正态总体均值是否相等的问题。

前面一章的假设检验主要是检验两个总体均值是否相等,而对于多个总体均值是否相等的问题,也可以用假设检验的方法两两相互检验,但显然很麻烦,随着总体个数的增加花费的时间会成倍增加。而方差分析则能一次性检验多个总体均值是否相同,比两两比较的处理方法要方便得多。

二、方差分析的基本概念

方差分析是检验多个总体均值是否相等的统计方法,它是通过检验各总体的均值是否相等来判断分类型自变量对数值型因变量是否有显著影响。在例 7-1 中,要检验三种不同的教学方法对成绩的影响是否有显著差异,这就是一个方差分析问题,即对三种不同的教学方法下成绩均值是否相等进行检验。若检验结果为不相等,则意味着不同的教学方法对成绩影响是显著的;若检验结果相等,则认为这三种教学方法对成绩没有影响。

在方差分析中,常用到一些术语,下面介绍方差分析的一些基本概念。

1. 因素

因素也称因子,是指所要检验的对象,是在试验中或抽样时发生变化的"量",通常用 A、B、C 表示。例 7-1 中要分析教学方法对统考成绩是否有显著影响,这里的"教学方法"就是要检验的对象,它被称为因素或因子,这个因素是可能对统考成绩产生显著影响的因子。方差分析的目的就是分析因子对试验或抽样的结果有无显著影响。当在试验中变化的因素只有一个时,这时的方差分析称为单因素方差分析;当在试验中变化的因素不止一个时,就称为多因素方差分析。

2. 水平

因素在试验中的不同状态称为水平。如果因素 A 有 r 个不同状态,就称其有 r 个水平,通常用 $A_1, A_2, \cdots, A_r$ 表示。例 7-1 中甲、乙、丙三种不同教学方法就是因素"教学方法"的三个不同水平,方差分析通过对因素的不同水平(单因素)或不同因素不同水平的组合(多因素)进行试验或抽取样本,来了解因素的影响。

3. 交互影响

当进行多因素方差分析时,由于影响因素不止一个,这些因素是否独立是必须明确的问题。若因素间相互不独立,则其相互作用称为交互影响;若因素间是相互独立的,则称其为无交互影响。交互影响也称交互作用,是对试验结果产生作用的一个新的因素,在分析过程中,有必要将它的影响作用也单独分离开来。

三、方差分析的基本思想和原理

从方差分析的目的看,是要检验各个水平的均值 $\mu_1, \mu_2, \cdots, \mu_r$ 是否相等,而实现这个目的的手段是通过方差的比较。我们知道观察值之间存在着差异。差异的产生来自于两个方面:一个方面是由因素中的不同水平造成的,例如,教学方法不同,可能会导致成绩不同,我们可以称之为系统性差异;另一个方面是由于抽选样本的随机性而产生的差异,例如,同样的方法下,不同的同学成绩也不一定相同。两个方面产生的差异可以用两个方差来计量,一个称为水平之间的方差,一个称为水平内部的方差。前者既包括系统性因素,也包括随机性因素;后者仅包括随机性因素。如果不同的水平对结果没有影响,如教学方法对成绩不产生影响,那么在水平之间的方差中,就仅仅有随机因素的差异,而没有系统性差异,它与水平内部方差就应该近似,两个方差的比值就会接近于1;反之,如果不同的水平对结果产生影响,在水平之间的方差中就不仅包括了随机性差异,也包括了系统性差异,这时,该方差就会大于水平内部方差,两个方差的比值就会大于1。当这个比值大到某个程度,或者说达到某临界点时,我们就可以做出判断,即不同的水平之间存在着显著性差异。因此,方差分析就是通过组间方差和组内方差的比较,来做出不拒绝原假设或拒绝原假设的判断。

(一)误差分解

从例7-1中的统考成绩数据可以发现,不同的方法下成绩是不同的,而同一方法下成绩也是不同的,这种数据上的差异可能是由于抽样的随机性造成的,也可能是由于教学方法这种系统性因素造成的,因此需要更准确的方法来检验这种差异是否显著,也就是要进行方差分析。之所以称为方差分析,是因为虽然我们想证实的是均值是否有显著性差异的问题,但判断均值之间是否有差异需要借助于方差。

方差分析是通过对数据误差来源的分析来判断不同总体的均值是否相等,进而分析自变量对因变量是否有显著影响的。因此,在进行方差分析时,需要考察数据误差来源。下面结合例7-1分析数据误差来源及分解过程。

首先,同一种教学方法下不同的学生成绩是不同的,由于样本是随机抽取的,因而数据的差异可以看成是随机因素造成的,或者说是由于抽样的随机性所造成的随机误差,这种来自水平内部的数据误差也称为组内误差。反映组内误差大小的平方和称为组内平方和,它反映组内各观测值总离散状况,记为SSE。

其次,不同教学方法下学生的成绩也是不同的,来自不同水平间的数据误差称为组间误差,这种误差可能是由于抽样本身造成的随机性误差,也可能是由于系统性因素(教学方法)造成的系统误差,因此组间误差是随机误差和系统误差的和。组间误差大小的平方和称为组间平方和,记为SSA。

显然,组间误差加上组内误差即全部数据误差大小的平方和,称为总的误差平方和,记为SST,即

$$SST=SSA+SSE$$

(二)误差分析

若不同教学方法对成绩没有影响,则组间误差中只包含随机误差,没有系统误差。这时,组间误差与组内误差经过平均后的数值就应该很接近,它们的比值就会接近1。反之,若不同教学方法对成绩有影响,在组间误差中除了包含随机误差外,还包含系统误差。这时,组间误差平均后的数值就会大于组内误差平均后的数值,它们之间的比值就

会大于 1。当这个比值大到某种程度时,就可以说不同水平之间存在着显著差异,也就是自变量对因变量有影响。

判断教学方法对成绩是否有显著影响,实际上也就是检验成绩的差异主要是由什么原因所引起的。如果这种差异主要是系统误差,说明不同教学方法对成绩有显著影响。因此,要检验自变量(教学方法)对因变量(成绩)是否有显著影响,在形式上也就转化为检验三种教学方法下成绩的均值是否相等的问题。

(三)检验统计量的构造

因素或因素的交互影响对试验或抽样结果的影响是否显著,关键要看组间方差与组内方差的相对大小。然而,产生方差的独立变量的个数对方差大小也有影响。独立变量的个数越多,方差就有可能越大;独立变量个数越少,方差就有可能越小。而产生组间方差和组内方差的独立变量的个数往往是不相同的。为了消除独立变量个数对方差大小的影响,用方差除以独立变量的个数得到的均方差,作为不同源方差比较的基础,引起方差的独立变量的个数称为自由度。这样,可以得到一个检验因素影响是否显著的 F 统计量为

$$F = \frac{\text{组间均方差}}{\text{组内均方差}} \qquad (7\text{-}1)$$

F 统计量越大,越说明组间方差是主要的方差来源,因素影响是显著的;F 越小,越说明随机误差是主要的方差来源,因素的影响不显著。

(四)方差分析中的基本假定

(1)每个总体都应服从正态分布,对于因素的每一个水平,其观察值是来自服从正态分布总体的简单随机样本,例如,每种不同的教学方法的成绩必须服从正态分布;

(2)各个总体的方差必须相同,各组观察数据是从具有相同方差的总体中抽取的,例如,每种教学方法的成绩的方差都相等;

(3)观测值是独立的,例如,每种教学方法中,每名学生被抽中与其他教学方法下被抽中的学生之间是没有联系,相互独立的。

第二节　单因素方差分析

一、离差平方和的分解

单因素方差分析是检验某一因素在不同水平下的总体均值是否有显著差异的方法,因此其方差分析的基本思路是:首先针对该因素的不同水平进行试验或抽样,由此获得的不同水平下的样本看成是来自不同总体的样本;然后检验这些不同总体的均值是否相等。将考察的因素用字母 A 表示,$A_1, A_2, \cdots, A_r$ 表示因素 A 的 r 个不同水平,x_{ij} 表示在第 i 个水平下的第 j 个试验数据,则因素 A 在不同水平下的抽样结果可用表 7-2 表示。

表 7-2 单因素方差分析的数据结构

因素水平＼样本	1	2	⋯	n	均值
A_1	x_{11}	x_{12}	⋯	x_{1n}	$\bar{x}_1$
A_2	x_{21}	x_{22}	⋯	x_{2n}	$\bar{x}_2$
⋮	⋮	⋮	⋮	⋮	⋮
A_r	x_{r1}	x_{r2}	⋯	x_{rn}	$\bar{x}_r$
总平均	—	—	—	—	$\bar{x}$

表中，$\bar{x}_i$ 表示因素水平 A_i 上的平均数，满足

$$\bar{x}_i = \frac{\sum_{j=1}^{n} x_{ij}}{n} \quad (i = 1, 2, \cdots, r)$$

$\bar{x}$ 表示样本总平均，满足

$$\bar{x} = \frac{\sum_{i=1}^{r} \sum_{j=1}^{n} x_{ij}}{nr}$$

则样本数据总的波动程度即总离差平方和为

$$\text{SST} = \sum_{i=1}^{r} \sum_{j=1}^{n} (x_{ij} - \bar{x})^2 \tag{7-2}$$

又因为

$$\sum_{i=1}^{r} \sum_{j=1}^{n} (x_{ij} - \bar{x})^2 = \sum_{i=1}^{r} \sum_{j=1}^{n} [(x_{ij} - \bar{x}_i) + (\bar{x}_i - \bar{x})]^2$$

$$= \sum_{i=1}^{r} \sum_{j=1}^{n} (x_{ij} - \bar{x}_i)^2 + \sum_{i=1}^{r} \sum_{j=1}^{n} (x_i - \bar{x})^2 + 2 \sum_{i=1}^{r} \sum_{j=1}^{n} (x_{ij} - \bar{x}_i)(\bar{x}_i - \bar{x})$$

而

$$\sum_{i=1}^{r} \sum_{j=1}^{n} (x_{ij} - \bar{x}_i)(\bar{x}_i - \bar{x}) = \sum_{i=1}^{r} (\bar{x}_i - \bar{x}) \sum_{j=1}^{n} (x_{ij} - \bar{x}_i)$$

$$= \sum_{i=1}^{r} (\bar{x}_i - \bar{x})(n\bar{x}_i - n\bar{x}_i) = 0$$

因此

$$\text{SST} = \sum_{i=1}^{r} \sum_{j=1}^{n} (x_{ij} - \bar{x})^2$$

$$= \sum_{i=1}^{r} \sum_{j=1}^{n} (x_{ij} - \bar{x}_i)^2 + \sum_{i=1}^{r} \sum_{j=1}^{n} (x_i - \bar{x})^2$$

令 SSE 为由随机误差产生的组内误差平方和，SSA 为由各组均值差异引起的组间误差平方和，则

$$\text{SSE} = \sum_{i=1}^{r} \sum_{j=1}^{n} (x_{ij} - \bar{x}_i)^2 \tag{7-3}$$

$$\mathrm{SSA} = \sum_{i=1}^{r}\sum_{j=1}^{n}(\bar{x}_i - \bar{x})^2 = \sum_{i=1}^{r} n_i(\bar{x}_i - \bar{x})^2 \qquad (7\text{-}4)$$

因此,单因素条件下的方差分解式为

$$\mathrm{SST} = \mathrm{SSE} + \mathrm{SSA} \qquad (7\text{-}5)$$

如例 7-1 中,只考虑教学方法这一个因素发生变化时对统考成绩的影响,该问题是单因素方差分析问题,则可对该问题进行单因素方差分解,具体如下:

由表 7-2 可知,在甲教学方法下得到的统考成绩为

$$\bar{x}_1 = \frac{\sum_{j=1}^{n} x_{1j}}{5} = \frac{75 + 62 + 71 + 58 + 73}{5} = 67.8$$

同理可得

$$\bar{x}_2 = \frac{\sum_{j=1}^{n} x_{2j}}{5} = 83.2, \qquad \bar{x}_3 = \frac{\sum_{j=1}^{n} x_{3j}}{5} = 73.6$$

所有学生的平均统考成绩为

$$\bar{x} = \frac{\sum_{i=1}^{r}\sum_{j=1}^{n} x_{ij}}{nr} = \frac{\sum_{i=1}^{r} \bar{x}_i}{r} = \frac{67.8 + 83.2 + 73.6}{3} = 74.87$$

根据公式(7-2),总离差平方和为

$$\mathrm{SST} = \sum_{i=1}^{3}\sum_{j=1}^{5}(x_{ij} - 74.87)^2 = 1\,457.73$$

根据公式(7-3),组内误差平方和为

$$\mathrm{SSE} = \sum_{i=1}^{3}\sum_{j=1}^{5}(x_{ij} - \bar{x}_i)^2 = 852.8$$

根据公式(7-4),组间误差平方和为

$$\mathrm{SSA} = 5\sum_{i=1}^{r}(\bar{x}_i - \bar{x})^2 = 604.93$$

即

$$1\,457.73 = 852.8 + 604.93$$

二、单因素方差分析的步骤

由上一节的内容和例子可知,假设不同教学方法下的成绩的概率分布服从正态分布,并且有相同方差,则水平的差异必然体现在水平均值的差异上。作为单因素的方差分析,其目标是检验水平均值是否相等。如果相等,我们说该因素(如"教学方法")对成绩不产生影响;反之,就认为该因素对成绩产生影响。

为了便于分析,可以将方差分析分解为提出原假设和备择假设、确定检验的统计量、决策分析等步骤。

（一）提出假设

在方差分析中，原假设所描述的是：在按照自变量的值分成的类中，因变量的均值是否相等。设因素有 r 个水平，每个水平的均值分别用 $\mu_1, \mu_2, \cdots, \mu_r$ 表示，要检验 k 个水平（总体）的均值是否相等，需要提出如下假设：

$$H_0: \mu_1 = \mu_2 = \cdots = \mu_r（自变量对因变量没有显著影响） \tag{7-6}$$

$$H_1: \mu_1, \mu_2, \cdots, \mu_r \text{ 不全相等（自变量对因变量有显著影响）} \tag{7-7}$$

若不拒绝原假设 H_0，则不能认为自变量对因变量有显著影响，也就是说，不能认为自变量与因变量之间有显著关系；若拒绝原假设，则意味着自变量对因变量有显著影响，也就是自变量与因变量之间有显著关系。

需要注意，拒绝原假设 H_0 时，只是表明至少有两个总体的均值不相等，并不意味着所有的均值都不相等。

（二）计算检验统计量

由方差分析原理可知，原假设是否为真由剔除自由度影响的组间均方差和组内均方差的相对比决定，因此，在计算 F 统计量之前必须确定各种方差的自由度。SST 是所有样本数据 x_{ij}（nr 个变量）波动引起的方差，而所有 nr 个变量受一个约束条件的限制：

$$\sum_{i=1}^{r} \sum_{j=1}^{n} (x_{ij} - \bar{x}) = 0$$

所以，真正独立的变量只有 $nr-1$ 个，自由度即为 $nr-1$。

SSA 是由因素在不同水平上的均值 $\bar{x}_i$ 波动而引起的方差，由于共有 r 个不同水平，即有 r 个均值 $\bar{x}_i$，且满足一个约束条件 $\sum_{i=1}^{r} \sum_{j=1}^{n} (\bar{x}_i - \bar{x}) = 0$，因此自由度为 $r-1$。

SSE 是由所有 x_{ij} 在各因素水平上围绕相应均值波动产生的，即有 nr 个变量，但它同时受一组共 r 个约束条件的限制：

$$\sum_{j=1}^{n} (x_{ij} - \bar{x}_i) = 0 \quad (i = 1, 2, \cdots, r)$$

所以，SSE 的自由度为 $r(n-1)$。

由此不难看出，总离差平方和（SST）与组间方差总和（SSA）以及组内方差总和（SSE）的自由度也满足一个等式关系：

$$nr - 1 = (r-1) + r(n-1) \tag{7-8}$$

由各方差除以各自的自由度即可得到剔除了自由度影响的相应均方差，即可得组间均方差（MSA）和组内均方差（MSE）：

$$\text{MSA} = \frac{\text{SSA}}{r-1} \tag{7-9}$$

$$\text{MSE} = \frac{\text{SSE}}{r(n-1)} \tag{7-10}$$

由公式（7-1）可得检验原假设（7-6）是否为真的 F 统计量为

$$F = \frac{\text{MSA}}{\text{MSE}} \sim F(r-1, nr-r) \tag{7-11}$$

F 值越大,说明在总的方差波动中组间方差的作用越大,有利于拒绝原假设;反之,F 值越小,说明随机方差的作用越大,有利于不拒绝原假设。因此,对于给定的显著性水平 α,根据自由度 $(r-1, nr-r)$ 在 F 分布表中查找可得相应的临界值 $F_\alpha = (r-1, nr-r)$。

当 $F > F_\alpha(r-1, nr-r)$ 时,拒绝原假设,即认为所检验因素对总体影响显著;当 $F < F_\alpha(r-1, nr-r)$ 时,不拒绝原假设,即认为所检验因素对总体作用不显著。

例如,对例 7-1 在方差分解基础上进一步进行显著性检:

首先由题意可知,教学方法这一因素共有 3 个水平,即 $r=3$;每一组中有 5 个学生,即 $n=5$。

总离差平方和(SST)的自由度为
$$nr - 1 = 5 \times 3 - 1 = 14$$

组间方差总和(SSA)的自由度为
$$r - 1 = 3 - 1 = 2$$

组内方差总和(SSE)的自由度为
$$r(n-1) = 3 \times (5-1) = 12$$

由式(7-9)~式(7-11)可得
$$F = \frac{\text{MSA}}{\text{MSE}} = \frac{\text{SSA}/(r-1)}{\text{SSE}/(rn-r)} = \frac{604.93/2}{852.8/12} = 4.26$$

(三)统计决策

计算出检验统计量后,将检验统计量的值 F 与给定的显著性水平 α 的临界值 F_α 进行比较,从而做出对原假设 H_0 的决策。图 7-1 描述了 F 统计量的抽样分布以及在显著性水平 α 下的拒绝区域。

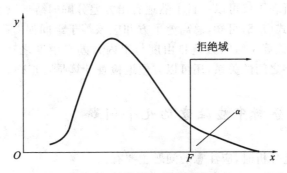

图 7-1 统计量 F 的抽样分布

根据给定的显著性水平 α,在 F 分布表中查找与分子自由度 $df = r-1$、分母自由度 $df = nr-r$ 相应的临界值 $F_\alpha(k-1, nr-r)$。由于显著性水平 $\alpha = 0.05$,从 F 分布表中可查得临界值 $F_\alpha(2, 12) = 3.89$。

若 $F > F_\alpha$,则拒绝原假设 H_0,即 $H_0: \mu_1 = \mu_2 = \cdots = \mu_r$ 不成立,说明 $\mu_i (i=1, 2, \cdots, r)$ 之间的差异是显著的。也就是说,教学方法对统考成绩的影响是显著的。

若 $F < F_\alpha$,则不拒绝原假设 H_0,即 $H_0: \mu_1 = \mu_2 = \cdots = \mu_r$ 成立,没有证据表明 $\mu_i (i=1, 2, \cdots, r)$ 之间有显著差异,还不能认为所检验的因素对观测值有显著影响。也就是说,

教学方法对统考成绩的影响没有显著性的差异。

本例中,统计量$F=4.26$,$F_{\alpha}(2,12)=3.89$,满足$F>F_{\alpha}$,所以拒绝原假设,认为教学方法对统考成绩有显著影响。

三、方差分析表

前面详细介绍了方差分析的计算步骤,为了使计算过程清晰,常将计算结果排列于一张表中,形成方差分析表,其形式如表7-3所示。

表7-3 单因素方差分析表

方差来源	离差平方和	自由度	均方差	F值
组间方差	SSA	$r-1$	MSA	$F=\dfrac{MSA}{MSE}$
组内方差	SSE	$r(n-1)$	MSE	
总和	SST	$nr-1$	—	

例如,例7-1中数据根据前面的计算可得到其方差分析如表7-4所示。

表7-4 例7-1方差分析表

方差来源	离差平方和	自由度	均方差	F值
组间方差	604.93	2	302.47	4.26
组内方差	852.80	12	71.07	
总和	1457.73	14	—	

通过该方差分析表不仅可以一目了然地看出方差分解的结果以及F统计量的值,同时由公式(7-5)和公式(7-8)可知,总离差平方和应该等于组间误差平方和加上组内误差平方和,总自由度应该等于组间方差自由度与组内方差自由度之和。因此,通过方差分析表的第2、3列数字之间的关系,还可以方便地检查计算是否正确。

四、单因素方差分析中应注意的几个问题

进行单因素方差分析时,应注意的问题主要有:

(1)方差分析需满足一定的假设条件。从前面的分析可知,方差分析实质上是对几个具有相同方差的正态总体均值相等的假设进行检验,因此方差分析要求满足的前提条件是:

①因素的各个水平的样本数据,要能够被看成是从服从正态分布的总体中随机抽得的样本。

②因素的各个水平的样本数据,是从具有相同方差的相互独立的总体中抽得的。

只有满足了这些条件,才能使式(7-11)构造的F统计量为服从第一自由度为$r-1$、第二自由度为$nr-r$的F分布。正如前面所分析的,一般情况下,可以认为以上假设条件都是满足或近似满足的。多因素方差分析也是如此。

(2)在前面提到的单因素方差分析问题中,因素各水平下的样本容量都是相等的,这是为了公式推导的方便。在实际问题中,各总体的样本容量可以相等,也可以不相等,分析过程和结论都不受影响,只需要将公式中各组的样本容量 n 变为 $n_1, n_2, \cdots, n_r$。由此得到的方差分析表如表7-5所示。

表7-5 单因素方差分析表(样本容量不相等)

方差来源	离差平方和	自由度	均方差	F 值
组间方差	$SSA = \sum_{i=1}^{r} n_i (\bar{x}_i - \bar{x})^2$	$r-1$	$MSA = \dfrac{SSA}{r-1}$	$F = \dfrac{MSA}{MSE}$
组内方差	$SSE = \sum_{i=1}^{r} \sum_{j=1}^{n} (x_{ij} - \bar{x}_i)^2$	$\sum_{i=1}^{r} n_i - r$	$MSE = \dfrac{SSE}{\sum_{i=1}^{r} n_i - r}$	
总和	SST	$\sum_{i=1}^{r} n_i - 1$		

(3)方差分析提供了一次性检验多个总体均值是否相等的简便方法,但是,方差分析自身也存在不足。例如,当检验结果拒绝原假设时,哪个总体均值大,哪个总体均值小,仅仅通过方差分析不能得出结论。在方差分析时我们做了一系列的假设,所以需要对方差进行进一步的分析,而且,如果要得到各总体均值大小的排序信息,还需借助多重比较检验。

五、单因素方差分析的进一步分析

(一)方差齐性检验

在完成单因素方差的基本分析后,可得到关于控制变量是否对观测变量造成显著影响,因为在方差分析前,我们假定各个总体的方差必须相等,所以我们须对方差是否齐性进行检验。SPSS 单因素方差分析中,方差齐性检验(homogeneity of variance)采用了同质性检验方法,其原假设是:各水平下观测变量总体的方差无显著差异,与 SPSS 两独立样本 t 检验中的方差检验一样。

(二)多重比较检验

方差分析可以对若干平均值是否相等同时进行检验,看它们之间是否存在显著的区别。如果检验结果拒绝原假设,仅仅表明检验的这几个均值不全相等,至于是哪一个或哪几个均值与其他均值不等,前面所进行的分析并没有告诉答案。如果要对此问题进一步分析,就需要采用一些专门的方法,通常被称为方差分析中的多重比较检验。

多重比较检验的原理是:利用全部观测变量,实现对各个水平下观测变量总体均值的两两比较。这与两独立样本假设原理一样,因此遵循假设检验的基本步骤。当然,如果对两两之间进行检验,问题就复杂了。SPSS 提供了许多多重比较检验的方法,其差异主要体现在检验统计量的构造上,有些适用于各总体方差相等的条件,有些则适用于方差不等的条件。下面就几种常用的方法做简单介绍。

1. 最小显著差数法

最小显著差数(least significant difference, LSD)法,检验灵敏度高,其水平间的均值只要存在一定程度的微小差异就可能被检测出来。LSD方法的检验统计量为 t 统计量:

$$t = \frac{(\bar{x}_i - \bar{x}_j) - (\mu_i - \mu_j)}{\sqrt{\text{MSE}\left(\frac{1}{n_i} + \frac{1}{n_j}\right)}} \tag{7-12}$$

其中,MSE 为观测变量的组内方差,是利用全部观测值,而非仅使用某两组的数据,这与两独立样本的 t 检验不同。t 检验统计量服从 $n-r$ 个自由度的 t 分布。式(7-12)表明,LSD方法适用于各总体方差相等的情况,但它并没有对犯第一类错误的概率加以有效控制。

2. Bonferroni 方法

Bonferroni 方法与 LSD 方法基本相同,不同的是 Bonferroni 对犯第一类错误的概率进行了控制。在每一次两两组的检验中,它将显著性水平 α 除以两两检验的总次数 N(即 α/N),使得显著性水平缩小为原来的 $1/N$,从而从总体上控制了犯第一类错误的概率。于是,两总体均值的置信区间为

$$\left[(\bar{x}_i - \bar{x}_j) - t_{\frac{\alpha}{2N}}(n-r)\sqrt{\text{MSE}\left(\frac{1}{n_i} + \frac{1}{n_j}\right)},\ (\bar{x}_i - \bar{x}_j) + t_{\frac{\alpha}{2N}}(n-r)\sqrt{\text{MSE}\left(\frac{1}{n_i} + \frac{1}{n_j}\right)}\right]$$

$$\tag{7-13}$$

3. Tukey 方法

Tukey 方法与 LSD 方法有所不同,它采用的检验统计量是 q 统计量,定义为

$$q = \frac{(\bar{x}_i - \bar{x}_j) - (\mu_i - \mu_j)}{\sqrt{\frac{\text{MSE}}{r}}} \tag{7-14}$$

其中,MSE 为观测变量的组内方差,r 为各水平下观测值的个数。可见 Tukey 方法仅适用于各水平观测值个数相等的情况,q 统计量服从 $(r, nr-r)$ 个自由度的 q 分布。

与 LSD 方法相比,Tukey 方法对犯第一类错误的问题给予了较为有效的处理。在相同的显著性水平下,由于 q 分布的临界值远远大于 t 分布的临界值,这使得检验变量的某观测值可能大于 t 分布的临界值,却小于 q 分布的临界值。于是,q 检验拒绝原假设的可能性较 t 检验降低了,进而从另一个角度保证犯第一类错误的概率总体上不增大。Tukey 方法适用于各总体方差相等的情况。

六、用 SPSS 进行单因素方差分析

【例 7-2】 某课程结束后,学生对该授课教师的教学质量进行评估,评估结果分为优、良、中、差四等。教师对学生考试成绩的评判和学生对教师的评估是分开进行的,他们都不知道对方给自己的打分。有一种观点认为,给教师评为优的学生的考试分数,可能会显著地高于那些给教师仅评为良、中或差的学生的分数。而且,对教师评为差的学生,其考试的平均分数可能最低。为对这种说法进行检验,从对评估的每一个等级组中,

随机抽取出 26 名学生,其课程分数如表 7-6 所示。

表 7-6　26 名学生考试成绩　　　　　　　　　　　　（单位:分）

考试分数 序号 \ 评估等级	优	良	中	差
1	85	80	73	76
2	77	78	80	72
3	79	94	92	70
4	84	73	76	85
5	92	79	68	—
6	90	86	—	—
7	73	91	—	—
8	—	75	—	—
9	—	81	—	—
10	—	64	—	—

试检验各等级学生的分数是否有显著差异。

解:若各等级学生的平均成绩之间没有显著差别,则表明学生对教师的评估结果与他们的成绩之间没有必然的联系。

以学生的成绩为观测变量,学生对教师的评估等级为控制变量,通过单因素方差分析方法分析各组学生的分数是否有显著差异。

第一步,提出假设。假设 μ_1、μ_2、μ_3、μ_4 分别为优、良、中、差四个等级的平均成绩。

$H_0:\mu_1=\mu_2=\mu_3=\mu_4$(等级对成绩没有显著影响)

$H_1:\mu_1,\mu_2,\mu_3,\mu_4$ 不全相等(等级对成绩有显著影响)

第二步,计算检验统计量。用 SPSS 单因素方差分析操作步骤如下:

(1)建立 SPSS 数据文件,文件名为"考试成绩.sav"。

(2)选择菜单:【Analyze】→【Compare Means】→【One-Way ANOVA】,出现如图 7-2 所示的窗口。

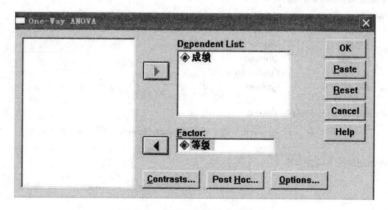

图 7-2　单因素方差分析窗口

第三步，选择控制变量（水平、因变量）"成绩"到【Dependent List】框中，选择控制变量（因素、自变量）"等级"到【Factor】框中，控制变量有几个不同的取值就表示控制变量有几个水平。

第四步，对组间平方和进行线性分解并检验。单击【Contrasts…】按钮，打开如图7-3所示的【One-Way ANOVA：Contrasts】对话框。本例忽略此项设置。

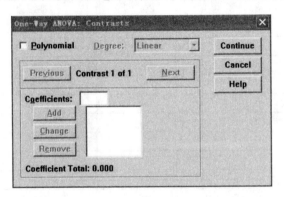

图7-3 【One-Way ANOVA：Contrasts】对话框

（1）【Polynomial】复选框：是否对组间平方和进行分解，并进行结果检验。

（2）【Degree】下拉框：与"Polynomial"复选钮配合使用，可选择从线性趋势一直到最高五次方曲线来进行检验。

（3）【Coefficients】编辑框：定义精确两两比较的选项。这里按照分组变量升序给每组一个系数值，注意最终所有系数值相加应为0。如果不为0，仍可检验，只不过结果是错的。

（4）完成设置，单击【Continue】按钮，返回【One-Way ANOVA】对话框。

第五步，选择进行各组间两两比较的方法（多重比较）。单击【Post Hoc】按钮，弹出如图7-4所示的对话框。

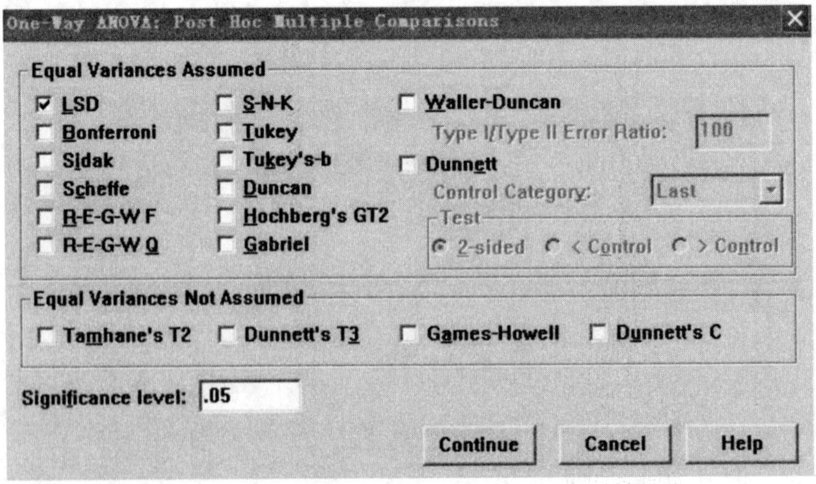

图7-4 【One-Way ANOVA：Post Hoc Multiple Comparisons】对话框

(1)【Equal Variances Assumed】复选框组：当各组方差齐次性时，可用的多重比较法共有 14 种，其中最常用的为 LSD 法（本例选择"LSD"）。

(2)【Equal Variances Not Assumed】复选框组：当各组方差非齐次性时，可用的多重分析方法共有 4 种，其中以 Dunnett's 法较常用。

(3)【Significance level】编辑框：定义多重分析时的显著性水平，默认为 0.05。

(4)完成设置后，单击【Continue】按钮，返回【One-Way ANOVA】对话框。

第六步，定义相关统计选项以及缺失值处理方法。单击【Options】按钮，弹出如图 7-5 所示的对话框。

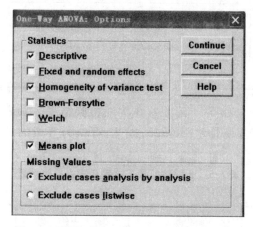

图 7-5 【One-Way ANOVA：Options】对话框

(1)【Statistics】复选框组：选择一些附加的统计分析项目（本例选择描述性统计"Descriptive"及方差齐次性分析"Homogeneity of variance test"）。

(2)【Means plot】复选框：用各组均数制图，以直观地了解它们的差异（本例选择此项）。

(3)【Missing Values】单选框组：定义分析中对缺失值的处理方法。可以是具体分析用到的变量有缺失值才去除该记录"Exclude cases analysis by analysis"，或者只要相关变量有缺失值，则在所有分析中均将该记录去除"Exclude cases listwise"。默认为前者，以充分利用数据。

(4)完成设置后，单击【Continue】按钮，返回【One-Way ANOVA】对话柜。

第七步，所有设置确认无误后，单击【OK】按钮，执行单因素方差分析，SPSS 将自动分解观测变量的变差，计算组间方差、组内方差、F 统计量以及对应的概率 p 值，完成单因素的相关分析，并输出结果，共有四个表和一个图，分别是描述性统计表（表 7-7）、方差齐次性检验（表 7-8）、方差分析表（表 7-9）、多重分析表（表 7-10）和各等级均值折线图（图 7-6）。

第八步，结果分析。

(1)描述性统计表。表 7-7 给出了一些基本描述性统计量。从表 7-7 可知，输出的统计量包括各组样本个数、均值、标准差、标准误、均值 95% 置信区间、最小值和最大值，如各组参与分析的样本个数分别为 7、10、5、4，总样本个数为 26。

表 7-7　各评估等级下描述性统计表

成绩	N	Mean	Std. Deviation	Std. Error	95% Confidence Interval for Mean		Min	Max
					Lower Bound	Upper Bound		
优	7	82.86	6.914	2.613	76.46	89.25	73	92
良	10	80.10	8.749	2.767	73.84	86.36	64	94
中	5	77.80	9.066	4.055	66.54	89.06	68	92
差	4	75.75	6.652	3.326	65.17	86.33	70	85
Total	26	79.73	7.973	1.564	76.51	82.95	64	94

(2) 方差齐次性检验。表 7-8 是方差齐次性检验结果。从表中可知，输出的相伴概率 Sig. 为 0.934，远大于显著性水平 0.05，因此，可认为等级的总体方差相等，符合方差分析的假设条件。

表 7-8　各评估等级下方差齐次性检验结果

成绩

Leven Statistic	df1	df2	Sig.
0.141	3	22	0.934

(3) 方差分析表。表 7-9 是方差分析表。从表 7-9 可知，总离差平方和为 1 589.115，组间离差平方和（即不同等级可解释的变差）为 151.808，组内离差平方和（抽样误差引起的变差）为 1437.307，它们的方差分别为 50.603、65.332，相除所得的 F 统计量为 0.775，对应的相伴概率 Sig. 为 0.521，大于显著性水平 0.05，在不拒绝区域，因此，应不拒绝原假设 ($H_0: \mu_1 = \mu_2 = \mu_3 = \mu_4$)，即认为学生对教师的评估等级对学生的成绩没有显著影响。

表 7-9　各评估等级下方差分析结果

成绩

	Sum of Squares	df	Mean Square	F	Sig.
Between Groups	151.808	3	50.603	0.775	0.521
Within Groups	1 437.307	22	65.332		
Total	1 589.115	25			

(4) 多重分析表。表 7-10 为 LSD 方法多重分析结果。从表 7-10 可知，各等级之间两两比较的结果相伴概率都大于显著性水平 0.05，说明各等级之间的差异不显著，与方差分析的结果一致。

表 7-10　各评估等级下多重比较检验

Dependent Variable：等级
LSD

(I)等级	(J)等级	Mean Difference (I-J)	Std. Error	Sig.	95% Confidence Interval	
					Lower Bound	Upper Bound
优	良	2.76	3.983	0.496	−5.50	11.02
	中	5.06	4.733	0.297	−4.76	14.87
	差	7.11	5.066	0.175	−3.40	17.61
良	优	−2.76	3.983	0.496	−11.02	5.50
	中	2.30	4.427	0.609	−6.88	11.48
	差	4.35	4.782	0.373	−5.57	14.27
中	优	−5.06	4.733	0.297	−14.87	4.76
	良	−2.30	4.427	0.609	−11.48	6.88
	差	2.05	5.422	0.709	−9.19	13.29
差	优	−7.11	5.066	0.175	−17.61	3.40
	良	−4.35	4.782	0.373	−14.27	5.57
	中	−2.05	5.422	0.709	−13.29	9.19

(5) 各等级均值折线图。图 7-6 为输出的各组均值折线图,从图 7-6 可以看出样本均值之间的相对差别。

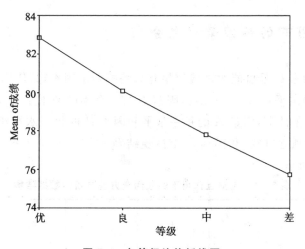

图 7-6　各等级均值折线图

第三节　多因素方差分析

前面所研究的单因素方差分析,是分析一种响应(如"统考成绩")是否受一个因素

（如"教学方法"）的影响，但是，在实践中，一种响应可能受两个、三个或更多个因素的影响。例如，统考成绩不仅受教学方法的影响，还受学生的学习时间、学习效率等因素的影响；收入不仅可能与性别有关，还可能与文化程度、工作业绩等因素有关；产量不仅取决于机器类型，还可能取决于操纵机器的经验、原材料的质量等。在这种情况下就必须进行多个因素方差分析。由于双因素方差分析是多因素方差分析中最简单的一种，其他多因素方差分析可以在双因素方差分析基础上类推，本节将重点介绍双因素方差分析。

顾名思义，双因素方差分析即研究的是两个同时变化的因素对试验结果影响是否显著的问题。例如，研究不同包装方式和不同销售地区对饮料销售量是否有影响的问题。若把饮料的包装方式看成是影响销售量的因素 A，饮料的销售地区则是影响因素 B，对因素 A 和因素 B 同时进行分析，就属于双因素方差分析。双因素方差分析的内容，是对影响因素进行检验，究竟是一个因素在起作用还是两个因素都起作用，或者两个因素的作用都不显著。按照因素 A 和因素 B 的作用是否独立来分，双因素方差分析分为两类：若因素 A 和因素 B 的作用是相互独立的，则称为无交互作用的双因素方差分析；若因素 A 和因素 B 的结合会产生一种新的作用，则称为有交互作用的双因素方差分析。例如，假定不同地区的消费者对某种包装方式有与其他地区消费者不同的特殊偏好，则这两个因素结合后产生的作用不同于单纯的包装方式的作用和销售地区的作用的叠加，即产生了新效应，是有交互作用的情况；反之，若包装方式和销售地区共同变化产生的作用等同于两者分别作用之和，则是无交互作用的情况。

一、无交互作用下的双因素方差分析

设因素 A 和因素 B 是可能对试验结果有影响的两个因素，其作用是相互独立的。因素 A 有 r 个不同的水平 $A_1, A_2, \cdots, A_r$，因素 B 有 s 个不同的水平 $B_1, B_2, \cdots, B_s$，在其他因素都加以控制的条件下，因素 A 的每一水平和因素 B 的每一水平组成一组试验条件，每种情况进行一次独立试验，共得到 rs 个试验结果 $x_{ij}(i=1,2,\cdots,r;j=1,2,\cdots,s)$，其数据结构如表 7-11 所示。

表 7-11　无交互作用下的双因素方差分析的数据结构

因素 A \ 因素 B	B_1	B_2	$\cdots$	B_s	平均值 $\bar{x}_{i.}$
A_1	x_{11}	x_{12}	$\cdots$	x_{1s}	$\bar{x}_{1.}$
A_2	x_{21}	x_{22}	$\cdots$	x_{2s}	$\bar{x}_{2.}$
$\vdots$	$\vdots$	$\vdots$	$\vdots$	$\vdots$	$\vdots$
A_r	x_{r1}	x_{r2}	$\cdots$	x_{rs}	$\bar{x}_{r.}$
平均值 $\bar{x}_{.j}$	$\bar{x}_{.1}$	$\bar{x}_{.2}$	$\cdots$	$\bar{x}_{.s}$	$\bar{x}$

其中，
$$\bar{x}_{i\cdot} = \frac{1}{s}\sum_{j=1}^{s} x_{ij} \quad (i=1,2,\cdots,r)$$

$$\bar{x}_{\cdot j} = \frac{1}{r}\sum_{i=1}^{r} x_{ij} \quad (j=1,2,\cdots,s)$$

$$\bar{x} = \frac{1}{rs}\sum_{i=1}^{r}\sum_{j=1}^{s} x_{ij}$$

(一) 离差平方和的分解

无交互作用的双因素方差分析，其离差平方和的分解与单因素方差分析类似，区别在于双因素方差分析中，总离差平方和（SST）分解为三个部分：因素 A 的组间方差总和（SSA）以及因素 B 的组间方差总和（SSB）、组内方差总和（SSE）。其计算公式分别为

$$\text{SST} = \sum_{i=1}^{r}\sum_{j=1}^{s}(x_{ij}-\bar{x})^2 \tag{7-15}$$

$$\text{SSA} = \sum_{i=1}^{r}\sum_{j=1}^{s}(\bar{x}_{i\cdot}-\bar{x})^2 = \sum_{i=1}^{r} s(\bar{x}_{i\cdot}-\bar{x})^2 \tag{7-16}$$

$$\text{SSB} = \sum_{i=1}^{r}\sum_{j=1}^{s}(\bar{x}_{\cdot j}-\bar{x})^2 = \sum_{j=1}^{s} r(\bar{x}_{\cdot j}-\bar{x})^2 \tag{7-17}$$

$$\text{SSE} = \sum_{i=1}^{r}\sum_{j=1}^{s}(x_{ij}-\bar{x}_{i\cdot}-\bar{x}_{\cdot j}+\bar{x})^2 \tag{7-18}$$

满足
$$\text{SST} = \text{SSA} + \text{SSB} + \text{SSE} \tag{7-19}$$

(二) 显著性检验

若 α_i 代表因素水平为 A_i 的总体均值，β_j 代表因素水平为 β_j 的总体均值，与单因素方差分析原理相同，判断因素 A 的影响是否显著等价于检验假设：

$$H_{01}: \alpha_1=\alpha_2=\cdots=\alpha_r, \quad H_{11}: \alpha_1,\alpha_2,\cdots,\alpha_r \text{ 不全相等} \tag{7-20}$$

同理，判断因素 B 的影响是否显著等价于检验假设：

$$H_{02}: \beta_1=\beta_2=\cdots=\beta_s, \quad H_{12}: \beta_1,\beta_2,\cdots,\beta_s \text{ 不全相等} \tag{7-21}$$

由于总离差平方和（SST）分解因素 A 的组间方差总和（SSA）以及因素 B 的组间方差总和（SSB）、组内方差总和（SSE）为三个部分，按照单因素方差分析自由度判断的方法，可得各部分自由度分别为：SST 的自由度为 $sr-1$；SSA 的自由度为 $r-1$；SSB 的自由度为 $s-1$；SSE 的自由度为 $(r-1)(s-1)$。由此可得各方差对应的均方差：

对因素 A，有
$$\text{MSA} = \frac{\text{SSA}}{r-1} \tag{7-22}$$

对因素 B，有
$$\text{MSB} = \frac{\text{SSB}}{s-1} \tag{7-23}$$

对随机误差项，有

$$\text{MSE} = \frac{\text{SSE}}{(r-1)(s-1)} \tag{7-24}$$

由此得到检验式(7-20)和式(7-21)中原假设是否为真的统计量分别为

$$F_A = \frac{\text{MSA}}{\text{MSE}} \sim F(r-1,(r-1)(s-1)) \tag{7-25}$$

$$F_B = \frac{\text{MSB}}{\text{MSE}} \sim F(s-1,(r-1)(s-1)) \tag{7-26}$$

（三）方差分析表

为了方便起见，通常也用方差分析表反映计算结果，其形式如表7-12所示。

表7-12 双因素(无交互作用)方差分析表

方差来源	离差平方和	自由度	均方差	F值
因素A的组间方差	SSA	$r-1$	MSA	$F_A = \dfrac{\text{MSA}}{\text{MSE}}$
因素B的组间方差	SSB	$s-1$	MSB	
组内方差	SSE	$(r-1)(s-1)$	MSE	
总和	SST	$sr-1$	—	$F_B = \dfrac{\text{MSB}}{\text{MSE}}$

【例7-3】 在5个不同地区(因素A)销售5种不同包装方式(因素B)的某饮料。现从每个地区随机抽取一个规模相同的超级市场，得到该饮料不同包装的销售量如表7-13所示。

表7-13 某种饮料不同地区不同包装的销售量

销售地区 \ 包装方式	B_1	B_2	B_3	B_4	B_5
A_1	20	12	20	10	14
A_2	22	10	20	12	6
A_3	24	14	18	18	10
A_4	16	4	8	6	18
A_5	26	22	16	20	10

试检验销售地区和包装方式对该饮料销售是否有显著影响。

解：第一步，建立假设。

由题意可知，若不同销售地区的销售量均值相等，则表明不同销售地区对该饮料销售没有影响；同理，若5种包装方式的销售量均值相等，则表明不同包装方式对该饮料销售没有影响。因此，建立以下假设：

对因素A(销售地区)，有

$H_{01}:\alpha_1 = \alpha_2 = \cdots = \alpha_r$（不同销售地区之间无差别）

$H_{11}:\alpha_1,\alpha_2,\cdots,\alpha_r$ 不全相等（不同销售地区之间有差别）

对因素B(包装方式)，有

$H_{02}:\beta_1 = \beta_2 = \cdots = \beta_s$（包装方式之间无差别）

$H_{12}: \beta_1, \beta_2, \cdots, \beta_s$ 不全相等（包装方式之间有差别）

第二步，计算 F 值。

根据表 7-13 中的数据可得，因素 A 的行均值分别为

$$\bar{x}_{1.} = \frac{1}{5}\sum_{j=1}^{5} x_{1j} = 15.2, \quad \bar{x}_{2.} = \frac{1}{5}\sum_{j=1}^{5} x_{2j} = 14, \quad \bar{x}_{3.} = \frac{1}{5}\sum_{j=1}^{5} x_{3j} = 16.8$$

$$\bar{x}_{4.} = \frac{1}{5}\sum_{j=1}^{5} x_{4j} = 10.4, \quad \bar{x}_{5.} = \frac{1}{5}\sum_{j=1}^{5} x_{5j} = 18.8$$

因素 B 的列均值分别为

$$\bar{x}_{.1} = \frac{1}{5}\sum_{i=1}^{5} x_{i1} = 21.6, \quad \bar{x}_{.2} = \frac{1}{5}\sum_{i=1}^{5} x_{i2} = 12.4, \quad \bar{x}_{.3} = \frac{1}{5}\sum_{i=1}^{5} x_{i3} = 16.4$$

$$\bar{x}_{.4} = \frac{1}{5}\sum_{i=1}^{5} x_{i4} = 13.2, \quad \bar{x}_{.5} = \frac{1}{5}\sum_{i=1}^{5} x_{i5} = 11.6$$

总均值为

$$\bar{x} = \frac{1}{5 \times 5}\sum_{i=1}^{5}\sum_{j=1}^{5} x_{ij} = 15.04$$

由公式(7.13)～公式(7.15)可得

$$SSA = \sum_{i=1}^{5}\sum_{j=1}^{5}(\bar{x}_{i.} - \bar{x})^2 = \sum_{i=1}^{5} 5(\bar{x}_{i.} - 15.04)^2 = 199.36$$

$$SSB = \sum_{i=1}^{5}\sum_{j=1}^{5}(\bar{x}_{.j} - \bar{x})^2 = \sum_{j=1}^{5} 5(\bar{x}_{.j} - 15.04)^2 = 335.36$$

$$SSE = \sum_{i=1}^{5}\sum_{j=1}^{5}(x_{ij} - \bar{x}_{i.} - \bar{x}_{.j} + \bar{x})^2 = 346.24$$

由此可得对应的均方差：

对因素 A，有

$$MSA = \frac{SSA}{r-1} = \frac{199.36}{5-1} = 49.84$$

对因素 B，有

$$MSB = \frac{SSB}{s-1} = \frac{335.36}{5-1} = 83.84$$

对随机误差项，有

$$MSE = \frac{SSE}{(r-1)(s-1)} = \frac{346.24}{(5-1)(5-1)} = 21.64$$

根据公式(7-25)和公式(7-26)可得

$$F_A = \frac{MSA}{MSE} = \frac{49.84}{21.64} = 2.30$$

$$F_B = \frac{MSB}{MSE} = \frac{83.84}{21.64} = 3.87$$

第三步，统计决策。

查表可得显著性水平 $\alpha = 0.05$ 的临界值为 $F_\alpha(4,16) = 3.01$。

对因素 A，因为 $F_A = 2.30 < F_\alpha(4,16) = 3.01$，所以接受原假设，说明不同销售地区之

间的销售量没有显著差异。

对因素 B，因为 $F_B=3.87 > F_a(4,16)=3.01$，所以拒绝原假设，接受备择假设，说明不同的包装方式对该饮料的销售量有显著影响。

其方差分析表如表 7-14 所示。

表 7-14 方差分析表

方差来源	离差平方和	自由度	均方差	F 值
因素 A 的组间方差	199.36	4	49.84	$F_A=2.30$
因素 B 的组间方差	335.36	4	83.84	$F_B=3.87$
组内方差	346.24	16	21.64	
总和	880.96	24	—	

二、有交互作用下的双因素方差分析

设因素 A 和因素 B 是可能对试验结果有影响的两个因素，并且有可能存在交互作用。若因素 A 有 r 个不同水平 $A_1, A_2, \cdots, A_r$，因素 B 有 s 个不同水平 $B_1, B_2, \cdots, B_s$，在其他因素都加以控制的条件下，因素 A 的每一水平和因素 B 的每一水平组成一组试验条件。为了研究这两个因素是否有交互作用，每种情况需要重复试验。假设都重复试验 m 次，则共可得到 rsm 个试验结果，$x_{ijl}(i=1,2,\cdots,r;j=1,2,\cdots,s;l=1,2,\cdots,m)$，其数据结构如表 7-15 所示。

表 7-15 有交互作用下的双因素方差分析的数据结构

因素 A \ 因素 B	B_1	B_2	$\cdots$	B_s
A_1	x_{111}	x_{121}	$\cdots$	x_{1s1}
	x_{112}	x_{122}		x_{1s2}
	$\vdots$	$\vdots$		$\vdots$
	x_{11m}	x_{12m}		x_{1sm}
A_2	x_{211}	x_{221}	$\cdots$	x_{2s1}
	x_{212}	x_{222}		x_{2s2}
	$\vdots$	$\vdots$		$\vdots$
	x_{21m}	x_{22m}		x_{2sm}
$\vdots$	$\vdots$	$\vdots$	$\vdots$	$\vdots$
A_r	x_{r11}	x_{r21}	$\cdots$	x_{rs1}
	x_{r12}	x_{r22}		x_{rs2}
	$\vdots$	$\vdots$		$\vdots$
	x_{r1m}	x_{r2m}		x_{rsm}

其中，x_{ijl} 表示在因素水平组合 (A_i,B_j) 下第 l 次试验的结果，在此组合下试验结果的平均值为

$$\bar{x}_{ij.} = \frac{1}{m}\sum_{l=1}^{m} x_{ijl} \quad (i=1,2,\cdots,r; j=1,2,\cdots,s)$$

因素水平 A_i 下试验结果的平均值为

$$\bar{x}_{i..} = \frac{1}{sm}\sum_{j=1}^{s}\sum_{l=1}^{m} x_{ijl} \quad (i=1,2,\cdots,r)$$

因素水平 B_j 下试验结果的平均值为

$$\bar{x}_{.j.} = \frac{1}{rm}\sum_{i=1}^{r}\sum_{l=1}^{m} x_{ijl} \quad (j=1,2,\cdots,s)$$

试验结果的总平均值为

$$\bar{x} = \frac{1}{rsm}\sum_{i=1}^{r}\sum_{j=1}^{s}\sum_{l=1}^{m} x_{ijl}$$

（一）离差平方和的分解

有交互作用的双因素方差分析,其离差平方和的分解与无交互作用的双因素方差分析类似,只是在后者基础上多出了一部分:反映两个因素交互作用的方差总和 SSAB。因此,有交互作用的双因素方差分析的离差平方和分解式为

$$\text{SST} = \text{SSA} + \text{SSB} + \text{SSAB} + \text{SSE} \tag{7-27}$$

其中,

$$\text{SST} = \sum_{i=1}^{r}\sum_{j=1}^{s}\sum_{l=1}^{m}(x_{ijl}-\bar{x})^2 \tag{7-28}$$

$$\text{SSA} = \sum_{i=1}^{r}\sum_{j=1}^{s}\sum_{l=1}^{m}(\bar{x}_{i..}-\bar{x})^2 = \sum_{i=1}^{r} sm(\bar{x}_{i.}-\bar{x})^2 \tag{7-29}$$

$$\text{SSB} = \sum_{i=1}^{r}\sum_{j=1}^{s}\sum_{l=1}^{m}(\bar{x}_{.j.}-\bar{x})^2 = \sum_{j=1}^{s} rm(\bar{x}_{.j}-\bar{x})^2 \tag{7-30}$$

$$\text{SSAB} = \sum_{i=1}^{r}\sum_{j=1}^{s}\sum_{l=1}^{m}(x_{ijl}-\bar{x}_{i..}-\bar{x}_{.j.}+\bar{x})^2$$

$$= \sum_{i=1}^{r}\sum_{j=1}^{s} m(x_{ij.}-\bar{x}_{i..}-\bar{x}_{.j.}+\bar{x})^2 \tag{7-31}$$

$$\text{SSE} = \sum_{i=1}^{r}\sum_{j=1}^{s}\sum_{l=1}^{m}(x_{ijl}-\bar{x}_{ij.})^2 \tag{7-32}$$

由于涉及的均值较多,计算很麻烦,采用下式可以避免计算均值：

$$\text{SST} = \sum_{i=1}^{r}\sum_{j=1}^{s}\sum_{l=1}^{m}(x_{ijl}-\bar{x})^2 = \sum_{i=1}^{r}\sum_{j=1}^{s}\sum_{l=1}^{m} x_{ijl}^2 - \text{CT} \tag{7-33}$$

$$\text{SSA} = \sum_{i=1}^{r} sm(\bar{x}_{i.}-\bar{x})^2 = \frac{1}{sm}\sum_{i=1}^{r}\Big(\sum_{j=1}^{s}\sum_{l=1}^{m} x_{ijl}\Big)^2 - \text{CT} \tag{7-34}$$

$$\text{SSB} = \sum_{j=1}^{s} rm(\bar{x}_{.j}-\bar{x})^2 = \frac{1}{rl}\sum_{j=1}^{s}\Big(\sum_{i=1}^{r}\sum_{l=1}^{m} x_{ijl}\Big)^2 - \text{CT} \tag{7-35}$$

$$\text{SSE} = \sum_{i=1}^{r}\sum_{j=1}^{s}\sum_{l=1}^{m}(x_{ijl}-\bar{x}_{ij.})^2$$

$$= \sum_{i=1}^{r}\sum_{j=1}^{s}\sum_{l=1}^{m} x_{ijl}^2 - \sum_{i=1}^{r}\sum_{j=1}^{s} \frac{1}{m}\left(\sum_{l=1}^{m} x_{ijl}\right)^2 \tag{7-36}$$

$$\text{SSAB} = \sum_{i=1}^{r}\sum_{j=1}^{s}\sum_{l=1}^{m}(x_{ijl} - \bar{x}_{i..} - \bar{x}_{.j.} + \bar{x})^2$$
$$= \text{SST} - \text{SSA} - \text{SSB} - \text{SSE} \tag{7-37}$$

其中,

$$\text{CT} = \frac{1}{rsm}\left(\sum_{i=1}^{r}\sum_{j=1}^{s}\sum_{l=1}^{m} x_{ijl}\right)^2$$

(二) 显著性检验

若同样用 α_i 代表因素水平为 A_i 的总体均值,β_j 代表因素水平为 B_j 的总体均值,与无交互作用的双因素方差分析原理相同,判断因素 A 和 B 的影响以及交互作用是否显著等价于检验假设:

$$H_{01}: \alpha_1 = \alpha_2 = \cdots = \alpha_r, \qquad H_{11}: \alpha_1, \alpha_2, \cdots, \alpha_r \text{ 不全相等} \tag{7-38}$$
$$H_{02}: \beta_1 = \beta_2 = \cdots = \beta_s, \qquad H_{12}: \beta_1, \beta_2, \cdots, \beta_s \text{ 不全相等} \tag{7-39}$$
$$H_{03}: (\alpha\beta)_{ij} = 0 (i=1,2,\cdots,r; j=1,2,\cdots,s), \qquad H_{13}: (\alpha\beta)_{ij} \text{ 不全相等} \tag{7-40}$$

同无交互作用的双因素方差分析相似,各方差的自由度分别为:SST 的自由度为 $rsm-1$;SSA 的自由度为 $r-1$;SSB 的自由度为 $s-1$;SSAB 的自由度为 $(r-1)(s-1)$;SSE 的自由度为 $rs(m-1)$。由此可得各方差对应的均方差:

对因素 A,有

$$\text{MSA} = \frac{\text{SSA}}{r-1} \tag{7-41}$$

对因素 B,有

$$\text{MSB} = \frac{\text{SSB}}{s-1} \tag{7-42}$$

对因素 A、B 的交互作用,有

$$\text{MSAB} = \frac{\text{SSAB}}{(r-1)(s-1)} \tag{7-43}$$

对随机误差项,有

$$\text{MSE} = \frac{\text{SSE}}{rs(m-1)} \tag{7-44}$$

由此得到检验式(7-33)~式(7-35)中原假设是否为真的统计量分别为

$$F_A = \frac{\text{MSA}}{\text{MSE}} F(r-1, rs(m-1)) \tag{7-45}$$

$$F_B = \frac{\text{MSB}}{\text{MSE}} F(s-1, rs(m-1)) \tag{7-46}$$

$$F_{AB} = \frac{\text{MSAB}}{\text{MSE}} F((r-1)(s-1), rs(m-1)) \tag{7-47}$$

(三) 方差分析表

为了方便起见,通常也将计算结果反映在方差分析表中,其形式如表 7-16 所示。

表 7-16 双因素(有交互作用)方差分析表

方差来源	离差平方和	自由度	均方差	F 值
因素 A 的组间方差	SSA	$r-1$	MSA	$F_A = \dfrac{\text{MSA}}{\text{MSE}}$
因素 B 的组间方差	SSB	$s-1$	MSB	$F_B = \dfrac{\text{MSB}}{\text{MSE}}$
因素 A、B 的交互作用方差	SSAB	$(r-1)(s-1)$	MSAB	$F_{AB} = \dfrac{\text{MSAB}}{\text{MSE}}$
组内方差	SSE	$rs(m-1)$	MSE	
总和	SST	$srm-1$		

【例 7-4】 为了分析光照(因素 A)和噪音(因素 B)对工人生产有无影响,光照效应与噪音效应是否有交互作用,在此两因素不同的水平组合下做试验,得到产量数据如表 7-17 所示。

表 7-17 光照和噪音的不同水平下的产量

因素 A \ 因素 B	B_1			B_2			B_3		
A_1	15	15	17	19	19	16	16	18	21
A_2	17	17	17	15	15	15	19	22	22
A_3	15	17	16	18	17	16	18	18	18
A_4	18	20	20	15	16	17	17	17	17

在 $\alpha=0.05$ 的显著性水平下,光照和噪音对生产是否有影响?这两个因素是否有交互作用?

解: 第一步,建立假设。

由题意可知,检验的假设有以下三个:

$H_{01}:\alpha_1=\alpha_2=\cdots=\alpha_r$(不同光照水平之间无差别)

$H_{11}:\alpha_1,\alpha_2,\cdots,\alpha_r$ 不全相等(不同光照水平之间有差别)

$H_{02}:\beta_1=\beta_2=\cdots=\beta_s$(不同噪音水平之间无差别)

$H_{12}:\beta_1,\beta_2,\cdots,\beta_s$ 不全相等(不同噪音水平之间有差别)

$H_{03}:(\alpha\beta)_{ij}=0\ (i=1,2,\cdots,r;j=1,2,\cdots,s)$(光照与噪音效应无交互作用)

$H_{13}:(\alpha\beta)_{ij}$ 不全相等(光照与噪音效应有交互作用)

第二步,计算 F 值。

根据表 7-17 提供的数据可知

$$\text{CT} = \frac{1}{rsm}\Big(\sum_{i=1}^{r}\sum_{j=1}^{s}\sum_{l=1}^{m}x_{ijl}\Big)^2 = \frac{1}{4\times3\times3}\Big(\sum_{i=1}^{4}\sum_{j=1}^{3}\sum_{l=1}^{3}x_{ijl}\Big)^2 = 10\,850.69$$

由公式(7-30)~公式(7-34)可得

$$\text{SST} = \sum_{i=1}^{4}\sum_{j=1}^{3}\sum_{l=1}^{3}x_{ijl}^2 - 10\,850.69 = 130.31$$

$$\text{SSA} = \frac{1}{3\times3}\sum_{i=1}^{4}\Big(\sum_{j=1}^{3}\sum_{l=1}^{3}x_{ijl}\Big)^2 - 10\,850.69 = 2.08$$

$$\text{SSB} = \frac{1}{4\times3}\sum_{j=1}^{3}\Big(\sum_{i=1}^{4}\sum_{l=1}^{3}x_{ijl}\Big)^2 - 10\,850.69 = 28.39$$

$$SSE = \sum_{i=1}^{4}\sum_{j=1}^{3}\sum_{l=1}^{3}x_{ijl}^2 - \sum_{i=1}^{4}\sum_{j=1}^{3}\frac{1}{3}\left(\sum_{l=1}^{3}x_{ijl}\right)^2 = 36$$

$$SSAB = SST - SSA - SSB - SSE = 130.31 - 2.08 - 28.39 - 36 = 63.84$$

由此可得各方差的自由度：

SST 的自由度为

$$4 \times 3 \times 3 - 1 = 35$$

SSA 的自由度为

$$4 - 1 = 3$$

SSB 的自由度为

$$3 - 1 = 2$$

SSAB 的自由度为

$$(4-1)(3-1) = 6$$

SSE 的自由度为

$$4 \times 3 \times (3-1) = 24$$

由此可得各方差对应的均方差：

对因素 A，有

$$MSA = \frac{SSA}{r-1} = \frac{2.08}{3} = 0.69$$

对因素 B，有

$$MSB = \frac{SSB}{s-1} = \frac{28.39}{2} = 14.20$$

对因素 A、B 的交互作用，有

$$MSAB = \frac{SSAB}{(r-1)(s-1)} = \frac{63.84}{6} = 10.64$$

对随机误差项，有

$$MSE = \frac{SSE}{rs(m-1)} = \frac{36}{24} = 1.5$$

因此，检验以上三个假设中原假设是否为真的统计量分别为

$$F_A = \frac{MSA}{MSE} = \frac{0.69}{1.5} = 0.46$$

$$F_B = \frac{MSB}{MSE} = \frac{14.20}{1.5} = 9.47$$

$$F_{AB} = \frac{MSAB}{MSE} = \frac{10.64}{1.5} = 7.09$$

第三步，统计决策。

由于 $F_A \sim F(3,24)$，$F_B \sim F(2,24)$，$F_{AB} \sim F(6,24)$，查表可得显著性水平 $\alpha = 0.05$ 的临界值为 $F_{A\alpha}(3,24) = 3.01$，$F_{B\alpha}(2,24) = 3.40$，$F_{AB\alpha}(6,24) = 2.51$。

对因素 A，因为 $F_A = 0.46 < F_{A\alpha}(3,24) = 3.01$，所以不拒绝原假设，说明不同光照对产量没有显著差异。

对因素 B，因为 $F_B = 9.47 > F_{B\alpha}(2,24) = 3.40$，所以拒绝原假设，说明不同的噪音对

产量有显著影响。

对因素 A、B 的交互作用，因为 $F_{AB}=7.09>F_{AB\alpha}(6,24)=2.51$，所以拒绝原假设，说明光照与噪音对产量存在显著的交互作用。

其方差分析表如表 7-18 所示。

表 7-18 方差分析表

方差来源	离差平方和	自由度	均方差	F 值
因素 A 的组间方差	2.08	3	0.69	
因素 B 的组间方差	28.39	2	14.20	$F_A=0.46$
因素 A、B 的交互作用方差	63.84	6	10.64	$F_B=9.47$
组内方差	36.00	24	1.50	$F_{AB}=7.09$
总和	130.31	35	—	

三、用 SPSS 进行双因素方差分析

双因素方差分析过程可以分析出每一个因素的作用以及各因素之间的交互作用，检验各总体间方差是否相等，还能够对因素的各水平间均值差异进行比较等。下面以例 7-3 为例，介绍在 SPSS 中进行双因素方差分析的步骤。

第一步，与单因素方差分析类似，根据例 7.3 中的数据建立数据文件，如图 7-7 所示。

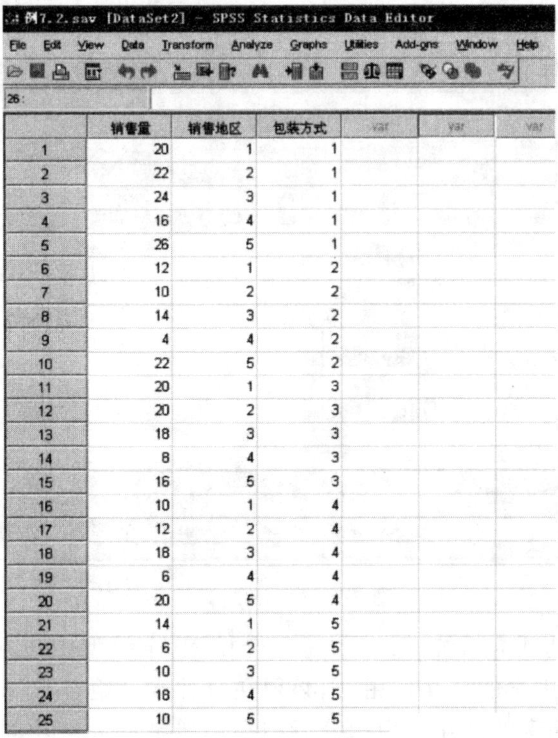

	销售量	销售地区	包装方式	var	var	var
1	20	1	1			
2	22	2	1			
3	24	3	1			
4	16	4	1			
5	26	5	1			
6	12	1	2			
7	10	2	2			
8	14	3	2			
9	4	4	2			
10	22	5	2			
11	20	1	3			
12	20	2	3			
13	18	3	3			
14	8	4	3			
15	16	5	3			
16	10	1	4			
17	12	2	4			
18	18	3	4			
19	6	4	4			
20	20	5	4			
21	14	1	5			
22	6	2	5			
23	10	3	5			
24	18	4	5			
25	10	5	5			

图 7-7 SPSS 数据文件

第二步,单击【Analyze General Linear Model Univariate】,打开【Univariate】主对话框,如图7-8所示。

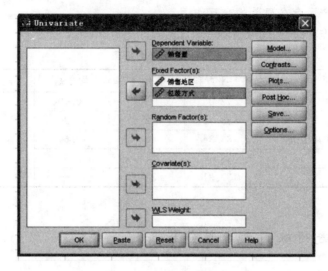

图7-8 【Univariate】对话框

第三步,选择要分析的变量"销售量"进入【Dependent Variable】框中,选择因素变量"销售地区"和"包装方式"进入【Fixed Factor】框中。

第四步,单击【Model...】按钮选择分析模型,得到【Model】对话框。如图7-9所示,在【Specify Model】框中,指定模型类型。

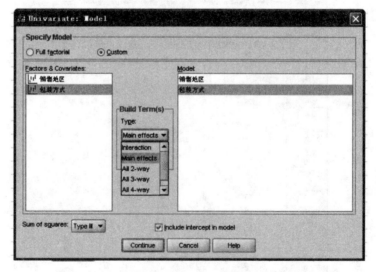

图7-9 Model 对话框

"Full factorial"选项为系统默认项,建立全模型,全模型中包括因素之间的交互作用。若选择分析两个因素的交互作用,则必须在每种水平组合下,取得两个以上的实验数据,才能实现两个因素的交互作用的分析结果。如果不考虑因素间的交互作用时,应当选择自定义模型。

"Custom"选项为自定义模型,本例选择此项并激活下面的各项操作。

先从左边框中选择因素变量进入【Model】框中,然后选择效应类型。一般不考虑交互作用时,选择主效应"Main effects";考虑交互作用时,选择交互作用"Interaction"。可以通过单击【Build Term(s)】下面的小菜单完成,本例中选择主效应。最后在【Sum of squares】中选择分解平方和的方法后返回主对话框。一般选取默认项"TypeⅢ"。单击【OK】就可以得到相应的双因素方差分析表 7-19。

表 7-19 双因素方差分析的非饱和模型

Dependent Variable:销售量

ource	Type III Sum of Squares	df	Mean Square	F	Sig.
Corrected Model	534.720[a]	8	66.840	3.089	0.026
Intercept	5 655.040	1	5 655.040	261.323	0.000
销售地区	199.360	4	49.840	2.303	0.103
包装方式	335.360	4	83.840	3.874	0.022
Error	346.240	16	21.640		
Total	6 536.000	25			
Corrected Total	880.960	24			

a. R Squared = 0.607 (Adjusted R Squared = 0.410)。

表 7-20 中 3～6 行是给出的双因素方差分析表的内容。从表 7-20 中的数据可以看出,销售地区 F 值对应概率 p 值大于显著性水平 0.05,而包装方式对应概率 p 值小于显著性水平 0.05,这说明包装方式对销售量的影响是显著的,而销售地区对销售量的影响是不显著的。

第五步,如果需要进行特定的两水平间的均值比较,可单击【Contrasts】比较按钮,打开【Contrasts】对话框,如图 7-10 所示。在【Factors】框中显示所有在主对话框中选择的因素变量,括号中显示的是当前的比较方法,点击选中因素变量,可以改变均值的比较方法。

图 7-10 【Contrasts】对话框

【Change Contrast】栏中列出对比方法。在小菜单中供选择的方法依次是：

"None"不进行均数比较；

"Deviation"以观测量均值为标准进行比较；

"Simple"以第一个或最后一个水平的观测值均值为标准；

"Difference"各水平上观察值均值与前一个水平的均值进行比较；

"*Helmert*"各水平上观察值与最后一个水平的均值比较。

选择了比较方法后，再点击【Change】按钮确定，将选中的比较方法显示在选中的因素变量后的括号内。然后返回主对话框。

第六步，如果需要进行图形展示，可单击【Plots】按钮，打开图形对话框，如图 7-11 所示。选择作均值轮廓图(Profile)的参数。

图 7-11　均值轮廓图对话框

(1)在【Factors】框中选择因素变量进入横坐标【Horizontal Axis】框内，然后单击【Add】按钮，可以得到该因素不同水平的因变量均值的分布。

(2)如果要了解两个因素变量的交互作用，将一个因素变量送入横坐标后，将另一个因素变量送入【Separate Lines】分线框中，然后单击【Add】按钮，就可以输出反映两个因素变量的交互图。本例中选择因素 A 为横坐标。

第七步，如需要将因素 B 各水平间均值进行两两比较，单击【Post Hoc】按钮，打开【Post Hoc Multiple】多重比较对话框，如图 7-12 所示。从【Factors】框中选择因素变量进入【Post Hoc Tests for】框中，然后选择多重比较方法。本例中各组方差相等，选择 LSD 方法。

第八步，单击【Save】按钮，打开保存对话框，如图 7-13 所示。选择需要保存的变量。

【Predicted Values】预测值栏，选择此栏系统将给出根据模型计算的有关预测值的选择项。

【Diagnostics】诊断异常值栏，有库克距离和杠杆值(leverage value)。

【Save to New File】保存新文件栏。

【Residuals】残差栏，有非标准化和标准化残差、学生化和剔除残差等。

图 7-12 多重比较对话框

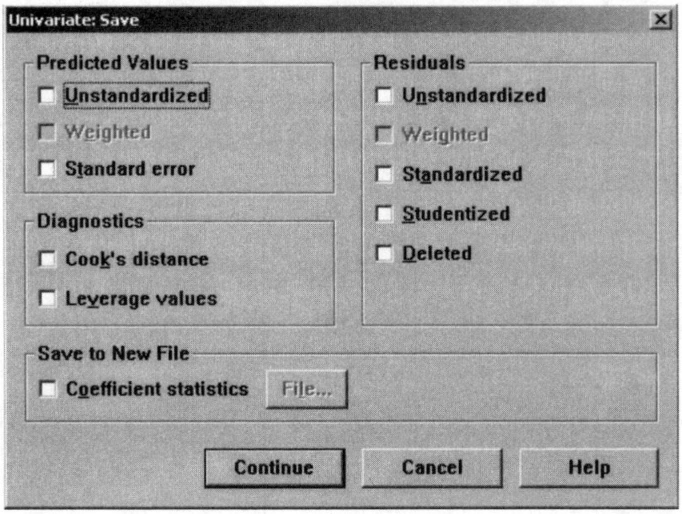

图 7-13 保存对话框

本例中不选择。

第九步，单击【Options】按钮，打开【Univariate：Options】对话框，从中选择需要输出的显著性水平，默认值为 0.05。本例中不选择。

在进行所有的选择后，单击【OK】，就可以得到输出结果。

由多重比较 LSD 表中得到不同包装方式的比较表如表 7-20 所示。

表 7-20 多重比较分析结果

销售量
LSD

(I)包装方式	(J)包装方式	Mean Difference (I−J)	Std. Error	Sig.	95% Confidence Interval	
					Lower Bound	Upper Bound
1	2	9.20*	2.942	0.007	2.96	15.44
	3	5.20	2.942	0.096	−1.04	11.44
	4	8.40*	2.942	0.011	2.16	14.64
	5	10.00*	2.942	0.004	3.76	16.24
2	1	−9.20*	2.942	0.007	−15.44	−2.96
	3	−4.00	2.942	0.193	−10.24	2.24
	4	−0.80	2.942	0.789	−7.04	5.44
	5	0.80	2.942	0.789	−5.44	7.04
3	1	−5.20	2.942	0.096	−11.44	1.04
	2	4.00	2.942	0.193	−2.24	10.24
	4	3.20	2.942	0.293	−3.04	9.44
	5	4.80	2.942	0.122	−1.44	11.04
4	1	−8.40*	2.942	0.011	−14.64	−2.16
	2	0.80	2.942	0.789	−5.44	7.04
	3	−3.20	2.942	0.293	−9.44	3.04
	5	1.60	2.942	0.594	−4.64	7.84
5	1	−10.00*	2.942	0.004	−16.24	−3.76
	2	−0.80	2.942	0.789	−7.04	5.44
	3	−4.80	2.942	0.122	−11.04	1.44
	4	−1.60	2.942	0.594	−7.84	4.64

Based on observed means.

The error term is Mean Square(Error) = 21.640.

*. The mean difference is significant at the 0.05 level.

从表 7-20 中可以看到包装方式之间的差异比较结果，A_3 与 A_1 的差异比较大，而 A_3 和其他水平之间没有显著差异。

第四节 案例：央行利息变动对不同板块股票价格的影响[①]

——方差分析在经管领域的一个应用

一、引言

2007年自3月18日开始到12月21日，央行先后六次加息，这对我国处于发展初期的股市产生了较大的影响。现今，我国的股票市场还处于发展的初始阶段，容易受各种因素的影响，这就增加了中央银行对货币供应进行有效调控的难度，最终影响货币政策目标的实现。从这个角度看，研究政策变化（利率的调整）对股市的影响在当前具有相当大的意义。很多学者专家在这个领域已经进行了大量的研究，得到了很多具有借鉴意义的结果，这里将用一种特殊的方法——单因素和双因素方差分析，在这一问题上进行一些探讨。

二、利率对股票价格的影响

一般而言，利率下降时，股票价格就上涨；利率上升时，股票价格就下跌。绝对价值理论认为，证券市场的证券价格主要由证券未来现金流和利率两个因素决定。那么股票价格就等于未来各期每股股利和某年后出售其价格的现值之和，即

$$p = \sum_{t=1}^{n} \frac{D_t}{(1+i)^t} + \frac{m}{(1+i)^{n+1}}$$

其中，i 为贴现率。若假定未来各期每股股利都等于一个固定值 D，而且不出售股票，也就是说无限期地持有下去，即

$$D_1 = D_2 = D_3 = \cdots = D_n = D(n \to \infty)$$

那么股票价格为

$$p = \frac{D}{i}$$

从这个公式就可以看出，股票价格与贴现率成反比，而贴现率又包括两个部分，即市场利率和股票的风险报酬率。这说明利率对股票价格是存在影响的，我们利用利率来对股市的波动进行研究也是可行的。

[①] 王丹丹.央行利息变动对不同板块股票价格的影响[J].市场周刊·理论研究，2010(1):74-76.

三、方差分析概述

方差分析(ANOVA)也称变异数分析或 检验,它是1923年英国统计学家费希尔(R. A. Fisher)提出的,用于比较两个及两个以上样本均数差别的显著性检验。方差分析的基本原理是认为不同处理组的均数间存在差别。概括来讲,方差分析的最大作用在于:一方面,它能将引起变异的多种因素各自的作用一一剖析出来,做出量的估计,进而辨明哪些因素起重要作用,哪些因素起次要作用;另一方面,它能充分利用资料提供的信息将试验中由于偶然因素造成的随机误差无偏地估计出来,从而大大提高了对试验结果分析的精确性。因此,方差分析的实质是关于观测值变异原因的数量分析,是科学研究的重要工具。

四、央行加息行为对不同板块股票收益率影响的实证研究

(一)数据的来源及处理

我们首先按照不同的行业板块,分别从金融板块、信息技术板块、公共事业板块和工业板块这四个板块随机抽取30只股票,然后选取2007年3月18日、2007年7月21日和2007年9月15日这三次央行加息信息公布前一周和后一周的股票价格变化率为比较组。这里的变化率反映了利率变动对股市的冲击大小,因此我们实际就是用股价在加息政策出台一周前和一周后的变化率来表现股市所受利率变动的冲击。因为考虑到试验的重复性,在这里我们先利用双因素方差分析试验,来检验利率和板块这两个因素对股价影响的显著性,以及不同利率水平对股市的影响程度如何;然后再利用单因素方差分析法来分析,在相同的利率水平下,利率变动对哪一个板块的影响最大。

在进行双因素分析时,我们分别将央行一年定期存款的利息和股市的行业看成是影响股票收益率的因素一和因素二,我们将央行一年定期存款利息分为3个水平,即按照2007年3月18日、2007年7月21日和2007年9月15日这三次央行加息的利息分为2.97%、3.33%和3.87%这3个水平。行业因素我们则按照行业板块分为4个水平,即分为金融板块、信息技术板块、公共事业板块和工业板块。数据来源于Wind数据库,软件使用了SPSS 13.0软件进行数据处理。

需要注意的是,在做任何方差分析之前我们都要对方差分析的基本假设进行检验,以检验数据是否满足做方差分析的条件。方差分析基本假设检验有三个:

(1)所有的观察数据都来自正态总体,当n较大时,这个条件一般是成立的;

(2)所有的观察数据都是随机的;

(3)所有的总体方差相等,即方差齐性假设。

由于对不同板块的股票收益率数据我们是随机抽取的,方差基本假设检验的第二条是满足的,也就是观察数据满足随机性的条件。因此,在这里只对观察数据的正态性假设和方差齐性假设进行检验。我们利用Eviews 5.0进行数据的正态性假设检验,对观察

数据进行了标准化处理,然后做出了标准化处理后的观察值的 QQ 概率图,如图 7-14 所示。从图 7-14 中我们可以看到,代表样本数据的点除了极少数的点,大多数都簇在直线上,这说明观察数据基本满足正态性的假设检验,可以认为数据基本符合正态分布。

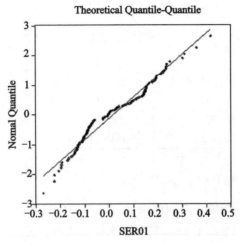

图 7-14 标准化处理后的观察数据 QQ 图

接下来,我们再检验数据的方差齐性,我们通常使用的用以判断多个样本方差是否齐性的检验方法是 Levene 检验。从方差齐性检验的结果来看,伴随概率为 0.069 大于显著性水平 0.05。因此,通过了方差齐性检验,认为各个组总体方差是相等的。

经过以上的变换和检验,我们认为观察数据基本可以用于做方差分析。

(二)方差分析

1. 双因素方差分析

双因素方差分析结果为在 5% 显著性水平下,$F_{利率}=89.845$,并且伴随概率 $p=0.000<0.05$,这说明利率水平对股票的变动幅度的影响是显著的。也就是说,央行加息对股价带来了一定的影响。同时,行业板块的显著性检验在 5% 显著性水平下的 $F_{板块}=2.856$,伴随概率 $p=0.041<0.05$,这说明行业板块因素对股票的变动幅度的影响也是显著的。但是,利率水平和行业板块的交互作用却不明显,并没有通过显著性检验。对显著因素还需进行处理(水平组合)各均数间的多重比较。

表 7-21 为采用 LSD 方法进行平均数多重比较的检验结果。表中"Mean Difference"列所对应的数据中右上角有"*"的表示该数据对应的两组均值之间有显著差异。从有"*"的数据我们可以看出,不同利率水平对股票变动幅度的影响是不同的,2.79% 的利率水平与 3.33% 的利率水平之间有显著差异,3.87% 的利率水平与 3.33% 的利率水平之间也存在显著差异。并且,2.79% 的利率水平与 3.33% 的利率水平间的均值差为 -1.8710,这说明 2.79% 这一利率水平对股票的冲击影响小于 3.33% 利率水平对股票冲击的影响。同样,由于 3.87% 和 3.33% 利率水平之间的均值差为 -1.323,我们可以知道,3.87% 这一利率水平对股票冲击的影响小于利率水平 3.33% 对股票市场的冲击。由此比较可以知道,3 个不同的利率水平中,利率水平为 3.33% 对股票市场的冲击

是最大的,3.87%的利率水平次之,2.79%这一利率水平对股市的冲击最弱。

表 7-21 不同利率水平对股票变动幅度影响的多重比较

(I)利率水平	(J)利率水平	Mean Difference (I-J)	Std. Error	Sig.	95% Confidence Interval	
					Lower Bound	Upper Bound
2.79%	3.30%	−1.871 028 2*	140 324 25	0.000	−2.149 175 2	−1.592 881 2
	3.87%	−0.767 797 9*	140 324 25	0.000	−1.045 944 9	−0.489 650 9
3.33%	2.79%	1.871 028 2*	140 324 25	0.000	1.592 881 2	2.149 175 2
	3.87%	1.103 230 3*	140 324 25	0.000	0.825 083 3	1.381 377 3
3.87%	2.79%	0.767 797 9*	140 324 25	0.000	0.489 650 9	1.045 944 9
	3.33%	−1.103 230 3*	140 324 25	0.000	−1.381 377 3	−0.825 083 3

Based on observed means.

*. The mean difference is significant at the 0.05 level.

2. 同一利率水平下不同板块之间所受冲击的影响分析

通过以上的分析我们得出了 3.33% 利率水平对股市的冲击是最大的。但是,这只是局限于对整个股票市场的冲击。我们知道,央行一年定期利率的提高或多或少都会对股票市场产生影响,但每一个不同的板块受这种影响的大小并不一定相同,可能有些板块受到央行升息的影响较大,而有些板块则对央行升息的反应不明显。所以,下面我们将利用单因素方差分析来比较在 3.33% 这一利率水平下,各个板块受到冲击的大小。

表 7-22 给出的是板块间差异的方差分析,"Between Groups"表示的是组间差异,由于在显著性水平为 0.05 的条件下,组间差异的 $F=0.048$,$p=0.048<0.05$ 这说明在 3.33% 这一利率水平下,各个板块受到利率冲击影响的差异性是显著的。

表 7-22 板块间差异方差分析结果

Zscore(股票变动幅度)

	Sum of Squares	df	Mean Square	F	Sig.
Between Groups	2.520	3	0.840	2.899	0.48
Within Groups	10.432	36	0.290		
Total	12.952	39	—	—	—

下面我们将利用 LSD 方法来比较利率冲击对各个板块的不同影响程度。多重比较结果如表 7-23 所示,为便于数据分析,分别令 1=金融板块,2=信息技术板块,3=公用事业板块,4=工业板块,分析过程与上部分所述的 LSD 方法相同。从"*"显示的数据我们可以看出,金融板块与信息技术板块间的均值差为 0.571 1,因此,在 3.33% 利率水平下,金融板块受到的冲击要大于信息技术板块受到的冲击。信息技术板块与公用事业板块间的均值差为 −0.565 8,这说明在 3.33% 利率水平下,信息技术板块受到利率的冲击要小于公用事业板块受到的冲击。而工业板块与其他三个板块没有明显差异,这从另一方面说明工业板块受到利率冲击的影响小于其他三个板块,利率变动并没有对工业板块产生很大的冲击。因此,在 3.33% 的利率水平下,金融板块、信息技术板块和公用事业板

块受到的影响较大,其中,金融板块和公用事业板块受到的影响尤为显著,而工业板块受到利率变动的冲击则很小。

表 7-23 利率冲击对各个板块影响程度的多重比较

Dependent Variable:Zscore(股票变动幅度)

	(I)行业板块	(J)行业板块	Mean Difference (I-J)	Std. Error	Sig.	95% Confidence Interval	
						Lower Bound	Upper Bound
LSD	1	2	0.571 123 79*	240 740 53	0.023	0.082 879 4	1.059 368 2
		3	0.005 282 97	240 740 53	0.983	−0.482 961 5	0.493 527 4
		4	0.412 844 06	240 740 53	0.095	−0.075 400 4	0.901 088 5
	2	1	−0.571 123 79*	240 740 53	0.023	−1.059 368 2	−0.082 879 4
		3	−0.565 840 83*	240 740 53	0.024	−1.054 085 3	−0.077 596 4
		4	−0.158 279 73	240 740 53	0.515	−0.646 524 2	0.329 964 7
	3	1	−0.005 282 97	240 740 53	0.983	−0.493 527 4	0.482 961 5
		2	0.565 840 83*	240 740 53	0.024	0.077 596 4	1.054 085 3
		4	0.407 561 10	240 740 53	0.099	−0.080 683 3	0.895 805 5
	4	1	−0.412 844 06	240 740 53	0.095	−0.901 088 5	0.075 400 4
		2	0.158 279 73	240 740 53	0.515	−0.329 964 7	0.646 524 2
		3	−0.407 561 10	240 740 53	0.099	−0.895 805 5	0.080 683 3
Dunnett t (2-sided)	1	4	0.412 844 06	240 740 53	0.223	−0.177 484 9	1.003 173 0
	2	4	−0.158 279 73	240 740 53	0.849	−0.748 608 7	0.432 049 3
	3	4	0.407 561 10	240 740 53	0.232	−0.182 767 9	0.997 890 1

*. The mean difference is significant at the 0.05 level.

a. Dunnett t-tests treat one group as a control, and compare all other groups against it.

五、结论

通过以上分析,首先,我们可以看出,央行对一年定期存款利息的增加给股票市场带来了一定的影响,但这种影响不是完全相同的。2.97%、3.33%和3.87%这三个利率水平中,利率水平3.33%对股市的冲击最大,3.87%的利率水平次之,2.79%这一利率水平对股市的冲击最弱。2007年3月18日,是央行在2007年首次提息,一年定期存款利率从2.72%调到2.97%,虽然,存贷款利率的提高增加了投资者投资股票市场的机会成本,会有部分资金从股票市场中抽出,但是,对大多数人而言,将存款投资在股市的收益远远大于将存款放入银行的收益。因此,这次提息并没有对股市产生过大的冲击。而2007年7月21日,当央行将利率从3.06%调高到3.33%时,股市受到较大的冲击,我们可以认为,3.33%的利率水平为股市加息的"敏感点",会使证券市场出现剧烈波动。因此,当利率提高到这一水平时央行应同时通过各种货币政策对股市进行调控,以减小股市的剧烈波动。当利率增加到 3.87% 这一水平时,股市所受的影响又减小了,因为这时经过股市加息的"敏感点"后,股民们要么已经退出了股市,将资金从股市抽回用于其他方面的投资或存入银行,要么已经适应了股市的剧烈波动,对股市的未来有较好的预期,决定将资金留在股市以进行长期投资。因此,这时的利率水平变动对股市的冲击减小了。

其次,通过以上分析我们还能看出,在 3.33% 的利率水平下,各个板块受到的冲击是不相同的,金融板块、信息技术板块和公用事业板块受到的冲击较大。其中,金融板块和公用事业板块受到的影响尤为显著,而工业板块受到利率变动的冲击则很小。那么,对于那些规避风险者就可以选择工业板块的股票进行投资,以减少风险;对于风险爱好者则可以选择金融板块和公用事业板块这些对宏观经济政策较敏感的板块进行投资,以获取较大的收益率。

最后,需要说明的是,我们在这里进行的单因素和双因素方差分析都是在假定其他因素不变的情况下进行的。但是,由于央行的宏观调控政策远不止调息这一种,股市也不仅仅受到利率的影响,而且在同期会有其他的一些政策出台或者公司本身的一些决策,这些都可能会增加或削弱加息政策的效力。无论如何,单因素和双因素方差分析为我们在这一问题的研究上提供了一个新的思路。

本章小结

方差分析是检验多个总体均值是否相等的统计方法,其应用范围很广,涉及工业、农业、商业、医学、社会学等多个方面。它通过检验各总体的均值是否相等来判断分类型自变量对数值型因变量是否有显著影响,而实现方法是进行方差比较,即通过检验统计量 $F=$ 组间方差/组内方差来进行判定。若 F 实际值大于理论值,即组间方差大于组内方差,总离差主要是由组间的不同引起的,则拒绝原假设(各均值相等)。但这并不能说明两两之间的平均值是有差异的,可能是因为某两个平均值相差太大,从而导致组间方差大,所以,需进一步做多重比较分析。

只有一个自变量和一个因变量的方差分析称为单因素方差分析。方差分析的前提条件是:第一,正态性,即每个总体都应服从正态分布;第二,方差齐性,即各个总体的方差必须相同;第三,独立性,即每个样本数据是来自因子各水平的独立样本。因此,在完成单因素方差分析之后,必须要进行方差齐性检验。

多因素方差分析用来研究两个及两个以上控制变量是否对观测变量产生显著影响,它不仅能够分析多个因素对观测变量的独立影响,更能够分析多个控制因素的交互作用能否对观测变量的分布产生显著影响。双因素方差分析对影响因素进行检验,有两种类型:一种是无交互作用的双因素方差分析,它假定因素 A 和因素 B 的效应之间是相互独立的,不存在相互关系;另一种是有交互作用的双因素方差分析,它假定因素 A 和因素 B 的结合会产生一种新的效应。

本章同时结合 SPSS 软件,介绍了如何借助软件来进行方差分析。

第七章 方差分析

思考与练习

(一) 单项选择题

1. 方差分析中的原假设是关于所研究因素（ ）。
   A. 各水平总体方差是否相等
   B. 各水平的理论均值是否相等
   C. 同一水平内部数量差异是否显著
   D. 各水平之间的相关关系是否密切

2. 在方差分析中，（ ）反映的是样本数据与其组平均值的差异。
   A. 总离差   B. 组间方差   C. 抽样误差   D. 组内方差

3. $\sum_{i=1}^{r} n_i (\bar{x}_i - \bar{x})^2$ 是（ ）。
   A. 组内离差平方和
   B. 组间离差平方和
   C. 总离差平方和
   D. 总方差

4. 对具有 r 个水平的某因素影响是否显著不同的试验中，每个水平的样本容量都是 n，则运用单因素方差分析，计算 F 统计量，其分子与分母的自由度分别为（ ）。
   A. r, nr B. $r-n, nr-r$ C. $r-1, nr-r$ D. $nr-r, r-1$

5. 为研究溶液温度对液体植物的影响，将水温控制在三个水平上，则称这种方差分析为（ ）。
   A. 单因素三水平方差分析
   B. 双因素方差分析
   C. 双因素三水平方差分析
   D. 三因素方差分析

6. 在方差分析中，总离差平方和反映的是（ ）。
   A. 全部观测值之间的差异程度
   B. 由实验因素变化所引起的观测值之间的差异程度
   C. 由随机波动所引起的观测值之间的差异程度
   D. 各组离差平方的总和

7. 运用单因素方差分析法时，下列表述中正确的是（ ）。
   A. 组内方差显著大于组间方差时，该因素对所考察指标的影响显著
   B. 组间方差显著大于组内方差时，该因素对所考察指标的影响显著
   C. 拒绝原假设时，可推断各水平的效应完全相同
   D. 各水平下的样本单位数必须相等

8. 下列不属于进行方差分析应该满足的假设条件的是（ ）。
   A. 各水平的样本数据都是相互独立的
   B. 各样本都来自正态总体
   C. 各样本的总体方差相等
   D. 各样本的样本量相等

9. 为了分析某校不同专业学生的某次统计学测试成绩是否有显著差异（假定其他条件都相同），采用方差分析方法，在1%的显著性水平下，在10个专业中随机抽取50个学生进行调查，拒绝原假设的区域是(   )。

A. $(F_{0.01}(9,49), +\infty)$ B. $(F_{0.005}(9,49), +\infty)$

C. $(F_{0.01}(9,40), +\infty)$ D. $(F_{0.005}(9,40), +\infty)$

10. 有 r 个不同水平的因素 A 和有 s 个不同水平的因素 B 是可能对试验结果有影响的两个因素，相互之间无交互作用，则判断因素 A 的影响是否显著的统计量 F 的自由度为(   )。

A. $[r-1, (r-1)(s-1)]$ B. $[s-1, (r-1)(s-1)]$

C. $[r-1, r(s-1)]$ D. $[s-1, r(s-1)]$

11. 利用方差分析表进行方差分析时，该表不包括的项目有(   )。

A. 方差来源   B. 离差平方和及其分解

C. 各离差平方和的自由度   D. 原假设的统计判断

12. 下列关于方差分析的说法不正确的是(   )。

A. 方差分析是一种检验若干个正态分布的均值和方差是否相等的一种统计方法

B. 方差分析是一种检验若干个独立正态总体均值是否相等的一种统计方法

C. 方差分析实际上是一种 F 检验

D. 方差分析基于偏差平方和的分解和比较

13. 对某因素进行方差分析，由实验数据得题表 7-1。

题表 7-1   方差分析表

方差来源	平方和	自由度	F 值
组间	4 623.70	4	
组内	4 837.25	15	$F_{0.05}(4,15)=3.06$
总和	9 460.95	19	

采用 F 检验法，知在 $\alpha=0.05$ 时 F 的临界值 $F_{0.05}(4,15)=3.06$，则可以认为因素的不同水平对实验结果(   )。

A. 没有影响   B. 有显著影响

C. 没有显著影响   D. 不能做出是否有显著影响的判断

14. 双因素方差分析有两种类型：一种是有交互作用的，一种是无交互作用的。区别的关键是看这对因子(   )。

A. 是否独立   B. 是否都服从正态分布

C. 是否水平相同   D. 是否有相同的自由度

(二)多项选择题

1. 应用方差分析的前提条件是(   )。

A. 各个总体服从正态分布   B. 各个总体均值相等

C. 各个总体具有相同的方差   D. 各个总体均值不等

E. 各个总体相互独立

2. 若检验统计量 F 近似等于1,说明(　　)。

A. 组间方差中不包含系统因素的影响

B. 组内方差中不包含系统因素的影响

C. 组间方差中包含系统因素的影响

D. 方差分析中应拒绝原假设

E. 方差分析中应接受原假设

3. 对于单因素方差分析的组内误差,下面说法中正确的是(　　)。

A. 其自由度为 $r-1$

B. 反映的是随机因素的影响

C. 反映的是随机因素和系统因素的影响

D. 组内误差一定小于组间误差

E. 其自由度为 $n-r$

4. 方差分析针对不同情况分为(　　)。

A. 单因素方差分析　　　　　　B. 多因素方差分析

C. 双因素方差分析　　　　　　D. 双因素无交互影响方差分析

E. 双因素有交互影响方差分析

(三)判断题

1. 应用方差分析的前提条件是各总体均值不等。(　　)

2. 方差分析的基本原理是通过方差的比较,检验各因子水平下的均值是否相等。(　　)

3. 方差分析的因子只能是定量的,不然无从进行量化分析。(　　)

4. 方差分析比较之前应消除自由度的影响。(　　)

5. 单因素方差分析中的组内方差一定小于组间方差。(　　)

6. 单因素方差分析中,若 F 统计量值远远大于其临界值,则说明各水平下的均值完全相等。(　　)

7. 双因素方差分析,按照两因素的作用是否独立,可分为无交互作用的双因素方差分析和有交互作用的双因素方差分析。(　　)

8. 无交互作用的双因素方差分析中,组内方差的自由度为 $sr-1$。(　　)

9. 为了研究因素 A 和 B 是否有交互作用,在其他因素都加以控制的条件下,因素 A 的每一水平和因素 B 的每一水平组成一组试验条件,每种情况只需实验一次即可。(　　)

10. 有交互作用的双因素方差分析中,需要检验的原假设有三个。(　　)

(四)简答题

1. 什么是方差分析?它研究的是什么?

2. 要检验多个总体均值是否相等时,为什么不做两两比较,而用方差分析方法呢?

3. 方差分析中有哪些基本假定?

4. 说明组内误差和组间误差的含义。

5. 解释无交互作用和有交互作用的双因素方差分析。

(五) 计算题

1. 为了比较两种材料的质量,选择 15 台不同设备对这两种材料进行特别处理,假设未处理前两种材料的指标数据均为 10。一星期后经测量得到两种材料的指标数据如下:

材料 A:7.6 7.0 8.3 8.2 5.2 9.3 7.9 8.5 7.8 7.5 6.1 8.9 6.1 9.4 9.1

材料 B:8.0 6.4 8.8 7.9 6.8 9.1 6.3 7.5 7.0 6.5 4.4 7.7 4.29.4 9.1

试根据数据检验两种材料的质量有无显著差异。

2. 下面给出的是两个大文学家马克·吐温和斯诺特格拉斯的 8 篇小品文中由三个字母组成的词的比例:

马克·吐温: 0.225 0.262 0.217 0.240 0.230 0.229 0.235 0.217

斯诺特格拉斯:0.209 0.205 0.196 0.210 0.202 0.207 0.224 0.223

设两组数据分别来自正态总体,试检验两位作家写的小品文稿中包含由三个字母组成的词的比例是否有显著的差异,并且检验两组数据的方差是否相等。

3. 利用题表 7-2 中的资料分析华北不同地区、不同行业的全民所有制单位中职工工资水平是否有显著差异。

题表 7-2 华北全民所有制单位职工工资   (单位:元/(人·年))

地区	工业	建筑业	交通运输和邮电通信业	教育、文化艺术和广播电视事业
北京	1 327	1 737	1 529	1 244
天津	1 161	1 631	1 503	1 162
河北	1 113	1 428	1 245	1 026
山西	1 201	1 493	1 297	1 108
内蒙古	1 246	1 499	1 332	1 199

4. 利用题表 7-3 中的资料分析研究华北不同地区和不同时间对农民家庭人均纯收入的影响。

题表 7-3 华北农民家庭人均纯收入   (单位:元)

年份\地区	北京	天津	河北	山西	内蒙古
1980	290.46	277.92	175.78	155.78	181.32
1981	350.67	297.77	204.41	179.53	225.14
1982	432.63	326.12	235.73	227.18	273.03
1983	519.48	411.69	298.07	275.78	294.20
1984	664.16	504.64	345.00	305.50	336.12
1985	775.08	564.55	385.23	358.32	360.41

5. 题表 7-4 给出了某种化工过程在 3 种浓度、4 种温度水平下的得率。假设在诸水平的搭配下的总体服从正态分布且方差相等，试在显著性水平 0.05 下检验不同的浓度及不同的温度下的得率的差异是否显著，交互作用的效应是否显著。

题表 7-4 某化工过程的得率

浓度/% \ 温度/℃	10	24	38	52
2	14	11	13	10
	10	11	9	12
4	9	10	7	6
	7	8	11	10
6	5	13	12	14
	11	14	13	10

6. 某企业准备用三种方法组装一种新的产品，为确定哪种方法每小时生产的产品数量最多，随机抽取了 30 名工人，并指定每名工人使用其中一种方法。通过对每名工人生产的产品数进行方差分析得到结果如题表 7-5 所示

题表 7-5 方差分析表

差异源	SS	df	MS	F	p-value	F crit
组间	420				0.245 946	3.354 131
组内				—	—	—
总计	4 256		—	—		

要求：(1) 完成上面的方差分析表；

(2) 若显著性水平 $\alpha=0.05$，检验三种方法组装的产品数量之间是否有显著差异。

第八章 相关分析和回归分析

肥胖成世界性大难题 全球吃死的人比饿死的人多

第57届世界卫生大会通过了一系列保护和促进人类健康的文件,其中一项就是向肥胖症宣战。这项"全球健康战略"要求各国食品公司减少产品中糖、盐和高脂肪的含量,同时,提醒人们采取健康的生活方式,加强体育锻炼。

据世卫组织统计,全球肥胖症患者达3亿人,其中儿童占2 200万人,11亿人体重过重。肥胖症和体重超常早已不是发达国家的"专利",已遍及五大洲。目前,全球因"吃"致病乃至死亡的人数已高于因饥饿死亡的人数。

2002年,美国因肥胖症致死者达43.5万人,2003年则达到40万人,均比1990年增长了33%!一些发展中国家肥胖症现象也越来越严重。世卫专家指出,肥胖症的直接后果是导致心血管疾病、癌症,容易诱发糖尿病并使人的寿命减少10余年。2003年,美国用于治疗肥胖症的费用为750亿美元,而用于治疗因肥胖症而产生的疾病的开销总额高达1 400亿美元。然而,全球"减肥"的主要症结在于西方国家食品工业财大气粗,他们通过广告宣传左右着人们的消费趋势。另外,不论快餐还是甜食,毕竟受到部分消费者的喜爱。但向肥胖症宣战毕竟在媒体和公共舆论中产生了巨大反响。据悉,到2006年,美国食品公司必须在产品标签上注明对身体有害的脂肪含量。美国18个州已经开始征收"肥胖税"。欧洲许多国家将对食品公司抽取"肥胖税"。2003年,英国青少年肥胖症患者人数迅速增长。对此,英国卫生部门发出警告,如果食品公司不采取切实措施,将全面禁止"垃圾食品广告"。

减少和遏制肥胖症在全球的发展,与我们的生活方式紧密相关。世卫专家指出,健康的饮食应当在保持营养和适度消耗中找到平衡。现代社会人们的生活节奏加快,学生每天至少要吃一次"快餐",而快餐往往含有大量脂肪、糖和盐。家庭轿车的发展使人们缺乏体育锻炼,热量消耗减少,导致体内脂肪增多。世卫组织提出了"中国饮食结构"和"地中海饮食结构"等均衡饮食,建议多吃水果、蔬菜,多吃奶制品,多饮茶。对于不得不在外午餐的工薪阶层和学生,则建议用水果、蔬菜和牛奶来补充维生素,保持营养平衡。

随着"全球肥胖症"现象的加剧,一些著名的医药公司投入人力和财力研发新型减肥药。近百种新型减肥药物正在开发研制中。然而,医学专家建议,药物减肥只能作为辅助手段,良好的饮食习惯最为重要。

(引自《光明日报》2004 年 5 月 28 日,刘军/文)

问题:

1. 引起肥胖症的主要因素有哪些?
2. 肥胖症、体重超常是否真正导致死亡人数有显著增加?
3. 肥胖症、体重超常对死亡人数增加的作用方向和作用程度如何?
4. 肥胖症、体重超常这些因素是导致死亡人数增加的决定性因素吗?
5. 当肥胖症、体重超常等因素发生重大变化时,对死亡人数的变化产生怎样的影响?

为了回答这些问题,我们需要寻求分析各种数据相互之间关系的统计方法,这些统计方法就是本章将要介绍的相关和回归分析方法。

学习要求 充分理解相关分析和回归分析的概念;掌握计算相关系数和拟合回归方程的方法;学会运用 SPSS 进行相关系数的计算和进行线性一元回归和多元回归分析,并能对回归方程进行各项显著性检验。

主要内容

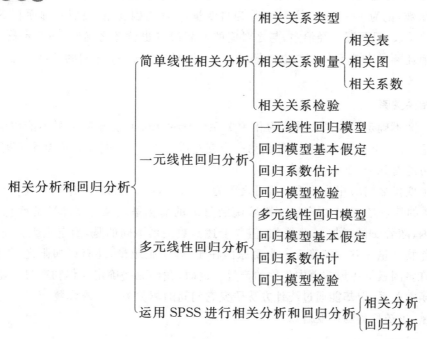

第一节 简单线性相关分析

一、相关分析概述

无论是自然现象之间还是社会经济现象之间,大都存在着不同程度的联系,当一些现象发生变化时,另一现象也会随之发生变化。例如,商品需求量会随着商品价格的变化而变化;商品销售额也会随着商品价格的变化而变化;等等。各种变量间的关系可分为两类:一类是确定的函数关系,另一类是不确定的相关关系。

(一)函数关系和相关关系

1. 函数关系

现象间一一对应的确定关系称为函数关系。设有两个变量 x 和 y,变量 y 随变量 x 一起变化,并完全依赖于 x,当变量 x 取某个数值时,y 依确定的关系取相应的值,则称 y 是 x 的函数,记为 $y=f(x)$,其中,x 称为自变量,y 称为因变量。例如,圆面积 S 与圆半径 r 间的关系,只要圆半径给定,与之对应的圆面积 S 也就随之确定,即 $S=\pi r^2$;企业的原材料消耗额 y 与产量 x_1、单位产量消耗 x_2、原材料价格 x_3 之间的关系可表示为 $y=x_1 \times x_2 \times x_3$。

2. 相关关系

现象间不确定的数量关系称为相关关系(correlation),变量间关系不能用函数关系精确表达,即一个变量的取值不能由另一个变量唯一确定,当变量 x 取某个值时,变量 y 的取值可能有几个。

两个变量之间的相关关系一般可表示为 $y=f(x,u)$。例如,农作物产量 y 与施肥量 x 间关系的特点是:农作物产量 y 随着施肥量 x 的变化呈现某种规律性的变化,在适当的范围内,随着 x 的增加,y 也增加;但与上述函数关系不同的是,给定施肥量 x,与之对应的农作物产量 y 并不能确定。主要原因在于,除了施肥量,还有诸如阳光、气温、降雨等其他许多因素都在影响着农作物的产量。这时,我们无法确定农作物产量与施肥量间确定的函数关系,但却能通过统计方法研究它们间的相关关系。农作物产量 y 作为非确定性变量,也被称为随机变量。

(二)相关关系的分类

客观现象间的相关关系相当复杂,表现为各种各样的形态,所以现象之间的相关关系可以按不同的标准划分为不同的种类,如图 8-1 所示。

(1)按涉及的变量多少来分,相关关系可分为单相关、复相关和偏相关。

两个变量之间的相关,称为单相关。一个变量与两个或两个以上其他变量之间的相

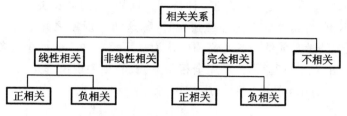

图 8-1 相关关系的类型

关,称为复相关。在复相关的研究中,假定其他变量不变,专门研究其中两个变量之间的相关关系时称之为偏相关。例如,某地区的财政收入与经济增长及产业结构之间的关系便是一种复相关。而在假定经济增长不变的条件下,财政收入与产业结构之间的关系就是一种偏相关;或者假定在产业结构不变的条件下,财政收入与经济增长之间的关系也是一种偏相关。

(2)按相关形式来分,相关关系可以分为线性相关和非线性相关。

当变量之间的依存关系大致呈现为线性形式时,即当一个变量变动一个单位时,另一个变量也按一个大致固定的增(减)量变动,从图形上看,其观测点的分布近似地表现为直线形式,就是线性相关。而当一个变量发生变动,另一个变量也随之发生变动,但是这种变动不是均等的,从图形上看,其观测点的分布表现为各种不同的曲线形式,这种相关关系称为非线性相关,如图 8-2 所示。

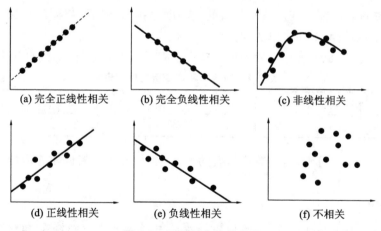

图 8-2 不同形态的散点图

(3)按相关的方向来分,相关关系可分为正相关和负相关。

当一个变量随着另一个变量的增加(减少)而增加(减少),即两者同向变化时,称为正相关。例如,家庭收入与家庭支出之间的关系,一般随着家庭收入的增加,家庭支出也会随之增加。当一个变量随着另一个变量的增加(减少)而减少(增加),即两者反向变化时,称为负相关。例如,产品产量与单位成本之间的关系,单位成本会随着产量的增加而减少。

(4)按相关程度来分,相关关系可分为完全相关、不完全相关和不相关。

当一种现象的数量变化完全由另一种现象的数量变化所确定时,称这两种现象之间的关系为完全相关,也就是函数关系。在这种情况下,完全确定的数量关系即为函数关系,也就是说,函数关系是相关关系的一种特例。例如,圆的周长决定于它的半径。当两个现象彼此互不影响,其数量变化各自独立时,称这两个现象之间的关系为不相关或零相关。例如,学生的学习成绩与其身高一般认为是不相关的。若两个现象之间的关系介于完全相关和不相关之间,就称为不完全相关,一般的相关现象都是指这种不完全相关,这是相关分析(correlation analysis)的研究对象。

二、相关关系的测量

相关分析中,通过定性分析、制作相关表、绘制相关图等,可以对现象之间存在的相关关系的方向、形式和密切程度做直观、大致地判断。为了较准确衡量具有简单线性相关关系的相关程度,还可以通过计算相关系数来实现。

(一)定性分析

对现象进行定性分析,就是运用理论知识、专业知识和实践经验来分析、判断现象之间的数量关系。例如,运用经济理论来分析经济增长与投资、消费和出口的数量关系;运用生物遗传理论来分析父辈身高与子辈身高的数量关系等。

(二)相关表

研究现象之间的依存关系,首先要通过实际调查取得一系列成对的数据,作为相关分析的原始资料。将某一变量按其数值的大小顺序排列,然后将与其相关的另一变量的对应值平行排列,便可得到简单的相关表。

例如,对某公司8年来每年的销售额和广告费进行调查,得到的资料如表8-1所示。

表 8-1 销售额和广告费的相关表 (单位:万元)

广告费	10	12	15	20	25	28	33	35
销售额	15	18	22	26	30	34	41	43

从相关表 8-1 中可看出,随着广告费的增加,企业的销售额也随着增加,两变量间存在明显的正相关关系。

(三)相关图

相关图又称散点图或散布图,是以直角坐标系的横轴代表变量 x,纵轴代表变量 y,将两变量相对应的成对数据用坐标点的形式描绘出来,用于反映两变量之间相关关系的图形。不同形态的散点图如图 8-2 所示。

根据表 8-1 的资料绘制的相关图如图 8-3 所示。

从图 8-3 可以看出,样本数据 (x_i, y_i) 大致分别落在一条直线附近,这说明变量 x 与 y 之间具有明显的线性相关关系。另外,所绘制的散点图呈现出从左至右的上升趋势,这表明 x 与 y 之间存在着一定的正相关关系,即随着广告费用的增加,销售额也增加。

(四)简单线性相关系数

在各种相关中,单相关是基本的相关关系,它是复相关和偏相关的基础。单相关有

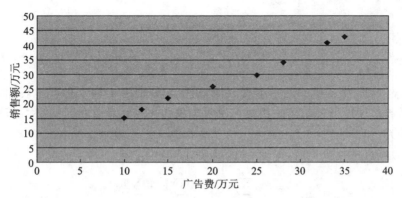

图 8-3　销售额和广告费的相关图

线性相关和非线性相关两种表现形式。测定线性相关系数的方法是最基本的相关分析，是测定其他相关系数方法的基础。所以，我们首先研究线性的单相关系数，即简单线性相关系数，也就是在线性条件下说明两个变量之间相关关系密切程度的统计分析指标，简称相关系数(correlation coefficient)。

1. 总体简单线性相关系数

对于所研究的总体，表示两个相互联系变量线性相关程度的相关系数称为总体简单线性相关系数，用 ρ 来表示，其计算公式为

$$\rho = \frac{\mathrm{Cov}(x,y)}{\sqrt{D(x) \cdot D(y)}} = \frac{\mathrm{Cov}(x,y)}{\sigma_x \cdot \sigma_y} \tag{8-1}$$

其中，$\mathrm{Cov}(x,y)$ 为变量 x 和 y 的协方差，用 σ_{xy}^2 表示，即

$$\mathrm{Cov}(x,y) = \sigma_{xy}^2 = \frac{\sum_{i=1}^{n}(x_i - \bar{x})(y_i - \bar{y})}{n} \tag{8-2}$$

其中，$D(x)$、σ_x 分别为变量 x 的方差和标准差，$D(y)$、σ_y 分别为变量 y 的方差和标准差。

总体简单线性相关系数反映总体两个变量 x 和 y 的线性相关程度。总体简单线性相关系数具有如下特点：

(1)对于特定的总体来说，x 和 y 的数值是既定的，即总体简单线性相关系数是客观存在的特定数值；

(2)因为总体的两个变量的所有数值是不可能直接观测的，所以总体简单线性相关系数一般是未知的。

2. 样本简单线性相关系数

由于总体简单线性相关系数是不可直接观测的，需要从总体中抽取样本容量为 n 的一个样本，通过 x 和 y 的样本观测值计算简单线性相关系数，此简单线性相关系数称为样本简单线性相关系数，又称为皮尔逊(Pearson)相关系数。它用来测量定距变量间的线性相关关系(如测量身高与体重、工龄与收入等)，记为 r_{xy}，简记为 r，其基本计算公式为

$$r_{xy} = \frac{\sigma_{xy}^2}{\sigma_x \cdot \sigma_y} = \frac{\sum_{i=1}^{n}(x_i - \bar{x})(y_i - \bar{y})/n}{\sqrt{\sum_{i=1}^{n}(x_i - \bar{x})^2/n} \cdot \sqrt{\sum_{i=1}^{n}(y_i - \bar{y})/n}} \quad (8-3)$$

其中，x_i 和 y_i 分别为 x 和 y 的样本观测值，$\bar{x}$ 和 $\bar{y}$ 分别为 x 和 y 的样本观测值的均值。因为相关系数是通过将各个离差相乘来说明现象相关密切程度的，所以称这种计算相关系数的方法为"积差法"。

式(8-3)经过进一步化简，得到 r_{xy} 的简便计算公式，即

$$r_{xy} = \frac{n\sum_{i=1}^{n}x_i y_i - \sum_{i=1}^{n}x_i \cdot \sum_{i=1}^{n}y_i}{\sqrt{n\sum_{i=1}^{n}x_i^2 - \left(\sum_{i=1}^{n}x_i\right)^2} \cdot \sqrt{n\sum_{i=1}^{n}y_i^2 - \left(\sum_{i=1}^{n}y_i\right)^2}} \quad (8-4)$$

3. 样本简单线性相关系数的特点

样本简单线性相关系数 r 是根据 x 和 y 的样本观测值计算出来的，可以证明，样本简单线性相关系数 r 是总体简单相关系数 ρ 的无偏、一致估计。简单线性相关系数 r 有如下特点：

(1)简单线性相关系数 r 的取值范围为 $-1 \leqslant r \leqslant 1$，即 $0 \leqslant |r| \leqslant 1$。

(2)当 $r>0$ 时，表示 x 和 y 为正线性相关；当 $r<0$ 时，表示 x 和 y 为负线性相关。

(3)当 $0<|r|<1$ 时，表示 x 和 y 存在着一定的线性相关。r 的绝对值越接近于 1，表示 x 和 y 的线性相关程度越高；反之，r 的绝对值越接近于 0，表示 x 和 y 的线性相关程度越低。

(4)当 $|r|=1$ 时，x 和 y 为完全线性相关，即 x 和 y 之间存在着确定的函数关系。并且，当 $r=1$ 时，称 x 和 y 为完全正线性相关；当 $r=-1$ 时，称 x 和 y 为完全负线性相关。

(5)当 $r=0$ 时，表示 x 和 y 完全没有线性相关关系，但并不表示两者之间不存在其他类型的关系，可能还存在其他非线性相关关系。

【例 8-1】 根据表 8-1 有关某公司 8 年来的年销售额和广告费的数据资料，试计算销售额与广告费的简单线性相关系数。

解：该公司销售额与广告费的简单线性相关系数计算表如表 8-2 所示。

表 8-2 销售额与广告费的简单线性相关系数计算表

序号	销售额 y/万元	广告费 x/万元	xy	y^2	x^2
1	15	10	150	225	100
2	18	12	216	324	144
3	22	15	330	484	225
4	26	20	520	676	400
5	30	25	750	900	625
6	34	28	952	1 156	784
7	41	33	1 353	1 681	1 089
8	43	35	1 505	1 849	1 225
合计	229	178	5 776	7 295	4 592

$$r_{xy} = \frac{n\sum_{i=1}^{n} x_i y_i - \sum_{i=1}^{n} x_i \cdot \sum_{i=1}^{n} y_i}{\sqrt{n\sum_{i=1}^{n} x_i^2 - (\sum_{i=1}^{n} x_i)^2} \cdot \sqrt{n\sum_{i=1}^{n} y_i^2 - (\sum_{i=1}^{n} y_i)^2}}$$

$$= \frac{8 \times 5\ 776 - 178 \times 229}{\sqrt{8 \times 4\ 592 - 178^2} \times \sqrt{8 \times 7\ 295 - 229^2}} = 0.995\ 9$$

计算结果表明,该公司的销售额与广告费之间存在着程度较高的正线性相关关系。

使用 Excel 中的 CORREL 或 PEARSON 函数都可以计算两组数据的相关系数。其语法为 CORRL(array1,array2),其中,array1 和 array2 为两个变量的数据区域。也可以用【工具】→【数据分析】中的【相关系数】工具计算相关系数。

例 8-1 中的数据,用 Excel【数据分析】中的【相关系数】工具计算相关系数,如表 8-3 所示。

表 8-3 销售额与广告费之间的相关系数表

相关系数	销售额 y/万元	广告费 x/万元
销售额 y/万元	1	—
广告费 x/万元	0.995 9	1

4. 简单线性相关系数的显著性检验

样本简单线性相关系数 r 是根据样本观测值 $(x_i, y_i)(i=1,2,\cdots,n)$ 计算出来的,是对总体简单线性相关系数 ρ 的一个估计。样本不同,所计算出来的样本简单线性相关系数也不一样,所以,样本简单线性相关系数 r 是一个随机变量。因此,由样本简单线性相关系数 r 来判别变量 x 和 y 是否具有相关性需要经过统计检验才能确定。

(1)样本简单线性相关系数 r 的分布。

当 x 和 y 都服从正态分布,在假设总体简单线性相关系数 ρ 为 0 的情况下,可以证明:与样本简单线性相关系数 r 有关的统计量服从自由度为 $(n-2)$ 的 t 分布,即

$$t = \frac{r\sqrt{n-2}}{\sqrt{1-r^2}} \sim t(n-2) \tag{8-5}$$

(2)简单线性相关系数的检验步骤。

第一步,提出假设:$H_0: \rho = 0$,$H_1: \rho \neq 0$。

第二步,选取检验统计量,并计算统计量的值:$t = \frac{r\sqrt{n-2}}{\sqrt{1-r^2}} \sim t(n-2)$。

第三步,确定显著性水平 α 和临界值 $t_{\alpha/2}(n-2)$。

第四步,将统计量的值与临界值进行比较,做出决策。

若 $|t| > t_{\alpha/2}(n-2)$,则拒绝 H_0,当显著性水平为 α 时,表明总体相关系数 ρ 在统计上显著不为零,即总体两个变量之间的线性相关显著。

若 $|t| < t_{\alpha/2}(n-2)$,则不能拒绝 H_0,当显著性水平为 α 时,表明总体相关系数 ρ 在统

计上显著为零,即总体两个变量之间的线性相关不显著。

【例 8-2】 对表 8-1 中销售额与广告费的简单线性相关系数进行检验。($\alpha=0.05$)

解:设 $H_0:\rho=0, H_1:\rho\neq 0$。

选取检验统计量:

$$t=\frac{r\sqrt{n-2}}{\sqrt{1-r^2}}\sim t(n-2)$$

则有

$$t=\frac{0.9959\times\sqrt{8-2}}{\sqrt{1-0.9559^2}}=26.9668$$

因为 $\alpha=0.05$,所以

$$t_{\alpha/2}(n-2)=t_{0.025}(6)=2.4469$$

故 $|t|=26.9668>2.4469$,拒绝 H_0,即总体相关系数 ρ 在统计上显著不为零,也就是说,销售额与广告费之间的线性相关显著。

此外,当所研究的变量不是数量型变量时,简单线性相关关系的相关分析方法不宜使用,这时可以用斯皮尔曼(Spearman)等级相关关系来进行相关分析。

对于样本容量为 n 的变量 x 和 y,如果 x 和 y 的取值分别可以分为 n 个等级,没有两个单位取相同等级,而且样本的 n 个单位分别不重复地属于 x 和 y 的不同等级的情况下,d_i 表示样本单位属于 x 的等级和属于 y 的等级的级差,斯皮尔曼等级相关系数为

$$r_s=1-\frac{6\sum d_i^2}{n(n-1)}$$

样本等级相关系数 r_s 的取值意义与简单相关系数的含义相同。

最后需要说明的是,线性相关关系与因果关系是不同的。相关系数很大未必表示变量间存在因果关系,也可能两个变量同时受第三个变量的影响而使它们有很强的相关。例如,人的肺活量与人的身高会呈现高度相关,其实肺活量和身高都受人的体重的影响,因此,如果固定人的体重来研究肺活量与身高的关系,会发现相关性很低。这涉及偏相关系数的计算。又如,我们计算 1980 年至 2004 年间某地猪肉销售量与感冒片销售量的相关系数,它可能很大,但这并不说明猪肉销售量与感冒片销售量之间有线性相关关系,因为它们都受这个时期人口增长因素的影响。把两个从逻辑上不存在联系的两个变量放在一起进行相关分析没有意义,在统计学上称之为"虚假相关"。

三、用 SPSS 进行相关分析

【例 8-3】 某公司在全国 20 个市场同时推销产品,表 8-4 是该公司在各个市场所派出的推销员人数 x_1(单位:人)、所支出的广告及推销费用 x_2(单位:万元)和产品年销售量 y(单位:万箱)的资料。假定各市场的其他条件相同,试对产品年销售量 y 与推销员人

数 x_1 和广告及推销费用 x_2 进行相关分析。

表 8-4　销售量、推销员人数和广告及推销费用

市场序号	销售量 y /万箱	推销员人数 x_1/人	广告及推销费用 x_2/万元	市场序号	销售量 y /万箱	推销员人数 x_1/人	广告及推销费用 x_2/万元
1	58	7	5.11	11	121	17	11.02
2	152	18	16.72	12	112	12	9.51
3	41	5	3.20	13	50	6	3.79
4	93	14	7.03	14	82	12	6.45
5	101	11	10.98	15	48	8	4.60
6	38	5	4.04	16	127	15	13.86
7	203	23	22.07	17	140	17	13.03
8	78	9	7.03	18	150	21	15.21
9	117	16	10.62	19	39	6	3.64
10	44	5	4.76	20	90	11	9.57

资料来源:陈珍珍等.统计学[M].厦门:厦门大学出版社,2002:162.

解:具体的操作步骤及软件功能介绍见第十章实验八相关分析。本例只进行简要分析。

第一步,建立相关分析的数据文件。

第二步,执行相关分析命令。

选择【Analyze】→【Correlate】→【Bivariate...】,打开双变量相关分析【Bivariate Correlations】主对话框,并将"销售量""推销人数""广告费用"三个变量选入变量列表框,其他采用 SPSS 默认格式,如图 8-4 所示。

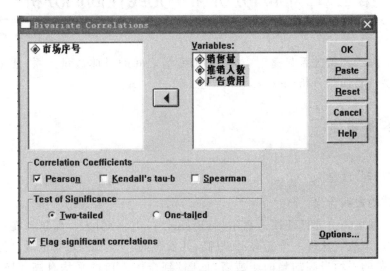

图 8-4　双变量相关分析主对话框

第三步,单击【OK】,得到皮尔逊相关分析的结果如表 8-5 所示。

表 8-5　相关分析表

Correlations

		销售量	推销人数	广告费用
销售量	Pearson Correlation Sig. (2-tailed) N	1 . 20	0.968(**) 0.000 20	0.979(**) 0.000 20
推销人数	Pearson Correlation Sig. (2-tailed) N	0.968(**) 0.000 20	1 . 20	0.926(**) 0.000 20
广告费用	Pearson Correlation Sig. (2-tailed) N	0.979(**) 0.000 20	0.926(**) 0.000 20	1 . 20

** Correlation is significant at the 0.01 level (2-tailed).

第四步,皮尔逊相关分析的结果解释。

从表 8-5 相关分析表可知,销售量与推销员人数、广告及推销费用的相关系数分别为 0.968、0.979,且在显著性水平为 $\alpha=0.01$ 下,销售量分别与推销员人数、广告及推销费用之间存在显著的线性相关关系;推销员人数与广告推销费用的相关系数为 0.926,且在显著性水平为 $\alpha=0.01$ 下,推销员人数与广告及推销费用之间存在显著的线性相关关系。

第二节　回归分析和一元线性回归分析

当变量之间的相关关系显著时,为了明确变量之间的具体数量关系,便可以配合一定的数学模型进行回归分析(egression analysis)。

一、回归分析概述

(一)"回归"的含义

1. "回归"的古典含义

"回归"一词最先由弗朗西斯·高尔顿(Francis Galton)引入。高尔顿在一篇著名的论文中阐述道,虽然有这样一个趋势:父母高,儿女也高;父母矮,儿女也矮。但给定父母的身高,儿女辈的平均身高却趋向于或者"回归"到全体人口的平均身高。换言之,尽管父母都异常高或异常矮,但儿女的身高却有走向总体平均身高的趋势。高尔顿的普遍回归定律(law of universal regression)还被他的朋友皮尔逊证实。皮尔逊曾收集过一些家庭群体的 1 000 多名成员的身高记录,他发现,对于一个父亲高的群体,儿辈的平均身高低于其父辈的身高;而对于一个父亲矮的群体,儿辈的平均身高则高于其父辈的身高。这样就把高的和矮的儿辈身高一同"回归"到所有男子的平均身高。用高尔顿的话说,这是"回归到中等"(regression to mediocrity)。

2. "回归"的现代含义

然而,"回归"的现代含义与高尔顿对"回归"一词的解释是不同的。"回归"的现代含义大致上可以解释为:一个因变量(也称被解释变量)对其他自变量(也称解释变量)的依赖关系。其目的在于通过自变量的值来估计或预测因变量的均值。

(二)回归分析的分类

(1)按照变量的个数来分,回归分析可以分为一元回归分析和多元回归分析。

只有一个自变量的回归分析称为一元回归分析,又称为简单回归分析。例如,销售额依广告费的回归分析就是一元回归分析。两个或两个以上自变量的回归分析称为多元回归分析,又称为复回归分析。例如,销售额依广告费及价格的回归分析就是多元回归分析。

(2)按照回归线的形状来分,回归分析可分为线性回归分析和非线性回归分析。

以一元回归分析为例,当一个自变量发生变动,因变量随之发生大致均等的变动,从图形上看,其观测点的分布近似地表现为直线形式,就可以进行线性回归分析;而当一个自变量发生变动,因变量也随之发生变动,但是这种变动不是均等的,从图形上看,其观测点的分布表现为各种不同的曲线形式,就可以进行非线性分析。

总之,回归分析的数学模型可以用图 8-5 来表示。

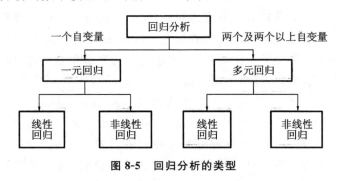

图 8-5　回归分析的类型

二、选择和使用回归模型的原则和方法

(一)选择回归模型的原则

(1)根据研究对象所反映的变量与变量之间的关系及其变化规律来选择回归模型。所选用的回归模型要能够准确地、客观地反映研究对象变量与变量之间的依存关系,反映变量与变量之间的客观过程及其变化趋势。

(2)根据研究目的和内容来选择和应用回归模型。

(3)根据目标函数和制约变量变化的主导因素来选择回归模型。

（二）回归分析的步骤

(1)通过调查或实验取得资料和数据,并进行数据的科学处理,使其表格化。
(2)依据资料和数学知识及专业知识作散点图,初步判断相关类型。
(3)根据确定的相关类型,依据最小二乘法原则,求解待定参数,建立回归模型。

三、相关分析和回归分析的关系

（一）相关分析和回归分析的联系

相关分析和回归分析是研究现象之间相关关系的两种基本方法,两者有着密切的联系,它们不仅具有共同的研究对象,而且在具体运用时,常常需要互相补充。两者的联系在于:第一,在相关分析中,相关分析能确定两个变量之间的相关方向和相关的密切程度;而回归分析就是对具有相关关系的两个或两个以上变量之间数量变化的一般关系进行测定,并选择一个合适的数学模型,以便用自变量来估计或预测因变量。第二,相关分析需要依靠回归分析表明现象数量相关的具体形式;而回归分析需要依靠相关分析来表明现象数量变化的相关程度,只有当变量之间存在高度相关时,进行回归分析寻求其相关的具体形式才有意义。因此,在一些统计学的相关书籍中,回归分析和相关分析也合并称为相关关系分析或广义的相关分析。

（二）相关分析和回归分析的区别

虽然相关分析和回归分析有着紧密的联系,但是相关分析和回归分析在研究目的和具体的研究方法上是有明显区别的。两者的主要区别在于:第一,在相关分析中,只是研究变量之间的相关方向和相关的密切程度,无须确定自变量和因变量;而在回归分析中,必须事先确定哪个为自变量,哪个为因变量,而且只能从自变量去推测因变量,而不能从因变量去推断自变量。第二,相关分析不能指出变量间相互关系的具体形式,也无法从一个变量的变化推测另一个变量的变化情况;而回归分析能确切地指出变量之间相互关系的具体形式,它可根据回归模型从已知量来估计和预测未知量。第三,相关分析所涉及的变量一般都是随机变量;而回归分析中因变量是随机的,自变量则作为研究时给定的非随机变量。

相关分析和回归分析是对现象间相关关系进行分析的有效的科学方法,近年来在社会经济现象的研究和预测中,被广泛采用。但是必须指出,它们也有一定的局限性。在确定对某现象是否适于应用相关和回归分析之前,必须对所研究的具体现象进行充分的认识和分析,需要有足够的理论知识、专业知识和必要的经验作为定性分析的基础,来判断现象之间是否具有真正的相关,是具有实质性的内在联系还是表面上的联系,或只不过是一种偶然的巧合。对没有内在联系的事物进行相关分析或回归分析,不但没有意义,反而会得出荒谬的、虚假的结论。因此,在应用相关分析和回归分析对客观现象进行研究时,一定要注意把定性分析和定量分析结合起来,在定性分析的基础上开展相关和回归的定量分析。

四、总体回归函数和样本回归函数

在回归分析中,由于总体的数据不容易获取,所以总是通过样本数据来进行回归分析。回归分析的思想,就是要通过样本回归函数对总体回归函数进行合理的估计。下面就总体回归线和样本回归线、总体回归函数和样本回归函数进行讨论。

【例8-4】 在一个假想的经济社会中,已知构成总体的60个家庭的周收入x和周消费支出y(单位:美元)。这60个家庭被分成10个收入组(从80美元到260美元),各组中每个家庭的周消费支出如表8-6所示。因此,我们有10个固定的x值和与每个x相对应的y值;或者说,有10个y的子总体。

表8-6 家庭周消费支出与收入 （单位:美元）

家庭收入 x \ Y	80	100	120	140	160	180	200	220	240	260
家庭周支出 y	55	65	79	80	102	110	120	135	137	150
	60	70	84	93	107	115	136	137	145	152
	65	74	90	95	110	120	140	140	155	175
	70	80	94	103	116	130	144	152	165	178
	75	85	98	108	118	135	145	157	175	180
	—	88	—	113	125	140	—	160	189	185
	—	—	—	115	—	162	—	191	—	—
合计	325	462	445	707	678	750	685	1046	966	1 211
Y的条件期望$E(y/x)$	65	77	89	101	113	125	137	149	161	173

资料来源:[美]古扎拉蒂.计量经济学基础[M].4版.林少宫,等,译.北京:中国人民大学出版社,2005:25.

根据表8-6的数据画出散点图(图8-6),从图中可以清楚地看出,对应于每个收入组的周消费支出都有相当大的变化。但是平均来讲,周消费支出随着收入的上升而增加。为了清楚地看出这一点,我们在表8-6中已经给出了与10个收入水平相对应的平均周消费支出或周消费支出的均值。于是,对应于80美元的周收入水平,平均消费支出是65美元;而对应于200美元的收入水平的平均消费支出则是137美元。对y的10个子总体,共有10个均值,我们称这些均值为条件期望值(conditional exported values),因为它们取决于(条件)变量x的给定值,用符号表示为$E(y/x)$。

(一)总体回归线和样本回归线

由于自变量与因变量之间不是确定的函数关系,而是不确定的相关关系,对于某个固定的自变量的取值,因变量的值并不固定,因变量的不同取值会形成一定的分布,这就是当自变量取某一固定值时因变量的分布,即条件分布。对于自变量某一个固定的值,

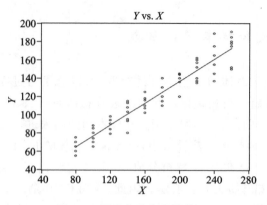

图 8-6　周消费支出和周收入

虽然因变量的取值不固定,但其数学期望或均值是固定的,这时的数学期望或均值也称条件期望或条件均值。以一元回归分析为例,由例 8-3 可以看出,对于自变量 x 的某个固定值 x_i,均有唯一确定的 $E(y|x_i)$ 与之对应,即 $E(y|x_i)$ 是 x_i 的函数,则平面上的点 $(x_i,E(y|x_i))$ 的轨迹所形成的直线或曲线称为回归线。若 $(x_i,E(y|x_i))$ 属于总体数据,则点 $(x_i,E(y|x_i))$ 的轨迹所形成的直线或曲线称为总体回归线;若 $(x_i,E(y|x_i))$ 属于样本数据,则点 $(x_i,E(y|x_i))$ 的轨迹所形成的直线或曲线称为样本回归线。

(二)总体回归函数和样本回归函数

以一元回归分析为例,总体回归线的方程称为总体回归函数(population regression function,PRF),用符号表示为,$E(y|x_i)=f(x_i)$;样本回归线的方程称为样本回归函数(sample regression function,SRF)。

只有一个自变量的线性回归分析称为一元线性回归分析,其总体回归函数可表示如下

(1)条件期望表示形式为
$$E(y|x_i)=\beta_0+\beta_1 x_i \quad (i=1,2,\cdots,N) \tag{8-6}$$

(2)个别值表示形式为
$$y_i=\beta_0+\beta_1 x_i+u_i \quad (i=1,2,\cdots,N) \tag{8-7}$$

其中,y_i 称为因变量;x_i 称为自变量;β_0、β_1 称为回归系数(regression coefficient),也称待估计参数或总体回归系数;β_0 为当自变量 x_i 为 0 时的因变量 y_i 的均值;β_1 为当自变量 x_i 变动一个单位时因变量 y_i 的均值变动值;u_i 称为随机误差项,它一般是指所有可能影响 y、但又未能包括到回归模型中来的被忽略变量或因素。

对于一元线性回归分析,样本回归函数可表示如下:

(1)条件期望表示形式为
$$\hat{y}_i=\hat{\beta}_0+\hat{\beta}_1 x_i \quad (i=1,2,\cdots,n) \tag{8-8}$$

(2)个别值表示形式为
$$y_i=\hat{\beta}_0+\hat{\beta}_1 x_i+e_i \quad (i=1,2,\cdots,n) \tag{8-9}$$

其中,$\hat{y}_i$ 称为 $E(y|x_i)$ 的估计值;$\hat{\beta}_0$、$\hat{\beta}_1$ 称为样本回归系数,也就是总体回归系数的估计值;e_i 称为残差。

五、一元线性回归分析

相关分析的目的是测度变量之间的关系强度,它所使用的测度工具有相关图、相关表和相关系数;而回归分析则侧重于考察变量之间的数量伴随关系,并通过一定的数学表达式将这种关系描述出来,进而确定一个或几个变量(自变量)的变化对另一个特定变量(因变量)的影响程度。具体来说,回归分析主要解决以下几个问题:

(1)从一组样本数据出发,确定变量之间的数学关系式;

(2)对这些关系式的可信程度进行各种统计检验,并从影响某一特定变量的诸多变量中找出哪些变量的影响是显著的,哪些是不显著的;

(3)利用所求的关系式,根据一个或几个变量的取值来估计或预测另一个特定变量的取值,并给出这种估计或预测的可靠程度。

(一) 一元线性回归模型和估计的回归方程

1. 一元线性回归模型

进行回归分析时,首先要确定哪个变量是因变量,哪个变量是自变量。在回归分析中,被预测或被解释的变量称为因变量,用 y 表示;用来预测或解释因变量的一个或多个变量称为自变量,用 x 表示。当回归分析中只涉及一个自变量时称为一元回归,涉及两个或两个以上自变量时称为多元回归。

对于具有线性关系的两个变量,可以用一个线性方程来表示它们之间的关系。描述因变量 y 如何依赖自变量 x 和误差项 ε 的方程称为回归模型。一元线性回归模型是最简单的回归模型,在模型中只有一个自变量,其一般形式为

$$y = \beta_0 + \beta_1 x + \varepsilon \tag{8-10}$$

在一元线性回归模型中,y 是 x 的线性函数 $\beta_0 + \beta_1 x$ 加上误差项 ε,$\beta_0 + \beta_1 x$ 反映了由于 x 的变化而引起的 y 的线性变化;ε 是称为误差项的随机变量,反映了除 x 和 y 之间的线性关系之外的随机因素对 y 的影响,是不能由 x 和 y 之间的线性关系所解释的变异性;β_0、β_1 称为模型的参数。

2. 一元线性回归模型的基本假定

回归分析的主要目的是通过样本回归函数(模型)尽可能准确地估计总体回归函数(模型)。估计方法有很多种,其中使用最广泛的是普通最小二乘法。为保证参数估计量具有良好的性质,通常对模型提出若干基本假定。如果实际模型满足这些基本假定,普通最小二乘法就是一种适用的估计方法;如果实际模型不满足这些基本假定,普通最小二乘法就不再适用,而要发展其他方法来估计模型。所以,严格地说,下面的基本假定并不是针对模型的,而是针对普通最小二乘法的。

对式(8-10),基本假定包括对自变量的假定和对随机误差项的假定。

假定 1:确定性假定。自变量 x_i 是确定性变量,不是随机变量,而且在重复抽样中取固定值。

假定 2:零均值假定。在给定 x_i 的条件下,随机误差项 u_i 具有零均值,即

$$E(u_i \mid x_i) = 0 \tag{8-11}$$

假定 3：同方差假定。在给定 x_i 的条件下，随机误差项 u_i 的方差为常数 σ^2，即

$$D(u_i \mid x_i) = \sigma^2 \tag{8-12}$$

假定 4：无序列相关假定。随机误差项 u_i 和 $u_j(i \neq j)$ 不相关，即

$$E(u_i, u_j) = 0 \quad (i \neq j) \tag{8-13}$$

假设 5：随机误差项 u_i 与自变量 x_i 之间不相关，即

$$\text{Cov}(u_i, x_i) = 0 \tag{8-14}$$

假设 6：正态性假定。随机误差项服从均值为零、方差为 σ^2 的正态分布，即

$$u_i \sim N(0, \sigma^2) \tag{8-15}$$

以上假定也称为线性回归模型的经典假定或高斯（Gauss）假定，满足该假定的线性回归模型，称为经典线性回归模型（classical linear regression model, CLRM）。

3. 一元线性回归中估计的回归方程

总体回归系数 β_0、β_1 是未知的，必需利用样本数据去估计，得到 β_0、β_1 的估计量 $\hat{\beta}_0$、$\hat{\beta}_1$，用 $\hat{\beta}_0$、$\hat{\beta}_1$ 分别代替 β_0、β_1，就得到一元线性回归中估计的回归方程为

$$\hat{y} = \hat{\beta}_0 + \hat{\beta}_1 x \tag{8-16}$$

由此可见，一元线性回归中估计的回归方程又称为样本回归方程，也就是样本回归函数的条件期望表示形式。

（二）回归系数的估计

如果一元线性回归模型满足基本假定，那么就可以采用普通最小二乘法（ordinary least squares, OLS）来估计回归系数。

已知一组样本观测值 $(x_i, y_i)(i=1,2,\cdots,n)$，要求样本回归函数尽可能好地拟合这组值，即样本回归线上的点 $\hat{y}_i$ 与真实观测点 y_i 的误差总和尽可能地小，或者说因变量的估计值与观测值应该在总体上最为接近。普通最小二乘法给出的判断标准是：两者之差的平方和最小，也就是使

$$f(\hat{\beta}_0, \hat{\beta}_1) = \sum_{i=1}^{n} e_i^2 = \sum_{i=1}^{n} (y_i - \hat{y}_i)^2 = \sum_{i=1}^{n} (y_i - \hat{\beta}_0 - \hat{\beta}_1 x_i)^2 \tag{8-17}$$

达到最小，要使观测值 y_i 与其估计值 $\hat{y}_i$ 之差的平方和 $\sum_{i=1}^{n}(y_i - \hat{\beta}_0 - \hat{\beta}_1 x_i)^2$ 最小，就要适当选取 $\hat{\beta}_0$、$\hat{\beta}_1$。根据微积分中求极值的相关原理，为使 $\sum_{i=1}^{n}(y_i - \hat{\beta}_0 - \hat{\beta}_1 x_i)^2$ 达到最小，待定系数 $\hat{\beta}_0$、$\hat{\beta}_1$ 必须满足

$$\begin{cases} \dfrac{\partial f}{\partial \hat{\beta}_0} = \sum_{i=1}^{n} [2(y_i - \hat{\beta}_0 - \hat{\beta}_1 x_i)(-1)] = 0 \\ \dfrac{\partial f}{\partial \hat{\beta}_1} = \sum_{i=1}^{n} [2(y_i - \hat{\beta}_0 - \hat{\beta}_1 x_i)(-x_i)] = 0 \end{cases}$$

经化简得到如下方程组：

$$\begin{cases} n\hat{\beta}_0 + \hat{\beta}_1 \sum_{i=1}^{n} x_i = \sum_{i=1}^{n} y_i \\ \hat{\beta}_0 \sum_{i=1}^{n} x_i + \hat{\beta}_1 \sum_{i=1}^{n} x_i^2 = \sum_{i=1}^{n} x_i y_i \end{cases}$$

解该方程组得

$$\begin{cases} \hat{\beta}_1 = \dfrac{n \sum_{i=1}^{n} x_i y_i - \sum_{i=1}^{n} x_i \cdot \sum_{i=1}^{n} y_i}{n \sum_{i=1}^{n} x_i^2 - \left(\sum_{i=1}^{n} x_i\right)^2} \\ \hat{\beta}_0 = \dfrac{\sum_{i=1}^{n} y_i}{n} - \hat{\beta}_1 \cdot \dfrac{\sum_{i=1}^{n} x_i}{n} = \bar{y} - \hat{\beta}_1 \bar{x} \end{cases} \quad (8\text{-}18)$$

其中，n 为样本容量，$\bar{x}$、$\bar{y}$ 分别为样本观测值 x_i、y_i 的均值。

【**例 8-5**】 采用表 8-1 的数据，试建立销售额对广告费的线性回归模型。

解：由例 8-2 可知，销售额与广告费存在显著的线性相关关系，所以可以建立销售额对广告费的线性回归模型，回归系数计算表如表 8-7 所示。

表 8-7 销售额与广告费的回归系数计算表

序号	销售额 y/万元	广告费 x/万元	xy	x^2
1	15	10	150	100
2	18	12	216	144
3	22	15	330	225
4	26	20	520	400
5	30	25	750	625
6	34	28	952	784
7	41	33	1 353	1 089
8	43	35	1 505	1 225
合计	229	178	5 776	45 92

设所建立的模型为 $y_i = \beta_0 + \beta_1 x_i + \varepsilon_i$，则有

$$\begin{cases} \hat{\beta}_1 = \dfrac{n \sum_{i=1}^{n} x_i y_i - \sum_{i=1}^{n} x_i \cdot \sum_{i=1}^{n} y_i}{n \sum_{i=1}^{n} x_i^2 - \left(\sum_{i=1}^{n} x_i\right)^2} = \dfrac{8 \times 5\,776 - 178 \times 229}{8 \times 4\,592 - 178^2} = \dfrac{5\,446}{5\,052} = 1.078 \\ \hat{\beta}_0 = \dfrac{\sum_{i=1}^{n} y_i}{n} - \hat{\beta}_1 \cdot \dfrac{\sum_{i=1}^{n} x_i}{n} = \dfrac{229}{8} - \dfrac{5\,446}{5\,052} \times \dfrac{178}{8} = 4.640 \end{cases}$$

故销售额对广告费的线性回归方程为 $\hat{y}_i = 4.640 + 1.078 x_i$。回归系数 $\hat{\beta}_1 = 10.78$ 表示广告费每增加 1 万元，销售额增加 1.078 万元。在回归分析中，截距 $\hat{\beta}_0 = 4.64$ 通常不做实际意义的解释，或者仅指当广告费用为 0 时，销售额为 4.64 万元。

(三)拟合优度的度量

样本回归方程是依据样本观测值建立起来的,但该方程是否真正地反映了变量之间的线性依存关系,其代表性如何,还有待于对回归方程的拟合程度做进一步分析和评价。现以离差平方和的分解为基础进行分析。

1. 离差平方和的分解

(1)总离差平方和。

因变量的每个实际值(观测值)y_i与其均值之间都存在离差$y_i - \bar{y}$,而全部n个观测值与其均值之间的总离差可用这些离差的平方和表示,称为总离差平方和(记为 SST),它反映了因变量y的总变差,即

$$\text{SST} = \sum_{i=1}^{n}(y_i - \bar{y})^2 \tag{8-19}$$

(2)回归平方和。

根据一元线性样本回归函数$\hat{y}_i = \hat{\beta}_0 + \hat{\beta}_1 x_i$,$\sum_{i=1}^{n}(y_i - \bar{y})^2$是估计值$\hat{y}_i$与均值$\bar{y}$离差的平方和,可以把$\sum_{i=1}^{n}(\hat{y}_i - \bar{y})^2$看成是由于自变量$x$的变动所引起的,它反映了在$y$的总变差中由于$x$与$y$的线性依存关系而引起$y$的变化部分,即总变差的变化中被判明或已经解释了的部分,称为回归平方和(记为 SSR),它反映了因变量y的总变差中能被自变量x解释的那部分变差,即

$$\text{SSR} = \sum_{i=1}^{n}(\hat{y}_i - \bar{y})^2 \tag{8-20}$$

(3)残差平方和。

$\sum_{i=1}^{n}(y_i - \hat{y}_i)^2$是每个观测点距回归直线离差的平方和,也就是每个观测值y_i与估计值$\hat{y}_i$的离差的平方和。根据最小平方法原理,$\sum_{i=1}^{n}(y_i - \hat{y}_i)^2$是所有的直线中与观测点距离平方和最小的一个,它反映的是除了自变量x对因变量y的线性关系影响之外的一切因素(包括自变量x对因变量y的非线性关系及观测误差)对因变量y的影响部分。从表面上看,就是总离差平方和中减去回归平方和的剩余部分,称为残差平方和(记为 SSE),即

$$\text{SSE} = \sum_{i=1}^{n}(y_i - \hat{y}_i)^2 \tag{8-21}$$

(4)各离差平方和的关系。

为了便于分析,通过图形来说明各离差平方和的关系,如图 8-7 所示。

由图 8-7 可知,因变量y的离差$y_i - \bar{y}$可分解为两部分:一是由自变量x解释的离差$\hat{y}_i - \bar{y}$,二是不能由自变量x解释的残留的那部分残差$y_i - \hat{y}_i$,即

$$y_i - \bar{y} = (\hat{y}_i - \bar{y}) + (y_i - \hat{y}_i) \tag{8-22}$$

式(8-22)两边平方后加总,并通过整理可得

$$\sum_{i=1}^{n}(y_i - \bar{y})^2 = \sum_{i=1}^{n}(\hat{y}_i - \bar{y})^2 + \sum_{i=1}^{n}(y_i - \hat{y}_i)^2 \tag{8-23}$$

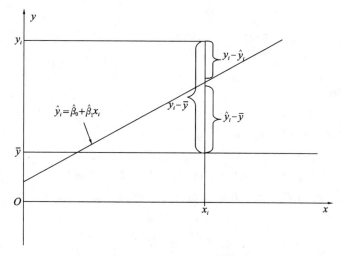

图 8-7 离差平方和的分解

由式(8-23)可知,总离差平方和等于回归平方和与残差平方和相加,即

$$SST = SSR + SSE \tag{8-24}$$

2. 决定系数和相关系数

(1)决定系数的计算公式。

从上面分析可知,总离差平方和(SST)可以分解为回归平方和(SSR)与残差平方和(SSE),其中回归平方和(SSR)反映了影响因变量 y 总变差中已被自变量 x 解释了的部分。残差平方和(SSE)的数值越小,回归平方和(SSR)的数值越大,即表示因变量 y 总变差中已被自变量 x 解释了的因素(自变量 x)的影响越大,在图形上表现为所有观测点离回归直线越近,这样也就表示自变量 x 对回归的影响越大,而且也表示自变量 x 与因变量 y 的关系越密切。如果所有观测点全在回归直线上,这样 $y = \hat{y}$,就有残差平方和为 0,即 SSE=0,而总离差平方和(SST)就等于回归平方和(SSR),即总变差等于回归变差,剩余变差等于零。这时产生的总变差完全由自变量 x 的变动所引起,也就是因变量的变动可以完全用自变量的变动解释,即变量 x 与 y 是完全相关的。但在一般情况下,除自变量的影响外,还有其他未判明的因素起作用,不是所有的观测点都分布在回归直线上,而是大部分的观测点分布在它的周围,并表现出上下波动的状况。在这种情况下,已判明因素的影响程度主要取决于回归平方和(SSR)与总离差平方和(SST)的比率大小,若回归平方和(SSR)与总离差平方和(SST)的比率逐渐增加,则说明已判明因素(自变量 x)对因变量 y 的影响逐渐增加;反之,若回归平方和(SSR)与总离差平方和(SST)的比率逐渐减小,则说明已判明因素(自变量 x)对因变量 y 的影响也在逐渐降低。

由此可见,通过比较回归平方和(SSR)与总离差平方和(SST)的关系及比率的变动,可以反映已判明因素在总变差中所占比率的大小,即自变量对线性回归的影响程度。现计算回归平方和(SSR)与总离差平方和(SST)的比率,以 R^2 表示,并称之为决定系数(coefficient of determination),即

$$R^2 = \frac{SSR}{SST} = 1 - \frac{SSE}{SST} = 1 - \frac{\sum\limits_{i=1}^{n}(y_i - \hat{y}_i)^2}{\sum\limits_{i=1}^{n}(y_i - \bar{y})^2} \qquad (8\text{-}25)$$

(2)决定系数的特点。

决定系数 R^2 有以下特点:

①决定系数 R^2 是一个非负的统计量。

②决定系数 R^2 的取值范围在 0 与 1 之间,即 $0 \leqslant R^2 \leqslant 1$。

③决定系数 R^2 是样本观测值的函数,是随着样本变动而变动的一个随机变量。

④在一元线性回归模型中,决定系数 R^2 在数值上是样本简单线性相关系数的平方,即

$$r = \pm\sqrt{R^2} \qquad (8\text{-}26)$$

⑤决定系数 R^2 的作用主要在于它反映了自变量对因变量的影响程度,即自变量对因变量的解释程度,这一影响程度的大小是衡量所拟合的回归方程是否合适的重要尺度,这一尺度也称为拟合优度。决定系数 R^2 越接近 1,说明回归方程的拟合程度越高。

【例 8-6】 根据表 8-1 的数据,计算销售额对广告费的线性回归模型的决定系数,并解释其含义。

解:(方法一)例 8-5 已求出销售额对广告费的线性回归方程为 $\hat{y}_i = 4.640 + 1.078x_i$,根据公式(8-25),计算得表 8-8。

表 8-8 销售额与广告费的决定系数计算表

序号	销售额 y/万元	广告费 x/万元	$SSE=(y_i-\hat{y}_i)^2$	$SST=(y_i-\bar{y})^2$
1	15	10	0.18	185.64
2	18	12	0.18	112.89
3	22	15	1.42	43.89
4	26	20	0.04	6.89
5	30	25	2.53	1.89
6	34	28	0.68	28.89
7	41	33	0.62	153.14
8	43	35	0.40	206.64
合计	229	178	6.03	739.88

$$R^2 = \frac{SSR}{SST} = 1 - \frac{SSE}{SST} = 1 - \frac{\sum\limits_{i=1}^{n}(y_i - \hat{y}_i)^2}{\sum\limits_{i=1}^{n}(y_i - \bar{y})^2} = 1 - \frac{6.03}{739.88} = 0.9918$$

(方法二)由例 8-1 可知,销售额与广告费之间的简单线性相关系数为 $r=0.9959$,所以由决定系数与简单线性相关系数的关系可得,决定系数 $R^2 = 0.9959^2 = 0.9918$。方法一和方法二的结果是一致的。

计算结果表明,决定系数的值很高,十分接近1,说明广告费这一因素对销售额的解释程度达到99.18%,即在影响销售额大小的各种因素中,广告费用的大小起着决定性的作用,同时也表明,通过观测点配合的回归方程较好地反映了广告费用 x 与销售额 y 之间的线性依存关系。

(3)决定系数和样本简单线性相关系数的关系。

虽然决定系数 R^2 在数值上等于样本简单线性相关系数 r 的平方,但是这两者之间是有区别的:决定系数 R^2 总是正值;而 r 既可能是正值,也可能是负值。当 x 与 y 存在正相关时,r 是正值;当 x 与 y 存在负相关时,r 是负值。r 的符号与样本回归系数 $\hat{\beta}_1$ 的符号一致。前例中,决定系数 $R^2 = 0.9959^2 = 0.9980$,因为样本回归系数 $\hat{\beta}_1 = 1.078 > 0$,所以 r 是正值,表明广告费用 x 与销售额 y 之间存在正相关关系。

决定系数和相关系数既有联系又有各自独立的意义。决定系数 R^2 和相关系数 r 都可以测定两变量线性关系的密切程度,但是 r 既能反映正相关,又能反映负相关,R^2 则不能反映负相关。同时应看到,决定系数 R^2 反映的是自变量对因变量的影响程度,是用于评价回归方程拟合优度的指标,而 r 是用于评价两变量关系的密切程度的指标。

(四)估计标准误差

决定系数用于度量回归直线的拟合程度,残差平方和则可以说明实际观测值 y_i 对估计值 $\hat{y}_i$ 的平均离差,它是残差均方(MSE)的平方根,用 s_e 来表示,称为估计标准误差。就直线回归来说,估计标准误差越小,所有观测点越靠近回归直线,即关系越密切;而估计标准误差越大,所有观测点离回归直线越远,即关系越不密切。可见这个指标是从另一侧面反映关系的密切程度的。

估计标准误差是以回归直线为中心反映各观测值与估计值平均数之间离差程度的大小,从另一方面看,也就是反映估计值平均数 y_i 的代表性的可靠程度。

估计标准误差的计算公式为

$$s_e = \sqrt{\frac{\sum(y_i - \hat{y}_i)^2}{n-2}} = \sqrt{\frac{\text{SSE}}{n-2}} = \sqrt{\text{MSE}} \tag{8-27}$$

其中,s_e 代表估计标准误差,即当 x 为自变量、y 为因变量时的估计标准误差。

(五)一元线性回归方程的显著性检验

回归分析的主要目的是根据所建立的估计方程用自变量 x 来估计或预测因变量 y 的取值。当建立了估计方程后,还不能马上进行估计或预测,因为该估计方程是根据样本数据得出的,它是否真实地反映了变量 x 和 y 的关系,需要检验后才能证实。

对线性回归模型的显著性检验包括两个方面的内容:一个是对整个回归方程的显著性检验(F 检验),另一个是对各回归系数的显著性检验(t 检验)。就一元线性回归模型而言,上述两个检验是等价的。

1. 整个回归方程的显著性检验

(1)提出假设:$H_0: \beta_1 = 0$,$H_1: \beta_1 \neq 0$。

(2)构建检验统计量。这里的 F 检验其实就是方差分析的内容,如表8-9所示。

表 8-9 一元线性回归方程的方差分析表

方差来源	平方和	自由度	均方	F值
回归	SSR	1	SSR=$\frac{SSR}{1}$	$F=\frac{MSR}{MSE}$
误差	SSE	$n-2$	MSE=$\frac{SSE}{n-2}$	
总计	SST	$n-1$	—	

(3)给定显著性水平 α,确定临界值 $F_\alpha(1,n-2)$。

(4)若 $F>F_\alpha(1,n-2)$,则拒绝 H_0,说明总体回归系数 $\beta_1\neq 0$,即回归方程是显著的。

2. 回归系数的显著性检验

(1)提出假设:$H_0:\beta_1=0, H_1:\beta_1\neq 0$。

(2)t 检验的计算公式为

$$t=\frac{\hat{\beta}_1}{S_1}$$

其中,s_1 是回归系数估计量 $\hat{\beta}_1$ 的标准差,且

$$s_1=\sqrt{\mathrm{Var}(\hat{\beta}_1)}=\frac{s_e}{\sqrt{\sum(x-\bar{x})^2}} \tag{8-28}$$

(3)给定显著性水平 α,确定临界值 $t_{\alpha/2}(n-2)$。

(4)若 $|t|>t_{\alpha/2}(n-2)$,则拒绝 H_0,接受备择假设,即总体回归系数 $\beta_1\neq 0$;否则不能拒绝 H_0。

就一元线性回归方程而言,这两种检验是等价的。

【例 8-7】 某企业 1992 年至 2010 年汽车配件的销售量与该地区汽车保有量的统计数据如表 8-10 所示,试运用一元线性回归法建立汽车配件销售量与汽车保有量之间的回归模型,并对回归模型进行检验。

表 8-10 汽车配件与汽车保有量统计数据表

项目 年份	汽车保有量/千辆	配件销售量/万件
1992	6.54	7.20
1993	4.76	9.30
1994	5.93	9.90
1995	6.80	10.96
1996	6.70	11.12
1997	7.30	10.57
1998	8.52	12.34
1999	8.43	11.23
2000	10.43	14.65
2001	11.97	16.90
2002	13.84	20.15

续表

项目 年份	汽车保有量/千辆	配件销售量/万件
2003	16.79	17.81
2004	20.57	31.30
2005	24.55	26.84
2006	30.52	42.02
2007	36.92	49.31
2008	43.45	49.52
2009	51.36	61.06
2010	57.99	69.60
合计	373.37	481.78

解:(方法一)手工计算。

根据题目要求及表 8-10 的数据,得汽车保有量和配件销售量回归系数计算表,如表 8-11 所示。

表 8-11 汽车保有量和配件销售量回归系数计算表

项目 年份	汽车保有量 x/千辆	配件销售量 y/万件	xy	x^2
1992	6.54	7.20	47.09	42.77
1993	4.76	9.30	44.27	22.66
1994	5.93	9.90	58.71	35.16
1995	6.80	10.96	74.53	46.24
1996	6.70	11.12	74.50	44.89
1997	7.30	10.57	77.16	53.29
1998	8.52	12.34	105.14	72.59
1999	8.43	11.23	94.67	71.06
2000	10.43	14.65	152.80	108.78
2001	11.97	16.90	202.29	143.28
2002	13.84	20.15	278.88	191.55
2003	16.79	17.81	299.03	281.90
2004	20.57	31.30	643.84	423.12
2005	24.55	26.84	658.92	602.70
2006	30.52	42.02	1 282.45	931.47
2007	36.92	49.31	1 820.53	1 363.09
2008	43.45	49.52	2 151.64	1 887.90
2009	51.36	61.06	3 136.04	2 637.85
2010	57.99	69.60	4 036.10	3 362.84
合计	373.37	481.78	15 238.59	12 323.16

第一步,建立回归模型。

其中,

建立的回归模型为

$$y = \beta_0 + \beta_1 x + \varepsilon$$

$$\begin{cases} \hat{\beta}_1 = \dfrac{n\sum\limits_{i=1}^{n}x_i y_i - \sum\limits_{i=1}^{n}x_i \cdot \sum\limits_{i=1}^{n}y_i}{n\sum\limits_{i=1}^{n}x_i^2 - \left(\sum\limits_{i=1}^{n}x_i\right)^2} = \dfrac{19 \times 15\,238.59 - 373.37 \times 481.78}{19 \times 12323.16 - 373.37^2} \\ \qquad = \dfrac{109\,651}{93\,734.91} = 1.157 \\ \hat{\beta}_0 = \dfrac{\sum\limits_{i=1}^{n}y_i}{n} - \hat{\beta}_1 \cdot \dfrac{\sum\limits_{i=1}^{n}x_i}{n} = \dfrac{478.78}{19} - 1.157 \times \dfrac{373.37}{19} = 2.62 \end{cases}$$

故配件销售量和汽车保有量的线性回归方程为

$$\hat{y}_i = 2.62 + 1.157 x_i$$

第二步,对回归方程进行检验。

(1)拟合优度检验。

计算决定系数,把数据代入公式,计算可得

$$\bar{y} = \dfrac{481.78}{19} = 25.36$$

$$\text{SST} = \sum_{i=1}^{n}(y_i - \bar{y})^2 = 6\,799.21$$

$$\text{SSE} = \sum_{i=1}^{n}(y_i - \hat{y}_i)^2 = 119.44$$

$$R^2 = \dfrac{\text{SSR}}{\text{SST}} = 1 - \dfrac{\text{SSE}}{\text{SST}} = 1 - \dfrac{\sum\limits_{i=1}^{n}(y_i - \hat{y}_i)^2}{\sum\limits_{i=1}^{n}(y_i - \bar{y})^2} = 1 - \dfrac{119.44}{6\,799.21} = 0.982$$

计算结果表明,决定系数的值很高,十分接近1,说明汽车保有量这一因素对配件销售量的解释程度达到98.2%,即在影响销售量大小的各种因素中,汽车保有量的大小起着决定性的作用,同时也表明,通过观测点配合的回归方程较好地反映了汽车保有量 x 与配件销售量 y 之间的线性依存关系。

(2)整个回归方程的显著性检验。

①提出假设:$H_0: \beta_1 = 0$,$H_1: \beta_1 \neq 0$。

②计算检验统计量 F,根据表8-9的计算结果得

$$\text{SSR} = \text{SST} - \text{SSE} = 6\,799.21 - 119.44 = 6679.77$$

$$F = \dfrac{\text{SSR}/1}{\text{SSE}/(n-2)} = \dfrac{6\,679.77}{119.44/17} = 950.74$$

③选取显著性水平 $\alpha = 0.05$,确定临界值 $F_\alpha(1, n-2)$,因为 $n = 19$,所以查表可确定

$F_{0.05}(1,17)=4.451$。

④因为 $F>F_{0.05}$，所以拒绝原假设，表明回归方程是显著的。

(3)回归系数的显著性检验。

①提出假设：$H_0:\beta_1=0;H_1:\beta_1\neq 0$。

②t 检验的计算公式为 $t=\dfrac{\hat{\beta}}{s_1}$，其中，$s_1$ 为回归系数估计量 $\hat{\beta}_1$ 的标准差。

因为

$$S_e=\sqrt{\dfrac{\text{SSE}}{n-2}}=\sqrt{\dfrac{119.44}{19-2}}=2.65$$

$$S_1=\dfrac{S_e}{\sqrt{\sum(x-\bar{x})^2}}=\dfrac{2.65}{\sqrt{4\,986.05}}=0.038$$

所以

$$t=\dfrac{\hat{\beta}}{S_1}=\dfrac{1.157}{0.038}=30.45$$

③给定显著性水平 $\alpha=0.05$，确定临界值 $t_{\alpha/2}(n-2)$，查表得 $t_{0.025}(17)=2.119\,9$。

④显然 $t>t_{0.025}(17)$，故拒绝 H_0，接受备择假设，即总体回归系数 $\beta_1\neq 0$，表明 x 对 y 的影响是显著的，即汽车保有量和配件销售量之间存在着显著的线性关系。

通过以上分析可以认为，回归方程是可靠的，可通过此回归方程进行预测。

(方法二)用 SPSS 求解。

第一步，建立汽车配件销售量数据文件，如图 8-8 所示。

	x	y
1	6.54	7.20
2	4.76	9.30
3	5.93	9.90
4	6.80	10.96
5	6.70	11.12
6	7.30	10.57
7	8.52	12.34
8	8.43	11.23
9	10.43	14.65

图 8-8 汽车配件销售量数据文件

第二步，执行回归分析命令。

选择【Analyze】→【Regression】→【Linear...】，打开线性回归分析【Linear Regression】主对话框，如图 8-9 所示。各项设置完成后，单击【OK】即输出线性回归分析结果。

(1)把"y"选入因变量列表框【Dependent】；把"x"选入自变量列表框【Independent(s)】。

(2)在【Method】回归的方法中，由于是一元回归，直接选择"Enter"。

(3)单击【Statistics...】，进入统计量【Linear Regression：Statistics】的对话框，如图 8-10 所示。

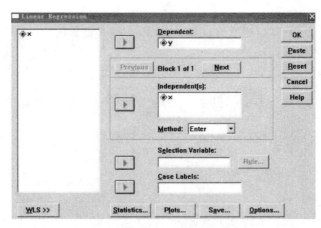

图 8-9　线性回归分析的主对话框

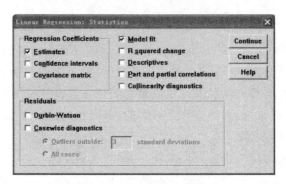

图 8-10　统计量对话框

①在回归系数【Regression Coefficients】中,有三项复选项,选择估计值"Estimates"。选择此项输出结果可显示每个回归系数 $\beta_j(j=0,1,2,\cdots,k)$ 的估计值 $\hat{\beta}_j(j=0,1,2,\cdots,k)$ 及其标准误差 $s_e(\hat{\beta}_j)(j=0,1,2,\cdots,k)$、标准化回归系数的估计值、检验回归系数的 t 值和双侧检验的 p 值(又称可观测的显著性水平,SPSS 用符号 Sig. 表示)。此项为 SPSS 的默认选项。

②回归方程的统计量共有五项复选项,选择模型拟合"Model fit"。选择此项输出结果可显示被引入模型或被剔除的自变量及其复相关系数 R、决定系数 R^2、修正决定系数 $\bar{R}^2$、估计标准误差 s_e 和方差分析表。此项为 SPSS 的默认选项。

设置完成后,单击【Continue】,回到线性回归分析【Linear Regression】主对话框。

(4)系统默认 $\alpha=0.05$,如果需要改变,单击【Options...】更改。

本例只是建立回归模型和进行显著性检验,所以其他选项略。

(5)设置完后,单击【OK】输出结果。分析如下:

①描述统计表,如表 8-12 所示,x 的均值为 25.36,标准差为 19.44,y 的均值为 19.65,标准差为 16.65。

表 8-12 描述统计表

	Mean	Std. Deviation	N
y	25.356 8	19.435 37	19
x	19.651 1	16.643 40	19

② 相关系数表,如表 8-13 所示,x 和 y 之间的相关系数为 0.991,对于相关系数的检验,显著性概率为 0<0.05,同时也说明总体 x 和 y 是高度相关的。

表 8-13 相关系数检验表

		y	x
Pearson Correlation	y	1.000	0.991
	x	0.991	1.000
Sig. (1-tailed)	y	.	0.000
	x	0.000	.
N	y	19	19
	x	19	19

③ 模型描述表,如表 8-14 所示,依据该表可进行拟合优度的检验。因为是一个变量,不需要用调整的决定系数,所以决定系数为 $R^2=0.982$,较接近于 1,因此认为拟合优度很高。

表 8-14 模型描述表

Model	R	R Square	Adjusted R Square	Std. Error of the Estimate
1	0.991	0.982	0.981	2.650 63

a. Predictors: (Constant), x

④ 方差分析表,如表 8-15 所示,回归平方 SSR=6 679.768,残差平方 SSE=119.439,总的离差平方 SST=6 799.207;回归均方 $MSR=\dfrac{SSR}{1}$ 6 679.768,残差均方 $MSE=\dfrac{SSE}{17}$ =7.026;检验统计量

$$F=\frac{MSR}{MSE}=\frac{6\ 679.768}{7.026}=950.745$$

F 值相对应的概率为 Sig.=0.000。

表 8-15 方差分析表

Model	Sum of Squares	df	Mean Square	F	Sig.
Regression	6679.768	1	6679.768	950.745	0.000
Residual	119.439	17	7.026		
Total	6799.207	18			

a. Predictors: (Constant), x
b. Dependent Variable: y

从结果可看出,SPSS 计算结果与手工计算结果完全一致,结论说明从略。

⑤ 一元线性回归分析结果,如表 8-16 所示。

表 8-16 一元线性回归分析结果

Model	Unstandardized Coefficients		Standardized Coefficients	t	Sig.
	B	Std. Error	Beta		
Constant	2.612	0.956	—	2.732	0.014
x	1.157	0.038	0.991	30.834	0.000

a. Dependent Variable:y

计算结果如下:常数项 Constan 为 $\beta_0 = 2.612$。

回归系数 $\beta_1 = 1.157$,在回归系数的检验中,$t = 30.834$,相对应的概率为 Sig. $= 0.00 < 0.05$,拒绝回归系数检验的原假设,即总体回归系数 $\beta_1 \neq 0$。这表明 x 对 y 的影响是显著的,即汽车保有量和配件销售量之间存在着显著的线性关系。

通过以上分析,可以认为回归方程是可靠的,可通过此回归方程进行预测。

两种方法的结果是完全一致的,但用 SPSS 更简单、方便,计算量大大减少。

六、利用回归方程进行估计和预测

建立回归模型的目的就是用它进行预测,经过检验的回归方程可以用以点估计和区间估计。

(一)点估计

利用估计的回归方程,对于 x 的一个特定值,求出 y 的一个估计值就是点估计,点估计有两种,一个是平均值的点估计,一个是个别值的点估计。

平均值的点估计是利用估计的回归方程,对于 x 的一个特定值 x_0,求出 y 的平均值的一个估计值 $E(y_0)$,个别值的点估计是利用估计的回归方程,对于 x 的一个特定值 x_0,求出 y 的一个个别值的估计值 y_0。

【例 8-8】 根据例 8-7 的资料,如果该地区汽车保有量将每年递增 10%,试预测该企业 2011 年在该地区的汽车配件销售量。

解:例 8-7 中,求得的配件销售量和汽车保有量的线性回归方程为

$$\hat{y}_i = 2.62 + 1.157 x_i$$

若汽车保有量每年将递增 10%,则 2011 年的汽车保有量为 63.79 千辆。如果汽车保有量为 63.79 千辆,求所有年份配件销售量的平均值就是平均值的点估计,根据估计的回归方程,得

$$E(y_0) = 2.62 + 1.157x = 2.62 + 1.157 \times 63.79 = 76.425(万件)$$

如果只想知道某年汽车保有量的值,预测当年汽车配件的销售量,这就是点估计。如果 2000 年汽车保有量为 10.43 千辆,估计 2000 年汽车配件销售量,根据回归方程,得

$$\hat{y} = 2.62 + 1.157x = 2.62 + 1.157 \times 10.43 = 14.68(万件)$$

即 2000 年汽车保有量为 10.43 千辆,2000 年汽车配件销售量的估计值为 14.68 万件。

在点估计条件下,对于同一个 x_0,平均值的点估计和个别值的点估计的结果是一样的。

(二)区间估计

回归分析的预测区间(prediction interval)是指对于给定的 x_0 值,求出 y 的平均值的置信区间或 y 的一个个别值的预测区间,如图 8-11 所示。

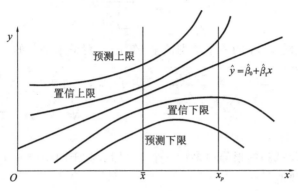

图 8-11 回归分析的区间估计

1. y 的平均值的置信区间估计

当自变量给定要预测因变量时,先将 $x=x_0$ 代入回归方程,得到 y 的估计值 $\hat{y}_0$。$\hat{y}_0$ 是对应于 x_0 的点估计值,但我们往往更希望能给出因变量的一个预测值范围。

对于给定的 x_0,统计学家给出了估计 $\hat{y}_0$ 标准差的公式,用 $s_{\hat{y}_0}$ 表示 $\hat{y}_0$ 标准差的估计量,计算公式为

$$s_{\hat{y}_0} = s_e \sqrt{\frac{1}{n} + \frac{(x_0 - \overline{x})^2}{\sum_{i=1}^{n}(x_i - \overline{x})^2}} \tag{8-29}$$

对于给定的 x_0,$E(y_0)$ 的 $1-\alpha$ 的置信区间为 $[\hat{y}_0 - t_{\alpha/2} \cdot s_{\hat{y}_0}, \hat{y}_0 + t_{\alpha/2} \cdot s_{\hat{y}_0}]$,即

$$\left[\hat{y}_0 - t_{\alpha/2} \cdot s_e \sqrt{\frac{1}{n} + \frac{(x_0 - \overline{x})^2}{\sum_{i=1}^{n}(x_i - \overline{x})^2}}, \hat{y}_0 + t_{\alpha/2} \cdot s_e \sqrt{\frac{1}{n} + \frac{(x_0 - \overline{x})^2}{\sum_{i=1}^{n}(x_i - \overline{x})^2}}\right] \tag{8-30}$$

【**例 8-9**】 根据例 8-7 所求得的估计方程,如果汽车保有量为 63.79 千辆,建立汽车配件销售量在 95% 的置信区间。

解:根据前面计算的结果知,$n=19$,$s_e=2.65$,查表得 $\pm t_{\alpha/2}(n-2)=t_{0.025}(17)=2.119\ 9$。汽车配件的点估计值为

$$E(y_0) = 2.62 + 1.157x = 2.62 + 1.157 \times 63.79 = 76.425 (万件)$$

根据式(8-29)得 $E(y_0)$ 的置信区间为

$$76.425 \pm 2.119\ 9 \times 2.65 \sqrt{\frac{1}{19} + \frac{(63.79 - 25.35)^2}{4\ 986.05}} = 76.425 \pm 3.32$$

即 $73.105 < E(y_0) < 79.745$。当汽车保有量为 63.79 千辆时,配件销售量的平均值有 95% 的可靠性在 73.105 万件至 76.745 万件之间。

2. y 的个别值 y_0 的预测区间估计

y 的个别值 y_0 的预测区间估计是对给定的 x_0，求出 y 的一个个别值的区间估计。

为求出预测区间，首先必须知道用于估计的标准差。y 的一个个别估计值 y_0 的标准差的估计量用 s_f 表示为

$$s_f = s_e \sqrt{1 + \frac{1}{n} + \frac{(x_0 - \bar{x})^2}{\sum_{i=1}^{n}(x_i - \bar{x})^2}} \qquad (8-31)$$

因此，对于给定的 x_0，y 的一个个别值 y_0 在 $1-\alpha$ 置信水平下的预测区间可表示为

$$\left[\hat{y}_0 - t_{\alpha/2} \cdot s_e \sqrt{1 + \frac{1}{n} + \frac{(x_0 - \bar{x})^2}{\sum_{i=1}^{n}(x_i - \bar{x})^2}},\ \hat{y}_0 + t_{\alpha/2} \cdot s_e \sqrt{1 + \frac{1}{n} + \frac{(x_0 - \bar{x})^2}{\sum_{i=1}^{n}(x_i - \bar{x})^2}} \right]$$

$$(8-32)$$

式(8-31)比式(8-29)的根号内多加一个 1，因此，对于同一个 x_0，个别值预测区间比平均值的置信区间要宽一些。

【例 8-10】 根据例 8-7 所求得的估计方程，如果 2011 年汽车保有量为 63.79 千辆，建立 2011 年汽车配件销售量在 95% 的预测区间。

解：根据前面计算的结果知，$n=19$，$s_e=2.65$，查表得

$$t_{\alpha/2}(n-2) = t_{0.025}(17) = 2.1199。$$

汽车配件的点估计值为

$$\hat{y}_0 = 2.62 + 1.157x = 2.62 + 1.157 \times 63.79 = 76.425 (万件)$$

根据式(8-31)得配件销售量的预测区间为

$$76.425 \pm 2.1199 \times 2.65 \sqrt{1 + \frac{1}{19} + \frac{(63.79 - 25.35)^2}{4\ 986.05}} = 76.425 \pm 6.52$$

即 $69.905 < E(y_0) < 82.945$。当 2011 年的汽车保有量为 63.79 千辆时，2011 年配件销售量有 95% 的可靠性在 69.905 万件至 82.945 万件之间。

归纳两个预测区间的特点：首先由于 $s_{y_0} < s_f$，故总体均值的置信区间比个别值的预测区间要窄；两者的差别表明，估计 y 的平均值比预测 y 的一个特定值更精确。

其次，样本容量 n 越大，残差的方差越小，预测精度越高。

最后，当 n 一定，预测点 $x_0 = \bar{x}$ 时，残差的方差最小，预测区间最窄。离 $\bar{x}$ 越远，残差的方差越大，预测区间越宽，预测可信度越低。

第三节　多元线性回归分析

前面一节所讨论的一元回归模型在实践中往往是不够的。例如，在消费、收入和支出一例中，我们无形地假定了只有收入影响着消费支出。但经济理论很少有这般简单的

情形。因为,除了收入,还有许多其他的变量会影响消费支出。一个显然的变量是消费者的财富。对于另一个例子,对某商品的需求很可能不仅依赖于它本身的价格,而且还依赖于其他相互竞争(互替)或相互补充(互补)的产品价格;此外,还有消费者的收入、社会地位等。因此,我们需要把这个简单的一元回归模型推广到包含两个或两个以上自变量的模型,这就要讨论多元回归模型,也就是说,要讨论因变量 y 依赖于两个或更多个自变量的模型。多元回归分析的原理同一元线性回归基本相同,但计算要复杂得多,因此需要借助计算机来完成。

一、多元线性回归模型和估计的回归方程

(一) 多元线性回归模型和回归方程

设因变量为 y,k 个自变量分别为 $x_1, x_2, \cdots, x_k$,描述因变量 y 如何依赖自变量 $x_1, x_2, \cdots, x_k$ 和误差项 ε 的方程称为多元回归模型,其一般形式为

$$y_i = \beta_0 + \beta_1 x_1 + \beta_2 x_2 + \cdots + \beta_k x_k + \varepsilon \tag{8-33}$$

其中,$\beta_0, \beta_1, \beta_2, \cdots, \beta_k$ 称为总体回归系数,也称为待估计的参数,$\beta_j (j=1,2,\cdots,k)$ 表示在其他自变量保持不变的情况下,$x_j (j=1,2,\cdots,k)$ 每变化 1 个单位时,y 的均值 $E(y)$ 的变化值,所以 $\beta_0, \beta_1, \beta_2, \cdots, \beta_k$ 也称为偏回归系数;ε 为随机误差项。

(二) 多元线性回归模型的基本假定

在多元回归分析中,为了使回归系数的估计量具有良好的统计性质,能有效地对模型中的回归系数进行统计检验,需对多元线性回归模型可做出类似于一元线性回归分析那样的基本假定,即

(1)自变量是确定性变量;
(2)随机误差项的均值为零;
(3)随机误差项的方差为常数 σ^2;
(4)随机误差项无序列相关;
(5)随机误差项与自变量不相关;
(6)随机误差项服从均值为零、方差为 σ^2 的正态分布;
(7)各自变量之间不存在线性关系,即无多重共线性。

其中,前 6 条基本假定与一元线性回归分析相同,而第 7 条是多元线性回归分析所特有的。

(三) 多元线性回归中估计的回归方程

总体回归系数 $\beta_0, \beta_1, \beta_2, \cdots, \beta_k$ 是未知的,必需利用样本数据去估计,得到 $\beta_0, \beta_1, \beta_2, \cdots, \beta_k$ 的估计量 $\hat{\beta}_0, \hat{\beta}_1, \hat{\beta}_2 \cdots, \hat{\beta}_k$,用 $\hat{\beta}_0, \hat{\beta}_1, \hat{\beta}_2, \cdots, \hat{\beta}_k$ 分别代替 $\beta_0, \beta_1, \beta_2, \cdots, \beta_k$,就得到多元线性回归中估计的回归方程为

$$\hat{y} = \hat{\beta}_0 + \hat{\beta}_1 x_1 + \hat{\beta}_2 x_2 + \cdots + \hat{\beta}_k x_k \tag{8-34}$$

其中,$\hat{\beta}_0, \hat{\beta}_1, \hat{\beta}_2, \cdots, \hat{\beta}_k$ 为参数 $\beta_0, \beta_1, \beta_2, \cdots, \beta_k$ 的估计值;$\hat{y}$ 为因变量 y 的估计值。

二、多元线性回归模型回归系数和随机误差项方差的估计

同一元线性回归模型回归系数的估计一样,多元线性回归模型回归系数估计的任务仍有两项:其一是求得回归系数的估计量 $\hat{\beta}_0, \hat{\beta}_1, \hat{\beta}_2, \cdots, \hat{\beta}_k$;其二是求得随机误差项方差的估计量 $\hat{\sigma}^2$。多元线性回归模型若满足多元回归模型所列的基本假定,就可以采用普通最小二乘法估计回归系数。

(一)多元线性回归模型回归系数的估计

随机抽取一组样本观测值 $(x_{i1}, x_{i2}, \cdots, x_{ik}, y_i)(i=1,2,\cdots,n)$,若回归系数的估计值已经得到,则有

$$\hat{y}_i = \hat{\beta}_0 + \hat{\beta}_1 x_{i1} + \hat{\beta}_2 x_{i2} + \cdots + \hat{\beta}_k x_{ik} \quad (i=1,2,\cdots,n) \tag{8-35}$$

与一元线性回归模型的估计方法一样,可采用残差平方和最小的准则来估计回归系数,根据最小二乘原理,回归系数的估计值应使

$$\begin{aligned} f(\hat{\beta}_0, \hat{\beta}_1, \hat{\beta}_2, \cdots, \hat{\beta}_k) &= \sum_{i=1}^n e_i^2 = \sum_{i=1}^n (y_i - \hat{y}_i)^2 \\ &= \sum_{i=1}^n (y_i - \hat{\beta}_0 - \hat{\beta}_1 x_{i1} - \hat{\beta}_2 x_{i2} - \cdots - \hat{\beta}_k x_{ik})^2 \end{aligned} \tag{8-36}$$

达到最小,由微积分知识可知, $\hat{\beta}_0, \hat{\beta}_1, \hat{\beta}_2, \cdots, \hat{\beta}_k$ 必须满足

$$\begin{cases} \dfrac{\partial f}{\partial \hat{\beta}_0} = \sum_{i=1}^n 2(y_i - \hat{\beta}_0 - \hat{\beta}_1 x_{i1} - \hat{\beta}_2 x_{i2} - \cdots - \hat{\beta}_k x_{ik})(-1) = 0 \\ \dfrac{\partial f}{\partial \hat{\beta}_1} = \sum_{i=1}^n 2(y_i - \hat{\beta}_0 - \hat{\beta}_1 x_{i1} - \hat{\beta}_2 x_{i2} - \cdots - \hat{\beta}_k x_{ik})(-x_{i1}) = 0 \\ \cdots \cdots \\ \dfrac{\partial f}{\partial \hat{\beta}_k} = \sum_{i=1}^n 2(y_i - \hat{\beta}_0 - \hat{\beta}_1 x_{i1} - \hat{\beta}_2 x_{i2} - \cdots - \hat{\beta}_k x_{ik})(-x_{ik}) = 0 \end{cases}$$

经过整理后,就可得到回归系数的估计值的正规方程组为

$$\begin{cases} n\hat{\beta}_0 + \hat{\beta}_1 \sum_{i=1}^n x_{i1} + \hat{\beta}_2 \sum_{i=1}^n x_{i2} + \cdots + \hat{\beta}_k \sum_{i=1}^n x_{ik} = \sum_{i=1}^n y_i \\ \hat{\beta}_0 \sum_{i=1}^n x_{i1} + \hat{\beta}_1 \sum_{i=1}^n x_{i1}^2 + \hat{\beta}_2 \sum_{i=1}^n x_{i1} x_{i2} + \cdots + \hat{\beta}_k \sum_{i=1}^n x_{i1} x_{ik} = \sum_{i=1}^n x_{i1} y_i \\ \cdots \cdots \\ \hat{\beta}_0 \sum_{i=1}^n x_{ik} + \hat{\beta}_1 \sum_{i=1}^n x_{i1} x_{ik} + \hat{\beta}_2 \sum_{i=1}^n x_{i2} x_{ik} + \cdots + \hat{\beta}_k \sum_{i=1}^n x_{ik}^2 = \sum_{i=1}^n x_{ik} y_i \end{cases} \tag{8-37}$$

方程组(8-37)称为多元线性回归模型的正规方程,求解该正规方程即可得多元线性回归模型的回归系数的估计值。由于直接表示公式较复杂,可将正规方程用矩阵形式来表示为

$$(X^T X) B = X^T Y \tag{8-38}$$

由多元线性回归模型的基本假定的第 7 条可知,各自变量不存在线性关系,故矩阵 X^TX 的秩为 $k+1$。矩阵 X^TX 是满秩矩阵,故其逆矩阵 $(X^TX)^{-1}$ 存在,用 $(X^TX)^{-1}$ 左乘式(8-38),得到回归系数的最小二乘估计量为

$$B = (X^TX)^{-1} X^T Y \tag{8-39}$$

多元线性回归模型的回归系数的估计用手工计算工作量非常大,故一般用统计软件来求解,用统计软件求解内容参见第十章实验八。

(二) 随机误差项方差的估计

在多元回归分析中,对模型及其回归系数进行检验时需要用到随机误差项的方差 σ^2,但 u_i 不能直接观测,故 σ^2 也是未知的,可用样本回归的残差 e_i 来代替 u_i,对 σ^2 进行估计。可以证明,在最小二乘估计的基础上,σ^2 的无偏估计为

$$\hat{\sigma}^2 = \frac{\sum_{i=1}^n e_i^2}{n-(k+1)} = \frac{\sum_{i=1}^n (y_i - \hat{y}_i)^2}{n-k-1} \tag{8-40}$$

其中,$n-k-1$ 为自由度,n 为样本观测值的个数,$k+1$ 为多元线性回归模型中待估计的回归系数的个数。

σ^2 的无偏估计的标准差为

$$\hat{\sigma} = \sqrt{\frac{\sum_{i=1}^n (y_i - \hat{y}_i)^2}{n-k-1}} \tag{8-41}$$

式(8-38)称为回归方程的估计标准误差,它反映了用估计的回归方程预测因变量 y 时的预测误差,用来衡量回归方程的拟合程度。估计标准误差越小,回归方程的拟合程度越高。

三、多元线性回归模型的拟合优度

(一) 多重决定系数

多元线性回归模型的拟合优度的计算和含义与一元线性回归模型的拟合优度相似,其拟合优度又称为多重决定系数,用 R^2 表示,用来衡量估计的回归方程对实际观测值的拟合程度,并说明自变量 $x_1, x_2, \cdots, x_k$ 对因变量 y 的解释程度。

类似于一元线性回归模型,总离差平方和记为

$$\text{SST} = \sum_{i=1}^n (y_i - \bar{y})^2$$

回归平方和记为

$$\text{SSE} = \sum_{i=1}^n (\hat{y}_i - \bar{y})^2$$

残差平方和记为

$$\text{SSR} = \sum_{i=1}^n (y_i - \hat{y}_i)^2$$

则三者的关系如下：

$$\sum_{i=1}^{n}(y_i-\bar{y})^2 = \sum_{i=1}^{n}(\hat{y}_i-\bar{y})^2 + \sum_{i=1}^{n}(y_i-\hat{y}_i)^2 \tag{8-42}$$

即

$$\text{SST} = \text{SSR} + \text{SSE}$$

自由度

$$(n-1) = k + (n-k-1)$$

总离差平方和 SST 反映的是因变量 y 的总变差的大小；回归平方和 SSR 反映的是在 y 的总变差中由于自变量 $x_1,x_2,\cdots,x_k$ 与 y 的线性依存关系而引起 y 的变化部分，即总变差的变化中被判明或已经解释了的那部分离差；残差平方和 SSE 反映的是除了自变量 $x_1,x_2,\cdots,x_k$ 对因变量 y 的线性关系影响之外的其他一切因素对因变量 y 的影响部分，即未能被自变量 $x_1,x_2,\cdots,x_k$ 解释的那部分离差。残差平方和 SSE 的数值越小，而回归平方和 SSR 的数值越大，即表示因变量 y 总变差中已被自变量 $x_1,x_2,\cdots,x_k$ 解释了的因素（自变量 $x_1,x_2,\cdots,x_k$）的影响越大，说明自变量 $x_1,x_2,\cdots,x_k$ 对因变量的解释程度越高，故多重决定系数可定义为

$$R^2 = \frac{\text{SSR}}{\text{SST}} = 1 - \frac{\text{SSE}}{\text{SST}} \tag{8-43}$$

多重决定系数 R^2 的取值范围在 0 与 1 之间，即 $0 \leqslant R^2 \leqslant 1$。多重决定系数 R^2 越接近 1，说明回归方程拟合程度越高。R^2 的取值越大，R^2 的算术平方根 R 的值也越大，说明自变量与因变量线性相关关系越强，所以 R 又称为复相关系数。

（二）修正的多重决定系数

在应用过程中发现，如果在模型中增加一个自变量，R^2 往往会增大。这是因为残差平方和往往随着自变量个数的增加而减少，至少不会增加。这就给人一个错觉，要使得模型拟合得好，只要增加自变量个数即可。但是，现实情况往往是，随着自变量的的增加，待估计的回归系数也会随着增加，在样本观测值有限的条件下，增加自变量必定使得自由度减少，这样就会影响到回归系数的估计精度，故由增加自变量个数引起的 R^2 的增大与拟合好坏无关。因此，在多元回归模型之间比较拟合优度，R^2 就不是一个合适的指标，必须加以修正。

在样本容量一定的情况下，增加自变量必定使得自由度减少，所以调整的思路是将残差平方和与总离差平方和分别除以各自的自由度，以剔除自变量个数对拟合优度的影响。记 $\bar{R}^2$ 为修正的决定系数（adjusted coefficient of determination），则有

$$\bar{R}^2 = 1 - \frac{\text{SSE}/(n-k-1)}{\text{SST}/(n-1)} = 1 - \frac{n-1}{n-k-1} \cdot \frac{\text{SSE}}{\text{SST}} = 1 - \frac{n-1}{n-k-1}(1-R^2) \tag{8-44}$$

其中，$n-k-1$ 为残差平方和的自由度，$n-1$ 为总离差平方和的自由度，k 为回归模型中自变量的个数，$k+1$ 为待估计的回归系数的个数。

显然，如果增加的自变量没有解释能力，那么对残差平方和 SSR 的减小没有多大帮助，却增加待估计的回归系数的个数，从而使 $\bar{R}^2$ 有较大幅度的下降。由式（8-40）可知，$\bar{R}^2 \leqslant R^2$。

在实际应用中,一般 R^2 和 $\bar{R}^2$ 越大越好。对于 R^2 和 $\bar{R}^2$ 达到多大才算好,没有绝对的标准,要看具体情况而定。R^2 和 $\bar{R}^2$ 的值大只是说明模型的拟合优度高,但模型的拟合优度并不是判断模型质量的唯一标准,有时为了追求模型的经济意义,可以牺牲一点拟合优度。

四、多元线性回归模型的统计检验

线性回归模型的统计检验(显著性检验),目的在于推断模型中自变量与因变量之间的线性关系是否显著成立,或者说考察所选择的自变量是否对因变量有显著的线性影响。从上面的拟合优度中可以看出,若拟合优度高,则自变量对因变量的解释程度就大,线性影响就强,可以推测模型线性关系成立;反之,就不成立。但这只是一个模糊的推测,不能给出一个统计上的严格的结论。因此,还必须对线性回归模型进行统计检验,其检验内容包含两个方面:一是对回归系数的统计检验,二是对回归方程的统计检验。

(一)回归系数的统计检验

线性回归模型的回归系数检验的目的在于,根据样本回归系数来判断总体回归系数是否显著为零,从而判别在其他自变量不变的情况下,与该回归系数对应的自变量对因变量的影响是否显著。经过检验,若总体某回归系数显著不为零,则在其他自变量不变的情况下,与之相对应的自变量对因变量就有显著影响,即该自变量与因变量之间存在线性关系;但若某总体回归系数显著为零,则在其他自变量不变的情况下,与之相对应的自变量对因变量的影响不显著,即该自变量与因变量之间就不存在线性关系。

1. 回归系数估计量的分布

在回归分析中,对于多元线性回归模型 $y_i = \beta_0 + \beta_1 x_{i1} + \beta_2 x_{i2} + \cdots + \beta_k x_{ik} + u_i$ 的回归系数的估计量 $\hat{\beta}_j (j=0,1,2,\cdots,k)$ 是随着样本观测值变动而变动的一个随机变量,即对于不同的样本观测值,回归系数的估计量 $\hat{\beta}_j (j=0,1,2,\cdots,k)$ 的值是不相同的。但若回归模型满足基本假定,则回归系数的估计量 $\hat{\beta}_j (j=0,1,2,\cdots,k)$ 服从均值为 $\beta_j (j=0,1,2,\cdots,n)$、方差为 $D(\hat{\beta}_j)(j=0,1,2,\cdots,k)$ 的正态分布,这一点与一元线性回归分析类似(证明从略),即

$$\hat{\beta}_j \sim N(\beta_j, D(\hat{\beta}_j)) \quad (j=0,1,2,\cdots,k) \tag{8-45}$$

因为 $D(\hat{\beta}_j)$ 涉及随机误差项 u_i 的方差 σ^2,而方差 σ^2 是未知的,故需用样本方差即方差 σ^2 的估计量 $\hat{\sigma}^2$ 来代替构造统计量,所以所构造的统计量为

$$t_j = \frac{\hat{\beta}_j - \beta_j}{s_e(\hat{\beta}_j)} \sim t(n-k-1) \tag{8-46}$$

其中,$s_e(\hat{\beta}_j)(j=0,1,2,\cdots,k)$ 为估计量 $\hat{\beta}_j(j=0,1,2,\cdots,k)$ 标准差,n 为样本容量,$k+1$ 为待估计的回归系数的个数。

2. 检验回归系数的步骤

第一步,提出假设。对于回归系数 $\beta_j(j=0,1,2,\cdots,k)$,有

$$H_0: \beta_j = 0, \qquad H_1: \beta_j \neq 0$$

第二步,选取检验统计量 t,并计算该统计量的值。在 H_0 成立的前提下,所选取的检验统计量为

$$t_j = \frac{\hat{\beta}_j - \beta_j}{s_e(\hat{\beta}_j)} = \frac{\hat{\beta}_j}{s_e(\hat{\beta}_j)} \sim t(n-k-1) \tag{8-47}$$

第三步,选取显著性水平 α,确定临界值 $t_{\alpha/2}(n-k-1)$。

第四步,做出统计决策。

若 $|t_j| \geqslant t_{\alpha/2}(n-k-1)$,则拒绝 H_0,即当显著性水平为 α 时,在其他自变量不变的情况下,与之相对应的自变量 x_j 对因变量有显著影响,也就是该自变量 x_j 与因变量之间存在线性关系。此时,也称回归系数显著不为零,回归系数通过了 t 检验。

若 $|t_j| < t_{\alpha/2}(n-k-1)$,则不能拒绝 H_0,即当显著性水平为 α 时,在其他自变量不变的情况下,与之相对应的自变量 x_j 对因变量无显著影响,也就是该自变量 x_j 与因变量之间不存在线性关系。此时,也称回归系数显著为零,回归系数没有通过 t 检验。

(二)回归方程的统计检验

回归系数的统计检验是分别对各回归系数进行显著性检验,只能检验在其他自变量不变的情况下,与之相对应的自变量对因变量是否有显著影响,即该自变量与因变量之间是否存在线性关系,但不能检验回归模型中所有自变量联合起来与因变量之间的线性关系在总体上是否显著成立。要检验回归模型中所有自变量联合起来与因变量之间的线性关系在总体上是否显著成立,就要对整个方程进行显著性检验。

1. 检验回归方程统计量的构造

回归方程的统计检验是要检验模型

$$y_i = \beta_0 + \beta_1 x_1 + \beta_2 x_2 + \cdots + \beta_k x_k + \varepsilon$$

中回归系数 $\beta_0, \beta_1, \beta_2, \cdots, \beta_k$ 是否同时显著不为零。按照假设检验的原理与程序,原假设与备择假设分别为

$$H_0: \beta_0 = \beta_1 = \beta_2 = \cdots = \beta_k = 0, \qquad H_1: \beta_0, \beta_1, \beta_2, \cdots, \beta_k \text{ 不全为零}$$

回归方程的检验是在方差分析的基础上利用 F 检验进行的,F 检验的思想来自于总离差平方和的分解式

$$\text{SST} = \text{SSR} + \text{SSE}$$

由于回归平方和 $\text{SSR} = \sum_{i=1}^{n}(\hat{y}_i - \bar{y})^2$ 是自变量 $x_1, x_2, \cdots, x_k$ 的联合体对因变量 y 线性作用的共同结果,残差平方和 $\text{SSE} = \sum_{i=1}^{n}(y_i - \hat{y}_i)^2$ 的数值越小,而回归平方和 $\text{SSR} = \sum_{i=1}^{n}(\hat{y}_i - \bar{y})^2$ 的数值越大,表示因变量 y 总变差中已被判明的因素(自变量 $x_1, x_2, \cdots, x_k$)的影响越大,说明自变量 $x_1, x_2, \cdots, x_k$ 对因变量的解释程度越高,故可用回归平方和 SSR 与残差平方和 SSE 来构造统计量。

根据假设检验中的知识,在原假设 H_0 成立的条件下,统计量

$$F=\frac{\text{SSR}/k}{\text{SSE}/(n-k-1)}\sim F(k,n-k-1) \tag{8-48}$$

其中,回归平方和与其自由度的比值 SSR/k 称为回归均方差,记为 MSR;残差平方和与其自由度的比值 $\text{SSE}/(n-k-1)$ 称为残差均方差,记为 MSE。

为了便于分析,将回归方程的检验有关数据汇总形成表格形式,此表称为方差分析表,如表 8-17 所示。

表 8-17 检验回归方程的方差分析表

离差来源	平方和(SS)	自由度(df)	均方差(MS)	F
回归	$\text{SSR}=\sum_{i=1}^{n}(\hat{y}_i-\bar{y})^2$	k	SSR/k	$\dfrac{\text{SSR}/k}{\text{SSE}/(n-k-1)}$
残差	$\text{SSE}=\sum_{i=1}^{n}(y_i-\hat{y}_i)^2$	$n-k-1$	$\text{SSE}/(n-k-1)$	—
总离差	$\text{SST}=\sum_{i=1}^{n}(y_i-\bar{y})^2$	$n-1$	$\text{SST}/(n-1)$	—

2. 检验回归方程的步骤

第一步,提出假设。对于回归系数 $\beta_0,\beta_1,\beta_2,\cdots,\beta_k$,有

$$H_0:\beta_0=\beta_1=\beta_2=\cdots=\beta_k=0, \quad H_1:\beta_0,\beta_1,\beta_2,\cdots,\beta_k \text{ 不全为零}$$

第二步,选取检验统计量 F,并计算该统计量的值。在 H_0 成立的前提下,所选取的检验统计量为

$$F=\frac{\text{SSR}/k}{\text{SSE}/(n-k-1)}=\frac{\text{MSR}}{\text{MSE}}\sim F(k,n-k-1)$$

第三步,选取显著性水平 α,确定临界值 $F_\alpha(k,n-k-1)$。

第四步,做出统计决策。

若 $F\geqslant F_\alpha(k,n-k-1)$,则拒绝 H_0,即当显著性水平为 α 时,回归模型中所有自变量联合起来对因变量有显著影响,也就是回归模型中所有自变量联合起来与因变量之间的线性关系在总体上显著成立。此时也称回归方程有意义,回归方程通过了 F 检验。

若 $F<F_\alpha(k,n-k-1)$,则不能拒绝 H_0,即当显著性水平为 α 时,回归模型中所有自变量联合起来对因变量无显著影响,也就是回归模型中所有自变量联合起来与因变量之间的线性关系在总体上显著不成立。此时也称回归方程无意义,回归方程没有通过 F 检验。

【例 8-11】 设某公司在全国 20 个市场同时推销产品,已知该公司在各个市场所派出的推销员人数 x_1(单位:人)、所支出的广告及推销费用 x_2(单位:万元)和产品年销售量 y(单位:万箱)的资料,假定各市场的其他条件相同,并建立了产品年销售量 y 对推销员人数 x_1 和广告及推销费用 x_2 的回归模型如下:

$$\hat{y}=4.120+3.590x_1+5.197x_2$$
$$s_e=(3.298)(0.651)(0.705)$$
$$t=(1.249)(5.513)(7.367)$$
$$p=(0.228)(0.000)(0.000)$$

$R^2=0.958, \bar{R}^2=0.983, F=561.843(p=0.000), D.W.=1.819$

试在显著性水平 $\alpha=0.05$ 下,对回归系数和回归方程进行检验。

解:(1)回归系数的检验。

对于 β_0,设 $H_0:\beta_0=0, H_1:\beta_0\neq 0$;

对于 β_1,设 $H_0:\beta_1=0, H_1:\beta_1\neq 0$;

对于 β_2,设 $H_0:\beta_2=0, H_1:\beta_2\neq 0$;

因为

$$t_{\alpha/2}(n-k-1)=t_{0.025}(20-2-1)=t_{0.025}(17)=2.1099$$

所以 $t_0=1.249<t_{0.025}(17)=2.1099$,即对于 β_0,不能拒绝 H_0,即 $\beta_0=0$;$t_1=5.513>t_{0.025}(17)=2.1099$,即对于 β_1,拒绝 H_0,即 $\beta_1\neq 0$;$t_2=7.367>t_{0.025}(17)=2.1099$,即对于 β_0,拒绝 H_0,即 $\beta_2\neq 0$。

故 β_0 没有通过 t 检验,而 β_1、β_2 通过了 t 检验。

(2)回归方程的检验。

提出假设:$H_0:\beta_0=\beta_1=\beta_2=0, H_1:\beta_0,\beta_1,\beta_2$ 不全为零。

因为

$$F_\alpha(k,n-k-1)=F_{0.05}(2,17)=3.59$$

所以

$$F=561.843>F_{0.05}(2,17)=3.59$$

故拒绝 H_0,即 β_0,β_1,β_2 不全为零,回归方程通过了 F 检验。

在多元线性回归模型的回归系数和回归方程的统计检验中,也可以利用 p 值来做决策。不管是临界值来做决策还是 p 值做决策,其计算量都很大,故手工计算不太可行,一般都要借助统计软件来完成。此内容请参见第十章实验八运用 SPSS 进行回归分析。

因为篇幅所限,以下问题留待计量经济学研究:其一,如何判断回归模型是否满足基本假定问题;其二,若回归模型不满足基本假定,回归系数如何估计问题;其三,非线性回归模型问题。

本章小结

相关关系是指现象间不确定的数量关系。相关关系按涉及的变量多少分为单相关、复相关和偏相关;按相关形式分为线性相关和非线性相关;按相关的方向分为正相关和负相关;按相关程度分为完全相关、不完全相关和不相关。相关分析中,通过定性分析、相关表、绘制散点图等可以对现象之间存在的相关关系的方向、形式和密切程度进行直观、大致的判断。

相关分析研究变量间相关关系的方向和密切程度。度量两个变量之间线性相关的密切程度常用皮尔逊相关系数,度量两个定序变量之间线性相关的密切程度常用皮尔逊等级相关系数。对相关系数的显著性检验通常是检验总体相关系数是否等于零,采用 t

检验。

回归分析是对具有相关关系的两个或两个以上变量之间数量变化的一般关系进行测定,并选择一个合适的数学模型,用自变量来估计或预测因变量。只有一个自变量的线性回归分析称为一元线性回归分析,一元线性回归分析中估计的回归方程为 $\hat{y}=\hat{\beta}_0+\hat{\beta}_1 x$;包含两个或两个以上自变量的线性回归分析称为多元线性回归分析,多元线性回归分析中估计的回归方程为 $\hat{y}=\hat{\beta}_0+\hat{\beta}_1 x_1+\hat{\beta}_2 x_2+\cdots+\hat{\beta}_k x_k$。普回归方向中回归系数的估计通常采用最小二乘法。

回归方程是依据样本观测值建立起来的,但该方程是否真正地反映了变量之间的线性依存关系,其代表性如何,用决定系数 R^2 来判定。决定系数是回归平方和在总离差平方和中所占的比重,决定系数 R^2 越接近1,说明所回归方程的拟合程度越高。估计标准误差 s_e 是以回归直线为中心,反映各观测值与估计值平均数之间离差程度的大小,也反映估计值平均数 $\hat{y}_i$ 的代表性的可靠程度。估计标准误差越小,表示回归方程的代表性越好。

回归分析建立了估计方程后,还不能马上进行估计或预测,因为该估计方程是根据样本数据得出的,它是否真实地反映了变量 x 和 y 的关系,需要检验后才能证实。对线性回归模型的显著性检验包括两个方面的内容:一个是对整个回归方程的显著性检验(F 检验),另一个是对各回归系数的显著性检验(t 检验)。就一元线性回归模型而言,上述两个检验是等价的;在多元线性回归分析中,F 检验是对整个回归方程是否显的检验,而 t 检验是分别就回归方程中每一个自变量对因变量的线性影响是否显著进行检验。

思考与练习

(一)单项选择题

1.当一个变量减少时,另一个变量随之增加,则变量之间存在(　　)关系。
  A.直线相关　　　B.曲线相关　　　C.正相关　　　D.负相关
2.两变量的线性相关程度越低,线性相关系数越接近于(　　)。
  A.0　　　　　　B.−1　　　　　　C.1　　　　　　D.以上答案均不对
3.线性相关系数 r 的取值范围是(　　)。
  A.$0 \leqslant r \leqslant 1$　　B.$-1 \leqslant r \leqslant 0$　　C.$-1 \leqslant r \leqslant 1$　　D.$-1 < r < 1$
4.当两变量的相关系数为 0.9 时,这两个变量(　　)。
  A.不相关　　　B.完全相关　　　C.完全正相关　　　D.不完全相关
5.居民可支配收入与消费支出之间的相关系数可能是(　　)。
  A.−0.953　　　B.0.953　　　C.−1.113　　　D.1.113
6.在一元线性回归模型中,样本回归函数可以表示为(　　)。

A. $E(y|x_i)=\beta_0+\beta_1 x$ B. $y_i=\hat{\beta}_0+\hat{\beta}_1 x$

C. $y_i=\hat{\beta}_0+\hat{\beta}_1 x+e_i$ D. $y_i=\beta_0+\beta_1 x+u_i$

7. 用最小二乘法估计回归方程,要求满足因变量的(　　)。

A. 平均值与其估计值之差的平方和最小

B. 实际值与其平均值之差的平方和最小

C. 实际值与其估计值之差的总和最小

D. 实际值与其估计值之差的平方和最小

8. 学习成绩(单位:分)依学习时间(单位:h)的回归方程为$\hat{y}=20.4+5.2x$,则以下说法中正确的是(　　)。

A. 当学习时间每增加1 h时,学习成绩就减少5.2分

B. 当学习时间每增加1 h时,学习成绩就增加5.2分

C. 当学习时间每增加1 h时,学习成绩就减少20.4分

D. 当学习时间每增加1 h时,学习成绩就增加20.4分

9. 决定系数可以说明回归方程的(　　)。

A. 拟合优度　　B. 显著性水平　　C. 有效度　　D. 置信度

10. 在多元线性回归中,修正的多重决定系数$\bar{R}^2$与多重决定系数R^2之间的关系是(　　)。

A. $\bar{R}^2 \geqslant R^2$

B. $\bar{R}^2=1-(1-R^2)\dfrac{n-1}{n-k-1}$($k+1$为待估计参数的个数)

C. $\bar{R}^2=1-(1-R^2)\dfrac{n-k-1}{n-1}$($k+1$为待估计参数的个数)

D. $R^2=1-(1-R^2)\dfrac{n-1}{n-k-1}$($k+1$为待估计参数的个数)

(二)判断题

1. 若两个变量的相关系数为零,说明两个变量不完全相关。(　　)

2. 相关系数是测定相关关系的唯一方法。(　　)

3. 只有当相关系数为1时,两变量才是完全相关。(　　)

4. 当简单线性相关系数$r=0$时,说明两变量之间不存在任何相关关系。(　　)

5. 假定变量x与y的线性相关系数为0.88,变量u与v的线性相关系数为-0.95,则x与y的相关密切程度更高。(　　)

6. 当两变量相关程度较高时,进行回归分析才有意义。(　　)

7. 若直线回归方程为$\hat{y}=7-5.5x$,则x与y存在负相关关系。(　　)

8. 设估计的一元回归方程为$\hat{y}=189+10.78x$,当x增加一个单位时,y平均增加10.75个单位。(　　)

9. 一元线性回归模型中的回归系数β_1的符号与简单线性相关系数r的符号,可以相

同也可以不相同。（　　）

10.在一元线性回归分析中，两个变量是对等的，不需要区分因变量和自变量。（　　）

(三)思考题

1.什么是相关关系？相关关系的类型有哪些？

2.样本简单线性相关系数有哪些特点？

3.检验简单线性相关系数的步骤有哪些？为什么要对相关系数进行检验？

4.回归分析有哪些分类？

5.相关分析与回归分析的区别和联系有哪些？

6.什么是总体回归函数和样本回归函数？它们之间的区别有哪些？

7.什么是随机误差项和残差？它们的区别是什么？

8.为什么要对回归模型提出一些基本假定？

9.据世界卫生组织统计，全球肥胖症患者达 3 亿人，其中儿童占 2 200 万人，11 亿人体重过重。肥胖症和体重超常早已不是发达国家的"专利"，已遍及五大洲。目前，全球因"吃"致病乃至死亡的人数已高于因饥饿死亡的人数。你认为相关和回归分析能在这个问题上发挥什么作用？

10.为什么用决定系数能够度量回归方程对样本数据的拟合程度？

11.简单线性相关系数与决定系数的区别和联系是什么？

12.为什么要对多元线性回归的多重决定系数进行修正？

13.在多元线性回归分析中，t 检验和 F 检验的作用分别是什么？

(四)计算题

1.题表 8-1 是道琼斯工业指数(DJIA)和标准普尔 500 种股票指数(S&P500)1988 年至 1997 年对应股票的收益率资料。

题表 8-1　1988 年至 1997 年美国 DJIA 收益率和 S&P500 收益率

年份	DJIA 收益率/%	S&P500 收益率/%	年份	DJIA 收益率/%	S&P500 收益率/%
1988	16.0	16.6	1993	16.8	10.1
1989	31.7	31.5	1994	4.9	1.3
1990	−0.4	−3.2	1995	36.4	37.6
1991	23.9	30.0	1996	28.6	23.0
1992	7.4	7.6	1997	24.9	33.4

计算两种指数收益率的相关系数，分析其相关程度，以 0.05 的显著性水平检验相关系数的显著性。

2.美国各航空公司业绩的统计数据公布在《华尔街日报 1999 年年鉴》(The Wall Street Journal Almanac 1999)上。航班正点到达的比率和每 10 万名乘客投诉的次数的数据如题表 8-2 所示。

题表 8-2　1998 年美国航空公司航班正点到达率和乘客投诉率

航空公司名称	航班正点率/%	投诉率/(次/10 万名乘客)
西南(Southwest)航空公司	81.8	0.21
大陆(Continental)航空公司	76.6	0.58
西北(Northwest)航空公司	76.6	0.85
美国(US Airways)航空公司	75.7	0.68
联合(United)航空公司	73.8	0.74
美洲(American)航空公司	72.2	0.93
德尔塔(Delta)航空公司	71.2	0.72
美国西部(Americawest)航空公司	70.8	1.22
环球(TWA)航空公司	68.5	1.25

(1)画出这些数据的散点图。
(2)根据散点图,说明两变量之间存在什么关系?
(3)求出投诉率对航班正点率估计的回归方程。
(4)对估计的回归方程的斜率做出解释。
(5)如果航班正点率为 80%,估计每 10 万名乘客投诉的次数是多少。

3.题表 8-3 为某企业近年来的总成本和产量的数据。

题表 8-3　2006 年至 2017 年某企业总成本与产量

年份	总成本 y/万元	产量 x/件	年份	总成本 y/万元	产量 x/件
2006	329	410	2012	863	906
2007	524	608	2013	1 390	1 223
2008	424	512	2014	1 157	1 107
2009	629	723	2015	1 548	1 319
2010	741	811	2016	1 787	1 424
2011	1 020	1 009	2017	2 931	1 541

(1)计算总成本对产量的线性相关系数;
(2)用已知数据估计一元线性回归模型 $y_i = \beta_0 + \beta_1 x_i + u_i$;
(3)对回归系数进行显著性检验($\alpha = 0.05$);
(4)对回归方程进行显著性检验($\alpha = 0.05$)。

4.在建立一元线性回归模型 $y_i = \beta_0 + \beta_1 x_i + u_i$ 时,得到方差分析表如题表 8-4 所示。

题表 8-4　一元线性回归方程的方差分析表

离差来源	平方和(SS)	自由度(df)	均方差(MS)	F
回归			2 179.56	
残差	99.11	22		
总离差				

(1) 把表格中的空格填写完整;

(2) 对一元线性回归方程进行检验($\alpha = 0.05$)。

5. 题表 8-5 是 1992 年亚洲各国人均寿命 y、按购买力平价计算的人均 GDP x_1、成人识字率 x_2、一岁儿童疫苗接种率 x_3 的数据。要求:

(1) 建立人均寿命对人均 GDP、成人识字率、一岁儿童疫苗接种率的线性回归模型;

(2) 对所建立的回归模型的回归系数进行检验($\alpha = 0.05$);

(3) 对所建立的回归模型的回归方程进行检验($\alpha = 0.05$)。

题表 8-5 1992 年亚洲各国人均寿命、人均 GDP、成人识字率和一岁儿童疫苗接种率

序号	国家或地区	平均寿命 y/年	人均 GDP x_1/百美元	成人识字率 x_2/%	一岁儿童疫苗接种率 x_3/%
1	日本	79	194	99	99
2	中国香港	77	185	90	79
3	韩国	70	83	97	83
4	新加坡	74	147	92	90
5	泰国	69	53	94	86
6	马来西亚	70	74	80	90
7	斯里兰卡	71	27	89	88
8	中国大陆	70	29	80	94
9	菲律宾	65	24	90	92
10	朝鲜	71	18	95	96
11	蒙古	63	23	95	85
12	印度尼西亚	62	27	84	92
13	越南	63	13	89	90
14	缅甸	57	7	81	74
15	巴基斯坦	58	20	36	81
16	老挝	50	18	55	36
17	印度	60	12	50	90
18	孟加拉国	52	12	37	69
19	柬埔寨	50	13	38	37
20	尼泊尔	53	11	27	73
21	不丹	48	6	41	85
22	阿富汗	43	7	32	35

资料来源:联合国发展规划署《人类的发展报告》。

6. 在建立二元线性回归模型 $y = \beta_0 + \beta_1 x_1 + \beta_2 x_2 + \varepsilon$ 时,得到方差分析表如题表 8-6 所示。

题表 8-6 二元线性回归方程的方差分析表

离差来源	平方和(SS)	自由度(df)	均方差(MS)	F
回归	65 965			
残差				—
总离差	66 042	30	—	—

(1)把表格中的空格填写完整；

(2)对二元线性回归方程进行检验（$\alpha=0.05$）。

7. 一家房地产评估公司想对某城市的房地产销售价格 y 与地产的评估价值 x_1、房产的评估价值 x_2 和使用面积 x_3 进行调查，以便对房地产销售价格做出合理的预测。为此，该公司搜集了 20 栋住宅的房地产资料，如题表 8-7 所示。

题表 8-7　某城市房地产销售价格与地产估价、房产估价和使用面积

房地产编号	销售价格 y/(元/m²)	地产估价 x_1/万元	房产估价 x_2/万元	使用面积 x_3/m²
1	6 890	596	4 497	18 730
2	4 850	900	2 780	9 280
3	5 550	950	3 144	11 260
4	6 200	1 000	3 959	12 650
5	11 650	1 800	7283	22 140
6	4 500	850	2 732	9 120
7	3 800	800	2 986	8 990
8	8 300	2 300	4 775	18 030
9	5 900	810	3 912	12 040
10	4 750	900	2 935	17 250
11	4 050	730	4 012	10 800
12	4 000	800	3 168	15 290
13	9 700	2 000	5 851	24 550
14	4 550	800	2 345	11 510
15	4 090	800	2 089	11 730
16	8 000	1 050	5 625	19 600
17	5 600	400	2 086	13 440
18	3 700	450	2 261	9 880
19	5 000	340	3 595	10 760
20	2 240	150	578	9 620

用 SPSS 进行相关分析和回归分析，试求：

(1)销售价格分别与地产估价、房产估价、使用面积的线性相关系数，并对相关系数进行检验，判断销售价格分别与地产估价、房产估价、使用面积是否存在显著的线性关系；

(2)销售价格对地产估价、房产估价、使用面积的线性回归模型，并对回归系数和回归方程进行检验；

(3)决定系数 R^2，并说明地产估价、房产估价、使用面积对销售价格的解释程度。

8. 有几个地区的统计资料如题表 8-8 所示。

题表 8-8　几个地区的统计资料

国内生产总值	财政收入	银行年末存款余额
2.2	0.8	0.2
2.4	0.9	0.4
2.5	1.0	0.5
2.7	1.2	0.7
2.9	1.4	0.6
3.0	1.5	0.8
15.7	6.8	3.2

要求：(1)计算国内生产总值与财政收入的相关系数；
(2)计算财政收入与银行年末存款余额的相关系数；
(3)建立国内生产总值与财政收入的直线回归方程。

9. 某地高校教育经费 x 和在校学生人数 y 连续 6 年的统计资料如题表 8-9 所示。

题表 8-9　某地高校教育经费和在校学生人数统计资料

教育经费 x/万元	在校学生人数 y/万人
316	11
343	16
373	18
393	20
418	22
455	25

要求：(1)建立回归直线方程,估计教育经费为 500 万元的在校学生人数；
(2)计算估计标准误差。

(五)案例分析

中国电力供求量分析

电力供应是保障国民经济健康发展的重要因素,目前我国的电力供应还不能完全满足国民经济发展的需求。不少地区严重缺电,不得不时时陷入拉闸限电的困境。为了解决电力供求的矛盾,应对电力供求早做规划,这就需要分析影响电力供求的主要因素。从理论上分析,影响电力供求的主要因素可能有经济发展水平、主要工农业产品的生产、人民生活水平等。由于电力难以储存,而且我国电力基本上没有进出口,可以用全国的发电量作为我国电力供应量。经济的总体发展可用国内生产总值和第一、二、三产业增加值表示；人民生活水平的变动可用人居国内生产总值的变动来代表；有代表性的耗电工业产品可选择生铁、原油、原煤等；农业生产用第一产业增加值表示；直接耗电较大的运输业选择铁路货运量来代表。由中国统计年鉴取得了改革开放以来的有关数据,如题表 8-10 所示。

题表 8-10 1979 年至 2009 年我国电力供应量及其影响因素

年份	电力产量 y /(亿 kW·h)	GDP x_1 /亿元	一产增加值 x_2 /亿元	二产增加值 x_3 /亿元	三产增加值 x_4 /亿元	人均 GDP x_5 /(元/人)	原油产量 x_6 /万t	生铁产量 x_7 /万t	原煤产量 x_8 /亿t	铁路货运量 x_9 /万t
1978	2 566	3 645.2	1 027.5	1 745.2	872.5	381	10 405	3 479	6.18	110 119
1979	2 820	4 062.6	1 270.2	1 913.5	878.9	419	10 415	3 673	6.35	111 893
1980	3 006	4 545.6	1 371.6	2 192.0	982.0	463	10 595	3 802	6.20	111 279
1981	3 093	4 891.6	1 559.5	2 255.5	1 076.6	492	10 122	3 417	6.22	107 673
1982	3 277	5 323.4	1 777.4	2 383.0	1 163.0	528	10 212	3 551	6.66	113 495
1983	3 514	5 962.7	1 978.4	2 646.2	1 338.1	583	10 607	3 738	7.15	118 784
1984	3 770	7 208.1	2 316.1	3 105.7	1 786.3	695	11 461	4 001	7.89	124 074
1985	4 107	9 016.0	2 564.4	3 866.6	2 585.0	858	12 490	4 384	8.72	130 709
1986	4 495	10 275.2	2 788.7	4 492.7	2 993.8	963	13 069	5 064	8.94	135 635
1987	4 973	12 058.6	3 233.0	5 251.6	3 574.0	1 112	13 414	5 503	9.28	140 653
1988	5 452	15 042.8	3 865.4	6 587.2	4 590.3	1 366	13 705	5 704	9.80	144 948
1989	5 848	16 992.3	4 265.9	7 278.0	5 448.4	1 519	13 764	5 820	10.54	151 489
1990	6 212	18 667.8	5 062.0	7 717.4	5 888.4	1 644	13 831	6 238	10.80	150 681
1991	6 775	21 781.5	5 342.2	9 102.2	7 337.1	1 893	14 099	6 765	10.87	152 893
1992	7 539	26 923.5	5 866.6	11 699.5	9 357.4	2 311	14 210	7 589	11.16	157 627
1993	8 395	35 333.9	6 963.8	16 454.4	11 915.7	2 998	14 524	8 956	11.50	162 794
1994	9 281	48 197.9	9 572.7	22 445.4	16 179.8	4 044	14 608	9 741	12.40	163 216
1995	10 077	60 793.7	12 135.8	28 679.5	19 978.4	5 046	15 004	10 529	13.61	165 962
1996	10 813	71 176.6	14 015.4	33 835.0	23 326.2	5 846	15 733	10 723	13.97	171 024
1997	11 356	78 973.0	14 441.9	37 543.0	26 988.1	6 420	16 074	11 511	13.73	172 149
1998	11 670	84 402.3	14 817.6	39 004.2	30 580.5	6 796	16 100	11 864	12.50	164 309
1999	12 393	89 677.1	14 770.0	41 033.6	33 873.4	7 159	16 000	12 539	10.45	167 554
2000	13 556	99 214.6	14 944.7	45 555.9	38 714.0	7 858	16 300	13 101	9.98	178 581
2001	14 808	109 655.2	15 781.3	49 512.3	44 361.6	8 622	16 396	15 554	11.61	198 581
2002	16 540	120 332.7	16 537.0	53 896.8	49 898.9	9 398	16 700	17 085	13.80	204 956
2003	19 104	135 822.8	17 381.7	62 436.3	56 004.7	10 542	16 960	21 367	18.35	224 248
2004	22 027	159 878.3	21 412.7	73 904.3	64 561.3	12 336	17 587	26 831	21.23	249 017
2005	25 003	184 937.4	22 420.0	87 598.1	74 919.3	14 185	18 135	34 375	23.50	269 296
2006	28 653	216 314.4	24 040.0	103 719.5	88 554.9	16 500	18 477	41 245	25.29	288 224
2007	32 808	265 810.3	28 627.0	125 831.4	111 351.9	20 169	18 632	47 652	26.92	314 237
2008	34 669	314 045.4	33 702.0	149 003.4	131 340.0	23 708	19 043	47 824	28.02	330 354
2009	37 130	340 506.9	35 226.0	157 638.8	147 642.1	25 575	18 949	55 283	29.73	333 348

资料来源:国家统计局.《中国统计年鉴(2010)》[J].北京:中国统计出版社,2010.

讨论:(1)通过比较分析,选出影响我国电力供求量最显著的一些因素;

(2)用各种回归方法选择自变量,建立各种类型的回归模型,并分析这些模型是否存在问题;

(3)从各种回归模型中选出你认为最理想的模型,并说明为什么;

(4)运用你选出的模型,预测我国 2011 年和 2012 年电力供求量。

第九章 时间序列分析和预测

改革开放以来,我国社会经济取得了很大发展,特别是进入21世纪以后,国内生产总值(GDP)逐年增加,为了了解我国经济发展的状况,展望我国经济发展的前景,需要对我国各年的国内生产总值的统计数据进行分析,表9-1是我国1980年至2016年国内生产总值统计数据的时间序列,从表中可以分析国内生产总值的发展的总体趋势和发展变动的程度,同时还可以用折线图(图9-1)来描述所研究的指标的发展规律,用以预测未来变动的可能趋势。

表9-1　我国1980年至2016年国内生产总值统计数据表　　（单位:亿元）

年份	GDP	年份	GDP	年份	GDP	年份	GDP
1980	4 587.60	1990	18 872.90	2000	100 280.10	2010	413 030.30
1981	4 935.80	1991	22 005.60	2001	110 863.10	2011	489 300.60
1982	5 373.40	1992	27 194.50	2002	121 717.40	2012	540 367.40
1983	6 020.90	1993	35 673.20	2003	137 422.00	2013	595 244.40
1984	7 278.50	1994	48 637.50	2004	161 840.20	2014	643 974.00
1985	9 098.90	1995	61 339.90	2005	187 318.90	2015	689 052.10
1986	10 376.20	1996	71 813.60	2006	219 438.50	2016	744 127.20
1987	12 174.60	1997	79 715.00	2007	270 232.30	—	—
1988	15 180.40	1998	85 195.50	2008	319 515.50	—	—
1989	17 179.70	1999	90 564.40	2009	349 081.40	—	—

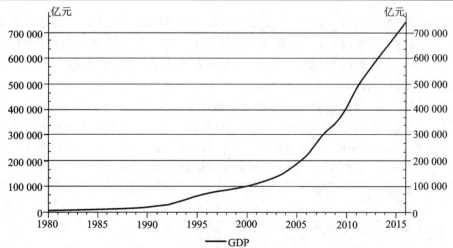

图9-1　我国1980年至2016年国内生产总值折线图

学习要求 了解时间序列的概念、种类及编制原则;掌握现象发展水平指标和速度指标的计算;了解时间序列的影响因素;掌握时间序列的构成模型及其影响因素;掌握长期趋势和季节变动的测定和预测方法;学会运用 Excel 画折线图及线性长期趋势方程的估计。

主要内容

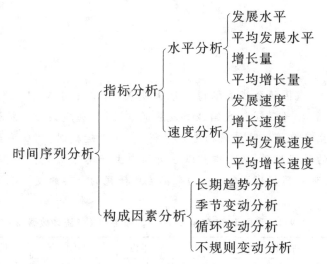

第一节 时间序列的编制

一、时间序列的概念

与经济现象有关的统计数据,大多数都是在不同时间观测记录的。为了研究某种事物在不同时间的发展状况,通常需要对事物变化情况进行跟踪观测,记录某种现象在时间上变化发展的一系列同类的统计数据,按时间先后顺序排列,就形成时间序列,也称为动态数列。时间序列由两个基本要素构成:一个是资料所属的时间;另一个是各时间上的统计指标数值。时间序列中每一项数据是某种指标在对应时间的数值,反映了现象在各个时间上达到的规模或水平,序列中每一项数值也称为相应时间上的发展水平。表9-2中 2015 年 12 月至 2016 年 12 月的 CPI 值就是一个时间序列。其折线图如图 9-2 所示。

表 9-2　2015 年 1 月至 2016 年 12 月各月 CPI 值

时间	2015年1月	2月	3月	4月	5月	6月	7月	8月	9月	10月	11月	12月
CPI	0.76	1.43	1.38	1.51	1.23	1.39	1.65	1.96	1.60	1.27	1.49	1.60
时间	2016年1月	2月	3月	4月	5月	6月	7月	8月	9月	10月	11月	12月
CPI	1.80	2.30	2.30	2.33	2.04	1.88	1.77	1.34	1.92	2.10	2.25	2.08

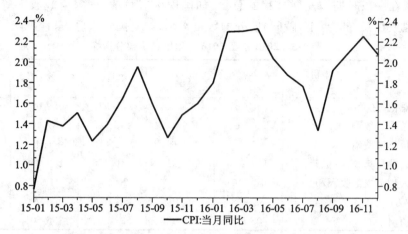

图 9-2　2015 年 12 月至 2016 年 12 月各月 CPI 走势图

在一个时间序列中,各时间上的发展水平按时间顺序可以记为 $x_0, x_1, x_2 \cdots, x_n$。在对各时间的发展水平进行比较时,把作为比较基础的那个时期称为基期,相对应的发展水平称为基期水平;把所研究考察的那个时期称为报告期,相对应的发展水平称为报告期水平。

对时间序列进行分析的目的:一是描述事物在过去时间的状态,分析其随时间推移的发展趋势;二是揭示事物发展变化的过程、趋势和规律;三是预测事物在未来时间的数量。

编制时间序列是通过对各时间的变量数值进行对比,研究现象发展变化的过程和规律。因此,保证序列中各变量数值在所属时间、总体范围、经济内容、计算口径、计算方法等方面要具有充分的可比性,可比性是编制时间序列的基本原则。

对时间序列的分析包括两个方面:一是计算一系列分析指标,用以表述现象发展的规律和变化幅度;二是借助一定的数字模型来测定时间序列的长期趋势和季节变动等,从而研究现象发展变化的趋势和规律,并作为统计预测的依据。本章仅就第二种情况对时间序列进行分析研究。

二、时间序列的分类

时间序列也称动态数列,动态数列按统计指标的性质不同,可以分为绝对数动态数列、相对数动态数列和平均数动态数列三种。其中,绝对数动态数列是基本数列,相对数动态数列和平均数动态数列是由绝对数动态数列派生而形成的数列。

在表 9-3 中,国内生产总值、全国年末总人口数都是绝对数动态数列,反映社会经济现象在各期达到的绝对水平及其变化发展的状况。如果按照指标所反映的社会经济现象所属的时间不同,绝对数动态数列又可分为时期数列和时点数列两种。时期数列是反映某种现象在一段时期内发展过程的总量,如国内生产总值、国家财政收入等。时间点数列反映现象在某一时点上(瞬间)所处的数量水平,如全国年末总人口数等。

表 9-3　2012 年至 2016 年国民经济部分指标

指标＼年份	2012	2013	2014	2015	2016
国内生产总值/亿元	540 367	595 244	643 974	689 052	744 127
全国年末总人口数/万人	130 756	136 072	136 782	137 462	138 271
居民消费价格涨跌幅/%	2.6	2.6	2.0	1.4	2.0
全国一般公共预算收入/亿元	117 254	129 210	140 370	152 269	159 552
城镇居民人均可支配收入/元	16 510	18 311	20 167	21 966	23 821
粮食产量/万t	58 958	60 194	60 703	62 144	61 624
工业增加值/亿元	208 906	222 338	233 856	236 506	247 860

资料来源:中华人民共和国 2016 年国民经济和社会发展统计公报。

居民消费价格涨跌幅是相对数动态序列,反映现象对比关系的发展变化情况,说明社会经济现象的比例关系、结构、速度的发展变化过程。在相对数动态数列中,各个指标数值是不能相加的。

城镇居民人均可支配收入是平均数动态数列。它反映社会现象一般水平的发展趋势。平均数动态数列反映了各指标不同时期的水平逐年基本增长的趋势。

第二节　时间序列的水平分析指标

一、发展水平和平均发展水平

(一)发展水平

在时间序列中,各项具体的指标数值称为发展水平,即该指标反映的社会经济现象在所属时间的发展水平。表 9-3 中,2012 年的国内生产总值为 540 367 亿元,即为 2012 年的 GDP 发展水平;2012 年的全国年末总人口数为 130 756 万人,即为 2012 年的人口发展水平。在一个时间序列中,各时间上的发展水平按时间顺序可以记为 $x_1, x_2, \cdots, x_n$。在对各个时间的发展水平进行比较时,把作为比较基础的那个时间称为基期,相对应的发展水平称为基期水平;把所研究考察的那个时间称为报告期,相对应的发展水平称为报告期水平。基期和报告期将根据研究的需要而定。

(二)平均发展水平

为了综合说明社会经济现象在一段时期内的发展水平,需要计算平均发展水平。平均发展水平也称序时平均数,它与平均指标的概念有相同也有不同。相同点是两种平均数都是所有变量值的代表数值,表现的都是现象的一般水平。不同点是平均发展水平平均的是现象在不同时间上指标数值的差别,是从动态上说明现象的一般水平,是根据时间数列计算的;而平均指标平均的是现象在同一个时间上的数量差别,是从静态上说明现象的一般水平,是根据变量数列计算的。

计算平均发展水平的方法根据时间数列指标的性质来确定,以下将具体介绍总量指标、相对指标和平均指标的平均发展水平的计算方法。

1. 总量指标平均发展水平

总量指标分为时期指标和时点指标,两者计算平均发展水平的方法不同。

(1)时期序列的平均发展水平。

时期序列的平均发展水平的计算比较简单,采取简单算术平均数方法计算。用公式表示为

$$\bar{x}=\frac{x_1+x_2+\cdots+x_n}{n}=\frac{\sum_{i=1}^{n}x_i}{n} \tag{9-1}$$

其中,$\bar{x}$ 为平均发展水平,x_i 为各期发展水平,n 为时期项数。

【例 9-1】 表 9-4 显示的是我国 2000 年至 2016 年若干统计指标的时间数列,试计算 2001 年至 2016 年期间我国的年均国内生产总值。

表 9-4 我国国内生产总值、人口数及第三产业产值

年份	年末总人口数/万人	平均人口数/万人	GDP/亿元	人均 GDP/元	第三产业 GDP/亿元	第三产业所占比重/%
(1)	(2)	(3)	(4)	(5)	(6)	(7)
2000	126 743	—	100 280	—	39 898	39.79
2001	127 627	127 185	110 863	8 717	45 700	41.22
2002	128 453	128 040	121 717	9 506	51 422	42.25
2003	129 227	128 840	137 422	10 666	57 754	42.03
2004	129 988	129 608	161 840	12 487	66 649	41.18
2005	130 756	130 372	187 319	14 368	77 428	41.33
2006	131 448	131 102	219 439	16 738	91 760	41.82
2007	132 129	131 789	270 232	20 505	115 811	42.86
2008	132 802	132 466	319 516	24 121	136 806	42.82
2009	133 450	133 126	349 081	26 222	154 748	44.33
2010	134 091	133 771	413 030	30 876	182 038	44.07
2011	134 735	134 413	489 301	36 403	216 099	44.16
2012	135 404	135 070	540 367	40 007	244 822	45.31
2013	136 072	135 738	595 244	43 852	277 959	46.70
2014	136 782	136 427	643 974	47 203	308 059	47.84

续表

年份	年末总人口数/万人	平均人口数/万人	GDP/亿元	人均GDP/元	第三产业GDP/亿元	第三产业所占比重/%
2015	137 462	137 122	689 052	50 251	346 150	50.24
2016	138 271	137 867	744 127	53 974	384 221	51.63

注：人均国内生产总值按年平均人口数计算。
资料来源：Wind 资讯。

解： 将 2000 年至 2016 年的国内生产总值代入公式(9-1)，得
2001 年至 2016 年的平均国内生产总值为

$$\bar{x}=\frac{x_1+x_2+\cdots+x_n}{n}=\frac{100\ 280+110\ 863+\cdots+744\ 127}{17}=358\ 400（亿元）$$

(2) 时点序列的平均发展水平。

如果利用公式(9-1)计算时点序列的平均发展水平，理论上要求掌握现象在每一时点上的数据。但是时点序列的各项数据大多是间断统计的，如每月、每季或每年统计一次，而有的是现象发生时才统计一次，即不定期统计。对于这些不同的资料情况，时点序列的平均发展水平的计算方法也有所不同。

① 间隔相等的时点序列平均发展水平的计算。

间隔相等的时点序列平均发展水平的计算采用首末折半法，其公式为

$$\bar{x}=\frac{\frac{x_1+x_2}{2}+\frac{x_2+x_3}{2}+\cdots+\frac{x_{n-1}+x_n}{2}}{n-1}=\frac{\frac{x_1}{2}+x_2+\cdots+x_{n-1}+\frac{x_n}{2}}{n-1} \quad (9\text{-}2)$$

其中，$\bar{x}$ 为平均发展水平，x_i 为各期发展水平，n 为时期项数。

公式(9-2)基于一个假设，即每个时间间隔间的现象数量的变化是均匀的。

【例 9-2】 根据表 9-4 第 2 列的数据计算 2001 年至 2016 年期间我国年平均人口数。

解： 首先要考虑的是首项应该是哪一年的数据，显然，首项是 2000 年年末人口数。2001 年的人口数变化从 2000 年年末开始到 2001 年年末，所以 2001 年年末人口数不能作为 2001 年人口数的代表值，将 2000 年年末的人口数看成是 2001 年年初的人口数，2001 年的年平均人口就是年初和年末人口的简单平均数，即 2001 年的人口数为

$$\frac{126\ 743+127\ 627}{2}=127\ 185（万人）$$

类似地可以计算 2002 年至 2016 年各年平均人口数，计算结果如表 9-4 中第 3 列所示。然后再对各年平均人口数进行算术平均求出 2001 年至 2016 年的年平均人口数。即 2001 年至 2016 年的年平均人口数为

$$\bar{x}=\frac{\frac{126\ 743+127\ 627}{2}+\frac{127\ 627+128\ 453}{2}+\cdots+\frac{137\ 462+138\ 271}{2}}{16}$$

$$=\frac{\frac{126\ 743}{2}+127\ 627+\cdots+137\ 462+\frac{138\ 271}{2}}{16}=132\ 684（万人）$$

②间隔不等的时点序列平均发展水平的计算。

时点间隔不等的时间序列计算平均发展水平的思路与时点间隔相等的时点序列相同,同样假设每个时间间隔间的现象数量的变化是均匀的,由于时点间隔不同,需要用时点间隔为权数进行加权计算。其计算公式为

$$\bar{x}=\frac{\dfrac{x_1+x_2}{2}f_1+\dfrac{x_2+x_3}{2}f_2+\cdots+\dfrac{x_{n-1}+x_n}{2}f_{n-1}}{f_1+f_2+\cdots+f_{n-1}} \quad (9\text{-}3)$$

其中,$\bar{x}$ 为平均发展水平,x_i 为各期发展水平,f 为时期项数。

【例 9-3】 某农场某年的生猪存栏数如表 9-5 所示,计算该农场的年平均生猪存栏数。

表 9-5 某农场某年的生猪存栏数

日期	1月1日	3月1日	8月1日	10月1日	12月31日
生猪存栏数/头	1 420	1 400	1 200	1 250	1 460

解:该农场的年平均生猪存栏数为

$$\bar{x}=\frac{\dfrac{x_1+x_2}{2}f_1+\dfrac{x_2+x_3}{2}f_2+\cdots+\dfrac{x_{n-1}+x_n}{2}f_{n-1}}{f_1+f_2+\cdots+f_{n-1}}$$

$$=\frac{\dfrac{1\,420+1\,400}{2}\times 2+\dfrac{1\,400+1\,200}{2}\times 5+\dfrac{1\,200+1\,250}{2}\times 2+\dfrac{1\,250+1\,460}{2}\times 3}{2+5+2+3}$$

$$\approx 1\,320(\text{头})$$

③现象发生变动时登记一次的时点序列平均发展水平的计算。

其计算公式为

$$\bar{x}=\frac{x_1 f_1+x_2 f_2+\cdots+x_n f_n}{f_1+f_2+\cdots+f_n} \quad (9\text{-}4)$$

其中,$\bar{x}$ 为平均发展水平,x_i 为各期发展水平,f 为时点间隔的距离。

公式(9-4)和公式(9-3)不同的原因在于:公式(9-3)情况中,后一时点的数据是前一时点数据逐渐变化而来,我们假设这种变动是均匀变动,可计算两个时点数据的简单平均数作为两个时点之间的代表值;公式(9-4)情况中,后一时点的数据并非前一时点数据逐渐变化而来的,是前一时点现象一直维持到后一时点的前一时刻,在后一时点上才发生变化。因此,现象发生变动时登记一次的时点序列也称为连续时点序列,这也是公式(9-4)区别于公式(9-3)的原因所在。公式(9-3)反映的情况是现象在两个时间点逐渐变化发展;而公式(9-4)反映的情况是现象从前一时点一直维持到后一时点,在后一时点发生瞬间变化。所以,在计算之前必须要先分析现象的变化特点。

【例 9-4】 某企业 2016 年 6 月份某成品的库存量资料如表 9-6 所示,计算该企业 6 月份该成品的平均库存量。

表 9-6　某企业某成品的库存量

日期	6月1日	6月8日	6月15日	6月21日	6月30日
库存量/个	85	6	105	50	20

解：该企业 6 月份某成品的平均库存量为

$$\bar{x}=\frac{85\times7+6\times7+105\times6+50\times9+20\times1}{7+7+6+9+1}=58(个)$$

2. 相对指标和平均指标平均发展水平

由于相对指标和平均指标是由总量指标派生出来的，相对指标和平均指标时间序列都是派生序列，即其中各项指标都是由两个总量指标对比计算出来的。所以，在计算相对指标和平均指标的平均发展水平时不能直接计算各项指标的平均数，而是要分别先计算出两个总量指标的平均发展水平，然后再进行对比。其公式为

$$\bar{x}=\frac{\bar{a}}{\bar{b}} \tag{9-5}$$

其中，$\bar{x}$ 为相对数或平均数动态数列的平均发展水平，$\bar{a}$ 为分子数列的平均发展水平，$\bar{b}$ 为分母数列的平均发展水平。

【**例 9-5**】根据表 9-4 的数据计算 2001 年至 2016 年期间我国年平均的人均 GDP。

解：不能对人均 GDP 的各项发展水平直接进行算术平均，而应先计算国内生产总值的平均发展水平和年均人口数，再对比得到年平均的人均 GDP，具体计算如下：

$$\bar{a}=374\,532.8(亿元),\qquad \bar{b}=132\,684(万人)$$

$$\bar{x}=\frac{\bar{a}}{\bar{b}}=\frac{374\,532.8\times10^8}{132\,684\times10^4}=28\,227.6(元/人)$$

二、增长量和平均增长量

（一）增长量

增长量也称增长水平，是报告期发展水平与基期发展水平之差。增长量有逐期增长量和累计增长量之分。逐期增长量是报告期水平与前一期水平之差，即以前一期为基期。累计增长量是报告期水平与某一固定时间发展水平的差，即将基期固定在某一时间。这两个指标的公式分别为

$$x_1-x_0, x_2-x_1,\cdots,x_n-x_{n-1} \tag{9-6}$$

$$x_1-x_0, x_2-x_0,\cdots,x_n-x_0 \tag{9-7}$$

【**例 9-6**】根据表 9-7 的数据计算 2011 年至 2016 年期间我国 GDP 的逐期增长量和累计增长量。

表 9-7　我国国内生产总值历年的逐期增长量和累计增长量　　（单位：亿元）

年份	2011	2012	2013	2014	2015	2016
GDP	484 124	540 367	595 244	643 974	689 052	744 127
逐期增长量	—	56 243	54 877	48 730	45 078	55 075
累计增长量	—	56 243	111 120	159 850	204 928	260 003

(二)平均增长量

平均增长量也称平均增长水平,是逐期增长量的平均数。其计算公式为

$$\text{平均增长量} = \frac{\text{逐期增长量之和}}{\text{逐期增长量个数}} = \frac{\text{累计增长量}}{\text{时间序列项数}-1} \tag{9-8}$$

【例 9-7】 根据表 9-7 的数据计算 2011 年至 2016 年期间我国 GDP 的平均增长量。

$$\text{平均增长量} = \frac{\text{逐期增长量之和}}{\text{逐期增长量个数}}$$

$$= \frac{56\,243 + \cdots + 55\,075}{5} = \frac{260\,003}{5} = 52\,001(\text{亿元})$$

或

$$\text{平均增长量} = \frac{\text{累计增长量}}{\text{时间序列项数}-1} = \frac{260\,003}{5} = 52\,001(\text{亿元})$$

第三节 时间序列的速度分析指标

一、发展速度和增长速度

(一)发展速度

发展速度是反映社会经济现象发展快慢的相对指标,用两个不同时期的发展水平相对比而求得,一般用百分比来表示。其计算公式为

$$\text{发展速度} = \frac{\text{报告期水平}}{\text{基期水平}} \tag{9-9}$$

按基期不同,发展速度可以分为环比发展速度和定基发展速度。环比发展速度是将基期定为报告期的前一期,反映现象的逐期发展程度。定基发展速度是将基期固定为某一期,反映现象在较长一段时间内的发展程度,也称为总发展速度。这两种发展速度的公式分别为

$$\frac{x_1}{x_0}, \frac{x_2}{x_1}, \cdots, \frac{x_n}{x_{n-1}} \tag{9-10}$$

$$\frac{x_1}{x_0}, \frac{x_2}{x_0}, \cdots, \frac{x_n}{x_0} \tag{9-11}$$

环比发展速度与定基发展速度之间存在一定的数量关系:

(1)环比发展速度的连乘积等于相应的定基发展速度,即

$$\frac{x_1}{x_0} \cdot \frac{x_2}{x_1} \cdot \cdots \cdot \frac{x_n}{x_{n-1}} = \frac{x_n}{x_0} \tag{9-12}$$

(2)相邻两个时期的定基发展速度之商等于相应时期的环比发展速度,即

$$\frac{x_i}{x_0} \bigg/ \frac{x_{i-1}}{x_0} = \frac{x_i}{x_{i-1}} \tag{9-13}$$

(二)增长速度

增长速度是表明社会经济现象增长程度的相对指标。它可以根据增长量与基期发展水平对比求得,也可以根据发展速度来求得。其公式为

$$增长速度 = \frac{增长量}{基期发展水平} = 发展速度 - 1 \tag{9-14}$$

由于基期的不同,增长速度也有环比增长速度和定基增长速度之分。环比增长速度是将基期定为报告期的前一期,用报告期的增长量与前一期的发展水平对比而得,反映现象的逐期增长程度。定基增长速度是将基期固定为某一期,用报告期的增长量与固定基期的发展水平对比而得,反映现象在较长一段时间内的增长程度。这两种增长速度的公式分别为

$$定基增长速度 = 定基发展速度 - 1 \tag{9-15}$$

$$环比增长速度 = 环比发展速度 - 1 \tag{9-16}$$

【例 9-8】 某企业几年来产量不断增长,已知 2010 年比 2009 年增长 20%,2011 年比 2010 年增长 50%,2012 年比 2011 年增长 25%,2013 年比 2012 年增长 15%,2014 年比 2010 年增长 132.5%,计算并将表 9-8 空缺填写完整。

表 9-8 某企业 2010 年至 2014 年产量增长速度

年份	2010	2011	2012	2013	2014
环比增长速度/%	20	(2)	25	15	(5)
定基增长速度/%	(1)	50	(3)	(4)	132.5

解:由于环比发展速度和定基发展速度之间存在着式(9-12)和式(9-13)的数量关系,增长速度可以根据发展速度求得,所以计算增长速度时先计算各期的发展速度,然后再通过"增长速度=发展速度-1",计算出各期增长速度。

2010 年定基增长速度=20%

2011 年环比增长速度=(1+50%)/(1+20%)-1=25%

2012 年定基增长速度=(1+20%)(1+25%)(1+25%)-1=87.5%

2013 年定基增长速度=(1+15%)(1+87.5%)-1=115.6%

2014 年环比增长速度=(1+132.5%)/(1+115.6%)-1=7.8%

最终结果如表 9-9 所示。

表 9-9 某企业 2010 年至 2014 年产量增长速度(结果)

年份	2010	2011	2012	2013	2014
环比增长速度/%	20	(25)	25	15	(7.8)
定基增长速度/%	(20)	50	(87.5)	(115.6)	132.5

二、平均发展速度和平均增长速度

平均发展速度是各个时期环比发展速度的平均数,说明社会经济现象在较长时期内速度变化的平均程度。

我国计算平均发展速度有水平法和累计法两种方法。水平法也称几何平均法,是以时间序列最后一年的发展水平同基期水平对比来计算平均每年增长(或下降)的速度。累计法也称代数平均法或方程法,是以时间序列内各年发展水平的总和同基期水平对比来计算平均每年增长(或下降)的速度,即时间序列中各年发展水平的总和等于全期的总水平,各期发展水平是基期水平与该期定基发展速度的乘积。

水平法侧重于考察最末一年的发展水平,按这种方法确定的平均发展速度推算的最后一年发展水平,等于最末一年的实际发展水平;推算的最末一年的定基发展速度和根据实际资料计算的最末一年定基发展速度是一致的。累计法侧重考察全期各部分发展水平的总和,按这种方法确定的平均发展速度,推算的全期各部分发展水平的总和与实际资料的总数是一致的;推算的各部分定基发展速度的总和与根据实际资料计算的定基发展速度的总和是一致的。

在一般正常情况下,两种方法计算的平均每年增长速度比较接近;但在经济发展不平衡、出现大起大落时,两种方法计算的结果差别较大。在我国的实际统计工作中,除固定资产投资用累计法计算外,其余均用水平法计算。所以,在此我们只对水平法做重点介绍。

水平法的公式为

$$\bar{x}^n = \frac{x_n}{x_0} \Rightarrow \bar{x} = \sqrt[n]{\frac{x_n}{x_0}} \tag{9-17}$$

$$x_0 \cdot X_1 \cdot X_2 \cdot \cdots \cdot X_n \Rightarrow x_0 \cdot \bar{x} \cdot \bar{x} \cdot \cdots \cdot \bar{x} = x_n \Rightarrow \bar{x} = \sqrt[n]{\frac{x_n}{x_0}} \tag{9-18}$$

其中,$\bar{x}$ 为平均发展速度,X_i 为环比发展速度,n 为环比发展速度的项数。式(9-18)是水平法公式的推导过程,其中蕴含的数学依据是:现象发展的总速度不等于各期发展速度之和,而等于各期环比发展速度的连乘积,也就是说,现象从最初的水平通过 n 期的增长(或下降)最终发展到了最末期的水平。

平均增长速度和平均发展速度的关系为

平均增长速度 = 平均发展速度 - 1

【例 9-9】 根据表 9-4 的数据,按水平法计算我国 2011 年至 2015 年这 5 年期间的国内生产总值的平均增长率。

解: 根据题意,基期水平为 2010 年的国内生产总值,最末水平为 2015 年的国内生产总值,由此,2011 年至 2015 年这 5 年间国内生产总值的平均发展速度为

$$\bar{x} = \sqrt[n]{\frac{x_n}{x_0}} = \sqrt[5]{\frac{x_{2015}}{x_{2010}}} = \sqrt[5]{\frac{689\ 052}{413\ 030}} = \sqrt[5]{1.668\ 3} = 110.78\%$$

2011 年至 2015 年这 5 年间国内生产总值的平均增长速度为

平均增长速度 = 平均发展速度-1 = 10.78%

需要注意的是,这里计算的平均增长速度是按当年价格计算的名义平均增长速度,与按可比价格计算的增长速度有所不同。

三、发展速度分析应注意的问题

时间数列的速度指标是由水平指标对比计算而来的、以百分数表示的抽象化指标。速度指标把现象的具体规模或水平抽象掉了,不能反映现象的绝对量差别,所以运用速度指标时,最好结合基期水平进行分析。平均发展速度只依赖于最初水平和最末水平,如果期间的环比发展速度很不平衡,那么用这样的资料来计算平均发展速度将降低或失去指标的代表性和实际分析意义,所以可以结合各个时期的环比发展速度来补充说明平均发展速度。

第四节 时间序列分析

一、时间序列的因素分解

时间序列分析,是指以时间序列为依据,通过对影响时间序列变动过程的主要因素及其相互关系实行分解与综合,来认识社会经济现象发展变化的规律性,从而为科学管理提供依据。

时间序列的变动是多种因素共同作用的结果。通常,把时间序列在形式上的变化分为四种组成因素,即长期趋势(T)、季节变动(S)、循环变动(C)和不规则变动(I)。

如果以直角坐标系的横轴代表时间,纵轴代表所研究的变量,将时间序列各坐标点依次连接起来,就得到时间序列线形图(line chart)。这个线形图实际上是由前述四种因素合成的。时间跨度足够大的线形图能够大略显示出长期趋势、季节性变动、循环变动和不规则变动,如图9-3所示。

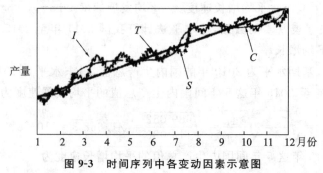

图9-3 时间序列中各变动因素示意图

(一)长期趋势

长期趋势是指现象在一段相当长的时期内所表现出来的持续上升或下降或不变的趋势。长期趋势是受某种根本性的支配因素影响的。例如,我国的国民生产总值呈现逐年上升的趋势,人口总量也呈现逐年上升的趋势,如图 9-4 所示。需要注意的是,这里的长期并非时间意义上的绝对长短,而是针对时间序列的各期间隔而言的。也就是说,当时间序列以年为间隔,那么两年三年不为长期,所表现出来的变化趋势不具有长期规律性;如果时间序列以月为间隔,那么一年有 12 个月,也可以从中看出一些长期规律。

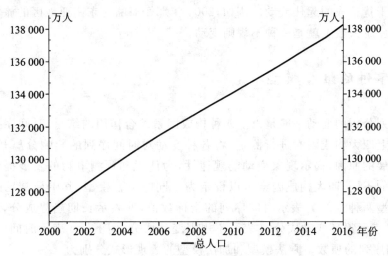

图 9-4 2000 年至 2016 年我国人口数量的长期趋势

(二)季节变动

季节变动指时间序列在一年内重复出现的周期性波动。它原来最基本的意义是受自然界季节更替影响而发生的年复一年的有规律的变化,如农产品的生产、水电消费的季节变动等。在实际分析中,季节变动也包括一年内由于社会、政治、经济、自然因素影响形成的有规律的周期性的重复变动,如民工潮造成的交通部门的客流量在一年中的规律性变化。图 9-5 是某农场禽蛋产值一年内随月份变动的图形。

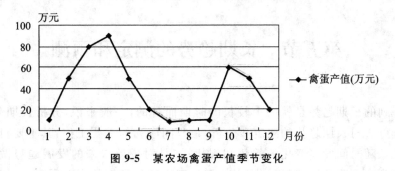

图 9-5 某农场禽蛋产值季节变化

(三)循环变动

循环变动是指变动周期大于一年的有一定规律的重复变动。经济增长中的繁荣、衰退、萧条、复苏、繁荣的循环也称为商业周期,是最常见的循环变动。2008年产生世界性的金融风暴,但下一次的经济危机何时会发生谁都无法预测。循环变动和季节变动都是一种重复出现的周期性变动,不同的是,季节变动是一年内按月或按季的周期性变动,而循环变动的周期一般超过一年,而且循环变动的周期长短不一致,规律不明显。

(四)不规则变动

不规则变动也称随机变动,是指受偶然因素的影响而出现的不规则变动。它包括由突发的自然灾害、意外事故或重大政治事件所引起的剧烈变动,也包括由大量无可名状的随机因素干扰造成的起伏波动。例如,2004年那场海啸对东南亚地区的旅游业造成的影响表现在旅游人数上就是一种不规则变动。

二、时间序列的组合模型

时间序列分析的变动一般是以上四种构成因素综合作用的结果,时间序列分析的目的就是对以上四大构成因素进行测定,将各种变动对时间序列的影响分离开来,以研究现象变化发展的原因,揭示现象变动的规律性,为认识和预测事物的发展提供依据。按照影响方式的不同,四大构成因素可以设定为不同的组合模型,其中最常见的有乘法模型和加法模型两种。以 Y 表示时间序列的指标数值,T 表示长期趋势成分,S 表示季节变动成分,C 表示循环变动成分,I 表示不规则变动成分,用下标 t 表示时间($t=1,2,\cdots,n$),n 为时间序列的项数。乘法模型和加法模型的表现形式分别为

$$Y_t = T_t \times S_t \times C_t \times I_t \tag{9-19}$$

$$Y_t = T_t + S_t + C_t + I_t \tag{9-20}$$

乘法模型是假定四个构成因素对现象发展的影响是相互的,长期趋势成分与时间序列原始指标值都是以绝对数的形式存在的,其余成分则均以比例形式(相对数)表示。

加法模型是假定四个构成因素的影响相对独立,时间序列各时期发展水平是各个构成因素的总和,每个成分均以时间序列原始指标数值相同的绝对数表示。

实际中,各种变动对现象的影响一般都是相互的,因此应用较多的是乘法模型。

第五节 长期趋势的测定和预测

时间序列的长期趋势是就一个较长的时期而言的,一般来说,分析长期趋势所选的时期越长越好。对长期趋势的测定和分析,是时间序列的重要工作,其主要目的有三个:一是认识现象随时间发展变化的趋势和规律;二是对现象未来的发展趋势做出预测;三是从时间序列中剔除长期趋势成分,以便于分解出其他类型的影响因素。时间序列趋势的测定方法有许多种,最常用的有时距扩大法、移动平均法和趋势模型法。

一、时距扩大法

时距扩大法是测定长期趋势最原始、最简单的方法。它是将原来时间序列中较小时距单位的若干个数据加以合并,得到较大时距单位的数据。当原始时间序列中各指标数值上下波动,使得现象变化规律表现不明显时,可通过扩大序列时间间隔,使得较小时距数据所受到的偶然因素的影响相互抵消,以反映现象发展的长期趋势。

【例9-10】 根据表9-10的数据,用时距扩大法分析该商场商品销售额的长期趋势。

表9-10 某商场某年商品销售额资料

月份	1	2	3	4	5	6	7	8	9	10	11	12
销售额/万元	50	55	48	46	56	57	56	52	57	54	60	66

解:将以月为时距的时间序列合并为以季为时距的时间序列,如表9-11所示。从原时间序列不能很好地观察出长期趋势,扩大时距后,从新时间序列可以明显地看出商场的销售量呈现出增加的趋势。

表9-11 时距扩大法计算某商场某年商品销售额的长期趋势

季度	一	二	三	四
商品销售额/万元	153	159	165	180
平均月销售额/万元	51	53	55	60

时距扩大法的优点是简便直观。但是它的缺点也很突出,扩大时距后形成的新时间序列包含的数据减少,信息量大量流失,不便于做进一步分析。

二、移动平均法

移动平均法是采取逐期递推移动的方法对原数列按一定时距扩大,得到一系列扩大时距的平均数。它的原理和时距扩大法类似,通过扩大时距来消除时间序列中的不规则变动和其他变动,揭示出时间序列的长期趋势。移动平均法较时距扩大法的优点在于它可以保留更多的数据信息,对原时间序列的波动起一定的修匀作用。移动平均法的具体步骤如下:

第一步,扩大原时间序列的时间间隔,选定一定的时距项数 N。

第二步,采用递推移动的方法对原序列递推移动 N 项计算一系列序时平均数。

【例9-11】 表9-12是某地粮食产量及其三项移动平均和四项移动平均的计算结果。

表 9-12 某地粮食产量　　　　　　　　　　　　　　　　（单位：t）

年份	粮食产量	三项移动	粮食产量	四项移动	两移称正(平均)
2007	2.86	—	2.86		—
2008	2.83	2.91	2.83	3.02	—
2009	3.05	3.07	3.05	3.10	3.06
2010	3.32	3.19	3.32	3.21	3.16
2011	3.21	3.26	3.21	3.33	3.27
2012	3.25	3.33	3.25	3.47	3.40
2013	3.54	3.55	3.54	3.68	3.58
2014	3.87	3.82	3.87	3.82	3.75
2015	4.07	3.91	4.07		—
2016	3.79	—	3.79		—

在三项移动中，有

$$T_{2008}=\frac{Y_{2007}+Y_{2008}+Y_{2009}}{3}=\frac{2.86+2.83+3.05}{3}=2.91(\text{t})$$

$$T_{2009}=\frac{Y_{2008}+Y_{2009}+Y_{2010}}{3}=\frac{2.83+3.05+3.32}{3}=3.07(\text{t})$$

……

$$T_{2015}=\frac{Y_{2014}+Y_{2015}+Y_{2016}}{3}=\frac{3.87+4.07+3.79}{3}=3.91(\text{t})$$

四项移动与三项移动有所不同，四项移动要求移动两次，第一次移动也是按照以上方法求得一个时间序列的趋势值，即

$$T_{2008}=\frac{Y_{2007}+Y_{2008}+Y_{2009}+Y_{2010}}{4}=\frac{2.86+2.83+3.05+3.32}{4}=3.02(\text{t})$$

$$T_{2009}=\frac{Y_{2008}+Y_{2009}+Y_{2010}+Y_{2011}}{4}=\frac{2.83+3.05+3.32+3.21}{4}=3.10(\text{t})$$

……

$$T_{2014}=\frac{Y_{2013}+Y_{2014}+Y_{2015}+Y_{2016}}{4}=\frac{3.54+3.87+4.07+3.79}{4}=3.82(\text{t})$$

然后再对以上求得的趋势值进行两项平均得到长期趋势值，即

$$T_{2009}=\frac{T_{2008}+T_{2009}}{2}=\frac{3.02+3.10}{2}=3.06(\text{t})$$

$$T_{2010}=\frac{T_{2009}+T_{2010}}{2}=\frac{3.10+3.21}{2}=3.16(\text{t})$$

……

$$T_{2014}=\frac{T_{2013}+T_{2014}}{2}=\frac{3.68+3.82}{2}=3.75(\text{t})$$

从例 9-11 可以看出,移动平均法具有以下特点:

(1)时距项数 N 越大,对时间序列的修匀效果越强。例 9-11 中,三项移动平均的波动较原序列明显削弱了,但是仍存在一些小波动;四项移动平均进一步削弱了波动,时间序列呈现出持续上升的长期趋势。

(2)当移动平均时距项数 N 为奇数时,只需要一次移动平均,其移动平均值作为移动平均项数的中间一期的趋势代表值;当移动平均时距项数 N 为偶数时,移动平均值代表的是这偶数项的中间位置的水平,无法对正某一时期,所以需要进行一次相邻两项平均值的再次移动平均,如此才能使得平均值对正某一时期,第二次移动平均称为移正平均,也称中心化的移动平均数。

(3)N 的选择要考虑周期性波动的周期长短,平均时距 N 应和周期长度一致。当时间序列包含季节变动时,移动平均时距项数 N 应与季节变动长度一致,一般为 4 个季度或 12 个月。

(4)移动平均以后,其序列的项数较原序列减少。当原序列的项数为 N 时,移动 n 项,那么,移动后新序列项数为 $N-(n-1)=N-n+1$ 项,比原序列项数减少$(n-1)$项。

(5)虽然移动项数越多,修匀效果更强,但是移动项数过多,会造成数据丢失增加。因此,必须综合考虑以上几个特点来选择适合的移动平均时距项数。

三、趋势模型法

时间序列的长期趋势可以分为线性趋势和非线性趋势。当时间序列的长期趋势近似地呈现为直线,每期的增减数量大致相同时,称时间序列具有线性趋势;当时间序列在各时期的变动随时间而不同,各时期的变化率或趋势线的斜率有明显变动但又有一定规律时,现象的长期趋势就不再是线性趋势,而可能是非线性趋势。这里我们重点介绍线性趋势模型法。

线性趋势模型法,是利用以时间 t 作为解释变量、指标值 Y 作为被解释变量的线性回归方法,对原时间序列进行拟合线性方程,消除其他成分变动,揭示时间序列的长期线性趋势。线性方程的一般形式为

$$\hat{Y}_t = a + bt \tag{9-21}$$

其中,$\hat{Y}_t$ 为时间序列的趋势值;t 为时间标号;a 为趋势线在 Y 轴上的截距;b 为趋势线的斜率,表示时间 t 变动一个单位时趋势值 $\hat{Y}_t$ 的平均变动数量。通常利用最小二乘法估计线性趋势方程的参数,即

$$\begin{cases} b = \dfrac{n\sum tY_t - \sum t \sum Y_t}{n\sum t^2 - (\sum t)^2} \\ a = \bar{Y}_t - b\bar{t} \end{cases} \tag{9-22}$$

其中,n 为时间序列中数据的项数,Y_t 为原时间序列中各项的原始数值。

取时间序列的中间时期为原点,有 $\sum t = 0$,式(9-22)可化简为

$$\begin{cases} b = \bar{y} \\ a = \dfrac{\sum ty}{n} \end{cases} \tag{9-23}$$

【例 9-13】 利用表 9-14 中的数据,根据最小二乘法确定汽车产量的直线趋势方程,计算出 1998 年至 2015 年各年汽车产量的趋势值,并预测 2017 年的汽车产量,作图与原序列比较。

表 9-14 汽车产量直线趋势计算表

年份	时间标号 t	产量 Y_t/万辆	$t \times Y_t$	t^2	趋势值
1998	1	17.56	17.56	1	0.00
1999	2	19.63	39.26	4	9.50
2000	3	23.98	71.94	9	19.00
2001	4	31.64	126.56	16	28.50
2002	5	43.72	218.60	25	38.00
2003	6	36.98	221.88	36	47.50
2004	7	47.18	330.26	49	57.00
2005	8	64.47	515.76	64	66.50
2006	9	58.35	525.15	81	76.00
2007	10	51.40	514.00	100	85.50
2008	11	71.42	785.62	121	95.00
2009	12	106.67	1 280.04	144	104.51
2010	13	129.85	1 688.05	169	114.01
2011	14	136.69	1 913.66	196	123.51
2012	15	145.27	2 179.05	225	133.01
2013	16	147.52	2 360.32	256	142.51
2014	17	158.25	2 690.25	289	152.01
2015	18	163.00	2 934.00	324	161.51
合计	171	1 453.58	18 411.96	2109	1453.58

解:根据表 9-14 利用最小二乘法求得 a 和 b 为

$$\begin{cases} b = \dfrac{18 \times 18\,411.96 - 171 \times 1\,453.58}{18 \times 2\,109 - (171)^2} = 9.500\,4 \\ a = \dfrac{1\,453.58}{18} - 9.500\,4 \times \dfrac{171}{18} = -9.499\,5 \end{cases}$$

汽车产量的直线趋势方程为

$$Y_t = -9.4995 + 9.5004t \tag{9-24}$$

将 $t = 1, 2, \cdots, 18$ 分别代入式(9-24)中,算出趋势值列在表 9-13 中。

预测 2017 年汽车产量,即将 $t = 20$ 代入式(9-24)中,得到

$$Y_t = -9.4995 + 9.5004 \times 20 = 180.51 \text{(万辆)}$$

原序列和各期的趋势值序列绘制成图如图 9-6 所示。

图 9-6　汽车产量直线趋势图

四、用 Excel 进行长期趋势的测定和预测

(一)画折线图

【例 9-14】 利用例 9-13 资料,分析汽车销售额的线性长期趋势。

第一步,打开 Excel 格式的数据文件"汽车销售数据.xls"。

第二步,选择【插入】下拉菜单,再选择图表选项中的折线图,如图 9-7 所示。

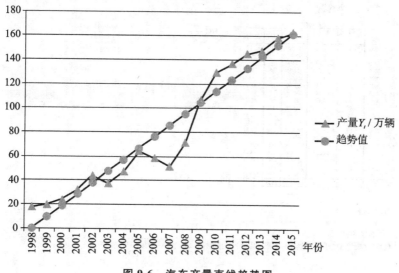

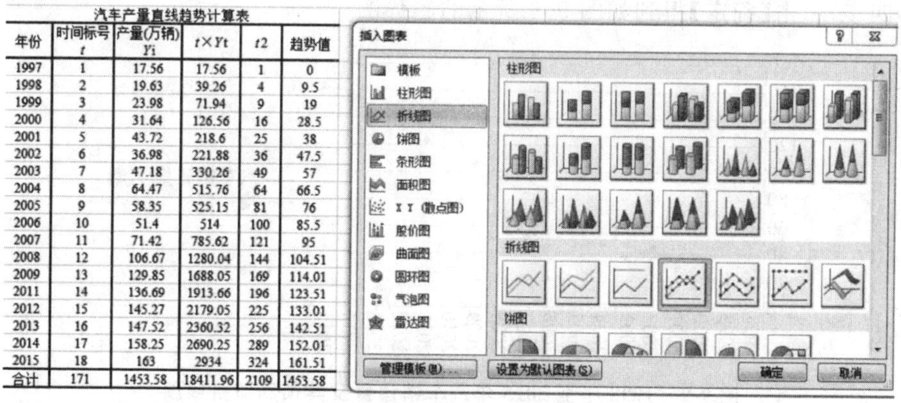

图 9-7　图表类型——折线图

第三步,点击【确定】按钮,进入【选择数据源】,点击【添加】,把汽车销售量(产量)数据和趋势值添加到【图例项(系列)(S)】中,点【编辑】把时间输入到【水平(分类)轴标签】框中,如图9-8所示。

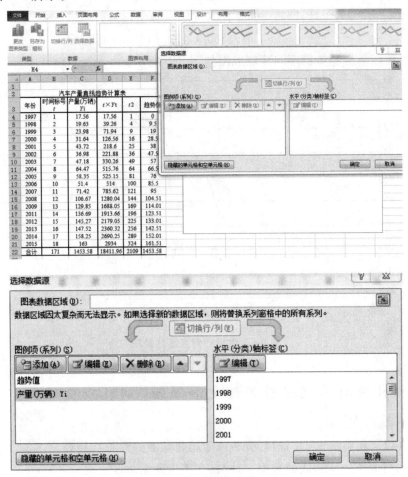

图 9-8　图表源数据:添加数据

第四步,单击【确定】得到如图9-9所示的趋势图。

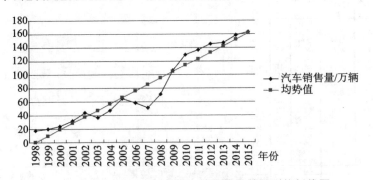

图 9-9　1998年至2015年汽车销售量及其预测值折线图

(二)移动平均

【**例 9-15**】 利用例 9-11 的资料,用 Excel 进行三项移动平均和四项移动平均。

第一步,【工具】→【数据分析】→【移动平均】,如图 9-10 所示为移动平均对话框,输入有关数据。点击【确定】,若选择图表输出,则输出移动平均后的折线图,如图 9-11 所示。

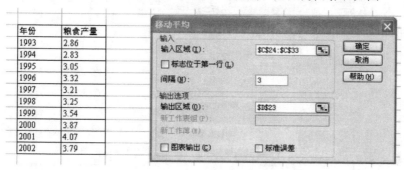

图 9-10 移动平均对话框

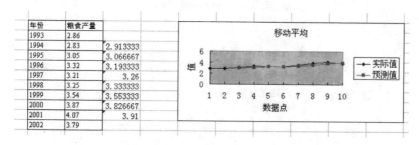

图 9-11 移动平均值及其折线图

(三)线性长期趋势方程的估计

【**例 9-16**】 根据例 9-14 的资料,估计汽车销售量的线性长期趋势方程。

第一步,画折线图。把鼠标放在折线图中的任何一点上,点击鼠标右键,出现一个菜单,打开【增加趋势线】对话框,如图 9-12 所示。

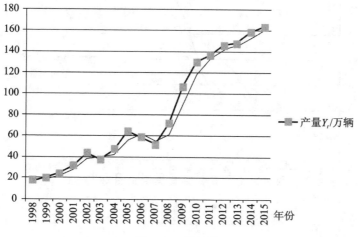

图 9-12 折线图

第二步,设置趋势线格式。在"显示公式"和"显示 R 平方值"上打"√",点击【确定】,如图 9-13 所示。趋势方程的估计结果、趋势线如图 9-14 所示。

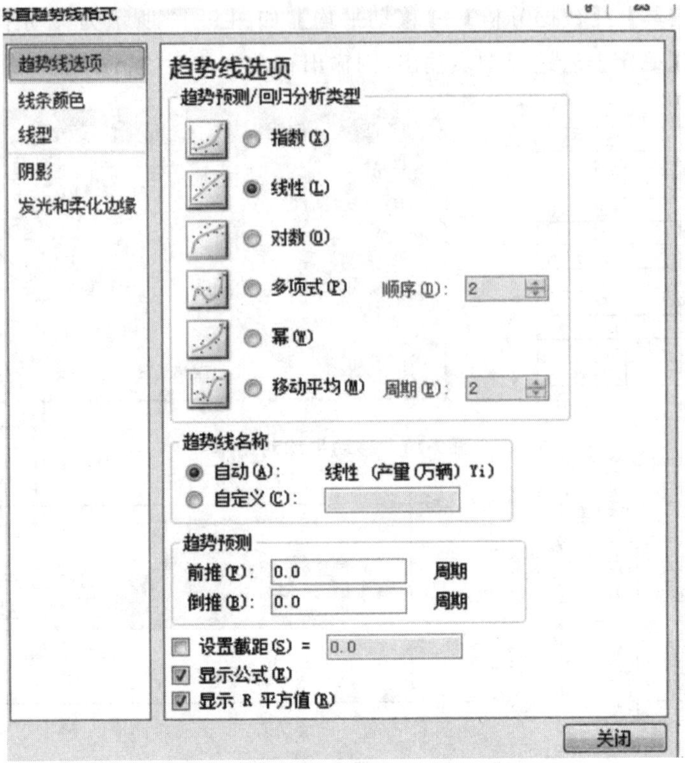

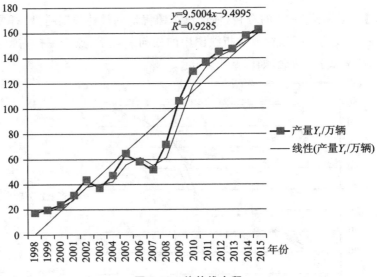

图 9-13　趋势线选项

图 9-14　趋势线方程

方程为 $y=9.5004x-9.4995$,$R^2=0.9285$

第六节 季节变动的测定和预测

季节变动常会给人们的社会经济生活带来某种影响,如影响某些商品的生产、销售和库存等。测定季节变动的意义主要在于,通过分析和测定过去的季节变动规律,为当前的经营管理决策提供依据,特别是组织商业活动,避免由季节变动引起的不良影响;还可以预测未来,制订计划,提前做好合理安排。由于季节变动的最大周期为一年,以年份为间隔单位的时间序列中不可能有季节变动。测定季节变动的方法很多,下面介绍常用的同期平均法和趋势剔除法。

一、同期平均法

同期平均法是测定季节变动最简便的方法,其特点是测定季节变动时,不考虑长期趋势的影响。它是以若干年资料数据求出同月(季)的平均水平和全年各月(季)水平,并将两者对比得出各月(季)的季节指数来表明季节变动的程度。季节指数是用来刻画序列在一个年度内各月(季)的典型季节特征,反映某一月份(季度)的数值占全年平均数值的大小。若现象的发展没有季节变动,则各期的季节指数应等于 100%,季节变动的程度是根据各季节指数与其平均数(100%)的偏差程度来测定的;若某一月份(季度)有明显的季节变化,则各期的季节指数应大于或小于 100%。

同期平均法的具体步骤如下:

第一步,列表,将各年同月(季)的数值列在同一栏内;

第二步,将各年同月(季)数值加总,求出月(季)平均;

第三步,将所有月(季)数值加总,求出总的月(季)平均;

第四步,求季节指数 = 各月(季)平均/全期各月(季)平均×100%。

【例 9-17】 根据表 9-15 中数据用同期平均法计算季节指数。若并今年 4 月份禽蛋增加值为 100 万元,预计今年 10 月份的禽蛋增加值为多少。

表 9-15 某禽蛋加工厂增加值资料　　　　　　　　(单位:万元)

月份	1	2	3	4	5	6	7	8	9	10	11	12
第一年	10	50	80	90	50	20	8	9	10	60	50	20
第二年	15	54	85	93	51	22	9	9	11	75	54	22
第三年	22	60	88	95	56	23	9	10	14	81	51	23
第四年	23	64	90	99	60	30	11	12	15	85	59	25
第五年	25	70	93	98	62	32	13	14	19	90	61	28
月平均数	19	60	87	95	56	25	10	11	14	78	56	24
季节比率/%	43	134	196	213	125	57	22	24	31	176	126	53

解：第一步，列表，将各年同月的数值列在同一栏内。

第二步，将各年同月数值加总，求出月平均。

第三步，将所有月数值加总，求出总的月平均：

$$各月总平均 = \frac{2\,667}{60} = 44.45(万元)$$

第四步，求季节指数 $S =$ 各月（季）平均/全期各月（季）平均 $\times 100\%$。

第五步，画出季节指数图；

第六步，预测 10 月份的禽蛋增加值：

$$10月份产量增加值 = \frac{100}{213} \times 176 = 82.63(万元)$$

禽蛋加工增加值的季节指数如图 9-15 所示。

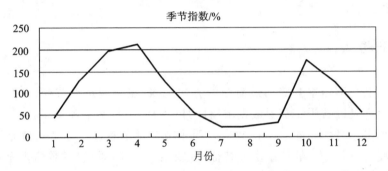

图 9-15 禽蛋加工增加值的季节指数

二、趋势剔除法

在具有明显的长期趋势变动的序列中，为了测定季节变动，必须先将长期趋势变动因素加以剔除。假定长期趋势、季节变动、循环变动和不规则变动对时间序列的影响可以用乘法模型来反映，为了精确计算季节指数，首先设法从序列中消除趋势因素（T），然后再用平均的方法消除循环变动（C），从而分解出季节变动成分。具体步骤如下：

第一步，计算移动平均值（季度数据采用 4 项移动平均，月份数据采用 12 项移动平均），并将其结果进行中心化处理，得到各期的长期趋势值 T。

第二步，计算移动平均的比值，即将序列的各观测值除以相应的中心化移动平均值，得到包含循环变动和不规则变动的季节变动指数，即

$$S_t \times C_t \times I_t = \frac{T_t \times S_t \times C_t \times I_t}{I_t} = \frac{Y_t}{T_t} \tag{9-25}$$

第三步，用平均的方法消除循环变动和不规则变动，计算出各比值的季度（月）平均值，即季节指数。

第四步，季节指数调整，各季节指数的平均数应等于 1（100%）。若根据第三步计算的季节比率的平均值不等于 1，则需要进行调整，具体方法是：将第三步计算的每个季节比率的平均值除以它们的总平均值。

第九章 时间序列分析和预测

【例 9-18】 按趋势剔除法计算表 9-16 中某企业电视机销售量的季节指数。

表 9-16 某企业四年的季度电视机销售量　　　　　　　　　（单位：千台）

年＼季度	一	二	三	四
第一年	4.8	4.1	6.0	6.5
第二年	5.8	5.2	6.8	7.4
第三年	6.0	5.6	7.5	7.8
第四年	6.3	5.9	8.0	8.4

解：第一步，用移动平均法求得长期趋势值，然后利用公式 $S_t \times C_t \times I_t = Y_t / T_t$ 计算出各季度包含了循环变动和不规则变动的季节变动指数，如表 9-17 所示。

表 9-17 电视机销售量季节指数计算表（一）

年	季度	销售量 Y_t/千台	四季移动平均	移正平均 T_t	季节不规则值 $S_t \times C_t \times I_t$
第一年	一	4.8	—	—	—
	二	4.1	5.350	—	—
	三	6.0	5.600	5.475	1.096
	四	6.5	5.875	5.738	1.133
第二年	一	5.8	6.075	5.975	0.971
	二	5.2	6.300	6.188	0.840
	三	6.8	6.350	6.325	1.075
	四	7.4	6.450	6.400	1.156
第三年	一	6.0	6.625	6.538	0.918
	二	5.6	6.725	6.675	0.839
	三	7.5	6.800	6.763	1.109
	四	7.8	6.875	6.838	1.141
第四年	一	6.3	7.000	6.938	0.908
	二	5.9	7.150	7.075	0.834
	三	8.0	—	—	—
	四	8.4	—	—	—

第二步，利用同季平均的方法计算出电视机销售量时间序列的季节指数，消除循环变动和不规则变动。求得的季节指数分别为 0.93、0.84、1.09、1.14，如表 9-18 所示。

表 9-18 电视机销售量季节指数计算表（二）

季节变动指数（包括循环变动和不规则变动）	第一季度	第二季度	第三季度	第四季度
第一年	—	—	1.096	1.133
第二年	0.971	0.840	1.075	1.156
第三年	0.918	0.839	1.109	1.141
第四年	0.908	0.834	—	—

续表

季节变动指数 (包括循环变动和不规则变动)	第一季度	第二季度	第三季度	第四季度
各季平均(消除 C 和 I)	0.932	0.838	1.093	1.143
季节指数/%	93.2	83.8	109.3	113.7

如果上一步求得的四个季节指数的平均数不为1，还要进行调整，先求得四个季节指数的总平均数，再用四个季节指数和总平均数的比例作为最后的季节指数。本例中上一步计算的四个季节指数的平均数已经为1，所以不用进行调整。

本章小结

把同一现象在不同时间上变化发展的一系列统计数据，按时间先后顺序排列，就形成了时间序列，也称为动态数列。时间序列分析有指标分析和构成因素分析，影响时间序列的因素有长期趋势、季节波动、循环变动和不规则变动四种，常以乘法模型为基础进行时间序列的分解和组合。

水平分析指标主要有平均发展水平、增长量(逐期、累计)和平均增长量；总量指标、相对指标和平均指标的平均发展水平计算方法有所不同。增长量也称增长水平，是报告期发展水平与基期发展水平之差，有逐期增长量和累计增长量之分。逐期增减量是报告期水平与前一期水平的差，即以前一期为基期；累计增减量是报告期水平与某一固定时间发展水平的差，即将基期固定在某一时间。平均增长量也称平均增长水平，是逐期增长量的平均数。发展速度主要有发展速度、增长速度、平均发展速度、平均增长速度，它是反映社会经济现象发展快慢的相对指标，是用两个不同时期的发展水平相对比而求得的。增长速度是反映社会经济现象增长程度的相对指标，它可以根据增长量与基期发展水平对比求得，平均发展速度是各个时期环比发展速度的平均数，反映社会经济现象在较长时期内发展速度变化的平均程度，有水平法和累计法两种计算方法。

长期趋势的测定方法常用的有时距扩大法、移动平均法和趋势模型法。移动平均法关键在于选择平均项数，能消除序列中季节影响(平均项数与季节周期长度必须一致)；指数平滑法关键在于确定平滑系数；趋势模型法通常用最小二乘法来估计趋势方程中的参数。

季节指数的测定方法主要有同期平均法和趋势剔除法。同期平均法不考虑长期趋势的影响，是以若干年资料数据求出同月(季)的平均水平和全年各月(季)水平，两者对比得出各月(季)的季节指数来表明季节变动的程度；趋势剔除法必须先将长期趋势变动因素加以剔除，可以用乘法模型来反映，先从数列中消除趋势因素(T)，然后用平均的方法消除循环变动(C)，从而分解出季节变动成分。

第九章 时间序列分析和预测

思考与练习

（一）填空题

1.动态数列按其指标表现形式不同，可分为_____时间数列、_____时间数列和_____时间数列。

2.平均发展水平也称_____，它是一种_____平均数，是对不同时期的_____求平均数。

3.某厂1月份平均工人数为190人，2月份平均工人数为215人，3月份平均工人数为220人，4月份平均工人数为230人。那么，该厂第一季度的平均工人数为_____人。

4.已知某产品产量1996年与1995年相比增长了5％，1997年与1995年相比增长了12％，则1997年与1996年相比增长了_____。

5.计算平均发展速度有_____和_____两种方法。

（二）单项选择题

1.动态数列中,每项指标数值可以相加的是(　　)。
  A.时期数列　　　　　　　　B.时点数列
  C.相对指标时间数列　　　　D.平均指标时间数列

2.累积增长量与相应的各逐期增长量之间的关系表现为(　　)。
  A.相加关系　　B.相减关系　　C.相乘关系　　D.以上都不对

3.动态数列的构成要素是(　　)。
  A.变量和次数　　　　　　　B.时间和指标数值
  C.时间和次数　　　　　　　D.主词和宾词

4.若无季节变动,季节比率应为(　　)。
  A.0　　　　B.100％　　　　C.小于100％　　　　D.大于100％

5.已知环比增长速度分别为5％、9％、10％,则定基增长速度的计算公式为(　　)。
  A.(5％×9％×10％)－100％　　　　B.5％×9％×10％
  C.(105％×109％×110％)－100％　　D.105％×109％×110％

6.环比增长速度与定基增长速度的关系是(　　)。
  A.定基增长速度是环比增长速度的连乘积
  B.定基增长速度是环比增长速度之和
  C.定基增长速度是各环比增长速度加1后的连乘积减1
  D.定基增长速度是各环比增长速度减1后的连乘积减1

7.反映报告期比基期增加(减少)的绝对数量的指标是(　　)。
  A.增长量　　B.发展水平　　C.变量　　D.发展速度

8.下列指标和时间构成的数列中,属于相对数时间序列的是(　　)。
  A.年末总人口　　　　　　　B.人口自然增长率
  C.居民消费水平　　　　　　D.钢产量

9. 某企业 2010 年工业总产值为 408.72 万元,若 2010 年至 2015 年该企业平均发展速度为 105%,则 2015 年工业总产值为( )。

　　A. 522 万元　　　　B. 548 万元　　　　C. 497 万元　　　　D. 531 万元

10. 编制时间序列的基本原则是保证序列中各指标数值具有( )。

　　A. 可加性　　　　B. 连续性　　　　C. 可比性　　　　D. 间断性

11. 下面四个动态数列中,属时点数列的是( )。

　　A. 历年招生人数动态数列

　　B. 历年增加在校生人数动态数列

　　C. 历年在校生人数动态数列

　　D. 历年毕业生人数动态数列

12. 工人劳动生产率动态数列属于( )。

　　A. 绝对数动态数列　　　　　　B. 相对数动态数列

　　C. 静态平均数动态数列　　　　D. 序时平均数动态数列

13. 某企业上年平均每季度的生产计划完成程度为 102%,则该企业上年全年生产计划的完成程度为( )。

　　A. 204%　　　　B. 306%　　　　C. 408%　　　　D. 102%

14. 各项指标数值直接相加的得数有独立存在意义的动态数列是( )。

　　A. 结构相对数动态数列　　　　B. 序时平均数动态数列

　　C. 时期数列　　　　　　　　　D. 时点数列

15. 虽有现象各期的环比增长速度,但无法计算现象的是( )。

　　A. 各期定基增长速度　　　　B. 各期环比发展速度

　　C. 各期发展水平　　　　　　D. 平均增长速度

(三)多项选择题

1. 一个动态数列的基本要素包括( )。

　　A. 变量　　　　　　B. 次数　　　　　　C. 现象所属的时间

　　D. 现象所属的地点　　E. 反映现象的统计指标数值

2. 按统计指标表现的形式看,动态数列可分为( )。

　　A. 总量指标动态数列

　　B. 相对指标动态数列

　　C. 平均指标动态数列

　　D. 时期指标动态数列

　　E. 时点指标数列

3. 为保证动态数列中指数各数值的可比性,在编制时应注意( )。

　　A. 总体范围一致

　　B. 指标的经济内容相同

　　C. 时期数列的时期长短一致

　　D. 为研究现象变化的规律性时点数列的间隔相等更佳

E. 指标的计算方法、计算价格和计量单位一致

4. 相对数动态数列中的相对数可以是（　　）。
A. 计划完成相对数　　B. 结构相对数　　C. 比较相对数
D. 强度相对数　　E. 动态相对数

5. 下列平均指标，属于序时平均数的有（　　）。
A. 平均发展水平　　B. 平均增长量　　C. 平均递减量
D. 平均发展速度　　E. 平均增长速度

(四)判断题

1. 循环变动与季节变动相同，都属于周期性为一年的变动。（　　）
2. 根据发展的战略目标，某产品产量 20 年要翻两番，即增加 4 倍。（　　）
3. 某企业生产某种产品，其产量每年增加 5 万 t，则该产品产量的环比增长速度年年下降。（　　）
4. 经济数据的随机波动或偶发事件都属于不规则变动。（　　）
5. 若将 1990 年至 1995 年国有企业固定资产净值按时间先后顺序排列，这种动态数列称为时点数列。（　　）
6. 已知某市工业总产值 2011 年至 2015 年年增长速度分别为 4%、5%、9%、11% 和 6%，则这五年的平均增长速度为 6.97%。（　　）
7. 发展水平就是动态数列中的每一项具体指标数值，它只能表现为绝对数。（　　）
8. 平均增长速度不是根据各个增长速度直接求得的，而是根据平均发展速度计算的。（　　）
9. 无论是月度数据、季度数据还是年度数据都可以清楚地观察出季节变动。（　　）
10. 时间序列乘法模型的假设前提是影响时间数列的各个因素是相互独立的。（　　）

(五)简答题

1. 动态数列有哪些作用？
2. 时期数列与时点数列有哪些区别？
3. 常用的时间序列水平指标有哪些？
4. 时间序列的速度指标有哪些？
5. 简述时间序列的构成要素。

(六)计算题

1. 2001 年 1 月 1 日，我国人口为 12.9 亿人，为争取 2020 年年末我国人口控制在 15 亿人之内。
(1)试计算年人口平均增长率；
(2)若今后平均增长率控制在 10‰，试计算 2020 年年末我国人口将达到多少。

2. 设某厂 10 年的产量环比发展速度如下：第 1、2 年各为 105%，第 3、4、5 年各为 110%，第 6、7、8 年各为 120%，第 9、10 年各为 130%，求平均发展速度。

3. 设某种股票 2016 年各统计时点的收盘价如题表 9-1 所示，计算该股票 2016 年的

年平均价格。

题表 9-1　某股票 2016 年各统计点收盘价

统计日期	1月1日	3月1日	7月1日	10月1日	12月1日
收盘价/元	15.2	14.2	17.6	16.3	15.8

4. 1982 年末我国人口为 10.15 亿人，人口净增长率为 14.49‰，若按此速度增长，2000 年末我国将有多少亿人？若 2000 年要将人口控制在 12 亿以内，人口平均净增长率应控制在多少？

5. 某商店 2017 年各月末商品库存额资料如题表 9-2 所示。

题表 9-2　某商店 2017 年各月末商品库存

月份	1	2	3	4	5	6	8	11	12
库存额/万元	60	55	48	43	40	50	45	60	68

又知 1 月 1 日商品库存额为 63 万元。试计算该商店上半年、下半年和全年的平均商品库存额。

6. 居民消费价格指数数据如题表 9-3 所示，分别取移动间隔 $k=3$ 和 $k=5$，用 Excel 计算各期的居民消费价格指数的预测值及其误差，并将原序列和预测后的序列绘制成图形进行比较，求出趋势性方程。

题表 9-3　居民消费价格指数

年份	居民消费价格指数/%
2000	106.5
2001	107.3
2002	118.8
2003	118.0
2004	103.1
2005	103.4
2006	106.4
2007	114.7
2008	124.1
2009	117.1
2010	108.3
2011	102.8
2012	99.2
2013	98.6
2014	100.4

第九章 时间序列分析和预测

7. 对第 6 题的居民消费价格指数数据,用最小二乘法确定直线趋势方程,计算出各期的趋势值和预测误差,预测 2015 年的居民消费价格指数。

8. 某公司历年末利润额(单位:万元)统计资料如题表 9-4 所示。

题表 9-4　某公司历年末利润额

年末	2010	2011	2012	2013	2014	2015
固定资产/万元	600	628	712	745	790	840
利润额/万元	40	48	56	65	73	82

已知 1988 年初固定资产为 580 万元。
(1) 计算该公司 1988 年至 1993 年平均固定资产利润率;
(2) 对固定资产和利润额的发展速度做出分析。

9. 某厂 2005 年产值为 300 万元,计划今后产值每年递增 10%,到 2010 年产值应为多少万元?若计划到 2010 年产值达到 480 万元,问平均每年递增多少?若已知 2005 年产值为 300 万元,计划每年递增 10%,问几年才能达到 480 万元?

10. 某地区人均月收入和耐用消费品销售额资料如题表 9-5 所示。

题表 9-5　某地区人均月收入和耐用消费品销售额

年份	人均月收入/元	耐用消费品销售额/万元
2012	340	82
2013	380	90
2014	450	100
2015	470	114
2016	560	140
2017	620	144

通过分析,已知人均收入的长期趋势为直线型,而且人均月收入与耐用消费品销售额也为直线相关。
(1) 建立人均月收入的直线趋势方程,并预测 2018 年人均月收入;
(2) 建立人均月收入与耐用消费品销售额的直线回归方程;
(3) 根据直接回归预测模型预测 2018 年耐用消费品销售额。

第十章 统计学原理及应用实验

◉ 实验目的

通过实验教学,使学生验证并加深理解和巩固课堂教学内容,掌握常用统计分析方法在 Excel 和 SPSS 中的实现,更好地理解和掌握统计分析方法的应用原理、基本条件、实现步骤、结果的内涵等;使学生能够结合具体任务和条件对社会经济问题进行初步的调查研究,并结合自己的专业,在定性分析的基础上做好定量分析,提高学生的科研能力和解决实际问题的能力,以适应社会经济中各类问题的实证研究、科学决策和经济管理的需要。

◉ 实验内容

Excel 和 SPSS 中的统计分析功能,具体包括:

(1)数据的整理和显示,包括数据的排序和筛选、数据透视表和分类汇总、制作频数分布表以及绘制各种统计图。计算描述统计量,选择适合的描述统计量反映统计数据的集中和离散趋势。

(2)SPSS 中的假设检验包括单样本的 t 检验、两独立样本的 t 检验和配对样本的 t 检验。

(3)SPSS 中的方差分析包括单因素方差分析和多因素方差分析。

(4)SPSS 中的相关系数,包括皮尔逊积差相关系数、斯皮尔曼等级相关系数和肯德尔相关系数;回归分析包括一元线性回归方程和多元线性回归方程的建立及其显著性检验。

实验一 用 Excel 进行数据整理和显示

实验目的:面对杂乱无章的数据,熟练掌握应用 Excel 对数据进行整理,并以一定的形式显示出来。主要包括数据的筛选和排序,利用直方图作频数分布表、数据透视表,熟练掌握直方图、条形图、圆形图、散点图等统计图的作法。

一、数据的筛选和排序

（一）数据的筛选

在对统计数据进行整理时,首先需要进行审核,以保证数据的质量。对审核中发现的错误应尽可能予以纠正。如果对发现的错误无法纠正,或者有些数据不符合调查的要求而又无法弥补时,就要对数据进行筛选。

数据筛选有两方面内容:一是将某些不符合要求的数据或有明显错误的数据予以剔除;二是将符合某种特定条件的数据筛选出来,不符合特定条件的数据予以剔除。数据筛选可借助于计算机自动完成。

下面通过实例说明用 Excel 进行数据筛选的过程。

【**例 10-1**】 表 10-1 是 8 名学生 4 门课程的考试成绩（单位:分）数据。试找出统计学成绩等于 70 分的学生,英语成绩最高的前三名学生,4 门课程都高于 60 分的学生。

表 10-1　8 名学生的考试成绩数据　　　　　　　（单位:分）

课程 姓名	统计学	高等数学	概率论	大学英语
明丹凤	68	89	84	80
明扬	72	60	88	95
耿桐	54	78	75	63
曹萌	70	90	60	78
赵士鹏	78	85	56	75
王俭	64	65	90	69
聂雪	67	63	63	80
董梦妍	68	82	78	85

首先,选中统计学数据,如图 10-1 所示,选择【工具】菜单中的【筛选】命令。如果要筛选出满足给定条件的数据,可使用【自动筛选】命令,如图 10-1 所示。

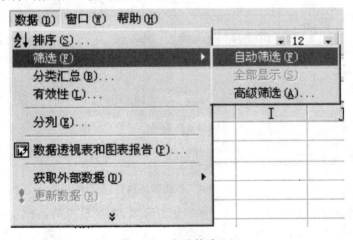

图 10-1　自动筛选(1)

这时会在第一行出现下拉箭头,用鼠标点击箭头会出现的选项,如图 10-2 所示。

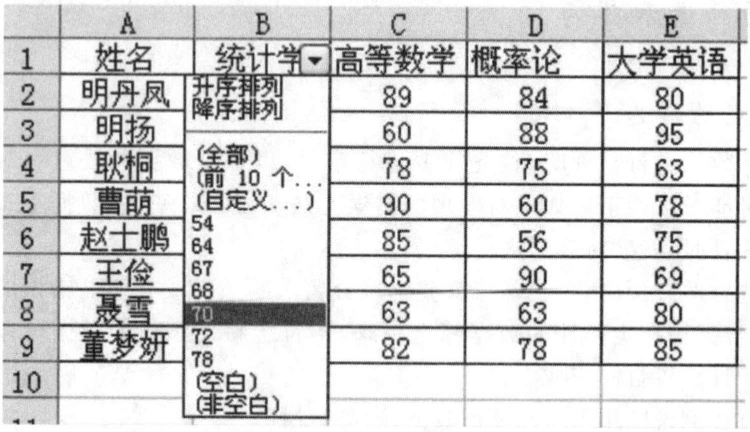

图 10-2　自动筛选(2)

要筛选出统计学成绩为 70 分的学生,选择 70,得到结果如图 10-3 所示。

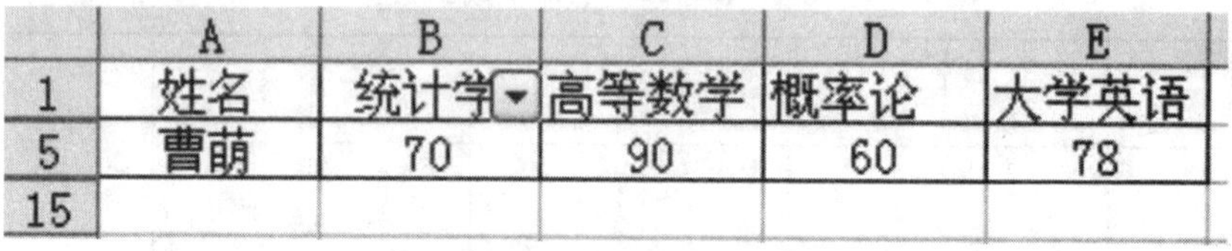

图 10-3　自动筛选(3)

要筛选出大学英语成绩最高的前三名学生,可点击大学英语下拉菜单,选择"前 10 个",并在对话框中输入数据 3,得到的结果如图 10-4 所示。

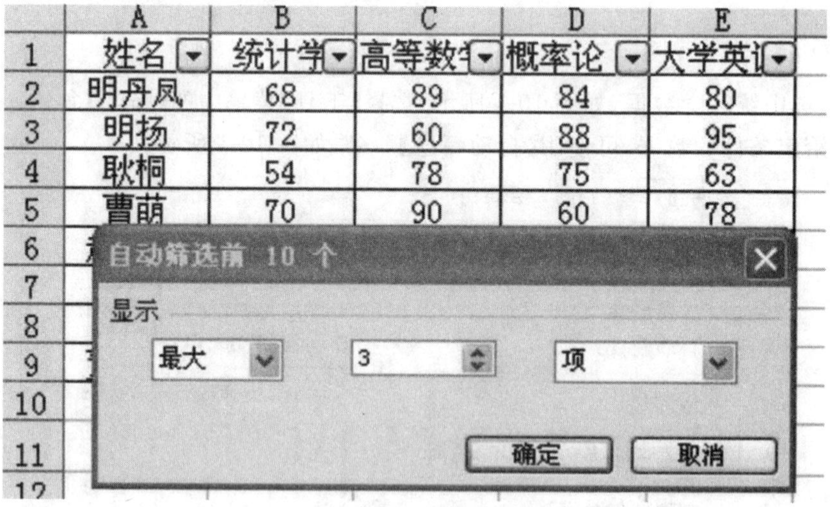

图 10-4　自动筛选(4)

如果要筛选出 4 门课程成绩都大于 60 分的学生,由于设定的条件比较多,需要使用【高级筛选】命令。使用【高级筛选】时,必须建立条件区域。这时需要在数据清单上面至少留出 3 行作为条件区域,然后把数据清单中含有筛选值的数据列复制粘贴到条件区域的一个空行,再在条件标志下面的一行中键入要匹配的条件,如图 10-5 所示。

	A	B	C	D	E
1	姓名	统计学	高等数学	概率论	大学英语
2		>60	>60	>60	>60
3					
4	姓名	统计学	高等数学	概率论	大学英语
5	明丹凤	68	89	84	80
6	明扬	72	60	88	95
7	耿桐	54	78	75	63
8	曹萌	70	90	60	78
9	赵士鹏	78	85	56	75
10	王俭	64	65	90	69
11	聂雪	67	63	63	80
12	董梦妍	68	82	78	85

图 10-5　高级筛选(1)

然后,在高级筛选对话框中修改"列表区域"或"条件区域",结果如图 10-6 所示。

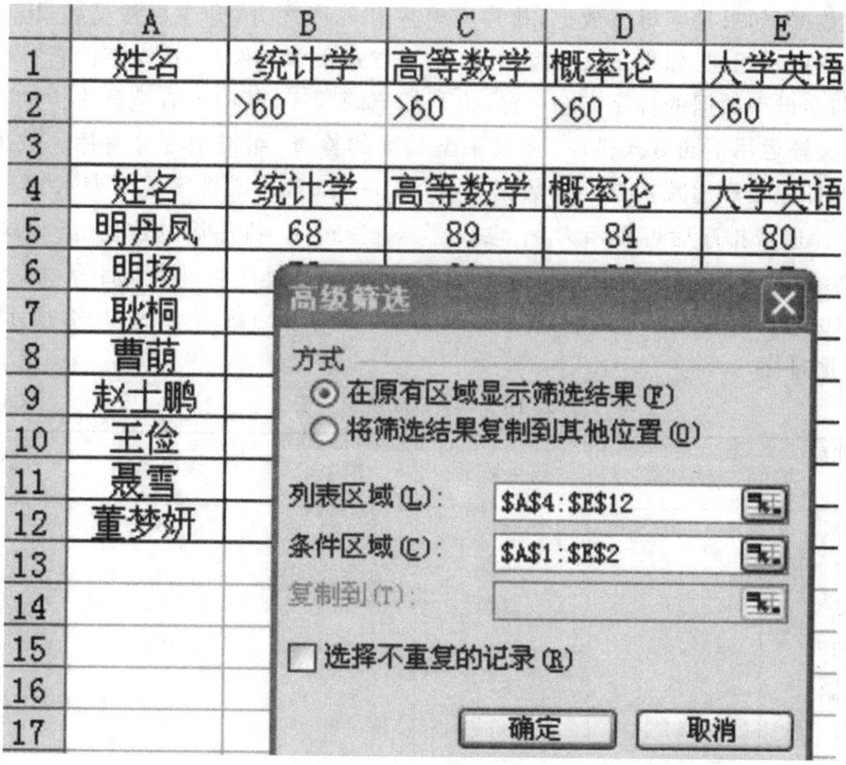

图 10-6　高级筛选(2)

单击【确定】后出现如图 10-7 所示的结果。

	A	B	C	D	E
1	姓名	统计学	高等数学	概率论	大学英语
2		>60	>60	>60	>60
3					
4	姓名	统计学	高等数学	概率论	大学英语
5	明丹凤	68	89	84	80
10	王俭	64	65	90	69
11	聂雪	67	63	63	80
12	董梦妍	68	82	78	85

图 10-7　高级筛选(3)

(二)数据的排序

数据排序就是按一定顺序将数据排列,其目的是为了便于研究者通过浏览数据发现一些明显的特征或趋势,找到解决问题的线索。排序还有助于对数据检查、纠错,为重新分组或归类提供依据。在某些场合,排序本身就是分析的目的之一,例如,美国的《财富》杂志每年都要排出世界 500 强企业,通过这一信息,经营者不仅能知道本企业所处的地位和差距,还可以了解到竞争对手的状况,从而有效地制定本企业的发展规划和战略目标。

名类数据,如果是字母型数据,排序有升序和降序之分,升序更常见些,因为升序跟字母的自然排列相同;如果是汉字型数据,排列方式很多。例如,按汉字的首位拼音字母排列,这与字母型数据的排序完全一样;也可按笔画顺序,其中也有笔画多少的升序和降序之分。交替运用不同方式排序,在汉字型数据的检查、纠错中十分有用。数据的排序只有两种,即递增和递减。设一组数据为 $x_1, x_2, \cdots, x_N$,递增排序后可表示为 $x_{(1)} \leqslant x_{(2)} \leqslant \cdots \leqslant x_{(N)}$;递减排序后可表示为 $x_{(1)} \geqslant x_{(2)} \geqslant \cdots \geqslant x_{(N)}$。排序后的数据也称为顺序统计量(order statistics)。无论是定性数据还是定量数据,其排序均可借助计算机完成。

【例 10-2】 对表 10-1 的学生成绩,求出四门课的平均成绩,如表 10-2 所示,试按平均成绩升序排序。

表 10-2　学习成绩统计表　　　　　　　　　　　　　　　　　(单位:分)

课程 姓名	统计学	高等数学	概率论	大学英语	平均成绩
明丹凤	68	89	84	80	80.3
明扬	72	60	88	95	78.8
耿桐	54	78	75	63	67.5
曹萌	70	90	60	78	74.5
赵士鹏	78	85	56	75	73.5
王俭	64	65	90	69	72.0
聂雪	67	63	63	80	68.3
董梦妍	68	82	78	85	78.3

所谓按列排序就是根据一列或几列中的数据清单进行排序。排序时，Excel 将按指定字段的值和指定的"升序"或"降序"排序次序重新设定行。操作步骤如下：

第一步，选择所有数据。

第二步，选取【数据】菜单中的【排序】命令，出现【排序】对话框，如图 10-8 所示。在对话框中，单击【主要关键字】右边的下拉列表按钮，在字段下拉列表中选取主关键字段，如"平均成绩"。

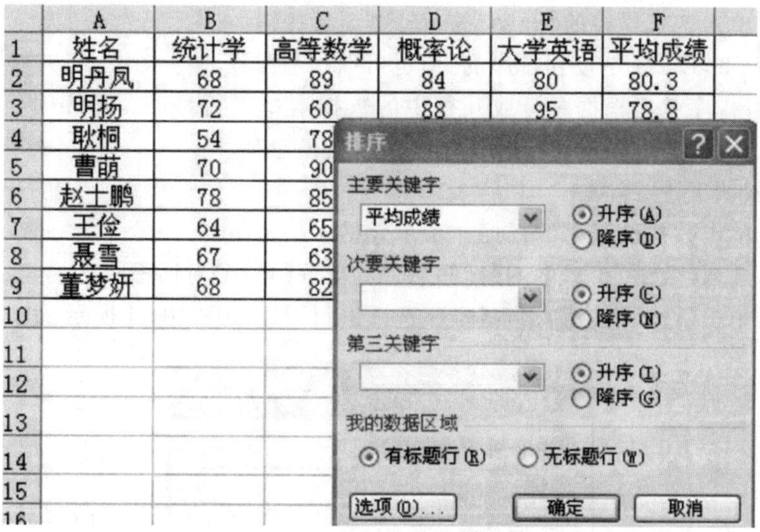

图 10-8 排序

第三步，选择"升序"还是"降序"，单击主要关键字右边的"升序"单选钮。

第四步，还可以用同样的方法选择"次要关键字""第三关键字"及其升降序。

第五步，排除字段名行。因为字段名行不参加排序，选择数据框中若含有字段名行，应在【我的数据区域】中选择【有标题行】单选钮将其排除；否则选择【无标题行】。

第六步，单击【确定】按钮执行排序。数据被重新组织，平均成绩由小到大排序，如图 10-9 所示。

	A	B	C	D	E	F
1	姓名	统计学	高等数学	概率论	大学英语	平均成绩
2	耿桐	54	78	75	63	67.5
3	聂雪	67	63	63	80	68.3
4	王俭	64	65	90	69	72.0
5	赵士鹏	78	85	56	75	73.5
6	曹萌	70	90	60	78	74.5
7	董梦妍	68	82	78	85	78.3
8	明扬	72	60	88	95	78.8
9	明丹凤	68	89	84	80	80.3

图 10-9 按"平均成绩"排序的成绩单

当对数据清单按列进行排序且只有一个排序关键字时，可以直接使用标准工具栏中的"升序"或"降序"工具按钮来完成排序，如图 10-10 所示。

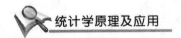

图 10-10 "升序"或"降序"工具按钮

操作步骤如下：

第一步，单击排序字段中的任意一个单元格。

第二步，单击工具栏中的"升序"或"降序"工具按钮。

通常情况下，Excel 是按列排序的，但也可以按行排序。

所谓按行排序就是根据一行或几行中的数据清单进行排序。排序时，Excel 将按指定行的值和指定的"升序"或"降序"排序次序重新设定列。

操作步骤如下：

第一步，单击数据区域内的任何一个单元格。

第二步，选取【数据】菜单中的【排序】命令，出现【排序】对话框。

第三步，单击【选项】按钮，出现【排序选项】对话框，如图 10-11 所示。

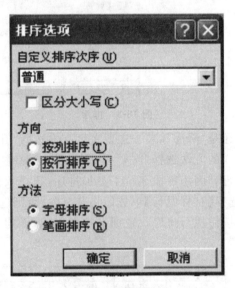

图 10-11 按行排序

第四步，在【方向】框中，选择"按行排序"。

第五步，单击【确定】按钮。

步骤和按列排序的步骤相同。

二、利用直方图制作频数分布表

【例 10-3】 某房产专业 40 名学生统计学考试成绩（单位：分）如下：

83	66	85	78	73	93	94	83
76	75	81	73	70	73	77	51
86	85	81	88	90	85	69	60
60	32	52	73	70	52	79	75
88	77	68	79	61	84	79	93

按组距分组，并制作频数分布表。

操作步骤如下：

用 Excel 的数据分析功能需要使用 Excel 扩展功能，如果 Excel 尚未安装数据分析，请依次选择【工具】→【加载宏】，在安装光盘支持下加载“分析数据库”。加载成功后，可以在【工具】下拉菜单中看到【数据分析】选项。

第一步，把所有数据按列排列，建立数据文件“统计学成绩. xls”，在数据的空白处输入接收区域和各组的上限值。Excel 在制作频数分布表时，每一组的频数包括一个组的上限，所以本例可采用上限不重合的分组，按 39 分以下、40－59 分、60－69 分等进行分组，最后一组为 90－100 分，如图 10-12 所示。

	A	B	C
1	统计学成绩		
2	32		
3	51		
4	52		接收区域
5	52		39
6	60		59
7	60		69
8	61		79
9	66		89
10	68		100
11	69		

图 10-12　统计学成绩. xls

第二步，选择【数据分析】对话框中【直方图】，出现【直方图】对话框，如图 10-13 所示。

第三步，在【输入区域】对应编辑框选择所有学生成绩数据；在【接收区域】对应编辑框输入接收区域的分组数据。在【输出选项】中选择图表输出的位置，若在本表中输出，则选择“输出区域”并在右边的框中选择在本表中的某一位置。

第四步，看在输入栏里是否选择了标志单元格，考虑选定“标志”。在【输出选项】中选择“新工作表组”，在其对应编辑框中输入工作表名称，如“图表输出”。选择“柏拉图”“累积百分率”“图表输出”选项。

第五步，单击【确定】，结果输出如图 10-14 所示。但需要指出的是，要得到所需要的频数分布表和直方图仍需要对输出结果进行编辑，如把接收改为统计学成绩，频率改为频数，再计算频率等，更改后的频数分布表如表 10-3 所示。

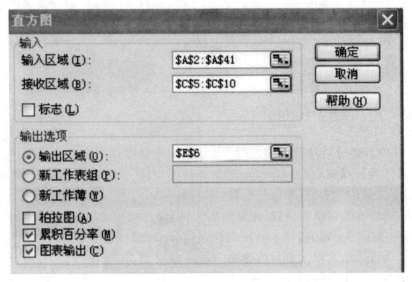

图 10-13 "直方图"对话框

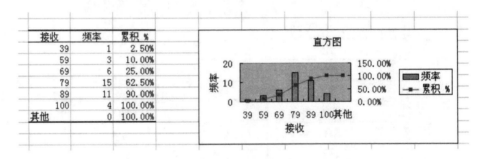

图 10-14 直方图输出结果

表 10-3 统计学成绩频数分布表

统计学成绩/分	频数	频率/%	累积频率/%
39	1	2.50	2.50%
59	3	7.50	10.00%
69	6	15.00	25.00%
79	15	37.50	62.50%
89	11	27.50	90.00%
100	4	10.00	100.00%
其他	0	—	100.00%
合计	40	100.00	—

应当注意,图 10-14 中的直方图实际上是柱形图,若要把它变成直方图,可进行如下操作:

第一步,用鼠标左键单击任一直条,然后单击右键,在弹出的快捷菜单中选取【数据系列格式】,弹出【数据系列格式】对话框,如图 10-15 所示。

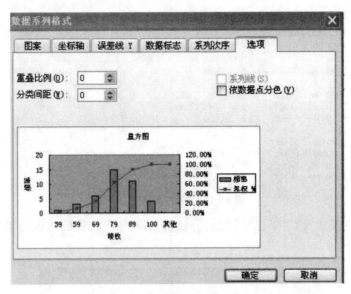

图 10-15　数据系列格式对话框

第二步,在对话框中单击【选项】标签,把"分类间距"改为"0",按【确定】后即可得到直方图,如图 10-16 所示。

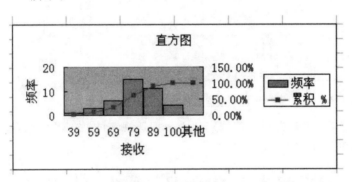

图 10-16　调整后的直方图

在图 10-14 显示的统计结果中,可以看见输出的内容分为两部分:一部分是数据表示形式,另一部分是直方图形式。在数据表部分,显示每个区间中的人数及累计百分率数值。通过该统计结果,我们可以知道,在统计学的考试成绩中,39 分以下的有 1 人,占 2.5%;40 至 59 分之间的有 3 人,占 7.5%;等等。

三、数据透视表

假设我们已经建立了一张统计表,若要建立一个交叉式的复合分组统计表,则可使用数据透视表功能。

【例 10-4】　如果我们已经建立了一张某单位部分人事统计表,利用数据透视表按性别统计各职称的基本工资总额。

操作步骤如下：

第一步，打开"数据透视表.xls"，如图10-17所示。

编号	姓名	性别	职称	工龄	基本工资	职务津贴	奖金
101001	刘剑锋	男	助理工程师	1	600.00	60.00	180.00
101002	李兵	女	助理工程师	3	660.00	66.00	198.00
101003	尤奇	男	助理工程师	5	726.00	72.60	217.80
101004	袁建英	男	助理工程师	7	798.00	79.86	239.58
101005	章尧	男	会计师	9	878.46	87.85	263.54
101006	汤振华	男	工程师	11	966.31	96.63	289.99
101007	黄暖丹	女	工程师	12	1062.94	106.29	318.88
101008	孙岚	男	工程师	15	1169.23	116.92	350.77
101009	徐喜荣	男	高级工程师	17	1286.15	128.62	385.85
101010	周冥皓	男	高级工程师	19	1414.77	141.48	424.43

图10-17　数据透视表.xls

第二步，单击【插入】菜单选择【数据透视表】命令，进入数据透视表或数据透视图向导，如图10-18所示。

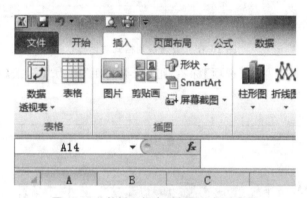

图10-18　数据透视表和数据透视图向导

第三步，单击【下一步】，键入或选定建立数据透视表的数据源区域，在现在工作表建立数据透视表，如图10-19所示。

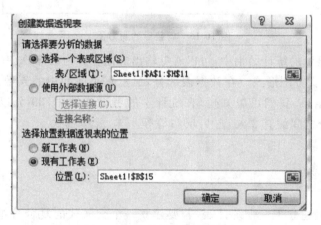

图1-19　选定创建数据透视表

第四步,单击【确定】,在右边根据建立透视表的要求选择要添加到报表的字段,如图10-20所示。

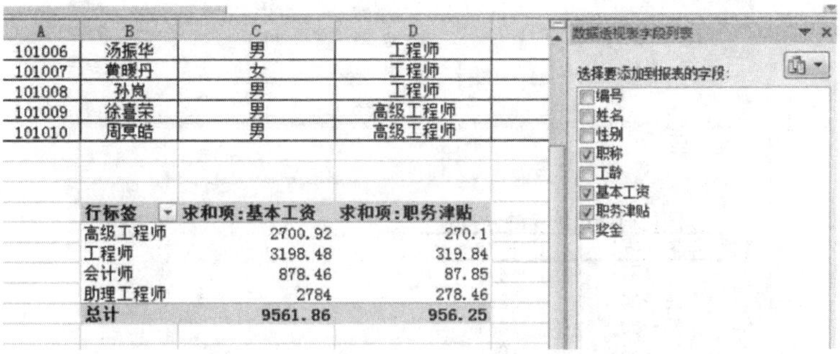

图 10-20　选择建立数据透视项目

四、统 计 图

Excel 有较强的作图功能,可根据需要选择各类型的图形。Excel 提供的统计图包括柱形图、条形图、折线图、饼图、散点图、面积图、环形图、雷达图、曲面图、气泡图、股价图、圆柱图、圆锥图等,各种图的作法大同小异,下面主要介绍饼图的绘制。

(一)圆形图

圆形图主要用于表示总体中各组成部分所占的比例,即总体内部结构,对于研究结构性问题十分有用。

【例 10-5】　据中国互联网络信息中心 2006 年 6 月底的统计,我国网民的年龄分布如表 10-4 所示,根据资料利用 Excel 绘制圆形图。

表 10-4　我国网民的年龄分布表

年龄/岁	比重/%
18 岁以下	14.90
18—24	38.90
25—30	18.40
31—35	10.10
36—40	7.50
41—50	7.00
51—60	2.40
60 岁以上	0.80

把数据输入到工作表中,如图 10-21 所示,按下面的步骤操作:
第一步,选中 A2:B10 数据,点击【插入】→【饼图】→【二维饼图】,如图 10-22 所示。
第二步,点击饼图,右键【添加数据标签】,再右键点击选择【设置数据标签格式】,在

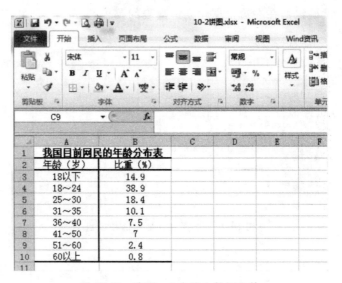

图 10-21　在 Excel 中建立数据文件

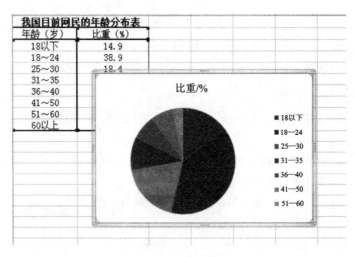

图 10-22　选择饼图

【标签选项】中勾选相应的选项,如图 10-23 所示。完成图如图 10-24 所示,保存文件。

(二)柱形图

柱形图(column chart)可用于显示离散型变量的次数分布,最主要是显示顺序数据和分类数据的频数分布。柱形图是用宽度相同的条形的高度或长短来表示数据多少的图形。柱形图横置时称为条形图。此外,柱形图有单式、复式等形式。

在表示分类数据的分布时,用柱形图的高度或长度来表示各类别数据的频数或频率。绘制时,各类别可以放在纵轴,称为条形图,也可以放在横轴,称为柱形图,如图 10-25 所示。

条形图用于显示离散型变量的次数分布,用条形的高度来表示变量值的大小,如图 10-26 所示。

第十章 统计学原理及应用实验

图 10-23 设置数据标签格式

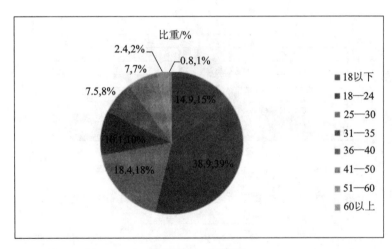

图 10-24 圆形图

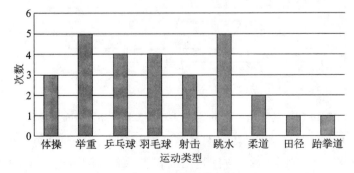

图 10-25 类别数据柱形图

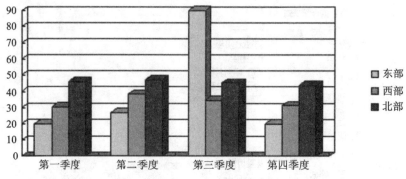

图 10-26　离散型变量次数分布复式柱形图

（三）直方图和折线图

直方图（histogram）和折线图用于显示连续型变量的次数分布。在平面直角坐标中，用横轴表示数据分组，纵轴表示频数或频率，这样，各组与相应的频数就形成了一个矩形，即直方图。在直方图中，实际上是用矩形的面积来表示各组的频数分布。在直方图基础上添加趋势线就形成了折线图。根据资料绘制的直方图如图 10-27 所示，折线图如图 10-28 所示。

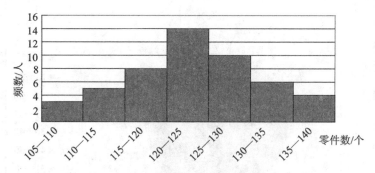

图 10-27　某生产车间 50 名工人日加工零件频数分布直方图

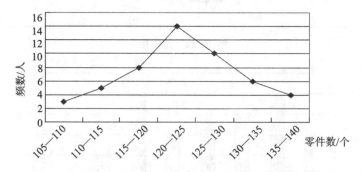

图 10-28　某生产车间 50 名工人日加工零件频数分布折线图

直方图与柱形图不同。首先，柱形图是用柱形的长度（横置时）表示各类别频数的多少，其宽度（表示类别）是固定的；直方图是用面积表示各组频数的多少，矩形的高度表示每一组的频数或频率，宽度表示各组的组距，因此，矩形的高度和宽度均有意义。其次，由于分组数据具有连续性,直方图的各矩形通常是连续排列的;而柱形图则是分开排列的。最后,柱形图主要用于展示分类数据;而直方图主要用于展示数值型数据。

（四）环形图

环形图(doughnut chart)与饼图类似,但又有区别。环形图中间有一个"空洞",总体或样本中的每一部分数据用环中的一段表示。饼图只能显示一个总体和样本各部分所占的比例;而环形图则可以同时绘制多个总体或样本的数据系列,每一个总体或样本的数据系列为一个环。因此,环形图可显示多个总体或样本各部分所占的相应比例,从而有利于我们进行比较研究。根据资料绘制成的环形图如图 10-29 所示。

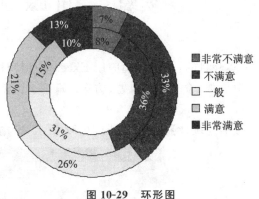

图 10-29　环形图

（五）线图

线图是在平面坐标上用折线表现数量变化特征和规律的图形,主要用于显示连续型变量的次数分布和现象的动态变化。根据资料绘制的乙城市家庭对住房状况的评价线图如图 10-30(a)、(b)所示。

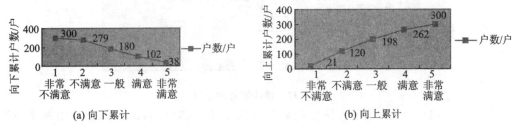

图 10-30　乙城市累计频数分布图

（六）散点图

散点图主要用来观察变量间的相关关系,也可显示数量随时间的变化情况,如图10-31所示。

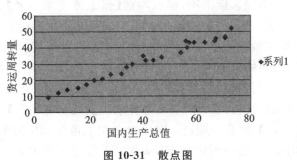

图 10-31　散点图

实验二 用 Excel 计算描述统计量

实验目的:熟练掌握应用 Excel 软件统计分析工具计算单变量统计描述分析,包括均值、中位数、众数、标准差、方差、偏态、峰态的计算,提供数据集中趋势和离散趋势的信息。

【描述统计】对话框如图 10-32 所示,操作步骤如下:

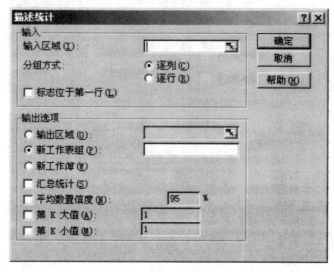

图 10-32 描述统计对话框

第一步,在【输入区域】输入待分析数据区域的单元格引用,该引用必须由两个或两个以上按列或行组织的相邻数据区域组成。

第二步,如果需要指出输入区域中的数据是按行还是按列排列,在【分组方式】右方选择"逐列"或"逐行"。

第三步,如果输入区域的第一行中包含标志项,那么勾选【标志位于第一行】复选框;如果输入区域的第一列中包含标志项,那么勾选【标志位于第一列】复选框;如果输入区域没有标志项,则不勾选。Excel 将在输出表中生成适宜的数据标志。

第四步,如果需要在输出表的某一行中包含均值的置信度,那么勾选【平均数置信度】复选框,然后在右侧的编辑框中,输入所要使用的置信度。例如,数值 95% 可用来计算在显著性水平为 5% 时的均值置信度。

第五步,【输出选项】有【输出区域】、【新工作表组】和【新工作簿】可以选择。

①若选择【输出区域】,则在右侧输入对输出表左上角单元格的引用。此工具将为每个数据集产生两列信息:左边一列包含统计标志项,右边一列包含统计值。根据所选择的【分组方式】选项的不同,Excel 将为输入表中的每一行或每一列生成一个两列的统计表。

②若选择【新工作表组】,可在当前工作簿中插入新工作表,并由新工作表的 A1 单元格开始粘贴计算结果。如果需要给新工作表命名,可在右侧编辑框中键入名称。

③若选择【新工作簿】,可创建一新工作簿,并在新工作簿的新工作表中粘贴计算结果。

第六步,如果需要在输出表中生成如下统计结果:平均值、标准误差(相对于平均值)、中值、众数、标准偏差、方差、峰值、偏斜度、极差(全距)、最小值、最大值、总和、总个数、Largest (♯)、Smallest (♯) 、置信度,可勾选【汇总统计】复选框。

第七步,如果需要在输出表的某一行中包含每个区域的数据的第 k 个最大值,那么勾选【第 K 大值】复选框,然后在右侧的编辑框中,输入 k 的数值。若输入"1",则这一行将包含数据集中的最大数值。

第八步,如果需要在输出表的某一行中包含每个区域的数据的第 k 个最小值,那么勾选【第 K 小值】复选框,然后在右侧的编辑框中,输入 k 的数值。若输入"1",则这一行将包含数据集中的最小数值。

【例 10-6】 某老师对几名学生的五次考试成绩进行分析,以便解决这几个学生在学习方面的问题。使用【描述统计】分析工具对数据(图 10-33)进行分析。

操作步骤如下:

	A	B	C	D	E	F	G
1							
2	数学历次考试成绩						
3	姓名	第一次成绩	第二次成绩	第三次成绩	第四次成绩	第五次成绩	
4	王华	98	95	97	96	55	
5	张晓钰	93	97	82	91	86	
6	王敏	96	96	79	82	95	
7	赵梅	92	77	83	89	92	
8	刘明	97	97	93	86	94	
9							

图 10-33　描述统计.xls

第一步,打开数据"描述统计.xls"。

第二步,选择【数据分析】对话框中的【描述统计】,弹出【描述统计】对话框,如图10-34所示。

第三步,在【输入区域】编辑框中键入三列数据所在的单元格区域引用"$A$4:$F$8"。

第四步,在【分组方式】中选择"逐行"选项。

第五步,勾选【标志位于第一列】选项。

第六步,在【输出选项】中选择【新工作表组】选项,并在对应编辑框中输入新工作表的名称"描述统计结果"。

第七步,勾选【汇总统计】。

第八步,勾选【平均数置信度】,并在其相应的编辑框中输入"95"。

第九步,勾选【第 K 大值】和【第 K 小值】,并在其相应编辑框中都输入"1"。

第十步,单击【确定】。

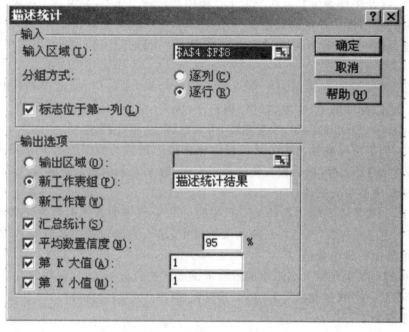

图10-34　描述统计对话框

第十一步，数据输出在新创建的工作表"描述统计结果"中的"A1：J18"区域，如图10-35所示。

	A	B	C	D	E	F	G	H	I	J
1	王华		张晓柜		王敏		赵梅		刘明	
2										
3	平均	88.2	平均	89.8	平均	89.6	平均	86.6	平均	93.4
4	标准误差	8.3150466	标准误差	2.634388	标准误差	3.7496667	标准误差	2.9086079	标准误差	2.0149442
5	中值	96	中值	91	中值	95	中值	89	中值	94
6	模式	#N/A	模式	#N/A	模式	96	模式	92	模式	97
7	标准偏差	18.593009	标准偏差	5.8906706	标准偏差	8.3845095	标准偏差	6.503845	标准偏差	4.5055521
8	样本方差	345.7	样本方差	34.7	样本方差	70.3	样本方差	42.3	样本方差	20.3
9	峰值	4.9278817	峰值	-1.040039	峰值	-2.899239	峰值	-0.73789	峰值	2.1153146
10	偏斜度	-2.21588	偏斜度	-0.248035	偏斜度	-0.670307	偏斜度	-0.912717	偏斜度	-1.420251
11	区域	43	区域	15	区域	17	区域	15	区域	11
12	最小值	55	最小值	82	最小值	79	最小值	77	最小值	86
13	最大值	98	最大值	97	最大值	96	最大值	92	最大值	97
14	求和	441	求和	449	求和	448	求和	433	求和	467
15	计数	5	计数	5	计数	5	计数	5	计数	5
16	最大(1)	98	最大(1)	97	最大(1)	96	最大(1)	92	最大(1)	97
17	最小(1)	55	最小(1)	82	最小(1)	79	最小(1)	77	最小(1)	86
18	置信度(95.	23.086318	置信度(95.	7.3142487	置信度(95.	10.410765	置信度(95.	8.0756069	置信度(95.	5.5943935

图10-35　描述统计结果输出

从数据输出的工作表中可以看出每个学生的成绩的各种分析结果。其中，第3行至第18行分别为平均值、标准误差、中值、模式标准偏差、样本方差、峰值、偏度、区域、最小值、最大值、和、计数、第1大值、第1小值、95％概率保证程度的置信度。从标准偏差的值可以看出，王华的成绩离散程度最大，刘明的成绩离散程度最小，也就是说，王华的成绩最不稳定，刘明的成绩最稳定。若取中值进行分析，王华的成绩最好；平均值则是刘明最佳。总体上而言，王华的成绩应该是最好的，只是最后一次的成绩太差，造成了较大的影响。

实验三　SPSS 数据文件的建立和编辑

SPSS 是软件英文名称的首字母缩写，原意为 Statistical Package for the Social Sciences，即"社会科学统计软件包"。但是随着 SPSS 产品服务领域的扩大和服务深度的增加，SPSS 公司已于 2000 年正式将英文全称更改为 Statistical Product and Service Solutions，意为"统计产品与服务解决方案"，这标志着 SPSS 的战略方向正在做出重大调整。SPSS 是世界上最早的统计分析软件，由美国斯坦福大学的三位研究生于 20 世纪 60 年代末研制，同时成立了 SPSS 公司，并于 1975 年在芝加哥组建了 SPSS 总部。1984年，SPSS 总部首先推出了世界上第一个统计分析软件微机版本 SPSS/PC＋，开创了 SPSS 微机系列产品的开发方向，极大地扩充了它的应用范围，并使其能很快地应用于自然科学、技术科学、社会科学的各个领域，世界上许多有影响的报纸杂志纷纷就 SPSS 的自动统计绘图、数据的深入分析、使用方便、功能齐全等方面给予了高度的评价与称赞。迄今，SPSS 软件已有 30 余年的成长历史。全球约有 25 万家产品用户，它们分布于通信、医疗、公司、证券、保险、制造、商业、市场研究、科研教育等多个领域和行业，是世界上应用最广泛的专业统计软件。SPSS 最突出的特点就是操作界面极为友好，输出结果美观漂亮，它使用 Windows 的窗口方式展示各种管理和分析数据方法的功能，使用对话框展示出各种功能选择项。

SPSS 的基本功能包括数据管理、统计分析、图表分析、输出管理等。SPSS 统计分析过程的类别包括描述性统计、均值比较、一般线性模型、相关分析、回归分析、对数线性模型、聚类分析、数据简化、生存分析、时间序列分析、多重响应等，每类中又分好几个统计过程，例如，回归分析中又分线性回归分析、曲线估计、logistic 回归、Probit 回归、加权估计、两阶段最小二乘法、非线性回归等多个统计过程，而且每个过程中又允许用户选择不同的方法及参数。SPSS 也有专门的绘图系统，可以根据数据绘制各种图形。

实验目的：熟练掌握变量的定义、数据的输入、编辑、转换和保存。

一、定义变量

启动 SPSS 后，出现如图 10-36 所示数据编辑窗口【Data Editor】。由于目前还没有输入数据，显示的是一个空文件。

输入数据前首先要定义变量。定义变量即要定义变量名、变量类型、变量长度（小数位数）、变量标签（或值标签）和变量格式。

单击【Data Editor】窗口左下方的"Variable View"标签或双击列的题头"Var"，进入如图 10-36 所示的变量定义窗口，在此窗口中即可定义变量。

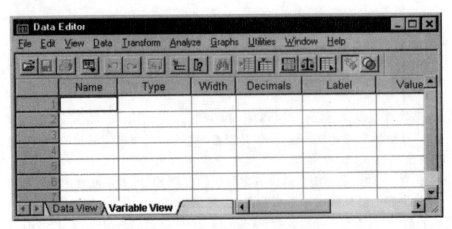

图 10-36　SPSS 数据编辑窗口(变量视图)

(一)变量的定义信息

该窗口的每一行代表一个变量的定义信息,包括变量名"Name"、变量类型"Type"、变量长度"Width"、变量小数点位数"Decimal"、变量标签"Label"、变量值标签"Values Labels"、变量显示宽度"Columns"和变量测量尺度"Measure"等。

1. 变量名

SPSS 默认的变量为 Var00001、Var00002 等,用户也可以根据自己的需要来命名变量。SPSS 变量的命名和一般的编程语言一样,有一定的命名规则,其具体内容如下:

(1)变量名必须以字母、汉字或字符"@"开头,其他字符可以是任何字母、数字或"_""@""♯""$"等符号;

(2)变量最后一个字符不能是句号;

(3)变量名总长度不能超过 8 个字符(即 4 个汉字);

(4)不能使用空白字符或其他特殊字符;如"!""?"等;

(5)变量命名必须唯一,不能有两个相同的变量名;

(6)在 SPSS 中不区分大小写,例如,HXH、hxh、Hxh 对 SPSS 而言,均为同一变量名称;

(7)SPSS 的句法系统中表达逻辑关系的字符串不能作为变量的名称,如 ALL、AND、WITH、OR 等。

2. 变量类型

单击【Type】相应单元中的按钮,出现如图 10-37 所示的对话框,在对话框中选择合适的变量类型并单击【OK】按钮,即可定义变量类型。

SPSS 的常用变量类型如下:

(1)"Numeric"为数值型,定义数值宽度(width),即"整数部分+小数点+小数部分"的位数,默认为 8 位;定义小数位数(decimal places),默认为 2 位。

(2)"Comma"为加逗号的数值型,即整数部分每 3 位数加一逗号,其余定义方式同数值型,也需要定义数值的宽度和小数位数。

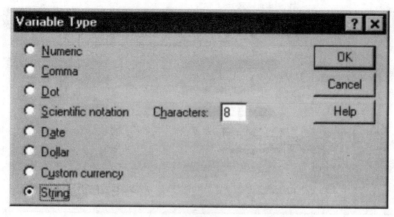

图 10-37　SPSS 变量类型定义对话框

（3）"Scientific notation"为科学记数型，同时定义数值宽度和小数位数，在数据编辑窗口中以指数形式显示。例如，定义数值宽度为 9，小数位数为 2,345.678 就显示为 3.46E+02。

（4）"Custom currency"为用户自定义型，若没有定义，则默认显示为整数部分每 3 位加一逗号。用户可定义数值宽度和小数位数。例如，12345.678 显示为 12,345.678。

（5）"String"为字符型，用户可定义字符长度（characters）以便输入字符。

3. 变量长度

设置变量长度，当变量为日期型时无效。

4. 变量小数点位数

设置变量小数点位数，当变量为日期型时无效。

5. 变量标签

变量标签是对变量名的进一步说明或注释，变量只能由不超过 8 个字符组成，而 8 个字符经常不足以说清楚变量的含义；而变量标签可长达 120 个字符，可显示大小写，需要时可借此对变量名的含义加以较为清晰的解释。

6. 变量值标签

变量值标签是对变量的每一个可能取值的进一步描述。当变量是名称变量或顺序变量时，这是非常有用的。例如，在统计中经常用不同的数字代表被试的性别是男、女，被试的职业是教师、警察、公务员，被试的教育程度是高中以下、本科、硕士、博士等信息。为避免以后对数字所代表的类别发生遗忘，就可以使用变量值标签加以说明和记录。例如，用 1 代表男"male"、2 代表女"female"，其设置方法为：单击相应单元，出现如图 10-38 所示【Value Labels】对话框。在第一个【Value】文本框内输入"1"，在第二个【Value Label】文本框内输入"male"，单击【Add】按钮；再重复这一过程完成变量值 2 的标签，就完成了该变量所有可能取值的标签的添加。

7. 变量显示宽度

输入变量的显示宽度，默认为 8。

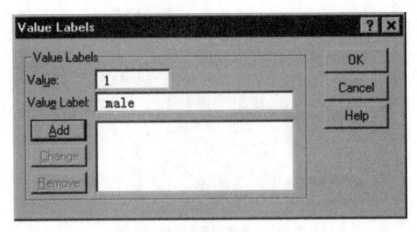

图 10-38　变量值标签定义对话框

8. 变量测量尺度

前面章节已经介绍,变量按测量水平可分为定类变量、定序或等级变量、定距变量和定比变量几种。这里可根据测量量表的不同水平设置对应的变量测量尺度,设置方式为:定类变量选择"Nominal",定序或等级变量选择"Ordinal",定距变量和定比变量均选择"Scale"。

(二)变量定义信息的复制

如果有多个变量的类型相同,可以首先定义一个变量,然后把该变量的定义信息复制给其他类型相同的变量。具体操作为:首先定义好一个变量,在该变量的行号上单击右键,在弹出的快捷菜单中选择【Copy】命令;然后选择其他同类型变量所在行,单击鼠标右键,在弹出的快捷菜单中选择【Paste】。这样就复制了同样的变量定义信息给一个新的变量,用户再根据需要将自动产生的新变量名改为所需的变量名。

二、数据的输入和保存

(一)数据输入的一般方法

定义了所有变量后,单击【Data View】标签,即可在数据视图中输入数据。数据编辑窗口中黑框所在的单元为当前的数据单元,表示用户正在对该数据单元录入数据或正在修改该单元中的数据。因此,在录入数据时,用户应首先将黑框移至想要输入数据的单元格上。

数据录入时可以逐行录入,即完成一个个案行所有变量数值的录入,再转入下一行即下一个个案;也可以逐列录入,即按照变量录入数据,录完一个变量列后再转入到下一个变量列。

(二)SPSS 数据文件的保存

在录入数据时,应及时保存数据,防止数据丢失,以便以后再调用该数据。具体操作步骤如下：

第一步，选择【File】菜单中的【Save】命令，可直接保存为 SPSS 默认的数据文件格式"＊.sav"。

第二步，选择【File】菜单中的【Save As】命令，弹出【Save Data As】对话框，根据自己的需要指定数据文件储存的路径和文件名。

三、数据的编辑和转换

经过变量定义和数据录入，初期的数据文件即可建成。但在后续的数据分析过程中，常常需要对数据文件进行多方面的修订、编辑和变换。我们选择其中最为常用的操作进行简单的介绍。

（一）数据的编辑

1. 增加或删除一个个案

研究者经常需要在某个个案前面或后面插入新的个案。例如，要在第 6 个观察单位前增加一个观察单位（即在第 6 行前增加一行，使原来的第 6 行下移成为第 7 行），可先激活第 6 行的任一单元格，选择【Data】菜单中的【Insert Cases】命令，系统自动在第 6 行前插入一个新的行，原第 6 行自动下移一行成为第 7 行；然后把新增个案的各个变量值输入相应的单元格。

如果要删除第 9 行（即删除这个个案的所有观测值），那么可以先单击第 9 行的行头，这时整个第 9 行被选中（呈黑底白字状），然后按【Delete】键或选择【Edit】菜单中的【Clear】命令，该行即被删除。

2. 数据的排序

在数据文件中，可根据一个或多个排序变量的值重排个案的顺序。选择【Data】菜单中的【Sort Cases】命令，弹出【Sort Cases】对话框，如图 10-39 所示。

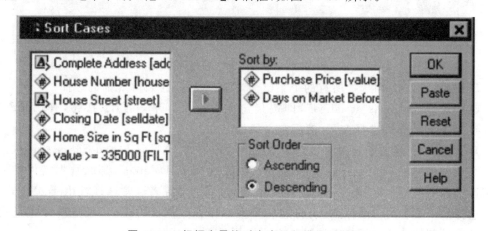

图 10-39　根据变量值对个案重新排序对话框

在变量名列表框中选择 一 个需要按其数值大小排序的变量（也可选多个变量，系统将按变量选择的先后逐级排序),单击图中" ▶ "按钮使之添加到【Sort by】框中;然后在【Sort Order】框中选择是按升序(从小到大)"Ascending"还是降序(从大到小)"Descending"排列,单击【OK】按钮即可。

3. 选择个案子集

进行数据统计时可从所有资料中选择部分数据进行统计分析。选择【Data】菜单中的【Select Cases】命令,弹出【Select Cases】对话框,如图10-40所示。通过选择【Select】框中不同的选项,可以用不同的方式对个案进行选择。系统提供的选择方式有五种,但是常用的主要有如下两种:

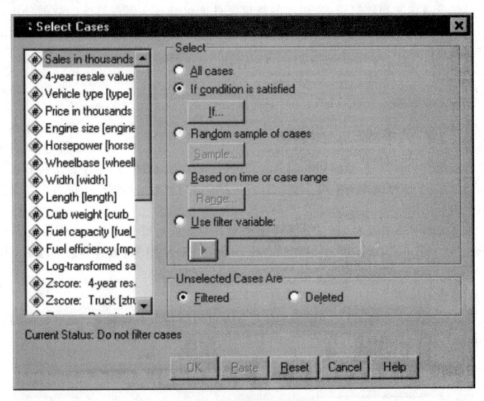

图 10-40　选择个案子集对话框

(1)"All cases",即选择所有的个案(行),该选项可用于解除先前的选择。

(2)"If condition is satisfied",即按指定条件选择。单击【If】按钮,弹出【Select Cases:If】对话框,先选择变量,然后定义条件。

定义完成后,还要确定对未被选择个案的处理方式。【Unselected Cases Are】框给出过滤"Filtered"和删除"Deleted"两个选择。如果选择了"Deleted",那么数据文件中将只保留被选择的那些个案,而未被选择的个案将被删除;研究者通常选择"Filtered"方式,将未被选择的个案暂时过滤掉,但仍将这些个案保留在数据文件里,以便这些个案还可以参与后续的其他统计分析。系统默认方式也是"Filtered"。

4. 数据的分类汇总

用户还可以按指定变量的数值对数据文件中其他变量的数据进行归类分组汇总。例如,要了解不同性别的同学的语文平均成绩,需要先按性别对数据进行分类,然后分别计算出男同学和女同学的平均成绩。在 SPSS 中,实现数据文件分类汇总需要三个步骤:首先,指定分类变量和汇总变量;然后,计算机根据分类变量的若干个不同取值将个案数据分成若干类,并对每类个案计算汇总变量的描述性特征量;最后,将分类汇总计算结果保存到一个文件中。实现的具体步骤如下:

(1)选择【Data】菜单中的【Aggregate】命令,弹出对话框。

(2)在变量名列表框中选择分类变量,如"性别",使之进入【Break Variables】框中。

(3)在变量名列表框中选择汇总变量,如"语文",使之进入【Aggregate Variables】框。因为要求语文成绩的平均值,单击【Function】按钮,弹出【Aggregate Data: Aggregate Function】对话框。勾选【Mean of values】,然后单击【Continue】按钮返回。

分组汇总提供的函数形式达到二十几种,但是常用的主要有以下几种:

①Mean:计算各类或各组的平均值;

②Sum:计算各类或组所有观测值的总和;

③Standard deviation:计算各类或各组的标准差;

④Unweighted:统计各类或组的个案数。

(4)指定分类汇总保存路径。如果用户不专门指定汇总数据的储存路径和文件名,系统默认路径与当前数据文件储存路径相同,且以"Aggr.sav"文件名储存。

(二)变量的操作

1. 增加或删除一个变量

增加一个变量,即增加一个新的列。使用下面两种方法都很容易实现这一目的:

(1)菜单操作法。例如,要在第 2 列前增加一个新的列,使原来的第 2 列右移变成第 3 列,可先激活第 2 列的任一单元格,然后选择【Data】菜单中的【Insert a variable】项,系统自动为用户在第 2 列前插入一个新的变量列,原第 2 列自动向右移一列成为第 3 列。

(2)选中某列法。要在第 2 列前增加一个新的列,先单击第 2 列的列头,这时整个第 2 列被选中(呈黑底白字状),单击鼠标右键,在快捷菜单中选择【Insert Variable】项,系统自动为用户在第 2 列前插入一个新的变量列,原第 2 列自动右移一列成为第 3 列。

删除一个变量,即删除一列数据。其方法和上面增加一个变量相对应。例如,要删除第 5 个变量列,可先单击第 5 列的列头,这时整个第 5 列被选中(呈黑底白字状),然后按【Delete】键,或者选择【Edit】菜单中的【Clear】命令,或者单击鼠标右键,在快捷菜单中选择【Clear】项,该列即被删除。

2. 指定加权变量

在实际的统计中,经常需要计算数据的加权平均数。例如,希望了解某超市一天售出商品的平均价格,如果仅以各种商品的单价平均数作为平均价格显然是不合理的,还应考虑到各商品的销售数量对平均价格的影响。因此,以商品的销售量作为权重计算各种商品单价的加权平均数,才是我们需要的结果。在 SPSS 过程中就需要将商品销售数量作为加权变量。操作方法为:选择【Data】菜单中的【Weight Cases】命令,弹出【Weight Cases】对话框,如图10-41所示。

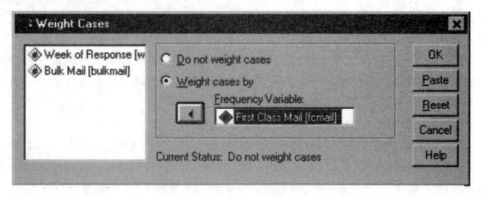

图10-41 【Weight Cases】对话框

【Do not weight cases】选项表示不做加权,这可用于取消加权;【Weight cases by】选项表示选择一个变量做加权。在加权操作中,系统只对数值变量进行有效加权,即大于零的数按变量的实际值加权,零、负数和缺失值加权为零。

3. 根据已有变量建立新变量

在数据统计分析中,有时候需要通过数据转换来提示变量之间的真实关系,这时需要通过对已经存在的变量进行处理来生成新的变量。

操作过程为:选择【Transform】菜单中的【Compute】项,弹出【Compute Variable】对话框,如图10-42所示。

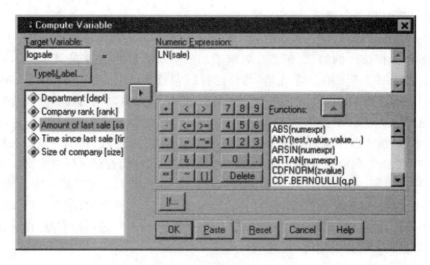

图10-42 产生新变量的对话框

在【Target Variable】目标变量框中输入变量名,目标变量可以是现存变量或新变量。然后在【Numeric Expression】数值表达式框中输入计算目标变量值的表达式。表达式中能够使用左下框中列出的现存变量名和计算器板列出的算术运算符、常数。【Functions】

函数列表框中给出了 70 多个函数，可用于对目标变量计算式的编辑。

4. 产生分组变量

在统计过程中，往往需要对某个连续变量进行分组，使其变成离散的组别变量。例如，对于某课程成绩，可以规定 90 以上是 A 等，80 至 90 分是 B 等，70 至 80 分是 C 等，60 至 70 分是 D 等，小于 60 分是 E 等。这时候就需要将成绩变成离散的组别变量。

调用 SPSS【Transform】菜单中的【Categorize Variables】命令可以实现这个功能，程序将会产生新的变量，包含分组结果。具体操作过程为：选择【Transform】菜单的【Categorize Variables】命令，弹出相应的对话框。在左边的变量列表框中选定一个用于分组的连续变量，将其移动到右边的【Create Categories】框中。在【Number of categories】后的文本框中输入要分成的组别数，系统会自动生成一个新的变量，其变量名为"n+原变量名"，该变量用于保存各个案被分配到的组别数。例如，用于分组的变量是 math，那么产生的分组变量名就是 nmath。

5. 对变量重新赋值

用户可对个案的某个变量重新赋值，此操作只适用于数值变量。方法是先选择【Transform】菜单中的【Recode】项，此时有两种选择：一种是对变量自身重新赋值，即选择【Into Same Variables】，产生的新变量值覆盖原有变量值；另一种是赋值到其他变量或新生成的变量，即选择【Into Different Variables】，产生的新变量值以另一个变量名保存。通常为了保留原变量的信息而倾向于选择第二种方法，弹出【Recode into Different Variables】对话框，如图 10-43 所示。

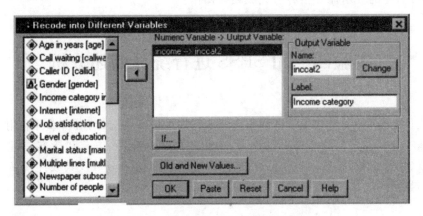

图 10-43　重新赋值产生新变量对话框

先在变量名列表中选择一个或多个变量，使之添加到【Numeric Variable→Output Variable】框中，同时在【Output Variable】框中确定新变量名和标签（可以是左侧列表中已有的变量，也可以是用户重新定义的新变量名），单击【Change】确认。

然后单击【Old and New Values…】按钮，弹出【Old and New Values】对话框，如图 10-44 所示。用户根据实际情况确定旧值和新值，单击【Continue】按钮返回上一画面，再单击【OK】按钮即可。

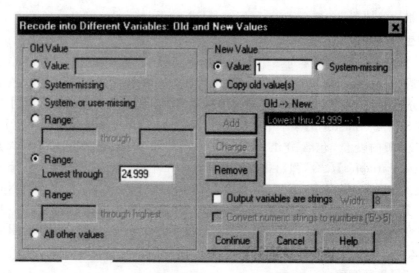

图 10-44　变量重新赋值时新变量值定义对话框

在数据文件的编辑和转换功能中,还有一些命令也是很有用的,可以为数据分析带来便利,例如,【Data】菜单中的【Transpose】命令可以实现数据编辑器中数据的行与列互换;【Merge Files】命令可以将两个符合一定要求的文件合并成一个文件;【Transform】菜单中的【Count】命令可以产生一个计数变量,以反映各个个案符合若干规定条件中的几项。此处不再对这些命令的使用进行介绍,需要的话可以直接点击相应命令打开对话框;按照对话框的提示能够很容易完成相应操作。

实验四　用 SPSS 进行统计描述分析

实验目的:引导学生初步掌握利用 SPSS 软件进行基本统计分析,掌握利用 SPSS 软件进行基本统计量均值和均值标准误差、中位数、众数、全距、方差和标准差、四分位数、十分位数、百分位数、频数、峰度、偏度的计算,进行标准化 Z 分数及其线性转换,统计表、统计图的显示。

一、Descriptive 过程

利用 SPSS 软件,对一组数据进行描述性统计量或特征量的计算是一个很简单的过程,众多的特征量几乎可以通过一个对话框完成。具体操作如下:

首先选择【Analyze】菜单中的【Descriptive Statistics】,单击【Descriptives…】,打开【Descriptives】描述性统计分析的主对话框,如图 10-45 所示。从左边的变量列表中选择一个或多个要进行分析的变量置入右边的【Variable(s)】变量框中。若要计算各个个案在这些变量上所得观测结果的标准分,则勾选左下角的【Save standardized values as variables】,系统会自动计算各变量的标准分,并以"z+原变量名"的变量名将计算结果存入数据编辑器中。例如,要求系统计算变量 math 的标准分,系统就会在数据文件中生成一列变量名为 zmath 的标准分数据。这一列标准分数有正有负,而且还有小数,如果需要进行线性转换以消除负号和小数点,可以使用前述的【Compute】命令来完成。

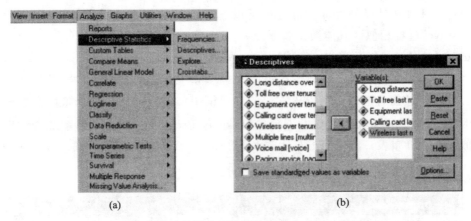

图 10-45 描述统计分析的菜单打开方式和主对话框

接着,单击【Options】按钮打开【Descriptives:Options】对话框,如图 10-46 所示。对话框上有一系列描述性统计特征量的复选框,其中平均数"Mean"、标准差"Std. deviation"的默认状态就是被勾选的,用户可以根据计算的需要勾选。一般,在描述性统计分析中,常常需要计算的特征量是平均数"Mean"、总和"Sum"、标准差"Std. deviation"、方差"Variance"、全距"Range"、最小值"Minimum"和最大值"Maximum"。

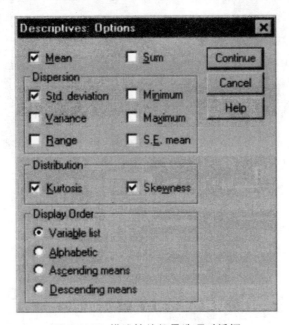

图 10-46 描述性特征量选项对话框

勾选完成后,单击【Continue】按钮返回上一个主对话框,然后单击【OK】按钮即可输出所需要的描述性特征量计算结果。

二、Frequencies 过程

上述描述性统计量的计算大部分还可以通过【Frequencies】命令来完成,其程序与【Descriptive】过程相似。具体操作如下:

选择【Analyze】菜单中的【Descriptive Statistics】,单击【Frequencies】打开【Frequencies】主对话框。从对话框左边的变量列表中选择一个或多个要进行分析的变量,点击"▶"按钮将选中变量置入右边的变量框中。若要计算各个变量值在数据列中出现的次数,则需要勾选对话框左下角的【Display Frequency Tables】,系统会输出一个变量值的频数分布表。然后单击对话框上的【Statistics】按钮,就可以打开【Frequencies:Statistics】对话框,如图 10-47 所示。

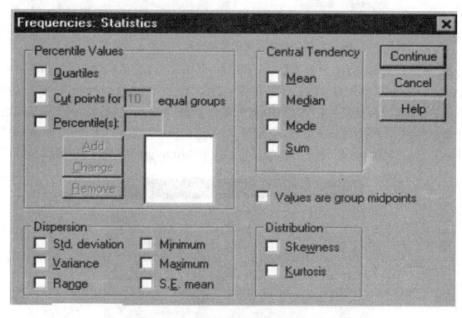

图 10-47 频数分布的特征量选项对话框

如果需要,利用这一对话框,也可以得到平均数、总和、标准差、方差、全距、最大值和最小值的计算结果,同时还可以获得众数"Mode"、中位数"Median"、四分位数"Quartiles"等计算结果。

如果需要计算其他的百分位数,可以勾选【Percentile(s)】,在右侧编辑框中填入所需要计算的百分位数对应的百分等级,然后单击【Add】将其加入方框中,该方框可以加载许多个百分等级数。接着单击【Continue】返回上一层对话框,再单击【OK】即可得到所需要的描述性特征量和要求其计算的百分位数。

三、频数分布表的制作

某一随机事件在 n 次试验中出现的次数称为该随机事件的频数(frequency)。各种随机事件在 n 次试验中出现的次数分布称为频数分布,将其用表格的形式表示出来称为频数分布表。频数分布表的制作及相应频数分析的 SPSS 过程主要包括以下步骤:

第一步,选择【Analyze】菜单中的【Descriptive Statistics】,然后单击【Frequencies】命令打开【Frequencies】频数分析对话框,如图 10-48 所示,该对话框的主要功能是定义频数分析。

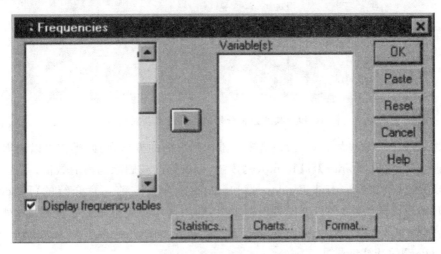

图 10-48　频数分析的主对话框

该主对话框上,有两个变量列表框,其中左边的变量框会给出数据文件中有的全部变量列表,用户可以从中选择拟进行频数分布分析的变量,置入【Variable(s)】列表框。如果同时选择多个变量,SPSS 就将分别产生多张频数分布表。

如果需要输出频数分布表,可以勾选【Display frequency tables】,小方框中会出现"▶"标记,表示已选择此功能,系统将输出要分析的变量的频数分布表。如果要取消频数分布表的输出设置,可取消勾选,"▶"标记消失,系统就不会输出频数分布表。

第二步,单击【Statistics...】按钮,打开【Frequencies:Statistics】对话框,如图 10-49 所示。该对话框主要由四个选项区组成,下面就其中主要的项目分别进行简单说明。

(1)百分位输出设置区【Percentile Values】,可分别输出不同的百分位数。

①四分位数【Quartiles】,输出第一、第二、第三个四分位数,即 25% 位数、50% 位数和 75% 位数。

②输出一系列的百分位数以便将数据样本按照个案数平均划分成若干相等的组分【Cut points for equal groups】,并显示出这些百分位数。若输入"5",则系统就会输出 20%、40%、60%、80% 四个百分位值。

③用户自定义需要输出的百分位数。勾选【Percentile(s)】,在其后的方框中输入 0

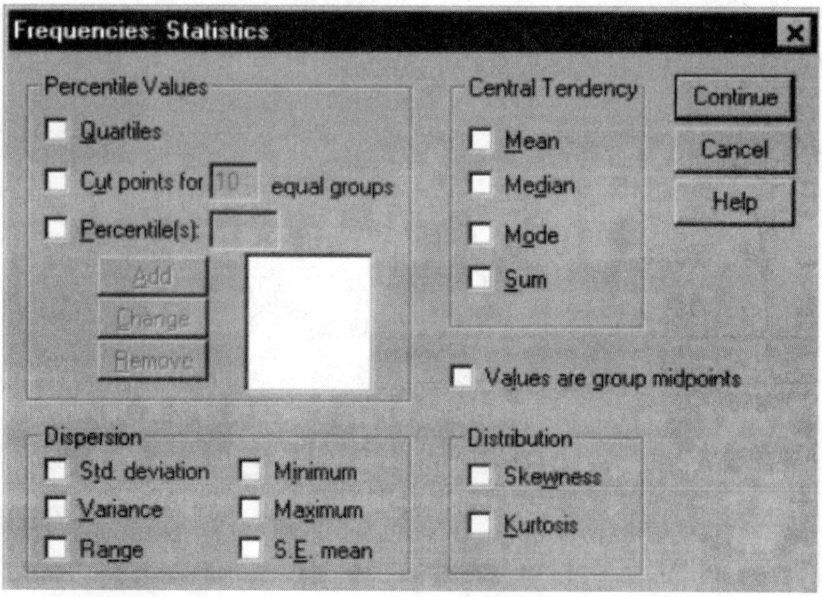

图 10-49 频数分布分析的特征量选项对话框

至 100 之间的任一个整数,单击【Add】按钮添加到下面的方框内,此操作可以根据需要重复多次进行。单击【Change】和【Remove】按钮,可以修改或删除框内的数值。

(2)输出设置区【Central Tendency】和【Dispersion】,与前一章介绍的【Descriptive】过程打开的对话框功能相似,用户可根据需要,利用这两个设置区获得变量的平均数、总和、标准差、方差、全距、最大值和最小值等计算结果,同时还可以获得众数【Mode】和中位数【Median】的计算结果。

用户在相应设置区做出需要的选择和设置后单击【Continue】返回上一层对话框,再单击【OK】即可得到所需要的频数分布表、描述性特征量和要求其计算的百分位数。

四、频数分布图的制作

单击【Charts】按钮打开【Frequencies:Charts】对话框,如图 10-50 所示,利用这些对话框可以对频数分布图的类型和变量性质进行设置。

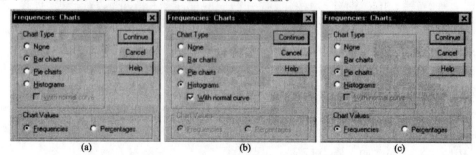

图 10-50 频数分布图制作设置对话框

图形类型【Chart type】各选项：

(1)"None"：不显示图形，它是系统默认选项。

(2)"Bar charts"：条形图，适用于离散型随机变量。当选择"Bar charts"或"Pie charts"时，"Chart Values"栏才被激活。如果选择"Bar charts"，在【chart values】栏里选择"Frequencies"，图的纵坐标将代表频数；选择"Percentages"，纵坐标将代表频率，即百分数，如图4-50(a)所示。

(3)"Histograms"：直方图，适用于连续型随机变量。选择此项时还需要确定是否选择"With normal curve"，若选择，则在显示的直方图中附带正态曲线，有助于判断数据是否呈正态分布，如图10-50(b)所示。

(4)Pie charts：饼图。当选择"Pie charts"时，在【Chart Values】一栏选择"Frequencies"，图的扇形分割片将代表频数；选择【Percentages】，扇形分割片将代表频率，即百分数，如图10-50(c)所示。

各选项确定后，单击【Continue】按钮返回主对话框，再单击【OK】，生成的频数分布图就会在输出窗口中显示出来。

【例10-7】 利用 SPSS 进行统计描述。表 10-5 所示是某初中二年级(1)班学生 2015 至 2016 年度第一学期部分课程期末考试成绩，试针对这些数据制作学生在三门课程上的统计描述。

表 10-5　某初中二年级(1)班学生 2015 至 2016 学年度第一学期部分课程期末考试成绩

（单位：分）

学号	性别	语文	数学	英语
2001	女	87	89	98
2002	男	65	83	92
2003	男	60	85	89
2004	女	85	93	89
2005	女	70	60	95
2006	女	75	87	90
2007	女	89	83	100
2008	男	67	95	98
2009	女	80	86	98
2010	男	84	88	78
2011	男	77	86	82
2012	女	95	83	87
2013	男	90	90	85
2014	女	70	86	70
2015	男	84	96	73
2016	男	80	80	65
2017	男	82	90	90
2018	女	73	75	95
2019	女	100	93	98
2020	男	78	85	85
2021	女	83	88	82
2022	女	89	85	91

续表

学号	性别	语文	数学	英语
2023	女	75	93	70
2024	女	78	83	79
2025	男	87	92	68
2026	男	89	81	70
2027	男	86	90	89
2028	男	75	82	82
2029	男	65	92	83
2030	女	85	85	82

解：主要操作步骤如下：

第一步，建立数据文件。

启动 SPSS 系统，进入默认的启动界面——数据编辑器。按照实验三的方法建立 SPSS 数据文件。若要将表 4-1 中的信息全部记录在该数据文件中，则需要定义五个变量，即学号、性别、语文、数学和英语。其中，性别变量的变量值类型可以设置成字符型（string），以便直接输入学生性别"男"和"女"；也可以是数字型（numeric），分别用"1"和"2"代表不同的性别。其他变量类型均由系统默认为数字型，如图 10-51 所示。变量定义好之后，可以使用文档的复制和粘贴功能直接将表 10-5 中的数据输入到 SPSS 数据编辑窗中，如图 10-52 所示。一个变量占一列、一个学生占一行，所以该数据文件的数据区由 30 行 5 列组成。

	Name	Type	Width	Decimals	Label	Values	Missing	Columns	Align	Measure
1	学号	Numeric	8	2		None	None	8	Right	Scale
2	性别	Numeric	8	2		{1.00, 男}...	None	8	Right	Scale
3	语文	Numeric	8	2		None	None	8	Right	Scale
4	数学	Numeric	8	2		None	None	8	Right	Scale
5	英语	Numeric	8	2		None	None	8	Right	Scale

图 10-51　定义变量类型

	学号	性别	语文	数学	英语
1	2001.00	2.00	87.00	89.00	98.00
2	2002.00	1.00	65.00	83.00	92.00
3	2003.00	1.00	60.00	85.00	89.00
4	2004.00	2.00	85.00	93.00	89.00
5	2005.00	2.00	70.00	60.00	95.00
6	2006.00	2.00	75.00	87.00	90.00
7	2007.00	2.00	89.00	83.00	100.00
8	2008.00	1.00	67.00	95.00	98.00
9	2009.00	2.00	80.00	86.00	98.00
10	2010.00	1.00	84.00	88.00	78.00

图 10-52　定义变量后的数据输入

第二步，对话框操作。

（1）选择【Analyze】中的【Descriptive Statistics】菜单，单击【Frequencies】命令，弹出

【Frequencies】对话框。在对话框左侧的变量列表中选择"语文""数学""英语"变量,单击添加按钮" ▶ "将这三个变量名添加到【Variable(s)】框中,如图 10-53 所示。

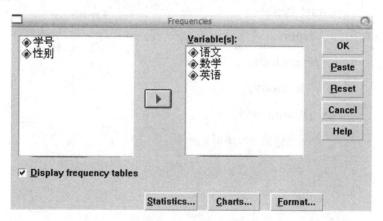

图 10-53 添加变量

(2)勾选对话框左下角的【Display frequency tables】复选框,以便系统输出三门课程成绩的频数分布表。

(3)同时获取三门课程成绩的平均数、标准差、最小值、最大值和中位数等统计量,单击【Statistics...】按钮,弹出【Frequencies:Statistics】对话框,如图 10-54 所示,选中相应的项目后点击【Continue】返回主对话框。

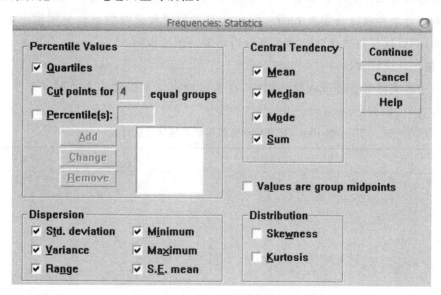

图 10-54 【Frequencies:Statistics】对话框

(4)单击【Charts...】按钮,打开频数分布图制作对话框。因为三门课程考试成绩均为连续变量,所以选择输出直方图"Histograms",并勾选【With normal curve】以便在直方图上附带正态曲线,如图 10-55 所示。单击【Continue】返回主对话框。

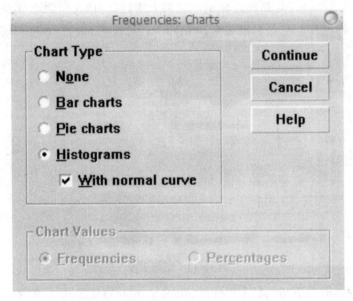

图 10-55 【Frequencies：Charts】对话框

(5)单击【OK】按钮,完成对话框操作。系统就会输出所需要的上述结果。

第三步,结果读取、选择和编辑。

根据题目要求和上述对话框操作,输出结果主要包括三个部分:频数分布表、数据样本的主要统计量和频数分布直方图。因为针对三门课程成绩的统计分析输出结果内容结构一样,所以这里只选择"语文"数据分析结果为例来说明。

(1)描述性统计量。

为便于将来能够正确读取输出结果,在不对输出结果做任何更改的情况下,直接将其粘贴在这里,如表 10-6 所示。

表 10-6 成绩统计分析得到的描述性统计量

		语文	数学	英语
N	Valid	30	30	30
	Missing	0	0	0
Mean		80.100 0	86.133 3	85.100 0
Std. Error of Mean		1.714 27	1.259 20	1.832 25
Median		81.000	86.000 0	86.000 0
Mode		75.00[a]	83.00[a]	82.00[a]
Std. Deviation		9.389 47	6.896 94	10.035 63
Variance		88.162 07	47.567 82	100.713 8
Range		40.00	36.00	35.00
Minimum		60.00	60.00	65.00
Maximum		100.00	96.00	100.00
Sum		2 403.00	2 584.00	2 553.00

续表

		语文	数学	英语
Percentiles	25	74.500 0	83.000 0	78.750 0
	50	81.000 0	86.000 0	86.000 0
	75	87.000 0	90.500 0	92.750 0

由表 10-6 可以读取的主要结果如下(以语文成绩为例):

参加考试的学生人数 N 为 30, 语文成绩的平均分 Mean 为 80.10

中位数 Median 为 81.00, 众数 Mode 为 75.00

标准差 Std. Deviation 为 9.39, 方差 Variance 为 88.16

全距 Range 为 40.00, 总和 Sum 为 2403

四分位数(25%位数)为 74.50, 50%位数为 81.00;

75%位数为 87.00。

(2) 频数分布表(以语文为例)。

将 SPSS 系统输出的频数分布表粘贴于此,如表 10-7 所示。

表 10-7 语文成绩频数分布表

		Frequency	Percent	Valid Percent	Cumulative Percent
Valid	60.00	1	3.3	3.3	3.3
	65.00	2	6.7	6.7	10.0
	67.00	1	3.3	3.3	13.3
	70.00	2	6.7	6.7	20.0
	73.00	1	3.3	3.3	23.3
	75.00	3	10.0	10.0	33.3
	77.00	1	3.3	3.3	36.7
	78.00	2	6.7	6.7	43.3
	80.00	2	6.7	6.7	50.0
	82.00	1	3.3	3.3	53.3
	83.00	1	3.3	3.3	56.7
	84.00	2	6.7	6.7	63.3
	85.00	2	6.7	6.7	70.0
	86.00	1	3.3	3.3	73.3
	87.00	2	6.7	6.7	80.0
	89.00	3	10.0	10.0	90.0
	90.00	1	3.3	3.3	93.3
	95.00	1	3.3	3.3	96.7
	100.00	1	3.3	3.3	100.0
	Total	30	100.0	100.0	—

由表 10-7 可知,语文考试中出现的所有分数(表中按从小到大排列)、每一个分数出现的人次(frequency)及其占总人数的比率(percent)和由小到大累加的百分数(cumulative percent)。

(3)频数分布图(以语文为例)。

将 SPSS 系统输出的频数分布直方图直接粘贴于此,如图 10-56 所示。

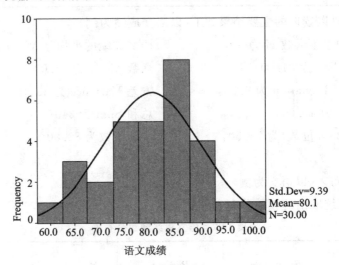

图 10-56　语文成绩的频数分布直方图

图 10-56 是以分数区间来登记频数的,而每一区间的宽度为 5 分,横坐标上标出的坐标值是每一区间的组中值,纵坐标的高度代表人次数,而图中的曲线是附带的正态分布曲线,作为参考使用。从图中可以看出,57.5—62.5 区间有 1 人,62.5—67.5 区间有 3 人次,频数密度最大的是 82.5—87.5 区间,共有 8 人次。此外,还可以看出,数据分布形态未能很好地与正态分布吻合。

数学和英语的频数分析结果的结构和解释方法与上述语文成绩频数分析相同。

实验五　用 SPSS 进行假设检验分析

实验目的:引导学生掌握利用 SPSS 进行均值比较以及单一样本 t 检验、两独立样本 t 检验和两配对样本 t 检验的基本方法,并能够解释软件运行结果。

一、单样本 t 检验

SPSS 单样本 t 检验是检验一个数据样本所在总体的平均数与某指定值之间的差异性,统计检验的前提是样本所在的总体服从正态分布。

下面以具体实例分析 SPSS 在单样本 t 检验中的应用。

【例 10-8】 某班级学生参加学校年级会考的数学成绩（单位：分）如下：

```
97  85  67  83  86  79  92  90  74  79  81  63  70  69  70
88  65  68  87  56  78  83  69  70  90  75  79  75  70  80
81  72  85  65  66  75  73  80  82  85  75  71  70  80  75
```

已知全校学生的平均成绩为 80 分，请问该班学生的成绩与全校学生的平均分相比是否具有显著性差异？

解：按照以下步骤进行操作：

第一步，建立数据文件"数学成绩.sav"，如图 10-57 所示。

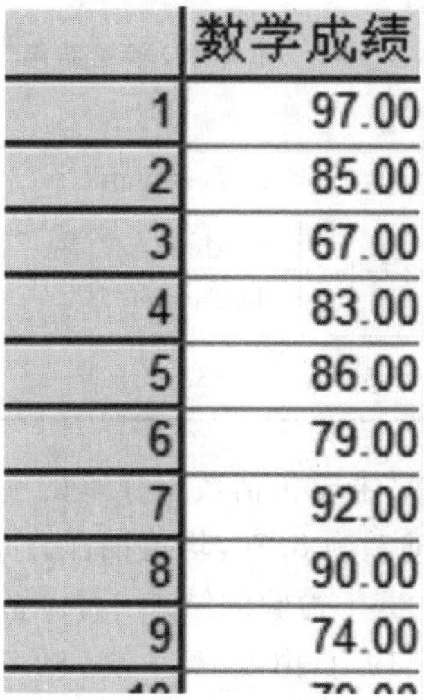

图 10-57 单样本 t 数据输入

第二步，单击菜单【Analyze】选择【Compare Means】中的【One-Sample T Test】命令，打开【One-Sample T Test】对话框，如图 10-58 所示。

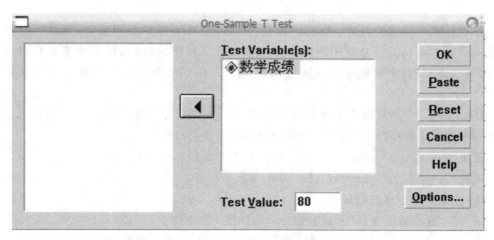

图 10-58 单样本 t 检验对话框

第三步，将对话框左侧变量列表中的"数学成绩"置入右侧【Test Variable(s)】中，然后在【Test Value】右边输入全年级学生数学的总平均分"80"。

第四步，单击【OK】按钮，即可输出统计分析结果，主要包括两个表格，如表10-8、10-9所示。

表 10-8　单样本描述统计

One－Sample Statistics

	N	Mean	Std. Deviation	Std. Error Mean
数学成绩	45	76.73	8.698	1.297

表 10-9　单样本 t 检验结果

One－Sample Test－Test Value＝80

	Test Value = 80					
	t	df	Sig. (2-tailed)	Mean Difference	95%Confidence Interval of the Difference	
					Lower	Upper
数学成绩	－2.519	44	0.015	－3.27	－5.88	－0.65

输出的第一个表格（表10-8），主要包括数据样本的一些描述性统计分析结果：45个学生的数学平均值为76.73，标准差为8.70，均值抽样分布的标准误差为1.30。

输出的第二个表格（表10-9）是 t 检验的结果：样本数据平均数与年级平均分差异量为－3.267，检验统计量 $t=-2.519$，自由度 $df=44$，概率 $p=0.015<0.05$，应拒绝原假设，可以认为该班学生数学成绩的均值与全年级数学成绩的平均值有显著的差异。

二、两独立样本 t 检验

独立样本平均数的差异 t 检验的前提是：第一，两个样本互相独立，即从一总体中抽取一批样本对从另一总体中抽取一批样本没有任何影响，两组样本个案数目可以相同，也可以不相同，个案顺序可以随意调整；第二，样本来自的两个总体应该服从正态分布。

【例 10-9】　分别从两个班级各随机抽取12名学生，分析他们某一项心理能力测试分数的平均数是否存在显著差异。测试的分数（单位：分）如下：

班级一：　85　67　83　79　92　90　74　79　81　63　70　69
班级二：　88　65　68　87　56　78　83　69　70　90　75　79

解：按照以下步骤进行操作：

第一步，建立数据文件"测试分数.sav"，如图10-59所示。

第二步，单击菜单【Analyze】选择【Compare Means】中的【Independent-Sample T Test】命令，打开【Independent-Sample T Test】对话框，如图10-60所示。

第十章 统计学原理及应用实验

	class	score
1	1	85
2	1	67
3	1	83
4	1	79
5	1	92
6	1	90
7	1	74
8	1	79
9	1	81
10	1	63
11	1	70
12	1	69
13	2	88
14	2	65

图 10-59　两个独立样本 t 检验数据输入

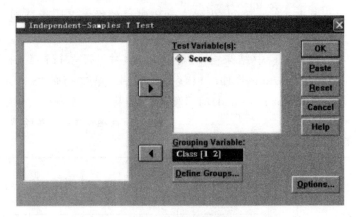

图 10-60　两个独立样本检验的主对话框

第三步，将对话框左侧的变量列表中的"Score"置入右侧【Test Variable(s)】下的方框中；将【Class】置入【Grouping Variable】下面的小方框中，单击【Define Groups…】按钮，打开定义分组变量水平的对话框，如图 10-61 所示，选择所要分析的两个样本。

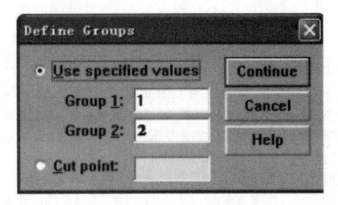

图 10-61　定义分组变量值对话框

第四步，单击【Continue】按钮返回【Independent-Samples T Test】主对话框，单击【OK】按钮，即可输出所需要的分析结果。输出的结果主要包括两个表格：一个表格中的数据是关于两个数据样本的描述性统计分析结果，主要反映两个数据样本的个案数、平均数、标准差和标准误差等信息，如表 10-10 所示；另一个表格中的数据是关于差异性检验的结果，主要包括方差齐性检验结果、t 检验结果等，如表 10-11 所示。

表 10-10　描述统计表

Group Statistics

CLASS	N	Mean	Std. Deviation	Std. Error Mean
班级一	12	77.67	9.198	2.655
班级二	12	75.67	10.413	3.006

由表 10-10 可知,班级一和班级二的样本平均数分别为 77.67 和 75.67,标准差分别为 9.20 和 10.41,标准误差分别为 2.66 和 3.01。

表 10-11 中结果分两行列出,其中,第一行的结果是方差齐性条件满足(equal variances assumed)时可以使用的结果,第二行的结果是方差齐性条件不满足(equal variances not assumed)时可使用的结果。

表 10-11 两独立样本 T 检验结果

Independent Samples Test

	Leven's Test for Equality of Variances		t-test for Equality of Means						
	F	Sig.	t	df	Sig. (2-tailed)	Mean Difference	Std. Error Difference	95% Confidence Interval of the Difference	
								Lower	Upper
Equal variances assumed	0.206	0.654	0.499	22	0.623	2.00	4.011	−6.318	10.318
Equal variances not assumed	—	—	0.499	21.67	0.623	2.00	4.011	−6.325	10.325

在结果使用中,首先要看方差齐性检验的结果,即"Leven's Test for Equality of Variances"一栏中的结果,本例中方差齐性检验的结果是 $F=0.206$,显著性水平 $p=$ Sig. $=0.654>0.05$,不能拒绝原假设,说明方差齐性条件成立,使用第一行的 t 检验结果。如果将来遇到方差齐性条件不成立的情况,则使用第二行的 t 检验结果。

根据第一行的 t 检验结果可知,本例中两样本平均数的差异量为 2.0,检验统计量 $t=0.499$,自由度 $df=22$,概率 $p=0.623>0.05$,因此,不能拒绝原假设,可以认为两个班级学生的平均成绩差没有显著的差异。表中最后两列为两总体差的 95% 置信区间的下限和上限,由于该置信区间跨零,即有 95% 的可靠性认为两总体均值差在 −6.318 至 10.316 之间,同样认为两总体均值没有显著差异。

三、两配对样本 t 检验

第六章假设检验中,两个总体均值之差的检验已经指出,配对样本 t 检验的两个数据样本来自于两种情况:一种情况是配对组实验涉及的数据资料,即在研究一个变量的改变是否会引起被试某种心理或行为的改变时,除这一研究变量之外,根据其他与被试的这些心理或行为可能有关的因素对被试进行配对分组,使得两个被试组具有一一对应的关系,由此得到的两个数据样本也具有一一对应的关系;另一种情况是,由一组被试在两种不同情况下,接受某种行为倾向或心理能力的测试,得到两个数据样本,两个数据样本也具有一一对应的关系。

配对组的数据样本容量是一致的,具有一定的相关性,所以也称为相关样本。在差异性 t 检验中也要考虑到其相关性。所以,在进行配对样本的检验时,也必须对两个样本之间的相关系数进行计算和检验。

现在我们以具体的例子说明配对组 t 检验的 SPSS 过程。

【例 10-10】 某一小班教学实验班的学生 18 人接受了一项教学实验,即接受新的学习方法的训练,在训练前和训练后,均使用标准化的测试试卷分别测试了他们的数学成绩和英语成绩,数据如表 10-12 所示。试分析学生数学和英语训练前后测试成绩是否存在显著性差异。

表 10-12　教学实验数据　　　　　　　　　　　　（单位:分）

序号	数学 1	数学 2	英语 1	英语 2
1	70	79	89	87
2	72	92	97	98
3	85	87	76	98
4	70	90	100	99
5	65	74	89	89
6	36	56	89	98
7	82	78	89	88
8	86	83	98	99
9	68	69	78	87
10	65	79	78	87
11	70	70	89	88
12	80	81	68	79
13	76	90	70	99
14	68	63	50	89
15	64	70	67	88
16	72	75	78	98
17	54	69	89	78
18	56	79	56	89

解:分析步骤如下:

第一步,建立数据文件"教学实验. sav,"单击菜单【Analyze】选择【Compare Means】中的【Paired-Samples T Test】命令,打开【Paired-Samples T Test】对话框,如图 10-62 所示。

第二步,从对话框左侧的变量列表中选中"数学 1"与"数学 2"、"英语 1"与"英语 2",形成两个配对变量。点击对话框上的按钮" ▶ ",两队变量被置入右侧的【Paired

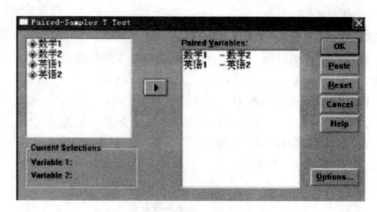

图 10-62　配对样本 t 检验主对话框

Variables】变量框中。

第三步,单击【OK】按钮,系统即可输出分析结果。这一分析过程输出的结果主要包括三个表格。

其中,第一个表格如表 10-13 所示,它反映的四个数据样本的描述性统计分析结果,包括各个数据样本的平均数、标准差和标准误。

表 10-13　配对样本描述统计表

Paired Samples Statistics

		Mean	N	Std. Deviation	Std. Error Mean
Pair 1	数学 1	68.8333	18	11.99632	2.82756
	数学 2	76.8889	18	9.71287	2.28935
Pair 2	英语 1	80.5556	18	14.16384	3.33845
	英语 2	91.0000	18	6.80830	1.60473

输出的第二个表格如表 10-14 所示,它主要反映的是两个配对数据样本各自的相关系数及其显著性水平。从表中数据看出,数学 1 与数学 2 之间的相关系数为 0.659,显著性检验得到的伴随概率 $p=0.003<0.05$,说明前后两次测验的数学成绩有一定的相关性;英语 1 与英语 2 的相关系数为 0.272,显著性检验得到的伴随概率 $p=0.275>0.05$,未达到显著性水平,说明前后两次测验的英语成绩不相关。

表 10-14　配对样本相关系数表

Paired Samples Correlations

		N	Correlation	Sig.
Pair 1	数学 1 & 数学 2	18	0.659	0.003
Pair 2	英语 1 & 英语 2	18	0.272	0.275

输出的第三个表格是 t 检验的主要结果,如表 10-15 所示。使用新教学方法前后数学和英语成绩差值序列的平均值分别为 -8.06 和 -10.44,计算出的 t 统计值分别为 -3.712 和 -3.177,伴随概率分别为 0.002 和 0.006,均达到了显著性水平。也就是说,使

用新教学方法前后数学和英语成绩都有了明显变化,从两个样本的平均值可以看出,使用新教学方法后的成绩比使用前的成绩要高。

表 10-15　配对样本 t 检验结果表

Paired Samples Test

		Paired Differences					t	df	Sig. (2-tailed)
		Mean	Std. Deviation	Std. Error Mean	95% Confidence Interval of the Difference				
					Lower	Upper			
Pair 1	数学 1 & 数学 2	−8.06	9.20660	2.17002	−12.6339	−3.4772	−3.712	17	0.002
Pair 2	英语 1 & 英语 2	−10.44	13.94621	3.28715	−17.3797	−3.5092	−3.177	17	0.006

实验六　用 SPSS 进行方差分析

实验目的:引导学生掌握利用 SPSS 进行单因素方差分析、多因素方差分析的基本方法,并能够解释分析结果。

一、单因素方差分析

以实例来说明如何在 SPSS 中正确地进行单因素方差分析,具体功能在第七章有较详细的介绍,请参阅。

【例 10-11】　调查居民对亚运会的总态度平均得分(满分为 50 分)如下(单位:分):

　　　　　　第 1 组:42　41　42　42　43
　　　　　　第 2 组:39　40　40　41　40
　　　　　　第 3 组:43　44　43　45　45

进行单因素方差分析,比较各组之间平均得分有没有显著差异。

在 SPSS 中进行方差分析的步骤如下:

第一步,建立 SPSS 数据文件,变量名为 group 和 score,如图 10-63 所示。

第二步,单击菜单【Analyze】选择【Compare Means】中的【One-Way ANOVA】打开单因素完全随机实验设计资料方差分析的主对话框,如图 10-64 所示。将观测变量"score"置入【Dependent List】框中,将控制变量"group"置入【Factor】框中。

第三步,设置多重比较检验。

单因数方差分析只能判断控制变量是否对观测变量产生了显著影响,如果控制变量

	group	score	var	v
1	1	42.00		
2	1	41.00		
3	1	42.00		
4	1	42.00		
5	1	43.00		
6	2	39.00		
7	2	40.00		
8	2	40.00		
9	2	41.00		
10	2	40.00		
11	3	43.00		
12	3	44.00		
13	3	43.00		
14	3	45.00		
15	3	45.00		

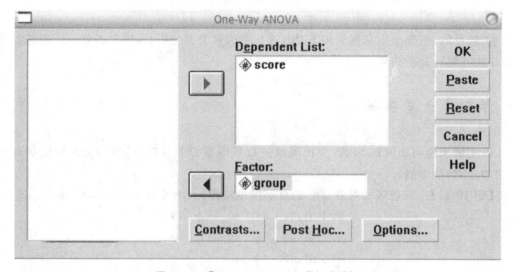

图 10-63　方差分析数据文件

图 10-64　【One-Way ANOVA】主对话框

确实对观测变量产生了显著影响，进一步还应确定控制变量不同水平对观测变量的影响程度如何，其中哪个水平的作用明显区别于其他水平，哪个水平的作用是不明显的，即要区别哪个组的得分有明显的区别，就需要做多重比较检验。具体步骤如下：单击【One-Way ANOVA】主对话框中的【Post Hoc...】按钮，打开一个对话框，对话框上有很多多重比较方法的选项，最常用的是最小显著性差异法 LSD，所以勾选“LSD”复选框，单击【Continue】返回主对话框，如图 10-65 所示。

第四步，要求方差分析程序输出样本数据的描述统计量、方差齐性检验、因变量随着

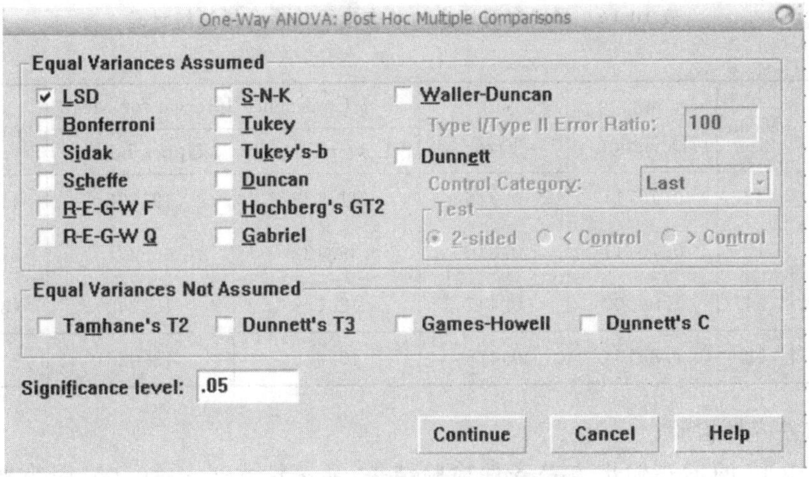

图 10-65 多重比较检验窗口

自变量变化的线图等这些信息,设置方法是:单击【One-Way ANOVA】主对话框中的【Options...】按钮,打开【One-Way ANOVA:Options】对话框,如图 10-66 所示。勾选"Descriptive",可以输出样本数据的一些常见描述性统计量;勾选"Homogeneity of variance test",可以输出方差齐性检验的结果,方差分析的假设前提是每个总体都应服从正态分布,所以要进行方差齐次性检验;勾选"Means plot",可以输出因变量随自变量变化的线图。设置好之后,点击【Continue】返回主对话框。

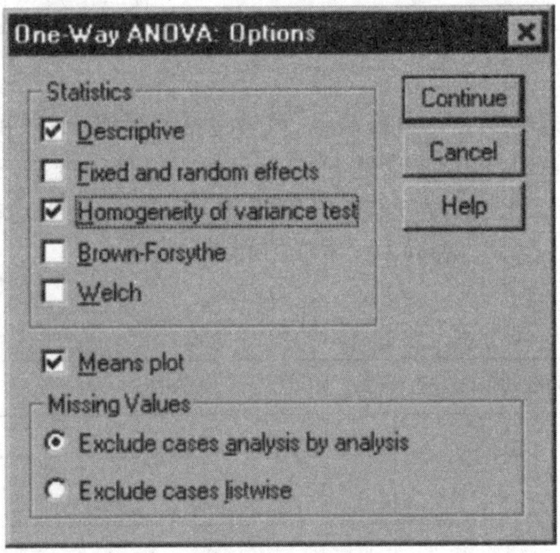

图 10-66 方差分析【Options】对话框

第五步,单击主对话框中的【OK】按钮,系统输出所需要的方差分析结果。单因素完全随机设计的方差分析,一般需要的或常见输出结果主要由五个部分组成:

(1)样本数据的基本统计量。

基本统计量主要有各个数据样本的平均数、标准差、标准误差、置信区间等,如表 10-16 所示。

表 10-16 居民对亚运会的总态度平均得分描述统计表

SCORE

	N	Mean	Std. Deviation	Std. Error	95% Confidence Interval for Mean		Min	Max
					Lower Bound	Upper Bound		
1	5	42	0.70711	0.316	41.122	42.878	41	43
2	5	40	0.70711	0.316	39.122	40.878	39	41
3	5	44	1.00000	0.447	42.758	45.242	43	45
Total	15	42	1.85164	0.478	40.975	43.025	39	45

(2)方差齐性检验。

以表 10-17 的形式输出方差齐性检验结果,显著性水平 $\alpha=0.05$,因为概率 Sig=0.397>0.05,所以不拒绝原假设,认为三个组的居民平均得分的总体方差无显著性差异,满足方差分析的前提要求,方差齐性成立。

表 10-17 不同组间的方差齐性检验结果

Test of Homogeneity of Variance

SCORE

Leven Statistic	df1	df2	Sig.
1.000	2	12	0.397

(3)方差分析表。

以表 10-18 的形式输出方差分析结果,该表包括变异源、平方和(sum of squares)、自由度、均方(mean square)、检验统计量 F、显著性水平或伴随概率(Sig.)。本例中 $F=30$,显著性水平 $p=0.000<0.05$,故应拒绝原假设,认为不同组的平均得分有显著性的差异。

表 10-18 不同组间的方差分析表

ANOVA

SCORE

	Sum of Squares	df	Mean Square	F	Sig.
Between Groups	40.000	2	20.000	30.000	0.000
Within Groups	8.000	12	0.667		
Total	48.000	14	—	—	—

(4)多重比较。

以表 10-19 的形式输出事后多重比较的结果,由该表可知,各样本两两之间的差异量,是否达到了显著性水平等信息。本例中,由于两两检验结果的概率值均小于 0.05,所以,可认为各组之间均有显著性差异。

表 10-19 不同组间的多重比较检验

Multiple Comparison
Dependent Variable: SCORE
LSD

(I) GROUP	(J) GROUP	Mean Difference(I-J)	Std. Error	Sig.	95% Confidence Interval	
					Lower Bound	Upper Bound
1.00	2.00	2.0000	0.51640	0.002	0.8749	3.1251
	3.00	−2.0000	0.51640	0.002	−3.1251	−0.8749
2.00	1.00	−2.0000	0.51640	0.002	−3.1251	−0.8749
	3.00	−4.0000	0.51640	0.000	−5.1251	−2.8749
3.00	1.00	2.0000	0.51640	0.002	0.8749	3.1251
	2.00	4.0000	0.51640	0.000	2.8749	5.1251

* The mean difference is significant at the 0.05 level.

(5) 因变量与自变量之间关系的线图。

输出如图 10-67 所示的线图,它反映了随着自变量水平的变化,相应的各个因变量数据组的平均数的变化情况。由图可以看出,对应于实验条件 1 和 2 的因变量值越来越低,即平均得分越来越低;对于 2 和 3 的因变量值越来越高,即平均得分越来越高。

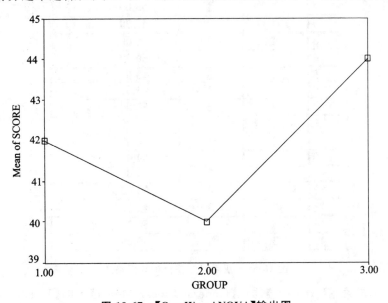

图 10-67 【One-Way ANOVA】输出图

二、双因素方差分析

(一) 无交互作用下的双因素方差分析

以下列的实验模式和数据为例来说明双因素方差分析的过程。

【例 10-12】 从由五名操作者操作的三台机器每小时产量中分别各抽取一个不同时段的产量,观测到的产量如表 10-20 所示。试进行产量是否依赖于机器类型和操作者的方差分析。

表 10-20　三台机器五名操作者的产量数据

机器＼操作者	机器 1	机器 2	机器 3	操作者均值
操作者 1	53	61	51	55
操作者 2	47	55	51	51
操作者 3	46	52	49	49
操作者 4	50	58	54	54
操作者 5	49	54	50	51
机器均值	49	56	51	52

本例用多因素方差进行分析,原假设为:操作者对产量没有显著影响,机器对产量没有显著影响。

第一步,建立 SPSS 数据文件,如图 10-68 所示。

	机器	操作者	产量	var
1	1	1	53.00	
2	1	2	47.00	
3	1	3	46.00	
4	1	4	50.00	
5	1	5	49.00	
6	2	1	61.00	
7	2	2	55.00	
8	2	3	52.00	
9	2	4	58.00	
10	2	5	54.00	
11	3	1	51.00	
12	3	2	51.00	
13	3	3	49.00	
14	3	4	54.00	
15	3	5	50.00	

图 10-68　双因素方差分析数据格式

第二步,单击菜单【Analyze】选择【General Linear Model】中的【Univariate】,将观测变量"产量"置入【Dependent Variable】框中,将控制变量"机器""操作者"置入【Fixed Factor(s)】框中,如图 10-69 所示。

第三步,单击【Model...】后出现【Univariate:Model】对话框,用于设置在模型中包含哪些主效应和交互因子,默认情况为"Full factorial",即分析所有的主效应和交互作用。我们这里没有交互作用可分析,所以要改一下,选择"custom",这时中部的【Build Term(s)】下拉列表框可用,该框用于选择进入模型的因素交互作用级别,是分析主效应、两阶交互、三

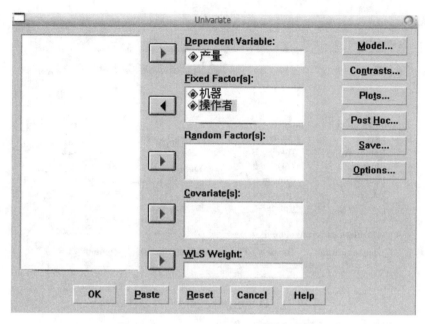

图 10-69　多因素方差分析主对话框

阶交互,还是全部分析。这里我们只能分析主效应,选择"Main effects",将"机器"和"操作者"选入右侧的【Model】框中,如图 10-70 所示。

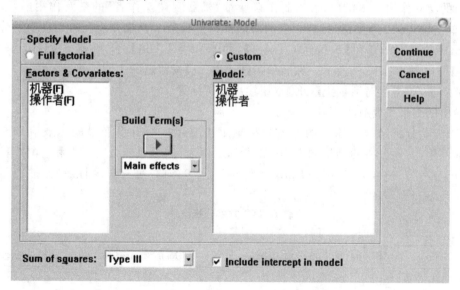

图 10-70　【Univariate：Model】对话框

第四步,事后多重比较设置。

对于自变量达到三个以上水平的,一般可以在方差分析过程中同时进行多重比较。具体设置方法是:单击【Post Hoc...】按钮,打开相应的对话框,将要进行比较的自变量"机器"和"操作者"置入【Post Hoc Tests for】框,如图 10-71 所示,同时勾选"LSD"项,然后单击【Continue】按钮返回主对话框。

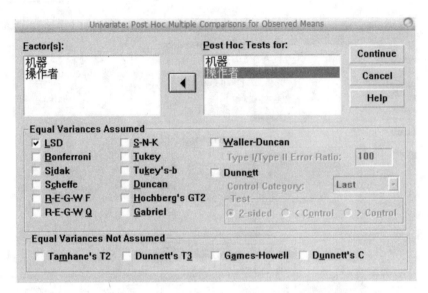

图 10-71 【Univariate:Post Hoc...】对话框

第五步,设置制作变量的交互作用图。

因为是多因素实验设计,为了直观地表达变量之间的交互作用关系,可以设置制作交互作用图。如果确定变量间无交互作用,可以不做此分析,当然也可以用此方法判断变量间的交互作用。本例中,可以制作自变量"机器"与"操作者"的交互作用图,设置方法是:单击【Plots...】按钮,打开相应的对话框,将"机器"与"操作者"两个自变量分别置入【Horizontal Axis】和【Separate Lines】框中,单击【Add】将"机器 * 操作者"置入【Plots】框中,如图 10-72 所示。然后单击【Continue】按钮返回主对话框。

第六步,单击主对话框上【OK】按钮输出分析结果。

输出的结果主要有以下几个部分:

(1)方差分析结果。输出的方差分析结果主要包括所有自变量的主效应和交互效应。本例中,方差分析的结果如表 10-21 所示。由表可知,自变量"机器"和"操作者"的主效应($F_{机器}=23.636, p=0.000; F_{操作者}=6.545, p=0.012$)是有显著性影响,故产量依赖于机器类型和操作者。

表 10-21 方差分析结果

Tests of Between-Subjects Effect

Source	Type III Sum of Squares	df	Mean Square	F	Sig.
Corrected Model	202.000^a	6	33.667	12.242	0.001
Intercept	40560.000	1	40560.000	14749.09	0.000
机器	130.000	2	65.000	23.636	0.000
操作者	72.000	4	18.000	6.545	0.012
Error	22.000	8	2.750	—	—
Total	40 784.000	15	—	—	—
Corrected Total	224.000	14	—	—	—

a: R Squared=.902(Adjusted R Squared:.828)

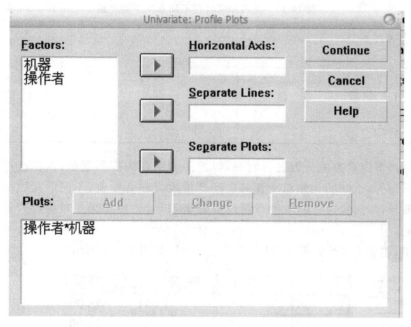

图 10-72 【Univariate:Profile Plots】对话框

(2)自变量的交互效应图。从图 10-73 两变量的交互效应图上看,可明显判断两个自变量"机器"和"操作者"对因变量的影响不具有交互性。

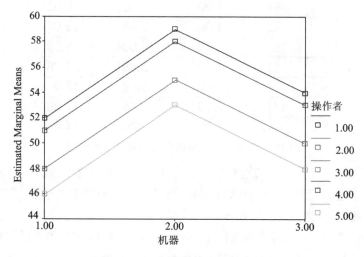

图 10-73 自变量的交互效应图

(二)有交互作用下的双因素方差分析

以例 7-4 的数据为例来说明有交互作用下的双因素方差分析 SPSS 过程。

【例 10-13】 为了分析光照(因素 A)和噪音(因素 B)对工人生产有无影响,光照效应与噪音效应是否有交互作用,在此两因素不同的水平组合下做试验,得到产量数据如表 10-22 所示。

表 10-22　光照和噪音在不同水平下的产量

噪音因素 B / 光照因素 A	B_1			B_2			B_3		
A_1	15	15	17	19	19	16	16	18	21
A_2	17	17	17	15	15	15	19	22	22
A_3	15	17	16	18	17	16	18	18	18
A_4	18	20	20	15	16	17	17	17	17

本例可用多因素方差分析进行研究，以光照和噪音为控制变量，以生产产量为观测变量。原假设为：不同的光照和噪音对生产产量没有显著影响，不同的光照的生产产量没有显著差异，不同噪音下的生产产量没有显著差异，光照和噪音对生产产量没有显著的交互影响。

第一步，建立 SPSS 数据文件“生产产量. sav”，如图 10-74 所示。

	光照a	噪音b	工人产量
1	1.00	1.00	15.00
2	1.00	1.00	15.00
3	1.00	1.00	17.00
4	1.00	2.00	19.00
5	1.00	2.00	19.00
6	1.00	2.00	16.00
7	1.00	3.00	16.00
8	1.00	3.00	18.00
9	1.00	3.00	21.00
10	2.00	1.00	17.00
11	2.00	1.00	17.00
12	2.00	1.00	17.00

图 10-74　有交互作用的双因素方差分析数据

第二步，单击菜单【Analyze】选择【General Linear Model】中的【Univariate】，将观测变量“工人产量”置入【Dependent Variable】框中，将控制变量“光照 a”“噪音 b”置入【Fixed Factors】框中，如图 10-75 所示。

第三步，单击【Model...】后出现【Univariate：Model】对话框，用于设置在模型中包含哪些主效应和交互因子，默认情况为“Full factorial”，即分析所有的主效应和交互作用。我们这里是要进行交互作用分析，所以默认“Full factorial”就可以了，如图 10-76 所示。

第四步，事后多重比较设置。

单击【Post Hoc...】按钮，打开【Univariate：Post Hoc...】对话框，将要进行比较的自变量“光照 a”和“噪音 b”置入【Post Hoc Tests for】框中，同时勾选对话框中的“LSD”项，如图 10-77 所示。然后单击【Continue】按钮返回主对话框。

第五步，设置制作变量的交互作用图。

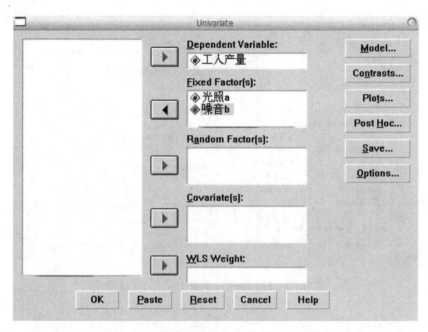

图 10-75　单变量多因素方差分析主对话框

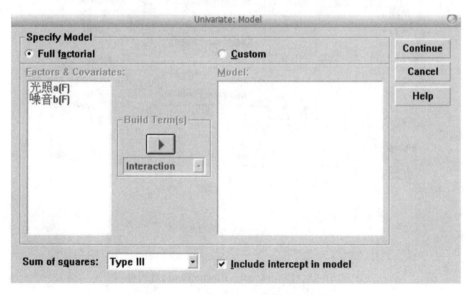

图 10-76　Univariate：Model 对话框

因为是多因素实验设计,为了直观地表达变量之间的交互作用关系,可以设置制作交互作用图。本例中,可以制作自变量"光照 a"与"噪音 b"的交互作用图,设置方法是：单击【Plots...】按钮,打开【Univariate：Profile Plots】对话框,将"光照 a"和"噪音 b"两个自变量分别置入【Horizontal Axis】和【Separate Lines】框中,单击【Add】将"光照 a∗噪音 b"置入【Plots】框中,如图 10-78 所示。然后单击【Continue】按钮返回主对话框。

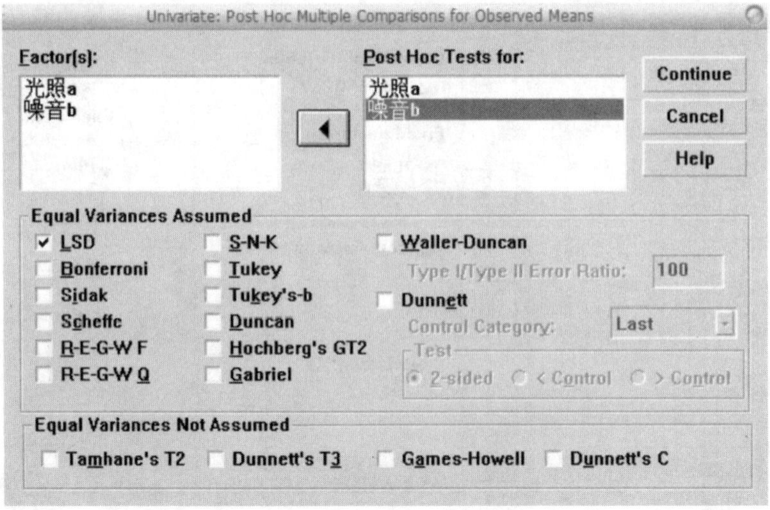

图 10-77 【Univariate: Post Hoc...】对话框

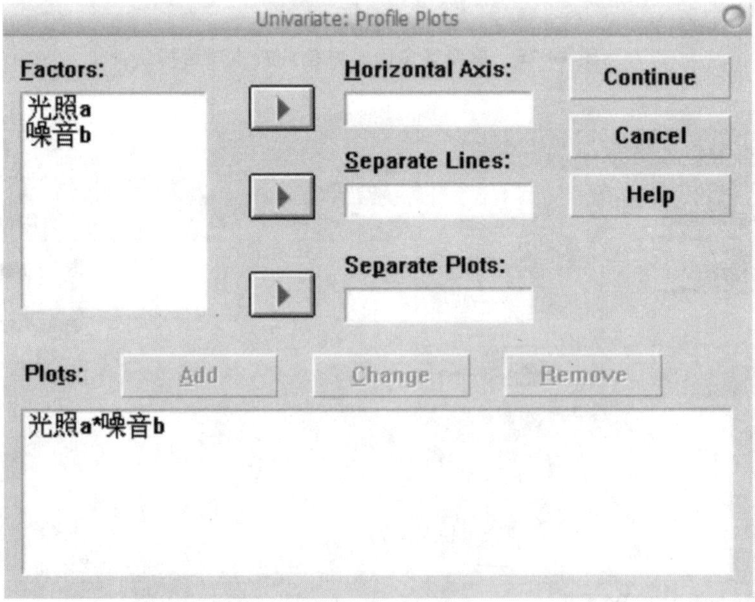

图 10-78 【Univariate: Profile Plots】对话框

第六步,单击【OK】按钮输出分析结果。

输出的结果主要有以下几个部分:

(1)方差分析结果。输出的方差分析结果主要包括所有自变量的主效应和交互效应。本例中,方差分析的结果如表 10-23 所示。由表可知,自变量"光照 a"和"噪音 b"的主效应($F_{光照a}=0.463, p=0.711; F_{噪音b}=9.463, p=0.001$),说明光照因素对工人产量没有显著影响,噪音因素对工人产量有显著影响。交互效应($F_{光照a*噪音b}=7.093, p=0.000$),说明光照和噪音具有很好的交互性作用。

表 10-23　方差分析结果

Tests of Between-Subjects Effects

Dependent Variable：工人产量

Source	Type Ⅲ Sum of Squares	df	Mean Square	F	Sig.
Corrected Model	94.306	11	8.573	5.715	0.000
Intercept	10850.694	1	10850.694	7233.796	0.000
光照 a	2.083	3	0.694	0.463	0.711
噪音 b	28.389	2	14.194	9.463	0.001
光照 a * 噪音 b	63.833	6	10.639	7.093	0.000
Error	36.000	24	1.500		
Total	10981.000	36			
Corrected Total	130.306	35			

a. R Squared = 0.724（Adjusted R Squared = 0.597）。

(2) 自变量的交互效应图。根据交互作用图的交叉是否明显判断两个自变量对因变量的影响是否具有交互性，从图 10-79 自变量的交互效应图上看，光照和噪音对工人产量有明显的交互作用。

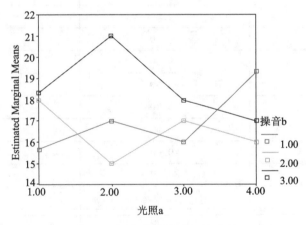

图 10-79　自变量的交互效应图

实验七　用 SPSS 进行相关分析

在掌握了皮尔逊积差相关、斯皮尔曼等级相关、肯德尔和谐系数以及偏相关的概念、原理和计算方法之后，我们感到，当数据量很大时，计算量是很大的，所以我们更感兴趣的是利用 SPSS 软件如何快捷地计算这些相关系数。

实验目的：让学生掌握利用 SPSS 软件进行相关分析的基本方法，包括简单相关分析、偏相关分析以及相关系数的计算。

一、二元相关分析

二元变量相关分析(bivariate correlation)就是直接根据两个变量的观测值计算两者的相关系数,这是最为常用的相关分析,它既包括皮尔逊积差相关,也包括斯皮尔曼等级相关,也就是说,这两种相关分析的命令在同一个对话框上,研究者可根据需要进行选择。下面,我们结合实例运用 SPSS 进行二元相关分析。

【例 10-14】 表 10-24 是某班学生数学和化学的期末考试成绩,试分析该班学生的数学和化学成绩之间是否具有相关性。

表 10-24 某班学生数学和化学的期末考试成绩　　　　　　（单位:分）

人　名	数　学	化　学
hxh	99.00	90.00
yaju	88.00	99.00
yu	65.00	70.00
shizg	89.00	78.00
hah	94.00	88.00
smith	90.00	88.00
watet	79.00	75.00
jess	95.00	98.00
wish	95.00	98.00
laly	80.00	99.00
john	70.00	89.00
chen	89.00	98.00
david	85.00	88.00
caber	50.00	60.00
marry	87.00	87.00
joke	87.00	87.00
jake	86.00	88.00
herry	76.00	79.00

具体操作步骤如下:

第一步,根据表 10-24 建立 SPSS 数据文件,如图 10-80 所示。

第二步,单击【Analyze】菜单选择【Correlate】中的【Bivariate】命令,打开【Bivariate Correlations】对话框,如图 10-81 所示。

第三步,先计算皮尔逊积差相关。从左边变量列表中选择"数学"和"化学"两个变量,置入【Variables】框中。在对话框上勾选【Pearson】(一般为默认的选项)。在不能确

续表

	姓名	数学	化学
1	hxh	99.00	90.00
2	yaju	88.00	99.00
3	yu	65.00	70.00
4	shizg	89.00	78.00
5	hah	94.00	88.00
6	smith	90.00	88.00
7	watet	79.00	75.00
8	jess	95.00	98.00
9	wish	95.00	98.00
10	laly	80.00	99.00
11	john	70.00	89.00
12	chen	89.00	98.00
13	david	85.00	88.00
14	caber	50.00	60.00
15	marry	87.00	87.00
16	joke	87.00	87.00
17	jake	86.00	88.00
18	herry	76.00	79.00

图 10-80　学生成绩相关分析的输入

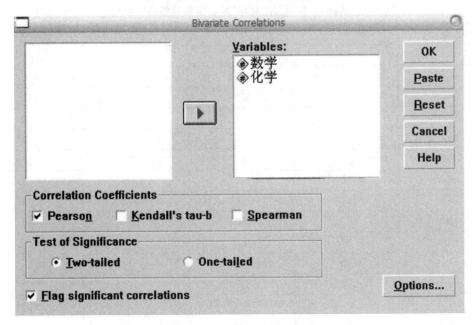

图 10-81　二元相关分析对话框

定是正相关还是负相关时，选择双侧检验（一般为默认选项）。单击【OK】按钮输出两个变量间的皮尔逊积差相关。

第四步，根据输出结果，读取两个变量之间的相关系数。SPSS 系统输出的结果如表 10-25 所示，本例中，"数学"和"化学"相关系数为 0.742，呈中度线性相关，显著性水平为

0.000＜0.05，在＝0.05水平下"数学"和"化学"之间线性关系显著。

表 10-25 "数学"和"化学"的皮尔逊相关系数表

Correlations

		数学	化学
数学	Pearson Correlation	1	0.742
	Sig.（2-tailed）	.	0.000
	N	18	18
化学	Pearson Correlation	0.742	1
	Sig.（2-tailed）	0.000	.
	N	18	18

＊＊ Correlation is significant at the 0.01 level (2-tailed).

第五步，计算斯皮尔曼等级相关。斯皮尔曼等级相关主要适用于变量值为等级的变量，但是对于变量值表现为数值的变量，如果无法假定其总体分布，有时也可以用等级相关系数分析其相关性，要求将原始数据由大到小排列，把观测值的取值范围划分为若干等级，并赋予每个观测值秩次，然后计算等级相关系数。如果数据中一个相同的值在一列数据中必然会有相同的秩次，那么在计算中采用的秩次就是数值在按从小到大排列时所有位置的平均值。如表 10-24 的数据转化为表 10-26。

表 10-26 "数学"和"化学"斯皮尔曼等级相关计算

人名	数学/分	化学/分	化学秩次	数学秩次
hxh	60	50	1	1
yaju	70	65	2	2
yu	89	70	3	12
shizg	79	76	4	5
hah	75	79	5	3
smith	99	80	6	17.5
watet	88	85	7	9.5
jess	88	86	8	9.5
wish	87	87	9	6.5
laly	87	87	10	6.5
john	99	88	11	17.5
chen	78	89	12.5	4
david	98	89	12.5	15
caber	88	90	14	9.5
marry	88	94	15	9.5
joke	98	95	16.5	15
jake	98	95	16.5	15
herry	90	99	18	13

重新修正数据文件,如图 10-82 所示。

	姓名	数学	化学	化学秩次	数学秩次
1	hxh	60.00	50.00	1.00	1.00
2	yaju	70.00	65.00	2.00	2.00
3	yu	89.00	70.00	3.00	12.00
4	shizg	79.00	76.00	4.00	5.00
5	hah	75.00	79.00	5.00	3.00
6	smith	99.00	80.00	6.00	17.50
7	watet	88.00	85.00	7.00	9.50
8	jess	88.00	86.00	8.00	9.50
9	wish	87.00	87.00	9.00	6.50
10	laly	87.00	87.00	10.00	6.50
11	john	99.00	88.00	11.00	17.50
12	chen	78.00	89.00	12.50	4.00
13	david	98.00	89.00	12.50	15.00
14	caber	88.00	90.00	14.00	9.50
15	marry	88.00	94.00	15.00	9.50
16	joke	98.00	95.00	16.50	15.00
17	jake	98.00	95.00	16.50	15.00
18	herry	90.00	99.00	18.00	13.00

图 10-82 "数学"和"化学"斯皮尔曼等级相关计算

同样,单击【Analyze】菜单选择【Correlate】中的【Bivariate】命令项,打开【Bivariate Correlations】对话框,从左边变量列表中选择"数学秩次"和"化学秩次"两个变量置入【Variables】框中。在对话框中勾选【Spearman】,在不能确定是正相关还是负相关时,选择双侧检验(一般为默认选项),如图 10-83 所示。单击【OK】按钮输出两个变量间的等级相关。

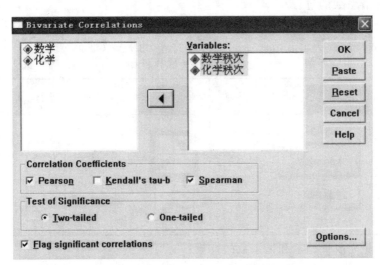

图 10-83 Spearman 相关分析对话框

第六步,根据输出结果,读取"数学"和"化学"的等级相关系数。SPSS 系统输出的结果表 10-27 与表 10-25 相似,也是一个相关矩阵。本例中,"数学"和"化学"等级相关系数为 0.535,显著性水平 $p=0.022<0.05$,在 $\alpha=0.05$ 水平下线性关系显著。

表 10-27 斯皮尔曼相关关系数结果

Correlations

			数学秩次	化学秩次
Spearman's rho	数学秩次	Correlation Coefficient	1.000	0.535
		Sig. (2-tailed)	.	0.022
		N	18	18
	化学秩次	Correlation Coefficient	0.535	1.000
		Sig. (2-tailed)	0.022	.
		N	18	18

* Correlation is significant at the 0.05 level (2-tailed).

二、肯德尔和谐系数

肯德尔和谐系数也称肯德尔 W 系数,它表示多列等级变量相关程度。适用这种方法的数据资料一般是采用等级评定的方法收集的,即让 K 个评委(被试)评定 N 件事物,或 1 个评委(被试)先后 K 次评定 N 件事物。等级评定法每个评价者对 N 件事物排出一个等级顺序,最小的等级序数为 1,最大的为 N,若并列等级,则平分共同应该占据的等级。例如,平时所说的两个并列第一名,它们应该占据 1、2 名,所以它们的等级应是 1.5;又如,一个第一名,两个并列第二名,三个并列第三名,它们对应的等级应该是 1、2.5、2.5、5、5、5,这里 2.5 是 2、3 的平均,5 是 4、5、6 的平均。下面我们通过实例介绍用 SPSS 计算肯德尔和谐系数的过程。

【例 10-15】 在某面试考场,有 5 位考官给 10 位考生打分,分数是以 1~9 的等级表示的,结果如表 10-28 所示。请评定这 5 位考官评分的一致性。

表 10-28 考官评分数据 (单位:分)

考官\考生	ks1	ks2	ks3	ks4	ks5	ks6	ks7	ks8	ks9	ks10
kg1	8	6	9	6	5	7	8	9	9	5
kg2	7	5	8	6	5	8	8	9	8	4
kg3	8	4	9	7	5	8	8	9	8	6
kg4	7	5	9	5	5	7	8	9	9	6
kg5	6	5	8	6	5	8	8	9	9	5

以下列步骤完成肯德尔和谐系数的计算:

第一步,根据表 10-28 中的数据建立合适的数据文件。因为计算肯德尔和谐系数的特殊需要,这一数据文件的建立要以考官为个案,以考生的得分为变量列,即该 SPSS 数据文件是 5 行 10 列,如图 10-84 所示。

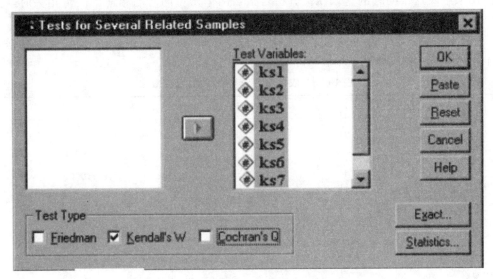

图 10-84　SPSS 数据输入

第二步,单击菜单【Analyze】选择【Nonparametric Tests】中的【K Related Samples】,打开【Test for Several Related Samples】对话框,如图 10-85 所示。

图 10-85　肯德尔和谐系数计算对话框

第三步,将对话框左边变量表列中的"ks1""ks2"…"ks10"变量全部置入【Test Variables】框中,勾选对话框的【Kendall's W】,单击【OK】按钮即可输出结果。

第四步,读取肯德尔和谐系数。该结果输出比较简单,就本例来说,其输出的结果如表 10-29 所示,由该表可知,5 名考官评分的一致性肯德尔和谐系数为 $W=0.889$,其显著性水平 $p=0.000<0.001$,说明考官评分具有很高的一致性。

表 10-29　肯德尔和谐系数计算结果

a-Kendall's Coefficient of Concordance

N	5
Kendall's W	0.889
Chi-Square	39.986
df	9
Asymp. Sig.	0.000

三、用 SPSS 进行偏相关分析

二元变量的相关分析在一些情况下无法较为真实、准确地反映事物之间的相关关系。例如,在研究某农场春季早稻产量与平均降雨量、平均温度之间的关系时,产量与平均降雨量之间的关系中实际还包含了平均温度对产量的影响。同时,平均降雨量对平均温度也会产生影响。在这种情况下,单纯计算简单相关系数,显然不能准确地反映事物之间的相关关系,而需要在剔除其他相关因素影响的条件下计算相关系数。偏相关分析正是用来解决这个问题的。偏相关分析是指当两个变量同时与第三个变量相关时,将第三个变量的影响剔除,只分析另外两个变量之间相关程度的过程。

【例 10-16】 某农场通过试验取得某农作物产量与春季降雨量、平均温度的数据,如表 10-30 所示。现求降雨量对产量的偏相关。

表 10-30 农作物产量与降雨量、温度数据

产　　量	降　雨　量	温　　度
150.00	25.00	6.00
230.00	33.00	8.00
300.00	45.00	10.00
450.00	105.00	13.00
480.00	111.00	14.00
500.00	115.00	16.00
550.00	120.00	17.00
580.00	120.00	18.00
600.00	125.00	18.00
600.00	130.00	20.00

具体过程如下:

第一步,根据表 10-30 中各个变量及其数据形式,建立正确的 SPSS 数据文件。该文件应该是 10 行 3 列,变量分别为产量、降雨量、温度,如图 10-86 所示。

第二步,单击【Analyze】菜单选择【Correlate】中的【Partial...】命令,打开【Partial Correlations】对话框,如图 10-87 所示。

第三步,选择变量"产量"和"降雨量"置入右侧【Variables】框中,选择变量"温度"置入【Controlling for】框中,点击【Options…】选择"Zero Order Partials"零阶相关,然后单击【OK】即可输出偏相关系数,如表 10-31、表 10-32 所示。从结果可以看出,在温度为控制变量的条件下,产量与降雨量的偏相关系数为 0.7803,与简单相关系数 0.9811 相比略低一些,分析其原因,由于温度与产量也呈高度的相关,相关系数为 0.9863,使得产量与降雨量相关性增加,当消除温度这个因素后,相关性下降,但由于 $p=0.013$,在 $\alpha=0.05$ 下产量和降雨量的相关关系显著。

	产量	降雨量	温度
1	150.00	25.00	6.00
2	230.00	33.00	8.00
3	300.00	45.00	10.00
4	450.00	105.00	13.00
5	480.00	111.00	14.00
6	500.00	115.00	16.00
7	550.00	120.00	17.00
8	580.00	120.00	18.00
9	600.00	125.00	18.00
10	600.00	130.00	20.00

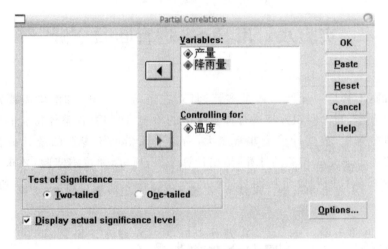

图 10-86 偏相关分析数据输入

图 10-87 偏相关系数计算对话框

表 10-31 偏相关系数表(1)

Zero Order Partials

	产量	降雨量	温度
产量	1.0000 (0) P= .	0.9811 (8) P=0.000	0.9863 (8) P=0.000
降雨量	0.9811 (8) P=0.000	1.0000 (0) P= .	0.9568 (8) P=0.000
温度	0.9863 (8) P=0.000	0.9568 (8) P=0.000	1.0000 (0) P= .

表 10-32 偏相关系数表(2)

Controlling for.. 温度

	产量	降雨量
产量	1.0000 (0) P= .	0.7803 (7) P=0.013
降雨量	0.7803 (7) P=0.013	1.0000 (0) P= .

(Coefficient / (D.F.) / 2-tailed Significance)

"."is printed if a coefficient cannot be computed

实验八 用 SPSS 进行回归分析

实验目的:不管是一元回归还是多元回归,在进行回归分析时,均需要建立回归模型、估计回归方程,并对回归方程进行拟合优度的检验、回归方程整体检验和回归系数检验,并进行残差分析,数据计算量非常庞大,所以必须借助于专业的统计分析软件来完成。SPSS 能够迅速完成相关的计算,给出计算结果,所以,通过本实验,要求学生能熟练掌握运用 SPSS 软件回归分析功能对回归分析进行各项计算,并能进行系列分析,做出决策。

一、用 SPSS 进行线性回归分析的步骤

第一步,建立回归分析的 SPSS 数据文件。此步骤及实验三 SPSS 数据文件的建立与编辑。

第二步,执行回归分析命令。

(1)选择【Analyze】→【Regression】→【Linear...】,打开线性回归分析【Linear Regression】主对话框,如图 10-88 所示。各项设置完成后,单击【OK】按钮即输出线性回归分析结果。

①【Dependent】因变量列表。可选定一个变量,单击" ▶ "把它置入【Dependent】因变量列表框,如图 10-89 所示。

②【Independent(s)】自变量列表。可选定一个或多个变量,单击" ▶ "把它置入【Independent(s)】自变量列表框,如图 10-90 所示。

③【Method】回归的方法。单击【Method】框右边"▼"下拉菜单,可选择回归的方法。其具体方法有以下五种,如图 10-91 所示:

第十章 统计学原理及应用实验

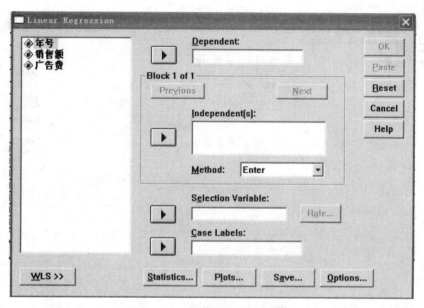

图 10-88 线性回归分析主对话框(1)

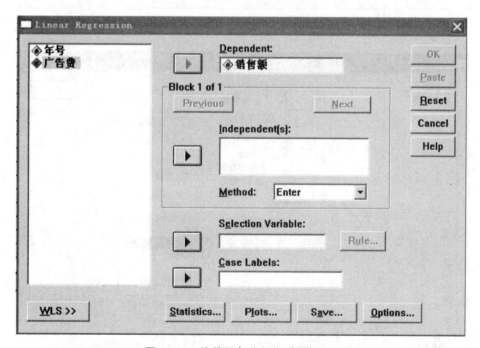

图 10-89 线性回归分析主对话框(2)

(a)Enter:强迫进入法。选择此方法,自变量一次全部进入模型。

(b)Stepwise:逐步回归法。选择此方法,在每一步中,把一个检验的值小于标准(标准一般为 0.05)的自变量引入回归模型;若引入的自变量的检验值大于标准(标准一般为 0.1),则将该变量剔除出回归模型。当无变量被引入或被剔除时,终止回归过程。

(c)Remove:强迫剔除法。先让所有自变量进入回归模型,再把所有自变量剔除,分

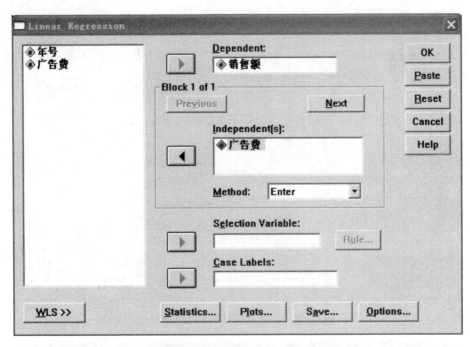

图 10-90 线性回归分析主对话框(3)

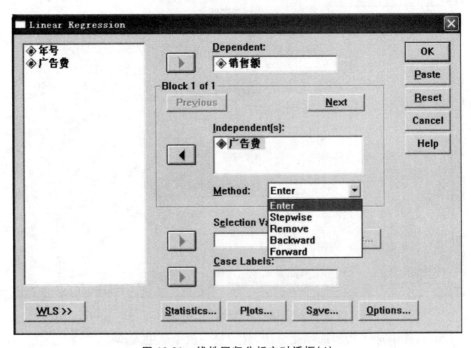

图 10-91 线性回归分析主对话框(4)

别进行回归分析,有利于两者进行比较。

(d) Backword:向后消去法。即先一次性把所有自变量引入回归模型,再依次剔除。首先剔除与因变量相关最小且符合剔除标准(F 检验的值 p 大于标准)的自变量,然后剔除第二个与因变量相关最小且符合剔除标准(F 检验的值 p 大于标准)的自变量,依此类推。当模型中的变量均不满足标准时,终止回归过程。

(e)Forward:前向逐步法。自变量依次进入回归模型,首先引入与因变量偏相关最大且符合引入标准(F 检验的值 p 小于标准)的自变量,然后引入第二个与因变量偏相关最大且符合引入标准(F 检验的值 p 小于标准)的自变量,依此类推。当无变量符合引入标准时,终止回归过程。

SPSS 默认的引入变量的标准为 0.05,剔除变量的标准为 0.1。若要自己设置相应的标准,可点击【Options…】对话框进行设定,此项功能在后面详细介绍。

④【Selection Variable】选择变量。它可以指定回归分析中个案的选择规则。若要对个案进行选择,可在线性回归分析【Linear Regression】主对话框中选定某个变量,单击"▶"把它置入选择变量【Selection Variable】框内,如图 10-92 所示。

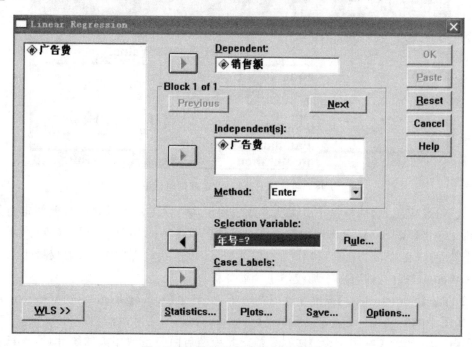

图 10-92 线性回归分析主对话框(4)

再单击【Rule】按钮,进入线性回归分析:设定规则【Linear Regression:Set Rule】对话框,如图 10-93 所示。

点击定义选择规则【Define Selection Rule】的下拉菜单"▼"可以选择等于(equal to)、不等于(not equal to)、小于(less than)、大于(greater than)、小于或等于(less than or equal to)、大于或等于(greater than or equal to)运算符,如图 10-94 所示。

最后在【Value】框中输入符合标准的变量值。设置完成后单击【Continue】,回到主对话框。

⑤【Case Labels】个案标志。先选定一个变量,单击"▶"把它置入个案标志【Case Labels】框内,则被选中的变量可在图形中标注点的值。

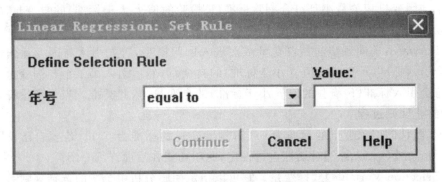

图 10-93　线性回归分析：设定规则对话框(1)

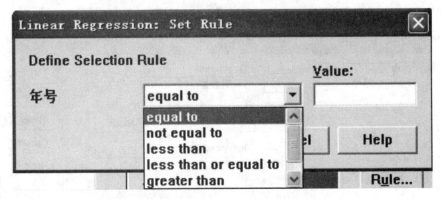

图 10-94　线性回归分析：设定规则对话框(2)

⑥【WLS Weight】加权最小二乘法。此法用于随机误差项不满足同方差假定时的回归分析。单击【WLS>>】，会出现加权最小二乘法【WLS Weight】框，如图 10-95 所示。选定一个变量（非因变量和自变量）作为加权的变量，单击"▶"把它置入加权最小二乘法【WLS Weight】框内，即可用于加权最小二乘分析。

(2) 单击【Statistics...】弹出线性回归分析：统计量【Linear Regression：Statistics】对话框，如图 10-96 所示。设置完成后单击【Continue】，返回主对话框。

①【Regression Coefficients】回归系数。此项是与回归系数相关的统计量，有三项复选项，具体如下：

(a) Estimates：估计值。选择此项输出结果可显示每个回归系数 $\beta_j(j=0,1,2,\cdots,k)$ 的估计值 $\hat{\beta}_j(j=0,1,2,\cdots,k)$ 及其标准误 $s_e(\hat{\beta}_j)(j=0,1,2,\cdots,k)$、标准化回归系数的估计值、检验回归系数的 t 值及双侧检验的 p 值（又称为可观测的显著性水平，SPSS 用符号 Sig. 表示）。此项为 SPSS 的默认选项。

(b) Confidence intervals：置信区间。选择此项输出结果可显示每个回归系数 $\beta_j(j=0,1,2,\cdots,k)$ 的估计值 $\beta_j(j=0,1,2,\cdots,k)$ 的置信水平为 0.95 的置信区间。

(c) Covariance Matrix：协方差矩阵。选择此项输出结果显示回归系数 $\beta_j(j=0,1,2,\cdots,k)$ 的估计值 $\beta_j(j=0,1,2,\cdots,k)$ 协方差矩阵及相关系数矩阵。

②回归方程的统计量。此处共有五个复选项。

第十章　统计学原理及应用实验

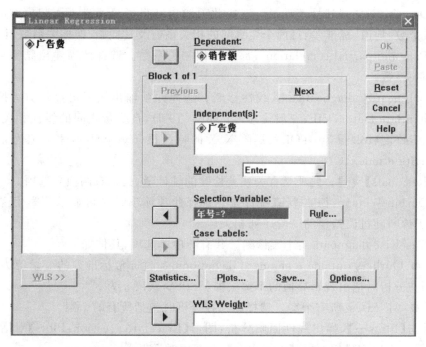

图 10-95　线性回归分析(Linear Regression)的主对话框 5

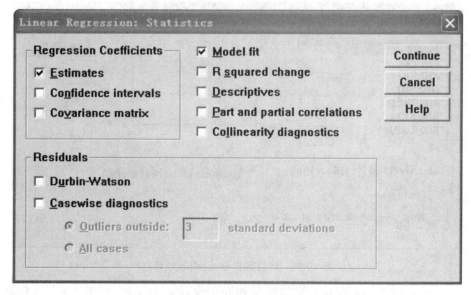

图 10-96　线性回归分析:统计量的对话框

(a) Model fit:模型拟合。选择此项输出结果可显示被引入模型或被剔除的自变量及其复相关系数 R、可决系数 R^2、修正可决系数 $\bar{R}^2$、估计标准误差 σ 和方差分析表。此项为 SPSS 的默认选项。

(b) R squared change:R^2 的改变量。选择此项输出结果可显示增加或减少一个自变量时所产生的 R^2 的改变量,用来判别某个自变量是否有效。

· 351 ·

(c) Descriptives：描述性统计量。选择此项输出结果可显示进入回归模型的每个变量的有效个数、均值、标准差，每两个变量间的相关系数及其检验（即相关系数矩阵）。

(d) Part and partial correlations：部分及偏相关系数。选择此项输出结果可显示部分及偏相关系数。

(e) Collinearity diagnostics：共线性诊断。选择此项输出结果可显示方差膨胀因子（variance-inflate factor，VIF；一般认为，当 VIF＜10 时，自变量之间的线性相关不严重，可忽略）、容许度（tolerance，TOL）、矩阵 X^TX 的特征根（eigenvalue，一般记为 λ）和条件指数（condition index，CI）。

③【Residuals】残差。此项是有关残差检验的统计量，具体有两项复选项。

(a) Durbin-Watson：德宾-沃森统计量。选择此项输出结果可显示德宾-沃森统计量的值，用于诊断随机误差项的一阶序列相关性。

(b) Casewise diagnostics：个案诊断。共有两项单选项，具体如下：

● Outliers outside n standard deviations：超过 n 倍标准差的变量值为奇异值。选择此项在分析时把出现奇异值的个案去掉。SPSS 默认 n 为 3。

● All cases：所有个案。选择此项在分析时包括所有的个案。

④单击【Plots…】，弹出线性回归分析：图形【Linear Regression：Plots】对话框，如图 10-97 所示。设置完成后，单击【Continue】，返回主对话框。

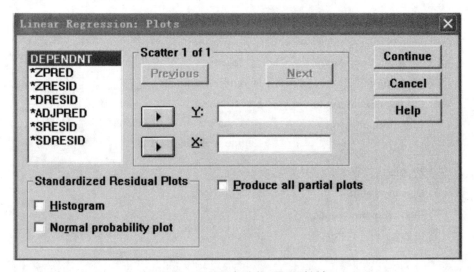

图 10-97　线性回归分析：图形对话框

(a) Scatter：散点图。可从左边的变量列表中选择一个变量，单击"▶"按钮把它置入【Y】框中，当做纵轴；选择另一个变量，置入【X】框中，当做横轴。

● Produce all partial plots：产生所有的偏残差图。选择此项产生各自变量残差和因变量残差的散点图，至少有两个自变量才能产生偏残差图。

(b)【Standardized Residual Plots】标准残差图。此项有两个复选项，具体如下：

● Histogram：直方图。选择此项产生标准化残差的直方图。

● Normal probability plot：正态概率图。选择此项产生标准化残差的正态概率图，由此可判断随机误差项是否服从正态分布。

⑤单击【Save…】,弹出线性回归分析:保存【Linear Regression:Save】对话框,如图 10-98 所示。设置完成后,单击【Continue】,回到主对话框。

图 10-98　线性回归分析:保存对话框

(a)【Predicted Values】预测值。此项可在 SPSS 的数据文件中保存每个个案因变量的非标准化的预测值、标准化的预测值、修正的预测值、预测值的均值的标准差。本项共有四个复选项,具体如下:

● Unstandardized:非标准化的预测值。选择此项可在 SPSS 的数据文件中保存每个个案因变量的非标准化的预测值。

● Standardized:标准化的预测值。选择此项可在 SPSS 的数据文件中保存每个个案因变量的标准化的预测值。

● Adjusted:修正的预测值。选择此项可在 SPSS 的数据文件中保存每个个案因变量的修正的预测值。

● S.E. of mean predictions:预测值的标准差。选择此项可在 SPSS 的数据文件中保存每个个案因变量的预测值的标准差。

(b)【Residuals】残差。此项可在 SPSS 的数据文件中保存每个个案的非标准化残差、标准化残差、Student 残差、删除残差和 Student 残差。本项共有五个复选项,具体如下:

● Unstandardized:非标准化残差。选择此项可在 SPSS 的数据文件中保存每个个案的非标准化残差。

● Standardized:标准化残差。选择此项可在 SPSS 的数据文件中保存每个个案的标准化残差。

● Studentized:Student 残差。选择此项可在 SPSS 的数据文件中保存每个个案的

Student 残差。

● Deleted：删除残差。选择此项可在 SPSS 的数据文件中保存每个个案的删除残差。

● Studentized deleted：删除残差和 Student 残差。选择此项可在 SPSS 的数据文件中保存每个个案的 Student 删除残差。

(c)【Distances】距离。此项可在 SPSS 的数据文件中保存每个个案的 Mahalanobics 距离、Cook's 距离、杠杆值。本项共有三个复选项，具体如下：

● Mahalanobics：Mahalanobics 距离。选择此项可在 SPSS 的数据文件中保存每个个案的 Mahalanobics 距离。

● Cook's：Cook's 距离。选择此项可在 SPSS 的数据文件中保存每个个案的 Cook's 距离。

● Leverage values：杠杆值。选择此项可在 SPSS 的数据文件中保存每个个案的杠杆值。

(d)【Influence Statistics】影响统计量。此项可在 SPSS 的数据文件中保存每个个案的 β 的差值、标准化的 β 的差值、拟合值的差值、标准化的拟合值的差值、协方差矩阵的比率，以测定某个个案被剔除后对模型的影响。本项共有五个复选项，具体如下：

● Dfbeta(s)：β 的差值。选择此项可在 SPSS 的数据文件中保存每个个案的差值。

● Stadardized Dfbeta(s)：标准化的 β 的差值。选择此项可在 SPSS 的数据文件中保存每个个案的标准化的 β 的差值。

● DfFit：拟合值的差值。选择此项可在 SPSS 的数据文件中保存每个个案的拟合值的差值。

● Stadardized DfFit：标准化的拟合值的差值。选择此项可在 SPSS 的数据文件中保存每个个案的标准化的拟合值的差值。

● Covariance ratio：协方差矩阵的比率。选择此项可在 SPSS 的数据文件中保存每个个案的协方差矩阵的比率。

(e)【Prediction Intervals】预测区间。此项可在 SPSS 的数据文件中保存每个个案均值和个体值的预测区间，置信水平默认为 0.95。本项共有两个复选项，具体如下：

● Mean：均值的预测区间。选择此项可在 SPSS 的数据文件中保存每个个案均值的预测区间的上下限。

● Individual：个体值的预测区间。选择此项可在 SPSS 的数据文件中保存每个个案个体值的预测区间的上下限。

【Confidence Interval】置信区间的置信水平，可在其右边的方框中直接输入置信水平（注：置信水平用百分点表示）。

(f)【Save to New File】保存到新文件。此项可把回归系数保存到一个新文件中，具体如下：

勾选【Coefficient statistics】后，单击【File…】弹出线性回归分析：保存到文件【Linear Regression：Save to File】对话框，在此对话框指定保存的路径和文件名，方法与保存一般文件相同。

(g)【Export model information to XML file】把模型信息以 XML 的格式文件输出。

单击【Browse】弹出 线性回归分析：保存到文件【Linear Regression：Save to File】对话框，在此对话框指定保存的路径和文件名，方法与保存一般文件相同。

⑥【Options】选项。单击【Options…】，弹出线性回归分析：选项【Linear Regression：Options】对话框，如图 10-99 所示。设置完成后，单击【Continue】，回到线性回归分析【Linear Regression】主对话框。

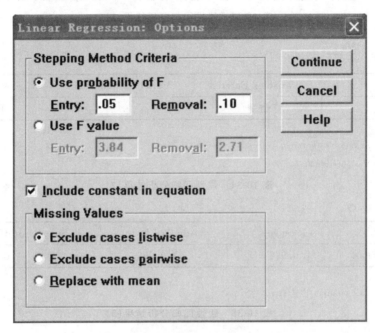

图 10-99　线性回归分析：选项对话框

(a)【Stepping Method Criteria】逐步回归法的设定值标准。在此处指定逐步回归法引入变量或剔除变量的标准。共有两个单选项，具体如下：

● Use probability of F：使用 F 检验的 p 值。选择此项可使用 F 检验的 p 值的方式指定逐步回归法引入变量或剔除变量的标准。此项为 SPSS 的默认项。

可在【Entry】框中输入引入变量的标准，SPSS 默认为 0.05。

可在【Removal】框中输入剔除变量的标准，SPSS 默认为 0.1。

● Use F value：使用 F 统计值。选择此项可使用 F 统计值的方式指定逐步回归法引入变量或剔除变量的标准。

可在【Entry】框中输入引入变量的标准，SPSS 默认为 3.84。

可在【Removal】框中输入剔除变量的标准，SPSS 默认为 2.71。

(b)【Include constant in equation】模型包含常数项。勾选此项，回归模型中就包含常数项。此项为 SPSS 的默认项。

(c)【Missing Values】缺失值。如何处理含有缺失值的个案，共有三个单选项，具体如下：

● Exclude cases listwise：剔除含有缺失值的所有个案。选择此项是指当某个个案的所有变量均为有效值时才参与回归分析。此项为SPSS的默认项。

● Exclude cases pairwise：成对剔除含有缺失值的个案。选择此项是指当某个个案的两变量均为有效值时才参与分析。

● Replace with mean：用均值代替缺失值。当某变量出现缺失值时，就用该变量的均值来代替缺失值。

⑦单击【OK】，得到线性回归分析的主要结果如表10-33～表10-36所示。

表10-33 线性回归分析结果(1)

Regression

Variables Entered/Removed(b)

Model	Variables Entered	Variables Removed	Method
1	广告费(a)	.	Enter

a. All requested variables entered.

b. Dependent Variable：销售额

表10-34 线性回归分析结果(2)

Model Summary

Model	R	R Square	Adjusted R Square	Std. Error of the Estimate
1	0.996(a)	0.992	0.990	1.00283

a. Predictors：(Constant)，广告费

表10-35 线性回归分析结果(3)

ANOVA(b)

Model		Sum of Squares	df	Mean Square	F	Sig.
1	Regression	733.841	1	733.841	729.700	0.000(a)
	Residual	6.034	6	1.006		
	Total	739.875	7			

a. Predictors：(Constant)，广告费

b. Dependent Variable：销售额

表10-36 线性回归分析结果(4)

Coefficients(a)

Model		Unstandardized Coefficients		Standardized Coefficients	t	Sig.
		B	Std. Error	Beta		
1	(Constant)	4.640	0.956		4.853	0.003
	广告费	1.078	0.040	0.996	27.013	0.000

a. Dependent Variable：销售额

二、用SPSS进行线性回归分析的实例

【例10-17】 设某公司在全国20个市场同时推销产品,表10-37是该公司在各个市场所派出的推销员人数(单位:人)、所支出的广告及推销费用(单位:万元)和产品年销售量(单位:万箱)的资料,假定各市场的其他条件相同,试建立产品年销售量 y 对推销员人数 x_1 和广告及推销费用 x_2 的回归模型。

表10-37　销售量、推销员人数和广告及推销费用

市场序号	销售量 y /万箱	推销员人数 x_1 /人	广告及推销费 x_2 /万元	市场序号	销售量 y /万箱	推销员人数 x_1 /人	广告及推销费 x_2 /万元
1	58	7	5.11	11	121	17	11.02
2	152	18	16.72	12	112	12	9.51
3	41	5	3.20	13	50	6	3.79
4	93	14	7.03	14	82	12	6.45
5	101	11	10.98	15	48	8	4.60
6	38	5	4.04	16	127	15	13.86
7	203	23	22.07	17	140	17	13.03
8	78	9	7.03	18	150	21	15.21
9	117	16	10.62	19	39	6	3.64
10	44	5	4.76	20	90	11	9.57

资料来源:陈珍珍等.统计学[M].厦门:厦门大学出版社,2002:162.

解:第一步,利用散点图检验变量间的线性关系。

(1)建立数据文件"销售量.sav"。

(2)选择【Graphs】→【Scatter】,打开散点图【Scatterplot】选择框,如图10-100所示。

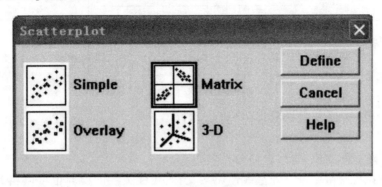

图10-100　散点图类型选择框

散点图类型号有四种可选,包括【Simple】简单散点图【Matrix】矩阵散点图【Overlay】重叠散点图【3-D】三维散点图。本例选择【Matrix】矩阵散点图,弹出

【Scatterplot】对话框，如图 10-101 所示，把需要绘制矩阵散点图的变量置入【Matrix Variables】框中。

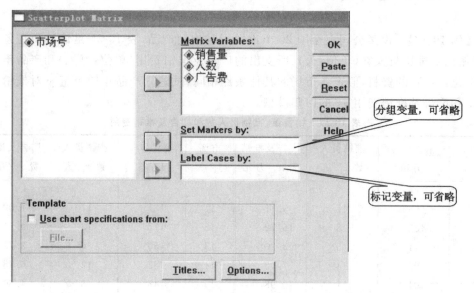

图 10-101 【Matrix】矩阵散点图对话框

(3)单击【OK】，输出矩阵散点图，如图 10-102 所示。生成的矩阵单元格数目就是变量数目的平方，变量的添加顺序决定了生成散点图中变量排列的顺序。

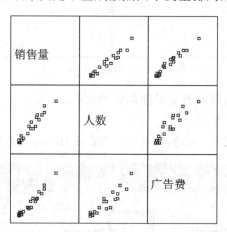

图 10-102 矩阵散点图

从图 10-104 中可以明显看出，销售量和人数、销售量和广告费之间呈明显的相关关系。

第二步，建立回归模型，拟合回归方程

从散点图中分析，变量之间呈线性关系，当然线性关系的检验也可以相关分析得出，此步骤见实验七相关分析。

(1)建立回归模型。

$$y = \beta_0 + \beta_1 x_1 + \beta_2 x_2 + \cdots + \beta_k x_k + \varepsilon$$

(2)进行回归分析。

① 选择【Analyze】→【Regression】→【Linear...】,打开线性回归分析【Linear Regression】主对话框,并将被解释变量"销售量"置入因变量【Dependence】框中,将解释变量【推销人数】、【广告费用】置入自变量【Independence】框中,如图 10-103 所示。【Method】筛选策略中选择"Enter"强制进入回归方程。

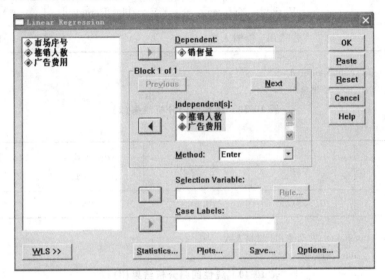

图 10-103　线性回归分析主对话框

② 单击【Statistics...】,进入线性回归分析:统计量【Linear Regression:Statistics】对话框,如图 10-104 所示。

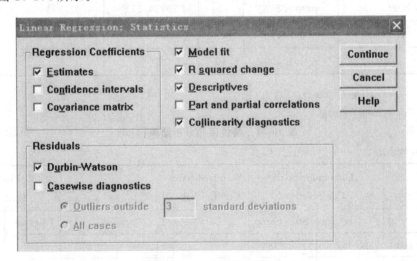

图 10-104　统计量对话框

在【Regression Coefficient】框中勾选"Estimates";勾选"Model fit""R squared charge""Descriptives""Collinearity diagnostics";在【Residuals】框勾选"Durbin-Watson."选择完毕后单击【Continue】返回主对话框。

③ 其他采用 SPSS 默认格式，单击【OK】，得到线性回归分析结果如表 10-38~表 10-43 所示。

表 10-38 线性回归分析结果(1)

Regression
Variables Entered/Removed(b)

Model	Variables Entered	Variables Removed	Method
1	广告费用，推销人数(a)		Enter

a. All requested variables entered.
b. Dependent Variable：销售量

表 10-39 线性回归分析结果(2)

Model Summary(b)

Model	R	R Square	Adjusted R Square	Std. Error of the Estimate
1	0.993(a)	0.985	0.983	5.95501

a. Predictors：(Constant)，广告费用，推销人数
b. Dependent Variable：销售量

表 10-40 线性回归分析结果(3)

ANOVA(b)

Model		Sum of Squares	df	Mean Square	F	Sig.
1	Regression	39848.343	2	19924.171	561.843	0.000(a)
	Residual	602.857	17	35.462		
	Total	40451.200	19			

a. Predictors：(Constant)，广告费用，推销人数
b. Dependent Variable：销售量

表 10-41 线性回归分析结果(4)

Coefficients(a)

Model		Unstandardized Coefficients		Standardized Coefficients	t	Sig.	Collinearity Statistics	
		B	Std. Error	Beta			Tolerance	VIF
1	(Constant)	4.120	3.298		1.249	0.228		
	推销人数	3.590	0.651	0.433	5.513	0.000	0.142	7.03
	广告费用	5.197	0.706	0.578	7.367	0.000	0.142	7.03

a. Dependent Variable：销售量

表10-42 线性回归分析结果(5)

Collinearity Diagnostics(a)

Model	Dimension	Eigenvalue	Condition Index	Variance Proportions		
				(Constant)	推销人数	广告费用
1	1	2.847	1.000	0.02	0.00	0.00
	2	0.139	4.527	0.78	0.01	0.06
	3	0.014	14.097	0.20	0.98	0.94

a. Dependent Variable：销售量

表10-43 线性回归分析结果(6)

Residuals Statistics(a)

	Minimum	Maximum	Mean	Std. Deviation	N
Predicted Value	38.7019	201.3973	94.2000	45.79608	20
Residual	−8.7482	15.3724	0.0000	5.63288	20
Std. Predicted Value	0−1.212	2.341	0.000	1.000	20
Std. Residual	−1.469	2.581	0.000	0.946	20

a. Dependent Variable：销售量

(3)多元线性回归分析结果解释。

①变量引入和剔除表：此表说明引入变量和剔除变量的具体情况。从此表中可知，多元线性回归分析方法是强迫进入法，即所有的自变量全部进入回归模型。

②模型摘要表：此表主要列出复相关系数R、系数R^2、修正的系数$\bar{R}^2$、估计标准误差β、德宾-沃森统计量D.W.等。

从此表中可知，复相关系数$R=0.993$，系数$R^2=0.985$，修正的可决系数$\bar{R}^2=0.983$，估计标准误差$\beta=5.955$，德宾-沃森统计量D.W.$=1.819$。由此可见，从系数看$R^2=0.985$，多元线性回归模型的自变量对因变量的解释程度高达98.5%，模型拟合程度高；德宾-沃森统计量D.W.$=1.819$，很接近2，说明随机误差项ε的一阶序列相关不严重，随机误差项u_i可视为无序列相关；

③方差分析表：此表列出检验回归方程相关统计量，主要用于回归方程的检验。其列出的统计量主要有总离差平方和SST、回归平方和SSR、残差平方和SSE及其自由度、回归均方差MSR、残差均方差、F统计量的值及其p值。

从此表中可知，二元线性回归模型$y=\beta_0+\beta_1 x_1+\beta_2 x_2+\varepsilon$的总离差平方和SST$=40$ 451.200，回归平方和SSR$=39$ 848.343，残差平方和SSE$=602.857$，三者的自由度分别为19、2、17，回归均方差MSR$=19$ 924.171，残差均方差MSR$=35.462$，$F=561.843$（$p=0.000$）。由此可见，在显著性水平$\alpha=0.05$下，F检验的p值满足$p=0.000<0.05$，故在显著性水平下$\alpha=0.05$，回归方程有意义，即回归方程通过了检验。

④回归系数列表：此表列出检验二元线性回归模型$y=\beta_0+\beta_1 x_1+\beta_2 x_2+\varepsilon$的回归系数的统计量，包括常数项$\beta_0$和$x_1$、$x_2$两个自变量的系数$\beta_1$、$\beta_2$的非标准化值及其标准差

和标准化值、检验各回归系数,包括 β_0、β_1、β_2 的 t 统计量的值及其 p 值等;诊断多重共线性的统计量,包括容许度 TOL 和方差膨胀因子 VIF 等。

从此表中可知,各回归系数的估计值及其标准差、t 统计量的值和 p 值分别为:非标准化值 $\beta_0=4.120, \beta_1=3.590, \beta_2=5.197$;$s_e(\beta_0)=3.298, s_e(\beta_1)=0.651, s_e(\beta_2)=0.706$;$t_0=1.249, t_1=5.513, t_2=7.367$;$p_0=0.228, p_1=0.000, p_2=0.000$;$\beta_1$、$\beta_2$ 标准化值分别为 0.433、0.578;诊断多重共线性的统计量的值为:$\text{TOL}_1=\text{TOL}_2=0.142$;$\text{VIF}_1=\text{VIF}_2=7.028$。

由此可见,第一,在显著性水平为 $\alpha=0.05$ 的情况下,$p_0=0.228>0.05$,$p_1=0.000<0.05$,$p_2=0.000<0.05$,故 β_0 显著为零,β_1、β_2 显著不为零,故 β_0 没有通过 t 检验,而 β_1、β_2 通过了 t 检验;第二,因为 $\text{VIF}_1=\text{VIF}_2=7.028<10$,所以自变量 x_1、x_2 多重共线性不太严重。

⑤多重共线性诊断表:此表列出诊断多重共线性的统计量,包括 $\mathbf{X}^T \mathbf{X}$ 的特征根(记为 λ)、条件指数(condition index,CI)、方差比率(variance proportions)。

从此表中可知,最大和最小特征根分别为 $\lambda_{\max}=2.847$,$\lambda_{\min}=0.014$;条件指数 $\text{CI}=14.097$。由此可知,$10<\text{CI}=14.097<30$,故自变量 x_1、x_2 中强度多重共线性。

⑥残差统计量表:此表列出因变量的预测值、残差、预测值的标准值、残差的标准值四项的最小值、最大值、均值、标准差及其个数,用于判别因变量和残差分布情况。

从此表中可知,预测值的最小值、最大值、均值、标准差分别为 38.702、201.397、94.200、45.796;残差的最小值、最大值、均值、标准差分别为 -0.748、15.372、0.000、5.633;预测值的标准值的最小值、最大值、均值、标准差分别为 -1.212、2.341、0.000、1.000;残差的标准值的最小值、最大值、均值、标准差分别为 -1.469、2.581、0.000、0.946。由此可见,因变量预测值和残差基本上服从正态分布,从而可以判断因变量和随机误差项基本服从正态分布。

从线性回归分析输出结果中可以得到产品年销售量 y 对推销员人数 x_1 和广告及推销费用 x_2 的回归模型为

$$y=4.120+3.590 x_1+5.197 x_2$$

$S_e=(3.298)(0.651)(0.705)$

$t=(1.249)(5.513)(7.367)$

$P=(0.228)(0.000)(0.000)$

$R^2=0.985, \bar{R}^2=0.983, F=561.843(p=0.000), \text{D.W.}=1.819, \text{VIF}=7.028$

由以上分析可知,除了常数项没有通过 t 检验之外,其他系数和回归方程均通过了相关检验,且回归方程拟合程度高,序列相关和多重共线性不太严重,故所建立的模型较好。

附 录

常用统计表

附表 1 标准正态分布表

$$\Phi(x) = \int_{-\infty}^{x} \frac{1}{\sqrt{2\pi}} e^{-\frac{t^2}{2}} dt = P(X \leqslant x)$$

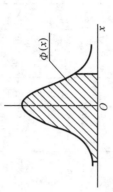

x	0.00	0.01	0.02	0.03	0.04	0.05	0.06	0.07	0.08	0.09
0.0	0.5000	0.5040	0.5080	0.5120	0.5160	0.5199	0.5239	0.5279	0.5319	0.5359
0.1	0.5398	0.5438	0.5478	0.5517	0.5557	0.5596	0.5636	0.5675	0.5714	0.5753
0.2	0.5793	0.5832	0.5871	0.5910	0.5948	0.5987	0.6026	0.6064	0.6103	0.6141
0.3	0.6179	0.6217	0.6255	0.6293	0.6331	0.6368	0.6406	0.6443	0.6480	0.6517
0.4	0.6554	0.6591	0.6628	0.6664	0.6700	0.6736	0.6772	0.6808	0.6844	0.6879
0.5	0.6915	0.6950	0.6985	0.7019	0.7054	0.7088	0.7123	0.7157	0.7190	0.7224
0.6	0.7257	0.7291	0.7324	0.7357	0.7389	0.7422	0.7454	0.7486	0.7517	0.7549
0.7	0.7580	0.7611	0.7642	0.7673	0.7703	0.7734	0.7764	0.7794	0.7823	0.7852
0.8	0.7881	0.7910	0.7939	0.7967	0.7995	0.8023	0.8051	0.8078	0.8106	0.8133
0.9	0.8159	0.8186	0.8212	0.8238	0.8264	0.8289	0.8315	0.8340	0.8365	0.8389
1.0	0.8413	0.8438	0.8461	0.8485	0.8508	0.8531	0.8554	0.8577	0.8599	0.8621

续表

z	0.00	0.01	0.02	0.03	0.04	0.05	0.06	0.07	0.08	0.09
1.1	0.8643	0.8665	0.8686	0.8708	0.8729	0.8749	0.8770	0.8790	0.8810	0.8830
1.2	0.8849	0.8869	0.8888	0.8907	0.8925	0.8944	0.8962	0.8980	0.8997	0.9015
1.3	0.9032	0.9049	0.9066	0.9082	0.9099	0.9115	0.9131	0.9147	0.9162	0.9177
1.4	0.9192	0.9207	0.9222	0.9236	0.9251	0.9265	0.9278	0.9292	0.9306	0.9319
1.5	0.9332	0.9345	0.9357	0.9370	0.9382	0.9394	0.9406	0.9418	0.9430	0.9441
1.6	0.9452	0.9463	0.9474	0.9484	0.9495	0.9505	0.9515	0.9525	0.9535	0.9545
1.7	0.9554	0.9564	0.9573	0.9582	0.9591	0.9599	0.9608	0.9616	0.9625	0.9633
1.8	0.9641	0.9648	0.9656	0.9664	0.9671	0.9678	0.9686	0.9693	0.9700	0.9706
1.9	0.9713	0.9719	0.9726	0.9732	0.9738	0.9744	0.9750	0.9756	0.9762	0.9767
2.0	0.9772	0.9778	0.9783	0.9788	0.9793	0.9798	0.9803	0.9808	0.9812	0.9817
2.1	0.9821	0.9826	0.9830	0.9834	0.9838	0.9842	0.9846	0.9850	0.9854	0.9857
2.2	0.9861	0.9864	0.9868	0.9871	0.9874	0.9878	0.9881	0.9884	0.9887	0.9890
2.3	0.9893	0.9896	0.9898	0.9901	0.9904	0.9906	0.9909	0.9911	0.9913	0.9916
2.4	0.9918	0.9920	0.9922	0.9925	0.9927	0.9929	0.9931	0.9932	0.9934	0.9936
2.5	0.9938	0.9940	0.9941	0.9943	0.9945	0.9946	0.9948	0.9949	0.9951	0.9952
2.6	0.9953	0.9955	0.9956	0.9957	0.9959	0.9960	0.9961	0.9962	0.9963	0.9964
2.7	0.9965	0.9966	0.9967	0.9968	0.9969	0.9970	0.9971	0.9972	0.9973	0.9974
2.8	0.9974	0.9975	0.9976	0.9977	0.9977	0.9978	0.9979	0.9979	0.9980	0.9981
2.9	0.9981	0.9982	0.9982	0.9983	0.9984	0.9984	0.9985	0.9985	0.9986	0.9986
3.0	0.9987	0.9990	0.9993	0.9995	0.9997	0.9998	0.9998	0.9999	0.9999	1.0000

注：本表最后一行自左至右依次是 $\phi(3.0),\cdots,\phi(3.9)$ 的值

附表 2 t 分布表

$P\{t(n) > t_\alpha(n)\} = \alpha$

n	α=0.25	0.2	0.15	0.1	0.05	0.025	0.01	0.005	0.0025	0.001	0.0005
1	1	1.376	1.963	3.078	6.314	12.71	31.82	63.66	127.3	318.3	636.6
2	0.816	1.061	1.386	1.886	2.92	4.303	6.965	9.925	14.09	22.33	31.600
3	0.765	0.978	1.25	1.638	2.353	3.182	4.541	5.841	7.453	10.21	12.920
4	0.741	0.941	1.19	1.533	2.132	2.776	3.747	4.604	5.598	7.173	8.610
5	0.727	0.920	1.156	1.476	2.015	2.571	3.365	4.032	4.773	5.893	6.869
6	0.718	0.906	1.134	1.44	1.943	2.447	3.143	3.707	4.317	5.208	5.959
7	0.711	0.896	1.119	1.415	1.895	2.365	2.998	3.499	4.029	4.785	5.408
8	0.706	0.889	1.108	1.397	1.86	2.306	2.896	3.355	3.833	4.501	5.041
9	0.703	0.883	1.100	1.383	1.833	2.262	2.821	3.25	3.69	4.297	4.781
10	0.700	0.879	1.093	1.372	1.812	2.228	2.764	3.169	3.581	4.144	4.587
11	0.697	0.876	1.088	1.363	1.796	2.201	2.718	3.106	3.497	4.025	4.437
12	0.695	0.873	1.083	1.356	1.782	2.179	2.681	3.055	3.428	3.930	4.318
13	0.694	0.870	1.079	1.350	1.771	2.160	2.650	3.012	3.372	3.852	4.221
14	0.692	0.868	1.076	1.345	1.761	2.145	2.624	2.977	3.326	3.787	4.140
15	0.691	0.866	1.074	1.341	1.753	2.131	2.602	2.947	3.286	3.733	4.073
16	0.690	0.865	1.071	1.337	1.746	2.12	2.583	2.921	3.252	3.686	4.015

续表

n	α=0.25	0.2	0.15	0.1	0.05	0.025	0.01	0.005	0.0025	0.001	0.0005
17	0.689	0.863	1.069	1.333	1.74	2.11	2.567	2.898	3.222	3.646	3.965
18	0.688	0.862	1.067	1.33	1.734	2.101	2.552	2.878	3.197	3.61	3.922
19	0.688	0.861	1.066	1.328	1.729	2.093	2.539	2.861	3.174	3.579	3.883
20	0.687	0.86	1.064	1.325	1.725	2.086	2.528	2.845	3.153	3.552	3.850
21	0.686	0.859	1.063	1.323	1.721	2.08	2.518	2.831	3.135	3.527	3.819
22	0.686	0.858	1.061	1.321	1.717	2.074	2.508	2.819	3.119	3.505	3.792
23	0.685	0.858	1.06	1.319	1.714	2.069	2.500	2.807	3.104	3.485	3.767
24	0.685	0.857	1.059	1.318	1.711	2.064	2.492	2.797	3.091	3.467	3.745
25	0.684	0.856	1.058	1.316	1.708	2.06	2.485	2.787	3.078	3.45	3.725
26	0.684	0.856	1.058	1.315	1.706	2.056	2.479	2.779	3.067	3.435	3.707
27	0.684	0.855	1.057	1.314	1.703	2.052	2.473	2.771	3.057	3.421	3.690
28	0.683	0.855	1.056	1.313	1.701	2.048	2.467	2.763	3.047	3.408	3.674
29	0.683	0.854	1.055	1.311	1.699	2.045	2.462	2.756	3.038	3.396	3.659
30	0.683	0.854	1.055	1.310	1.697	2.042	2.457	2.75	3.030	3.385	3.646
40	0.681	0.851	1.05	1.303	1.684	2.021	2.423	2.704	2.971	3.307	3.551
50	0.679	0.849	1.047	1.299	1.676	2.009	2.403	2.678	2.937	3.261	3.496
60	0.679	0.848	1.045	1.296	1.671	2.000	2.390	2.66	2.915	3.232	3.460
80	0.678	0.846	1.043	1.292	1.664	1.990	2.374	2.639	2.887	3.195	3.416
100	0.677	0.845	1.042	1.290	1.66	1.984	2.364	2.626	2.871	3.174	3.390
120	0.677	0.845	1.041	1.289	1.658	1.98	2.358	2.617	2.86	3.16	3.373
infty	0.674	0.842	1.036	1.282	1.645	1.96	2.326	2.576	2.807		

附表3 χ² 分布表

$P\{\chi^2(n) > \chi^2_\alpha(n)\} = \alpha$

n	α=0.995	0.99	0.975	0.95	0.9	0.75	0.5	0.25	0.1	0.05	0.025	0.01	0.005
1	...	...	...	...	0.02	0.1	0.45	1.32	2.71	3.84	5.02	6.63	7.88
2	0.01	0.02	0.02	0.1	0.21	0.58	1.39	2.77	4.61	5.99	7.38	9.21	10.60
3	0.07	0.11	0.22	0.35	0.58	1.21	2.37	4.11	6.25	7.81	9.35	11.34	12.84
4	0.21	0.3	0.48	0.71	1.06	1.92	3.36	5.39	7.78	9.49	11.14	13.28	14.86
5	0.41	0.55	0.83	1.15	1.61	2.67	4.35	6.63	9.24	11.07	12.83	15.09	16.75
6	0.68	0.87	1.24	1.64	2.20	3.45	5.35	7.84	10.64	12.59	14.45	16.81	18.55
7	0.99	1.24	1.69	2.17	2.83	4.25	6.35	9.04	12.02	14.07	16.01	18.48	20.28
8	1.34	1.65	2.18	2.73	3.4	5.07	7.34	10.22	13.36	15.51	17.53	20.09	21.96
9	1.73	2.09	2.7	3.33	4.17	5.9	8.34	11.39	14.68	16.92	19.02	21.67	23.59
10	2.16	2.56	3.25	3.94	4.87	6.74	9.34	12.55	15.99	18.31	20.48	23.21	25.19
11	2.60	3.05	3.82	4.57	5.58	7.58	10.34	13.7	17.28	19.68	21.92	24.72	26.76
12	3.07	3.57	4.4	5.23	6.3	8.44	11.34	14.85	18.55	21.03	23.34	26.22	28.3
13	3.57	4.11	5.01	5.89	7.04	9.3	12.34	15.98	19.81	22.36	24.74	27.69	29.82
14	4.07	4.66	5.63	6.57	7.79	10.17	13.34	17.12	21.06	23.68	26.12	29.14	31.32
15	4.60	5.23	6.27	7.26	8.55	11.04	14.34	18.25	22.31	25.00	27.49	30.58	32.80
16	5.14	5.81	6.91	7.96	9.31	11.91	15.34	19.37	23.54	26.3	28.85	32.00	34.27

续表

n	α=0.995	0.99	0.975	0.95	0.9	0.75	P 0.5	0.25	0.1	0.05	0.025	0.01	0.005
17	5.7	6.41	7.56	8.67	10.09	12.79	16.34	20.49	24.77	27.59	30.19	33.41	35.72
18	6.26	7.01	8.23	9.39	10.86	13.68	17.34	21.6	25.99	28.87	31.53	34.81	37.16
19	6.84	7.63	8.91	10.12	11.65	14.56	18.34	22.72	27.2	30.14	32.85	36.19	38.58
20	7.43	8.26	9.59	10.85	12.44	15.45	19.34	23.83	28.41	31.41	34.17	37.57	40.00
21	8.03	8.9	10.28	11.59	13.24	16.34	20.34	24.93	29.62	32.67	35.48	38.93	41.40
22	8.64	9.54	10.98	12.34	14.04	17.24	21.34	26.04	30.81	33.92	36.78	40.29	42.8
23	9.26	10.2	11.69	13.09	14.85	18.14	22.34	27.14	32.01	35.17	38.08	41.64	44.18
24	9.89	10.86	12.4	13.85	15.66	19.04	23.34	28.24	33.2	36.42	39.36	42.98	45.56
25	10.52	11.52	13.12	14.61	16.47	19.94	24.34	29.34	34.38	37.65	40.65	44.31	46.93
26	11.16	12.2	13.84	15.38	17.29	20.84	25.34	30.43	35.56	38.89	41.92	45.64	48.29
27	11.81	12.88	14.57	16.15	18.11	21.75	26.34	31.53	36.74	40.11	43.19	46.96	49.64
28	12.46	13.56	15.31	16.93	18.94	22.66	27.34	32.62	37.92	41.34	44.46	48.28	50.99
29	13.12	14.26	16.05	17.71	19.77	23.57	28.34	33.71	39.09	42.56	45.72	49.59	52.34
30	13.79	14.95	16.79	18.49	20.6	24.48	29.34	34.8	40.26	43.77	46.98	50.89	53.67
40	20.71	22.16	24.43	26.51	29.05	33.66	39.34	45.62	51.8	55.76	59.34	63.69	66.77
50	27.99	29.71	32.36	34.76	37.69	42.94	49.33	56.33	63.17	67.5	71.42	76.15	79.49
60	35.53	37.48	40.48	43.19	46.46	52.29	59.33	66.98	74.4	79.08	83.3	88.38	91.95
70	43.28	45.44	48.76	51.74	55.33	61.7	69.33	77.58	85.53	90.53	95.02	100.42	104.22
80	51.17	53.54	57.15	60.39	64.28	71.14	79.33	88.13	96.58	101.88	106.63	112.33	116.32
90	59.2	61.75	65.65	69.13	73.29	80.62	89.33	98.64	107.56	113.14	118.14	124.12	128.3
100	67.33	70.06	74.22	77.93	82.36	90.13	99.33	109.14	118.5	124.34	129.56	135.81	140.17

附表 4 F 分布表

$$P\{F(n_1,n_2) > F_\alpha(n_1,n_2)\} = \alpha$$

$\alpha = 0.10$

n_1 \ n_2	1	2	3	4	5	6	7	8	9	10	12	15	20	24	30	40	60	120	∞
1	39.86	49.5	53.59	55.83	57.24	58.2	58.91	59.44	59.86	60.19	60.71	61.22	61.74	62.00	62.26	62.53	62.79	63.06	63.33
2	8.53	9	9.16	9.24	9.29	9.33	9.35	9.37	9.38	9.39	9.41	9.42	9.44	9.45	9.46	9.47	9.47	9.48	9.49
3	5.54	5.46	5.39	5.34	5.31	5.28	5.27	5.25	5.24	5.23	5.22	5.2	5.18	5.18	5.17	5.16	5.15	5.14	5.13
4	4.54	4.32	4.19	4.11	4.05	4.01	3.98	3.95	3.94	3.92	3.9	3.87	3.84	3.83	3.82	3.8	3.79	3.78	3.76
5	4.06	3.78	3.62	3.52	3.45	3.4	3.37	3.34	3.32	3.3	3.27	3.24	3.21	3.19	3.17	3.16	3.14	3.12	3.1
6	3.78	3.46	3.29	3.18	3.11	3.05	3.01	2.98	2.96	2.94	2.9	2.87	2.84	2.82	2.8	2.78	2.76	2.74	2.72
7	3.59	3.26	3.07	2.96	2.88	2.83	2.78	2.75	2.72	2.7	2.67	2.63	2.59	2.58	2.56	2.54	2.51	2.49	2.47
8	3.46	3.11	2.92	2.81	2.73	2.67	2.62	2.59	2.56	2.54	2.5	2.46	2.42	2.4	2.38	2.36	2.34	2.32	2.29
9	3.36	3.01	2.81	2.69	2.61	2.55	2.51	2.47	2.44	2.42	2.38	2.34	2.3	2.28	2.25	2.23	2.21	2.18	2.16
10	3.29	2.92	2.73	2.61	2.52	2.46	2.41	2.38	2.35	2.32	2.28	2.24	2.2	2.18	2.16	2.13	2.11	2.08	2.06
11	3.23	2.86	2.66	2.54	2.45	2.39	2.34	2.3	2.27	2.25	2.21	2.17	2.12	2.1	2.08	2.05	2.03	2	1.97
12	3.18	2.81	2.61	2.48	2.39	2.33	2.28	2.24	2.21	2.19	2.15	2.1	2.06	2.04	2.01	1.99	1.96	1.93	1.9
13	3.14	2.76	2.56	2.43	2.35	2.28	2.23	2.2	2.16	2.14	2.1	2.05	2.01	1.98	1.96	1.93	1.9	1.88	1.85
14	3.1	2.73	2.52	2.39	2.31	2.24	2.19	2.15	2.12	2.1	2.05	2.01	1.96	1.94	1.91	1.89	1.86	1.83	1.8
15	3.07	2.7	2.49	2.36	2.27	2.21	2.16	2.12	2.09	2.06	2.02	1.97	1.92	1.9	1.87	1.85	1.82	1.79	1.76

续表

n_2 \ n_1	1	2	3	4	5	6	7	8	9	10	12	15	20	24	30	40	60	120	∞
16	3.05	2.67	2.46	2.33	2.24	2.18	2.13	2.09	2.06	2.03	1.99	1.94	1.89	1.87	1.84	1.81	1.78	1.75	1.72
17	3.03	2.64	2.44	2.31	2.22	2.15	2.1	2.06	2.03	2	1.96	1.91	1.86	1.84	1.81	1.78	1.75	1.72	1.69
18	3.01	2.62	2.42	2.29	2.2	2.13	2.08	2.04	2	1.98	1.93	1.89	1.84	1.81	1.78	1.75	1.72	1.69	1.66
19	2.99	2.61	2.4	2.27	2.18	2.11	2.06	2.02	1.98	1.96	1.91	1.86	1.81	1.79	1.76	1.73	1.7	1.67	1.63
20	2.97	2.59	2.38	2.25	2.16	2.09	2.04	2	1.96	1.94	1.89	1.84	1.79	1.77	1.74	1.71	1.68	1.64	1.61
21	2.96	2.57	2.36	2.23	2.14	2.08	2.02	1.98	1.95	1.92	1.87	1.83	1.78	1.75	1.72	1.69	1.66	1.62	1.59
22	2.95	2.56	2.35	2.22	2.13	2.06	2.01	1.97	1.93	1.9	1.86	1.81	1.76	1.73	1.7	1.67	1.64	1.6	1.57
23	2.94	2.55	2.34	2.21	2.11	2.05	1.99	1.95	1.92	1.89	1.84	1.8	1.74	1.72	1.69	1.66	1.62	1.59	1.55
24	2.93	2.54	2.33	2.19	2.1	2.04	1.98	1.94	1.91	1.88	1.83	1.78	1.73	1.7	1.67	1.64	1.61	1.57	1.53
25	2.92	2.53	2.32	2.18	2.09	2.02	1.97	1.93	1.89	1.87	1.82	1.77	1.72	1.69	1.66	1.63	1.59	1.56	1.52
26	2.91	2.52	2.31	2.17	2.08	2.01	1.96	1.92	1.88	1.86	1.81	1.76	1.71	1.68	1.65	1.61	1.58	1.54	1.5
27	2.9	2.51	2.3	2.17	2.07	2	1.95	1.91	1.87	1.85	1.8	1.75	1.7	1.67	1.64	1.6	1.57	1.53	1.49
28	2.89	2.5	2.29	2.16	2.06	2	1.94	1.9	1.87	1.84	1.79	1.74	1.69	1.66	1.63	1.59	1.56	1.52	1.48
29	2.89	2.5	2.28	2.15	2.06	1.99	1.93	1.89	1.86	1.83	1.78	1.73	1.68	1.65	1.62	1.58	1.55	1.51	1.47
30	2.88	2.49	2.28	2.14	2.05	1.98	1.93	1.88	1.85	1.82	1.77	1.72	1.67	1.64	1.61	1.57	1.54	1.5	1.46
40	2.84	2.44	2.23	2.09	2	1.93	1.87	1.83	1.79	1.76	1.71	1.66	1.61	1.57	1.54	1.51	1.47	1.42	1.38
60	2.79	2.39	2.18	2.04	1.95	1.87	1.82	1.77	1.74	1.71	1.66	1.6	1.54	1.51	1.48	1.44	1.4	1.35	1.29
120	2.75	2.35	2.13	1.99	1.9	1.82	1.77	1.72	1.68	1.65	1.6	1.55	1.48	1.45	1.41	1.37	1.32	1.26	1.19
∞	2.71	2.3	2.08	1.94	1.85	1.77	1.72	1.67	1.63	1.6	1.55	1.49	1.42	1.38	1.34	1.3	1.24	1.17	1

附录

$\alpha=0.05$

n_1 \ n_2	1	2	3	4	5	6	7	8	9	10	12	15	20	24	30	40	60	120	∞
1	161	200	216	225	230	234	237	239	241	242	244	246	248	249	250	251	252	253	254
2	18.5	19	19.2	19.2	19.3	19.3	19.4	19.4	19.4	19.4	19.4	19.4	19.4	19.5	19.5	19.5	19.5	19.5	19.5
3	10.1	9.55	9.28	9.12	9.01	8.94	8.89	8.85	8.81	8.79	8.74	8.7	8.66	8.64	8.62	8.59	8.57	8.55	8.53
4	7.71	6.94	6.59	6.39	6.26	6.16	6.09	6.04	6	5.96	5.91	5.86	5.8	5.77	5.75	5.72	5.69	5.66	5.63
5	6.61	5.79	5.41	5.19	5.05	4.95	4.88	4.82	4.77	4.74	4.68	4.62	4.56	4.53	4.5	4.46	4.43	4.4	4.37
6	5.99	5.14	4.76	4.53	4.39	4.28	4.21	4.15	4.1	4.06	4	3.94	3.87	3.84	3.81	3.77	3.74	3.7	3.67
7	5.59	4.74	4.35	4.12	3.97	3.87	3.79	3.73	3.68	3.64	3.57	3.51	3.44	3.41	3.38	3.34	3.3	3.27	3.23
8	5.32	4.46	4.07	3.84	3.69	3.58	3.5	3.44	3.39	3.35	3.28	3.22	3.15	3.12	3.08	3.04	3.01	2.97	2.93
9	5.12	4.26	3.86	3.63	3.48	3.37	3.29	3.23	3.18	3.14	3.07	3.01	2.94	2.9	2.86	2.83	2.79	2.75	2.71
10	4.96	4.1	3.71	3.48	3.33	3.22	3.14	3.07	3.02	2.98	2.91	2.85	2.77	2.74	2.7	2.66	2.62	2.58	2.54
11	4.84	3.98	3.59	3.36	3.2	3.09	3.01	2.95	2.9	2.85	2.79	2.72	2.65	2.61	2.57	2.53	2.49	2.45	2.4
12	4.75	3.89	3.49	3.26	3.11	3	2.91	2.85	2.8	2.75	2.69	2.62	2.54	2.51	2.47	2.43	2.38	2.34	2.3
13	4.67	3.81	3.41	3.18	3.03	2.92	2.83	2.77	2.71	2.67	2.6	2.53	2.46	2.42	2.38	2.34	2.3	2.25	2.21
14	4.6	3.74	3.34	3.11	2.96	2.85	2.76	2.7	2.65	2.6	2.53	2.46	2.39	2.35	2.31	2.27	2.22	2.18	2.13
15	4.54	3.68	3.29	3.06	2.9	2.79	2.71	2.64	2.59	2.54	2.48	2.4	2.33	2.29	2.25	2.2	2.16	2.11	2.07
16	4.49	3.63	3.24	3.01	2.85	2.74	2.66	2.59	2.54	2.49	2.42	2.35	2.28	2.24	2.19	2.15	2.11	2.06	2.01
17	4.45	3.59	3.2	2.96	2.81	2.7	2.61	2.55	2.48	2.45	2.38	2.31	2.23	2.19	2.15	2.1	2.06	2.01	1.96

续表

n_2 \ n_1	1	2	3	4	5	6	7	8	9	10	12	15	20	24	30	40	60	120	∞
18	4.41	3.55	3.16	2.93	2.77	2.66	2.58	2.51	2.46	2.41	2.34	2.27	2.19	2.15	2.11	2.06	2.02	1.97	1.92
19	4.38	3.52	3.13	2.9	2.74	2.63	2.54	2.48	2.42	2.39	2.31	2.23	2.16	2.11	2.07	2.03	1.98	1.93	1.88
20	4.35	3.49	3.1	2.87	2.71	2.6	2.51	2.45	2.39	2.35	2.28	2.2	2.12	2.08	2.04	1.99	1.95	1.9	1.84
21	4.32	3.47	3.07	2.84	2.68	2.57	2.49	2.42	2.37	2.32	2.25	2.18	2.1	2.05	2.01	1.96	1.92	1.87	1.81
22	4.3	3.44	3.05	2.82	2.66	2.55	2.46	2.4	2.34	2.3	2.23	2.15	2.07	2.03	1.98	1.94	1.89	1.84	1.78
23	4.28	3.42	3.03	2.8	2.64	2.53	2.44	2.37	2.32	2.27	2.2	2.13	2.05	2.01	1.96	1.91	1.86	1.81	1.76
24	4.26	3.4	3.01	2.78	2.62	2.51	2.42	2.36	2.3	2.25	2.18	2.11	2.03	1.98	1.94	1.89	1.84	1.79	1.73
25	4.24	3.39	2.99	2.76	2.6	2.49	2.4	2.34	2.28	2.24	2.16	2.09	2.01	1.96	1.92	1.87	1.82	1.77	1.71
26	4.23	3.37	2.98	2.74	2.59	2.47	2.39	2.32	2.27	2.22	2.15	2.07	1.99	1.95	1.9	1.85	1.8	1.75	1.69
27	4.21	3.35	2.96	2.73	2.57	2.46	2.37	2.31	2.25	2.2	2.13	2.06	1.97	1.93	1.88	1.84	1.79	1.73	1.67
28	4.2	3.34	2.95	2.71	2.56	2.45	2.36	2.29	2.24	2.19	2.12	2.04	1.96	1.91	1.87	1.82	1.77	1.71	1.65
29	4.18	3.33	2.93	2.7	2.55	2.43	2.35	2.28	2.22	2.18	2.1	2.03	1.94	1.9	1.85	1.81	1.75	1.7	1.64
30	4.17	3.32	2.92	2.69	2.53	2.42	2.33	2.27	2.21	2.16	2.09	2.01	1.93	1.89	1.84	1.79	1.74	1.68	1.62
40	4.08	3.23	2.84	2.61	2.45	2.34	2.25	2.18	2.12	2.08	2	1.92	1.84	1.79	1.74	1.69	1.64	1.58	1.51
60	4	3.15	2.76	2.53	2.37	2.25	2.17	2.1	2.04	1.99	1.92	1.84	1.75	1.7	1.65	1.59	1.53	1.47	1.39
120	3.92	3.07	2.68	2.45	2.29	2.18	2.09	2.02	1.96	1.91	1.83	1.75	1.66	1.61	1.55	1.5	1.43	1.35	1.25
∞	3.84	3	2.6	2.37	2.21	2.1	2.01	1.94	1.88	1.83	1.75	1.67	1.57	1.52	1.46	1.39	1.32	1.22	1

$\alpha = 0.025$

n_1 \ n_2	1	2	3	4	5	6	7	8	9	10	12	15	20	24	30	40	60	120	∞
1	647.8	799.5	864.2	899.6	921.8	937.1	948.2	956.7	963.3	968.6	976.7	984.9	993.1	997.2	1001	1006	1010	1014	1018
2	38.51	39	39.17	39.25	39.3	39.33	39.36	39.37	39.39	39.4	39.41	39.43	39.45	39.46	39.46	39.47	39.48	39.49	39.5
3	17.44	16.04	15.44	15.1	14.88	14.73	14.62	14.54	14.47	14.42	14.34	14.25	14.17	14.12	14.08	14.04	13.99	13.95	13.9
4	12.22	10.65	8.98	9.6	9.36	9.2	9.07	8.98	8.9	8.84	8.75	8.66	8.56	8.51	8.46	8.41	8.36	8.31	8.26
5	10.01	8.43	7.76	7.39	7.15	6.98	6.85	6.76	6.68	6.62	6.52	6.43	6.33	6.28	6.23	6.18	6.12	6.07	6.02
6	8.81	7.26	6.6	6.23	5.99	5.82	5.7	5.6	5.52	5.46	5.37	5.27	5.17	5.12	5.07	5.01	4.96	4.9	4.85
7	8.07	6.54	5.89	5.52	5.29	5.12	4.99	4.9	4.82	4.76	4.67	4.57	4.47	4.42	4.36	4.31	4.25	4.2	4.14
8	7.57	6.06	5.42	5.05	4.82	4.65	4.53	4.43	4.36	4.3	4.2	4.1	4	3.95	3.89	3.84	3.78	3.73	3.67
9	7.21	5.71	5.03	4.72	4.48	4.32	4.2	4.1	4.03	3.96	3.87	3.77	3.67	3.61	3.56	3.51	3.45	3.39	3.33
10	6.94	5.46	4.83	4.47	4.24	4.07	3.95	3.85	3.78	3.72	3.62	3.52	3.42	3.37	3.31	3.26	3.2	3.14	3.08
11	6.72	5.26	4.63	4.28	4.04	3.88	3.76	3.66	3.59	3.53	3.43	3.33	3.23	3.17	3.12	3.06	3	2.94	2.88
12	6.55	5.1	4.42	4.12	3.89	3.73	3.61	3.51	3.44	3.37	3.28	3.18	3.07	3.02	2.96	2.91	2.85	2.79	2.72
13	6.41	4.97	4.35	4	3.77	3.6	3.48	3.39	3.31	3.25	3.15	3.05	2.95	2.89	2.84	2.78	2.72	2.66	2.6
14	6.3	4.86	4.24	3.89	3.66	3.5	3.38	3.29	3.21	3.15	3.05	2.95	2.84	2.79	2.73	2.67	2.61	2.55	2.49
15	6.2	4.77	4.15	3.8	3.58	3.41	3.29	3.2	3.12	3.06	2.96	2.86	2.76	2.7	2.64	2.59	2.52	2.46	2.4
16	6.12	4.69	4.08	3.73	3.5	3.34	3.22	3.12	3.05	2.99	2.89	2.79	2.68	2.63	2.57	2.51	2.45	2.38	2.32
17	6.01	4.62	4.01	3.66	3.44	3.28	3.16	3.06	2.98	2.92	2.82	2.72	2.62	2.56	2.5	2.44	2.38	2.32	2.25

续表

n_2 \ n_1	1	2	3	4	5	6	7	8	9	10	12	15	20	24	30	40	60	120	∞
18	5.98	4.56	3.95	3.61	3.38	3.22	3.1	3.01	2.93	2.87	2.77	2.67	2.56	2.5	2.44	2.38	2.32	2.26	2.19
19	5.92	4.51	3.9	3.56	3.33	3.17	3.05	2.96	2.88	2.82	2.72	2.62	2.51	2.45	2.39	2.33	2.27	2.2	2.13
20	5.87	4.46	3.86	3.51	3.29	3.13	3.01	2.91	2.84	2.77	2.68	2.57	2.46	2.41	2.35	2.29	2.22	2.16	2.09
21	5.83	4.42	3.82	3.48	3.25	3.09	2.97	2.87	2.8	2.73	2.64	2.53	2.42	2.37	2.31	2.25	2.18	2.11	2.04
22	5.79	4.38	3.78	3.44	3.22	3.05	2.93	2.84	2.76	2.7	2.6	2.5	2.39	2.33	2.27	2.21	2.14	2.08	2
23	5.75	4.35	3.75	3.41	3.18	3.02	2.9	2.81	2.73	2.67	2.57	2.47	2.36	2.3	2.24	2.18	2.11	2.04	1.97
24	5.72	4.32	3.72	3.38	3.15	2.99	2.87	2.78	2.7	2.64	2.54	2.44	2.33	2.27	2.21	2.15	2.08	2.01	1.94
25	5.69	4.29	3.69	3.35	3.13	2.97	2.85	2.75	2.68	2.61	2.51	2.41	2.3	2.24	2.18	2.12	2.05	1.98	1.91
26	5.66	4.27	3.67	3.33	3.1	2.94	2.82	2.73	2.65	2.59	2.49	2.39	2.28	2.22	2.16	2.09	2.03	1.95	1.88
27	5.63	4.24	3.65	3.31	3.08	2.92	2.8	2.71	2.63	2.57	2.47	2.36	2.25	2.19	2.13	2.07	2	1.93	1.85
28	5.61	4.22	3.63	3.29	3.06	2.9	2.78	2.69	2.61	2.55	2.45	2.34	2.23	2.17	2.11	2.05	1.98	1.91	1.83
29	5.59	4.2	3.61	3.27	3.04	2.88	2.76	2.67	2.59	2.53	2.43	2.32	2.21	2.15	2.09	2.03	1.96	1.89	1.81
30	5.57	4.18	3.59	3.25	3.03	2.87	2.75	2.65	2.57	2.51	2.41	2.31	2.2	2.14	2.07	2.01	1.94	1.87	1.79
40	5.42	4.05	3.46	3.13	2.9	2.74	2.62	2.53	2.45	2.39	2.29	2.18	2.07	2.01	1.94	1.88	1.8	1.72	1.64
60	5.29	3.93	3.34	3.01	2.79	2.63	2.51	2.41	2.33	2.27	2.17	2.06	1.94	1.88	1.82	1.74	1.67	1.58	1.48
120	5.15	3.8	3.23	2.89	2.67	2.52	2.39	2.3	2.22	2.16	2.05	1.94	1.82	1.76	1.69	1.61	1.53	1.43	1.31
∞	5.02	3.69	3.12	2.79	2.57	2.41	2.29	2.19	2.11	2.05	1.94	1.83	1.71	1.64	1.57	1.48	1.39	1.27	1.00

$\alpha=0.01$

n_1 \ n_2	1	2	3	4	5	6	7	8	9	10	12	15	20	24	30	40	60	120	∞
1	4652	5000	5403	5625	5746	5859	5928	5982	6023	6056	6106	6157	6200	6235	6261	6287	6313	6339	6366
2	98.5	99	99.2	99.2	99.3	99.3	99.4	99.4	99.4	99.4	99.4	99.4	99.4	99.5	99.5	99.5	99.5	99.5	99.5
3	34.1	30.8	29.5	28.7	28.2	27.9	27.7	27.5	27.3	27.2	27.1	26.9	26.7	26.6	26.5	26.4	26.3	26.2	26.1
4	21.2	18	16.7	16	15.5	15.2	15	14.8	14.7	14.5	14.4	14.2	14	13.9	13.8	13.7	13.7	13.6	13.5
5	16.3	13.3	12.1	11.4	11	10.7	10.5	10.3	10.2	10.1	9.89	9.72	9.55	9.47	9.38	9.29	9.2	9.11	9.02
6	13.7	10.9	9.78	9.15	8.75	8.47	8.26	8.1	7.98	7.87	7.72	7.56	7.4	7.31	7.23	7.14	7.06	6.97	6.88
7	12.2	9.55	8.45	7.85	7.46	7.19	6.99	6.84	6.72	6.62	6.47	6.31	6.16	6.07	5.99	5.91	5.82	5.74	5.65
8	11.3	8.65	7.59	7.01	6.63	6.37	6.18	6.03	5.91	5.81	5.67	5.52	5.36	5.28	5.29	5.12	5.03	4.95	4.86
9	10.6	8.02	6.99	6.42	6.06	5.8	5.61	5.47	5.35	5.26	5.11	4.96	4.81	4.73	4.65	4.57	4.48	4.4	4.31
10	10	7.56	6.55	5.99	5.64	5.39	5.2	5.06	4.94	4.85	4.71	4.56	4.41	4.33	4.25	4.17	4.08	4	3.91
11	9.65	7.21	6.22	5.67	5.32	5.07	4.89	4.74	4.63	4.54	4.4	4.25	4.1	4.02	3.94	3.86	3.78	3.69	3.6
12	9.33	6.93	5.95	5.41	5.06	4.82	4.64	4.5	4.39	4.3	4.16	4.01	3.86	3.78	3.7	3.62	3.54	3.45	3.36
13	9.07	6.7	5.74	5.21	4.97	4.62	4.44	4.3	4.19	4.1	3.96	3.82	3.66	3.59	3.51	3.43	3.34	3.25	3.17
14	8.86	5.51	5.56	5.04	4.7	4.46	4.28	4.14	4.03	3.94	3.8	3.66	3.51	3.43	3.35	3.27	3.18	3.09	3
15	8.68	6.36	5.42	4.89	4.56	4.32	4.14	4	3.89	3.8	3.67	3.52	3.37	3.29	3.21	3.13	3.05	2.96	2.87
16	8.53	6.23	5.29	4.77	4.44	4.2	4.03	3.89	3.78	3.69	3.55	3.41	3.26	3.18	3.1	3.02	2.93	2.84	2.75
17	8.4	6.11	5.19	4.67	4.34	4.1	3.93	3.79	3.68	3.59	3.46	3.31	3.16	3.08	3	2.92	2.83	2.75	2.65

续表

n_1 \ n_2	1	2	3	4	5	6	7	8	9	10	12	15	20	24	30	40	60	120	∞
18	8.29	6.01	5.09	4.58	4.25	4.01	3.84	3.71	3.6	3.51	3.37	3.23	3.08	3	2.92	2.84	2.75	2.66	2.57
19	8.19	5.93	5.01	4.5	4.17	3.94	3.77	3.63	3.52	3.43	3.3	3.15	3	2.92	2.84	2.76	2.67	2.58	2.49
20	8.1	5.85	4.94	4.43	4.1	3.87	3.7	3.56	3.46	3.37	3.23	3.09	2.94	2.86	2.78	2.68	2.61	2.52	2.42
21	8.02	5.78	4.87	4.37	4.04	3.81	3.64	3.51	3.4	3.31	3.17	3.03	2.88	2.8	2.72	2.64	2.55	2.46	2.36
22	7.95	5.72	4.82	4.31	3.99	3.76	3.59	3.45	3.35	3.26	3.12	2.98	2.83	2.75	2.67	2.58	2.5	2.4	2.31
23	7.88	5.66	4.76	4.26	3.94	3.71	3.54	3.41	3.3	3.21	3.07	2.93	2.78	2.7	2.62	2.54	2.45	2.35	2.26
24	7.82	5.61	4.72	4.22	3.9	3.67	3.5	3.36	3.26	3.17	3.03	2.89	2.74	2.66	2.58	2.49	2.4	2.31	2.21
25	7.77	5.57	4.68	4.18	3.86	3.63	3.46	3.32	3.22	3.13	2.99	2.85	2.7	2.62	2.53	2.45	2.36	2.27	2.17
26	7.72	5.52	4.64	4.14	3.82	3.59	3.42	3.29	3.18	3.09	2.96	2.81	2.66	2.58	2.5	2.42	2.33	2.23	2.13
27	7.68	5.49	4.6	4.11	3.78	3.56	3.39	3.26	3.15	3.06	2.93	2.78	2.63	2.55	2.47	2.38	2.29	2.2	2.1
28	7.64	5.45	4.57	4.07	3.75	3.53	3.36	3.23	3.12	3.03	2.9	2.75	2.6	2.52	2.44	2.35	2.26	2.17	2.06
29	7.6	5.42	4.54	4.04	3.73	3.5	3.33	3.2	3.09	3	2.87	2.73	2.57	2.49	2.41	2.33	2.23	2.14	2.03
30	7.56	5.39	4.51	4.02	3.7	3.47	3.3	3.17	3.07	2.98	2.84	2.7	2.55	2.47	2.3	2.39	2.21	2.11	2.01
40	7.31	5.18	4.31	3.83	3.51	3.29	3.12	2.99	2.89	2.8	2.66	2.52	2.37	2.29	2.2	2.11	2.02	1.92	1.8
60	7.08	4.98	4.13	3.65	3.34	3.12	2.95	2.82	2.72	2.63	2.5	2.35	2.2	2.12	2.03	1.94	1.84	1.73	1.6
120	6.85	4.79	3.95	3.48	3.17	2.96	2.79	2.66	2.56	2.47	2.34	2.19	2.03	1.94	1.86	1.76	1.66	1.53	1.38
∞	6.63	4.61	3.78	3.32	3.02	2.8	2.64	2.51	2.41	2.32	2.18	2.04	1.88	1.79	1.7	1.59	1.47	1.32	1

参考文献

[1] 陈珍珍.统计学[M].厦门:厦门大学出版社,2003.
[2] 杜志渊.常用统计分析方法——SPSS应用[M].济南:山东人民出版社,2006.
[3] 费宇,石磊.统计学[M].北京:高等教育出版社,2010.
[4] 高巍.统计学原理[M].北京:中国市场出版社,2009.
[5] 耿修林,谢兆茹.应用统计学[M].北京:科学出版社,2008.
[6] 宫春子,刘卫东.统计学原理[M].2版.北京:机械工业出版社,2017.
[7] 何海燕,张红元.商务管理统计学[M].北京:中国对外经济贸易出版社,2003.
[8] 黄良文.统计学原理[M].北京:中国统计出版社,2000.
[9] 贾俊平,何晓群,金勇.统计学[M].3版.北京:中国人民大学出版社,2009.
[10] 栗方忠.统计学原理[M].4版.沈阳:东北财经大学出版社,2011.
[11] 李洁明,祁新娥.统计学原理[M].5版.上海:复旦大学出版社,2010.
[12] 李金昌,苏为华.统计学[M].4版.北京:机械工业出版社,2016.
[13] 刘金兰.管理统计学[M].天津:天津大学出版社,2007.
[14] 李志辉,罗平,等.SPSS for Windows统计分析教程[M].2版.北京:电子工业出版社,2005.
[15] 李子奈,潘文卿.计量经济学[M].2版.北京:高等教育出版社,2005.
[16] 罗国萍,李承霖.统计学原理[M].北京:中国传媒大学出版社,2010.
[17] [美]古扎拉蒂.计量经济学基础[M].4版.林少宫,等,译.北京:中国人民大学出版社,2005.
[18] [美]尼尔·J·萨尔金德.爱上统计学[M].史玲玲,译.重庆:重庆大学出版社,2008.
[19] 米红,张文璋.实用现代统计分析方法与SPSS应用[M].北京:当代中国出版社,2004.
[20] 缪柏其.管理统计学[M].合肥:中国科学技术大学出版社,2007.
[21] 曲昭仲.应用统计学[M].经济科学出版社,2011.
[22] 王丹丹.央行利息变动对不同板块股票价格的影响[J].市场周刊·理论研究,2010(1):74-76.
[23] 王文博.统计学——原理、方法及应用[M].2版.西安:西安交通大学出版社,2010.
[24] 吴喜之.统计学:从数据到结论——学习指导与习题[M].北京:中国统计出版社,2005.

[25] 向蓉美,王青华,马丹.统计学[M].北京:机械工业出版社,2017.
[26] 袁卫,等.统计学[M].3版.北京:高等教育出版社,2010.
[27] 袁卫,庞皓,等.统计学习题与案例[M].2版.北京:高等教育出版社,2006.
[28] 袁卫.应用统计学[M].北京:中国人民大学出版社,1992.
[29] 曾五一.统计学概论[M].北京:首都经贸大学出版社,2003.
[30] 张建同,孙昌言,王世进.应用统计学[M].北京:清华大学出版社,2010.
[31] 朱建平,孙小素.应用统计学[M].北京:清华大学出版社,2009.
[32] Dawn Griffiths. Head First Statistics[M]. O'REILLY,2008.